Inhaltsverzeichnis

Erwachsen werden 220

Anhang

Quellenverzeichnis

A1PIX/MCH: 114.4, 127.5, TOF: 148.1 | action press/Lehtikuva Oy: 236.1 | akg-images: 74.2 | alimde.net/Rosseforp: 221.2, Schauhuber: 124.3, Zoller: 140.1 | Angermayer: 73.1 (li.), 111.5, 209.3 | Angermayer, Holzkirchen: Pfletschinger: 73.6, 112.1, 124.2 (Larven) | Archiv Hoyer/E. Hoyer: 118.1, 128.2, 131.1, Wernicke: 219.8 | Arco Digital Images/G. Moosrainer: 124.1, K. Wohte: 154.3 | Arco Images/de: Cuveland: 219.7, Frei: 106.3, NPL: 83.5, Reinhard: 208.1, Steiner: 81.5, WHJ Sator: 82.2 | aus Lothar Kampmann: Ravensberger Kinderwerkstatt, Otto Maier Verlag Ravensburg: 31.4 | Avenue Images: 163.9 | Bevilacqua/Cedri: 238.1, 245.c | Bildagentur-online: 217.8 (li.) | BilderBox.com: 163.6, Wodicka: 121.4 | bildstelle: 204.3 | Biopix.dk/ Schou: 92.2 | blickwinkel/fotototo: 112.1 (Fisch, Schlange) | blickwinkel/H. Schmidbauer: 61.6, Hartl: 108.2, Hecker: 73.5, Hecker/Sauer: 138.4, Schmidbauer: 108.1, 215.4, Van Haan: 85.4 | Blümel, H., Mücka: 107.6, 219.6 | Bridgeman Art Library: 14.1 | Bruns, E., Osnabrück: 86.1 | BUND: 161.13 (o.) | BSIP: 238.1 (li.) | Buff, Bieberach: 66.2 | BzgA, Köln: 237.2, 243.6 | ClipDealer/alexraths: 96.1, brentmelissa: 154.1, 230.2 | Corbis/Rotmann: 105.3 | Deutsch Verlag: 187.6 | Deutsche Rockwool Mineralwoll GmbH & Co. OHG: 200.2 | Deutsches Museum, München: 59.8, 173.7 (re.) | Digitalstock: 112.1 (Bär), 131.2, 131.3, 131.5, 132.1 (re.), 138.1, 138.3, 141.7, 144.1, 149.3, 149.6, 156.2, Mikus: 211.3 | Döring: 222.2, 235.4, 237.3 | Duales System Deutschland GmbH: 17.5 | f1 online/Kopp: 76.1 | Fotolia.com/AVAVA: 210.2, Ben: 153.3, Dario Sabljak: 91.5, Fotolyse: 89.4, Franz Pfluegl: 131.6, Harald Lange: 87.5, 211.4, Ingo Bartussek: 121.5, julien méjean: 214.2, Markus W. Lambrecht: 229.5, Martina Berg: 160.1, Mönks Photografie: 93.4, originalpunkt: 228.2, Otto Durst: 27.4 (Hahn), Ruud Morijn: 155.9, Sly: 73.3, Thaut Images: 143.4, 158.3, Tischenko: 146.3 | FreeBigPictures.com: 154.2 | Frei, H., Pforzheim: 104.2, 126.1 | Gemeinschaft deutscher Hundehalter: 73.1 (re.), 128.1 | Getty Images/ Blenduke: 199.6, Finney, J.: 16.3, Johner: 27.6, Johnny Johnson: 196.1, Sean Ellis: 147.2, Taxi: 234.1 (re.) | Greenprace: 161.13 (u.) | Greiner&Meyer, Braunschweig/Birke: 225.4 | Gruschwitz, M.: 112.3 | Hartmann, Braunschweig: 67.4 | Heinzel, K., Berlin: 101.5 | Helga Lade Fotoagentur: 73.7, Olende Schall: 174.1 | Hollatz, Heidelberg: 61.7, 116.2, 242.1 | IFA/Kienlein: 119.5 | iStockphoto.com; 147.5, ac_bnphotos: 95.4, Andrew Johnson: 105.4, Blackred: 163.7, Brian Hogan: 47.5, Darko-Art: 96.3, Debbie Martin: 144.2, Dmitriy Kovyazin: 155.8, Dmitry Skalev: 154.4, Doug Nelson: 174.3, ene: 75.6, Eric Isselée: 96.1 (Eichhörnchen, Luchs), eva serrabassa: 226.1, Floortje: 35.8 (Spritze), futureimage: 27.4 (Schachbrett), Jan Will: 162.2, Jess Wiberg: 32.1, John Leung: 205.8, Kreicher: 32.4, Kriss Russell: 207.3, Mark Bowden: 230.3, Martina Berg: 93.5, Natallia Yaumenenka: 32.2, Peter Flindell: 197.5, Roger Whiteway: 143.5, 161.9, Sergey Dubrovskiy: 200.4, Steve Debenport: 224.2, syagci: 96.1 (Pferd), Tarek El Sombati: 189.6, Thomas Gordon: 224.1, Tommounsey: 108.3, Tracy Whiteside: 231.5, Vassiliy Vishnevskiy: 60.4, Yobro10: 96.1 (Schwein) | Jaenicke, J.: 141.6 | Joker/Allgoewer: 153.4, Gerard: 92.1, Ruehmekorf: 240.1 | Juniors Bildarchiv: 72.1, 74.1, 76.3, 106.1, 112.1 (Frosch),117.6, 126.2, 128.4, 142.3, 214.3, Schmidbauer: 209.4 | Keystone: Ecken, D.: 17.7 | Kleesattel, Schwäbisch Gmünd: 133.6, 166.1, 219.4 | KPA/Kina: 113.7, 126.3 | Kuttig, Siegfried: 222.1 | Landesverwaltungsamt Sachsen-Anhalt: 131.8, 157.4 (li.) | Lemke, S., Grevenbroich-Kapellen: 34.7 | Lichtwer Unternehmensgruppe: 160.6 | Limbrunner, A., Dachau: 117.5, 119.4 | mauritius images: 168.1, 203.8, age: 77.4 (o. re.), 213.4, age fotostock: 236.1 (u. re.), age fotostock/CMB: 78.1, Beck: 127.4, Frank Lukasseck: 73.2, Harscher: 77.4 (u. re.), imagebroker.net/RF: 156.1, IT Stock Free: 221.1, Ley: 221.3, Photononstop: 96.2, Pöhlmann: 77.4 (u. li.), Schätzle: 88.2, Schrempp: 112.4, Schwarz: 159.5 (li.), SST: 80.1, 100.1, Steve Bloom Images: 212.3, Warburton-Lee: 66.1 (Wal) | Mauritius, Berlin (Sun Star): 60.5 | Mauritius/ Pöhlmann: 241.3 | Melitta: 35.8 (Dose, Folie) | MPI/auto motor und sport: Seufert, H.-D.: 198.4 | Museo di Storia della Scienza, Florenz: 173.7 (li.) | NABU: 161.13 (mi. li.) | NASA: 203.9 | Nilsson, L., Stockholm: 238.2, 238.3, 238.4, 243.7, 245a, 245d | OKAPIA/Eberhard Morell: 138.2, Martin Wendler: 208.2 | Okapia: 89.3, Brehm: 214.1, Bromhall/OSF: 239.5, 245b, Brossette: 120.2, Cogis/Lili: 79.2, Emu: 92.3, Hartl: 108.4, Meyers: 219.5, Morell: 149.4, Naturbild/Schacke: 87.4, OSF/Bernard: 88.1 (li.), Penner, G.: 217.8 (re.), Reinhard: 84.1, 149.7, Schwind: 91.4, Vock: 80.2 | Oster, Mettmann: 60.2 | PantherMedia/Dmitriy Shironosov: 230.1, Jiri Miklo: 229.6, Konrad Steininger: 160.4, Kurhan: 228.1, Oksana Tkachuk: 145.5, S. Bartels: 146.2 | Petry, P.: 135.7 | Pforr, Langenpreising: 124.2 (Eier) | Philips Medizin Systeme: 239.6 | Photo Disc Inc.: 161.7 | Photoobjects: 16.1, 35.8 (Maus) | picture-alliance/akg-images: 207.4 | picture-alliance/dpa: 75.4, 131.4, 140.2, 142.1, 163.5, 182.2, 212.1, 212.2, 231.4 | picture-alliance/dpa: Harry Melchert: 57.4, Meyer: 56.3 | picture-alliance/Okapia/Reinhard: 90.2 | picture-alliance/Perrey: 77.4 (o. li.) | picture-alliance/Picture Press: 75.5 | picture-alliance/ZB: 174.4 | pictureNEWS/Abraham: 110.1 | pixelio.de: 129.1 (b), 145.6, 221.5, bf: 161.10, Helmut J. Salzer: 160.5, Luise: 161.11, Martin Ostheimer: 161.8, qay: 160.2, Rolf Handke: 161.12 | pixelio/Löwenzahn: 155.6, Maren Beßler: 232.4, Maria Lanznaster: 154.5, Peter Smola: 147.6, Stephan Likar: 155.7, Verena N.: 149.8 | plainpicture/Normal: 234.2 | Premium: Brakefield: 204.2 | project photo: 60.3, 163.8 | Project Photos: 88.1 (re.), 112.1 (Pinguin), 131.7, 152.1, 158.1, 159.5 (re.), 221.4, 221.6, 232.1, 232.2, 232.3, 234.1 (li.), 241.4, 30.1 (Gold) | Redeker, T.: 242.4 | Reinhard Tierfoto, Heiligkreuzsteinach: 85.3, 90.1, 90.3, 100.2, 100.4, 128.3, 141.5, 144.3, 146.4 | Reinhard: 149.5, 66.1 (Käfer) | Scharffenberg, B., Birkenstein: 160.3 | Schott, Mainz: 162.4, 200.3 | SCHOTT: 198.3 (mi.) | Schrempp, Breisach-Oberrimsingen: 110.3 | schueco international kg: 35.8 (Fenster) | SeaTops/Frei: 102.1 | Shutterstock/AISPIX by Image Source: 233.5, Anna Chelnokova: 150.1, ArrowStudio, LLC: 233.6, Diana Valujeva: 228.3, Mila Supinskaya: 228.4, Picsfive: 198.3 (re.), wrangler: 229.7 | Siemens AG/ München: 198.3 (li.) | Simon Eugster: 211.5 | Sony Deutschland, Köln: 60.1 | Staatliches Museum Ägyptischer Kunst München: 33.9 | STOCK4B: 220.1, BSIP: 243.8 | Superbild/Schmidbauer: 130.1 | Theodor Heimeier GmbH: 200.1 (o. re.) | Theuerkauf, H., Gotha: 86.2, 100.3, 107.5, 132.3, 134.4, 135.6, 139.5 (re.), 139.6 (re.), 158.2, 159.4 | Thomas, H.: 111.4 | Total Walther GmbH, Köln: 188.1, 188.3, 188.4, 188.5 | vario images/Baumgarten, U.: 27.2, 27.3 | Visum/ Sobotta: 62.1, Manfred Scharnberg: 27.4 | Whiskas: 96.1 (Katze) | Widmann, Peter: 223.4 | Wikipedia/Crusier: 159.6, Köhler, Nicole: 95.3, Rasbak: 143.5 (u. li.), Schmidti: 133.5 | Wildlife: 73.8, 116.1, Cole: 104.3, Freund: 109.6, Harms: 73.9, 103.3, 103.4, Harvey: 113.6, HPH: 215.5, Mallwitz: 132.1 (li.), Muller: 213.5, Usher: 120.1, Wilmshurst: 142.2 | WWF: 161.13 (mi. re.) | www.alabiso.de: 162.1 | www.tiptop.de: 17.4

Titelfoto: Getty Images/Fotosearch RF
Alle anderen Fotos: Cornelsen, Berlin (Auftragsfotos: BildArt/Volker Döring, Hohen Neuendorf; Boris Mahler, Berlin)

Text S. 55 aus London, Jack: Goldsucher: Naumann und Göbel, 1989

Sicher experimentieren

1

Im naturwissenschaftlichen Unterricht werdet ihr Experimente durchführen. ▷ 1
Dabei müsst ihr bestimmte Regeln unbedingt beachten, damit es nicht zu Unfällen kommt! Nur dann ist das Experimentieren ungefährlich.

Vor dem Experimentieren

Räumt zunächst den Tisch leer.
Lest aufmerksam die Versuchsanleitung. ▷ 2
Lasst den Versuchsaufbau von eurem Lehrer bzw. eurer Lehrerin kontrollieren!

So nicht!

2

Beim Umgang mit offenen Flammen und heißen Körpern

Immer eine Schutzbrille aufsetzen und – wenn nötig – die Haare zusammenbinden!
Legt heiße Gegenstände (z. B. Tauchsieder und Metallteile) nur auf der dafür vorgesehenen feuerfesten und hitzebeständigen Unterlage ab. ▷ 3
Auf der Nachbarseite erfahrt ihr, dass man in Physik und Chemie statt des Wortes „Gegenstand“ den Begriff „Körper“ verwendet.

So nicht!

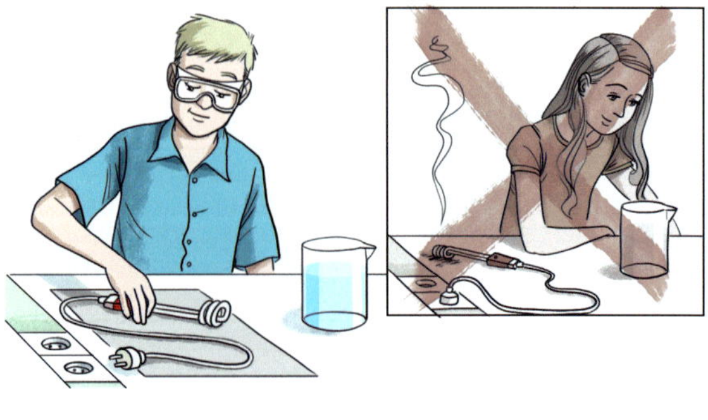

3

Beim Umgang mit elektrischem Strom
Führt Experimente nur mit Batterien oder Netzgeräten durch! ▷ 4 Ihr dürft nie die Experimentierkabel direkt in die Steckdose stecken – sonst besteht Lebensgefahr! Stellt am Trafo keine höheren „Voltzahlen“ ein als angegeben!

4

Beim Umgang mit unbekannten Stoffen
Haltet bei Geruchsproben nie die Nase direkt über den Stoff, dessen Geruch ihr feststellen wollt! Fächelt euch aufsteigende Dämpfe zu! ▷ 5
In dem Kasten unten könnt ihr nachlesen, was man in Physik und Chemie unter dem Begriff „Stoff“ versteht.

5

Verhalten bei Unfällen
Falls trotz aller Vorsicht doch einmal etwas schiefgeht, sagt sofort dem Lehrer oder der Lehrerin Bescheid. Im Raum für naturwissenschaftlichen Unterricht gibt es *Sicherheitseinrichtungen*, z. B. den Not-AUS-Schalter, den Feuerlöscher und die Löschdecke (s. S. 11).

Alltagssprache – Fachsprache

In den Naturwissenschaften haben Wörter oft eine etwas andere Bedeutung als in der Alltagssprache. Dazu gehören auch die Begriffe „Körper“ und „Stoff“.

Körper
Alltagssprache: Menschen und Tiere haben einen Körper.
Beispiel: Alle Schwimmer haben einen schlanken Körper.
Fachsprache: Alles, was Platz braucht, nennt man *Körper*. Dazu gehören Bücher, Autos, Häuser, Heizkörper, Bleistifte und auch Lebewesen (Menschen, Tiere, Pflanzen).
Beispiel: Alle Körper werfen bei Sonnenschein einen Schatten.

Stoff
Alltagssprache: Aus Stoff werden Hemden, Hosen und Tischdecken genäht.
Fachsprache: Körper bestehen aus unterschiedlichen Materialien; das Material nennt man *Stoff*.
Beispiele: Ein Buch besteht aus dem Stoff *Papier*. Eine Flasche besteht aus dem Stoff *Glas*.
Man unterscheidet zwischen
- festen Stoffen: Eisen, Papier, Glas, Holz …,
- flüssigen Stoffen (Flüssigkeiten): Wasser, Öl …,
- gasförmigen Stoffen (Gasen): Luft, Erdgas …

6

7

Wärmequellen im Unterricht

Der Gasbrenner

Es gibt unterschiedliche Typen von Gasbrennern. ▷ 1 Vielleicht wird an eurer Schule ein anderer Brennertyp als dieser benutzt. Dann müsst ihr euch den Gasbrenner genau erklären lassen.

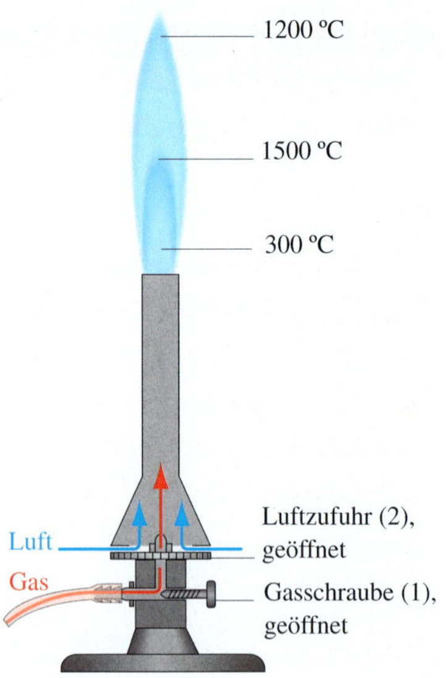

1 Gasbrenner

Bedienungsanleitung

Schritt 1 Die Gasschraube (1) und die Luftzufuhr (2) müssen geschlossen sein. Überprüft es!

Schritt 2 Öffnet den Gashahn am Tisch und anschließend die Gasschraube am Brenner. Jetzt strömt Gas aus. Entzündet es sofort mit einem Gasanzünder von der Seite.

Schritt 3 Mit der Gasschraube am Brenner stellt ihr die Höhe der rötlich gelben Flamme auf ca. 10 cm ein. Diese *leuchtende Flamme* ist ungefähr 1000 °C heiß. Sie rußt stark.

Schritt 4 Öffnet jetzt vorsichtig die Luftzufuhr, bis die Flamme eine bläuliche Farbe hat. Diese *nicht leuchtende Flamme* ist viel heißer als die leuchtende Flamme (1200–1500 °C). Am heißesten ist sie etwas unterhalb der Spitze. Sie rußt nicht mehr.

Schritt 5 Schließt nach dem Versuch das Ventil der Gasleitung. Dreht auch die Gasschraube und die Luftzufuhr am Brenner zu.

Sicherheitsmaßnahmen

- Informiere dich für den Notfall, wo Feuerlöscher und Löschdecke sind. Du solltest auch wissen, wo sich der nächste „Not-AUS-Knopf" befindet.
- Trage immer eine Schutzbrille!
- Binde lange Haare zusammen.
- Lass offene Flammen nie unbeaufsichtigt.
- Schließe den Gashahn, wenn die Flamme des Brenners erlischt.
- Schließe zuerst die Luftzufuhr, bevor du den Brenner wieder anzündest!
- Bei Gasgeruch: Schließe sofort den Gashahn und informiere die Lehrerin oder den Lehrer. Öffne die Fenster!

Der Tauchsieder

Tauchsieder sind nur zum Erwärmen von Wasser geeignet. ▷ 2
Im Tauchsieder wird ein Draht elektrisch erhitzt. Die Wärme muss sofort an das Wasser abgegeben werden, sonst glüht der Draht durch.

Bedienungsanleitung

Schritt 1 Steckt die Heizspirale des Tauchsieders ins Wasser. Sie muss immer ganz vom Wasser bedeckt sein.

Schritt 2 Steckt jetzt den Stecker des Tausieders in die Steckdose.

Schritt 3 Wenn das Wasser heiß ist, zieht ihr den Stecker aus der Steckdose (aber nicht am Kabel!). Dann erst nehmt ihr den Tauchsieder aus dem Wasser.

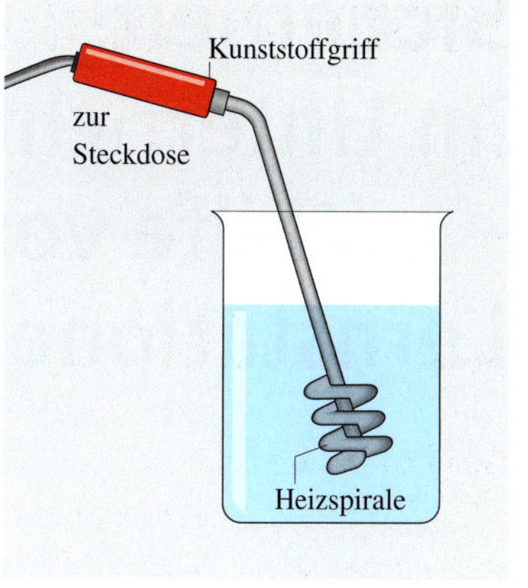

2 Tauchsieder

Sicherheitsmaßnahmen

- Heiße Tauchsieder darfst du nur auf einer feuerfesten Unterlage ablegen (oder auf einem Glas mit kaltem Wasser).
- Der Stecker darf nicht nass sein. Mit nassen Händen darfst du ihn nicht in die Steckdose stecken oder aus ihr herausziehen.

Aufgaben

1 Die Flamme eines Brenners darf man nicht wie eine Kerzenflamme ausblasen. Erkläre!

2 Beim Experimentieren mit offenen Flammen musst du eine Schutzbrille tragen. Außerdem müssen lange Haare zusammengebunden werden. Begründe diese Regeln.

3 Prüfung für den Brennerführerschein ▷ 3
Wenn du die folgenden Fragen beantworten kannst, bestehst du die Prüfung bestimmt.

a Was musst du vor dem Anzünden des Brenners tun?

b Mit welcher Schraube regelt man die Gaszufuhr, mit welcher die Luft?

c Welche Flamme ist heißer, die gelbrote oder die blaue? An welcher Stelle ist die blaue Flamme am heißesten?

d Wo sitzt der nächste Not-AUS-Knopf? Wo sind Löschdecke und Feuerlöscher?

e Was musst du tun, wenn die Flamme plötzlich erlischt?

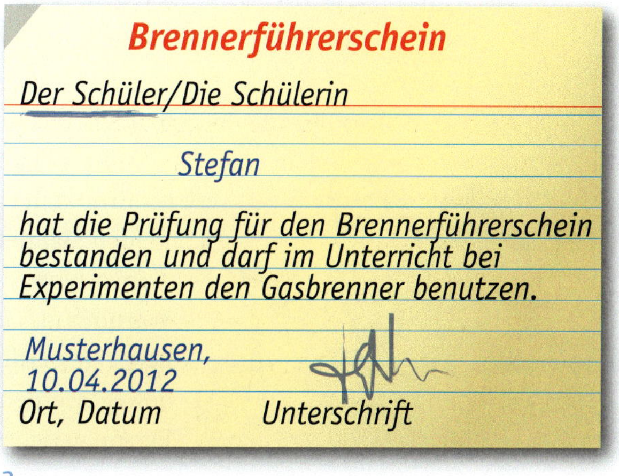
Brennerführerschein

Der Schüler/Die Schülerin

Stefan

hat die Prüfung für den Brennerführerschein bestanden und darf im Unterricht bei Experimenten den Gasbrenner benutzen.

Musterhausen, 10.04.2012
Ort, Datum — Unterschrift

3

Sicherheit im Unterricht – mithilfe von Lernstationen

Hinweise für die Arbeit an Lernstationen

- Jede Gruppe durchläuft jede Station.
- Stationen können auch mehrfach aufgebaut sein.
- Nach der Arbeit an einer Station säubert ihr die verwendeten Geräte.
- Räumt alles wieder auf – die nächste Gruppe soll „bei null“ beginnen.
- Schreibt eure Ergebnisse auf.
- Wechselt jetzt zu einer freien Station.

1

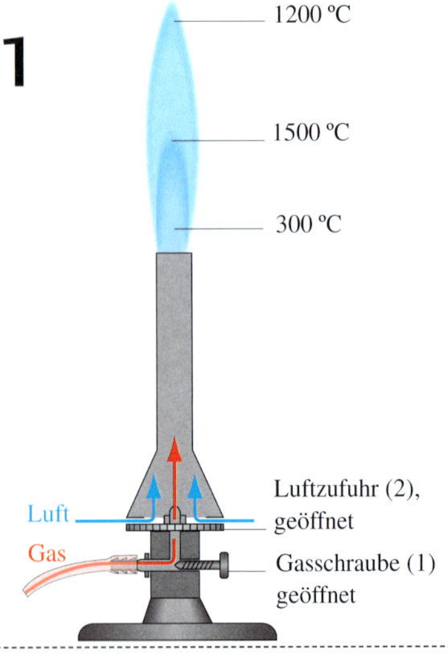

Arbeit mit dem Gasbrenner

Material: Gasbrenner, Schutzbrille, Zündhölzer

Versuchsdurchführung:

a Lest euch die Bedienungsanleitung im Buch genau durch.

b Entzündet das Gas am Gasbrenner nach der Anleitung.

c Stellt die leuchtende Flamme ein.

d Stellt die rauschende, nicht leuchtende Flamme ein.

e Beendet die Arbeit mit dem Brenner in der richtigen Reihenfolge.

Auswertung: Wie heiß ist die nicht leuchtende Flamme? Wann stellt ihr beim Arbeiten mit dem Gasbrenner die leuchtende Flamme ein? Welche Sicherheitsvorkehrungen müsst ihr bei der Arbeit mit dem Gasbrenner noch treffen?

2

Erhitzen von Stoffen im Reagenzglas

Material: Gasbrenner, Schutzbrille, Reagenzgläser, Reagenzglasklammer und -ständer, Zündhölzer, Siedesteinchen; Wasser, Zucker

Versuchsdurchführung:

a Entzündet den Gasbrenner nach der Bedienungsanleitung.

b Füllt ein Reagenzglas zu einem Drittel mit Wasser. Gebt 2–3 Siedesteinchen hinzu.

c Steht während des Versuchs. Haltet das Reagenzglas schräg in die nicht leuchtende Flamme und bewegt es immer leicht. Richtet die Öffnung des Reagenzglases nicht auf Personen!

d Stellt das Reagenzglas in den Ständer, wenn das Wasser zu sieden beginnt.

e Erhitzt in einem 2. Reagenzglas Zucker statt Wasser. Stellt es in den Ständer, sobald der Zucker karamellisiert.

Auswertung:
Warum muss die Reagenzglasklammer weit oben am Reagenzglas befestigt werden? Warum soll das Reagenzglas beim Erhitzen leicht bewegt werden? Erklärt, warum die Reagenzglasöffnung auf keine Person gerichtet werden darf.

3

Piktogramme für Gefahrstoffe

Material: Schulbuch, Nachschlagewerk, Chemikalienflaschen mit Piktogrammen, Merkblätter mit den neuen Piktogrammen

Information: Weltweit sind gefährliche Chemikalien vergleichbar gekennzeichnet. Sie werden mit entsprechenden Piktogrammen, Gefahren- und Sicherheitshinweisen versehen.

Du siehst hier 7 Piktogramme. Das mit dem Totenkopf z. B. sagt aus: Schon kleine Mengen führen beim Einatmen oder Verschlucken zu schweren gesundheitlichen Schäden oder zum Tod.

Aufträge:

a Schlagt nach, was ein Piktogramm ist.

b Warum werden gefährliche Stoffe überall auf der Welt gleich gekennzeichnet?

c Findet die Bedeutungen für die anderen Piktogramme heraus.

d Schlagt für ein Piktogramm eurer Wahl die Gefahren- und Sicherheitshinweise nach und notiert sie.

e Auf dem Tisch stehen Stoffe (Chemikalien). Sucht den Stoff aus, der das Piktogramm „Ätzwirkung" auf seinem Etikett hat.

f Ordne die folgenden Aussagen den Piktogrammen zu:
- Reizwirkung für Haut, Atmungsorgane und Augen
- Hautgewebe und Geräte werden nach Kontakt zerstört.
- Andere brennbare Stoffe werden entzündet. Bereits ausgebrochene Brände werden gefördert.
- Gesundheitsschäden durch Einatmen, Verschlucken oder Aufnahme über die Haut
- Elektrischer Strom kann gefährlich sein.

4

Sicherheitseinrichtungen des naturwissenschaftlichen Raums

Material: Raumplan, Infoblatt „Sicherheitsausstattung eines Chemieraums"

Aufträge:

a Beschreibt zu jedem der Bilder eine mögliche Situation.

b Zeichnet in einem Raumplan ein, wo die Sicherheitseinrichtungen sind.

c Lest den Fluchtplan und schreibt den genannten Fluchtweg auf.

Hinweis auf Fluchtwege

Not-AUS-Schalter

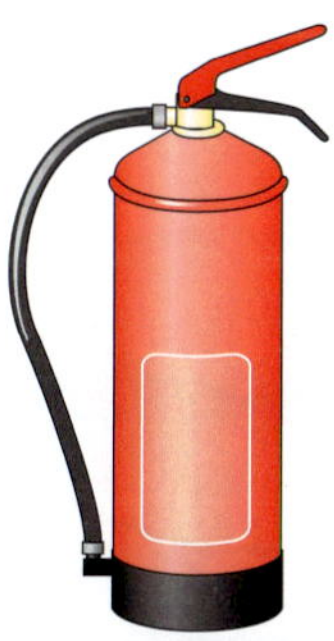

Feuerlöscher

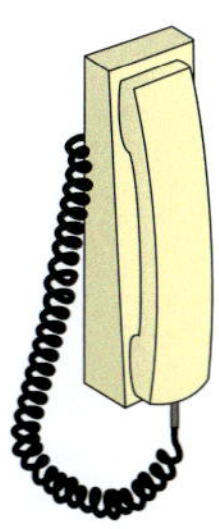

Notfall-Telefon

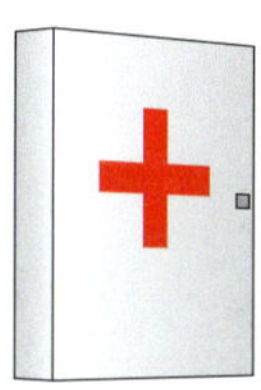

Erste-Hilfe-Kasten

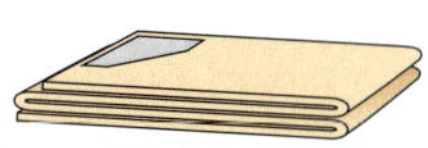

Löschdecke

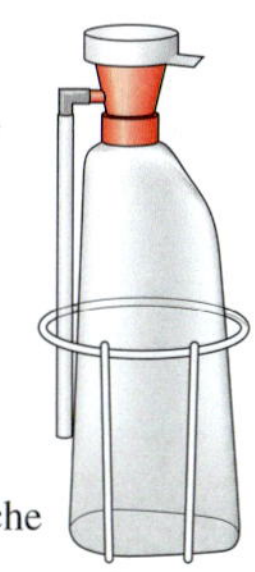

Augenwaschflasche

Wir messen Masse und Volumen

Ein Sprichwort sagt:
„Die dümmsten Bauern haben die dicksten Kartoffeln."
Aber wessen Kartoffeln sind denn nun am größten? ▷ 1
Das müsste man doch durch Messen herausbekommen …

1

1

Welches ist die „dickste" Kartoffel?

Überlegt euch einen Versuch, mit dem ihr verschiedene Kartoffeln vergleichen könnt. Vielleicht helfen euch die folgenden beiden Zeichnungen. ▷ 2

2

Wir messen das Volumen

Messt das Volumen (den Rauminhalt) verschiedener Körper: volle Zahnpastatube, Radiergummi, Legostein usw.
Haltet eure Messergebnisse in einer Tabelle fest.

3

Ist die dickste Kartoffel auch die schwerste?

a Messt das Gewicht einiger Kartoffeln mit der Haushaltswaage. ▷ 3 (Physiker und Chemiker sagen *Masse* statt Gewicht.)
Schätzt ihre Masse jeweils vor dem Wiegen.

b Messt auch die Masse anderer Körper.

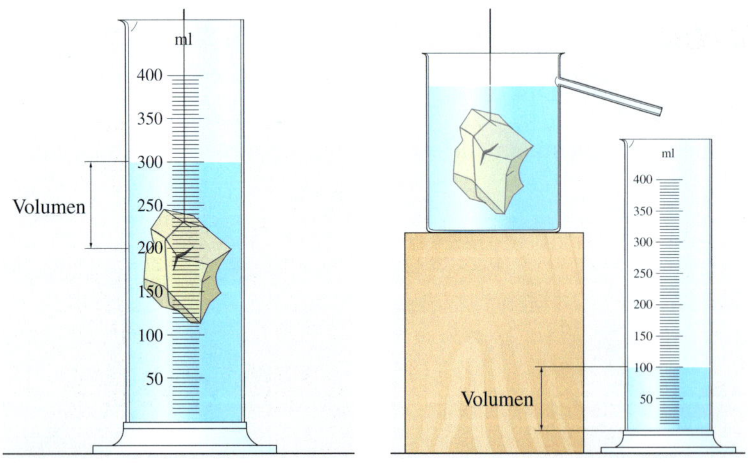

2 Volumenmessung mit dem Messbecher und mit der Verdrängungsmethode

3 Haushaltswaage

4

Hat Luft ein Volumen?

Luft ist unsichtbar. Ihr könnt sie aber in einem Gefäß auffangen. ▷ 4

Auf diese Weise könnt ihr feststellen, wie viel Luft ihr mit einem Atemzug ausatmet.

4

Tipp zur Versuchsdurchführung: Den Messbecher ganz mit Wasser füllen – ein Brettchen draufhalten – umdrehen und umgekehrt in die Schale mit Wasser tauchen (dabei darf kein Wasser auslaufen) – *unter Wasser* den Deckel wegnehmen.

5

Wiegt Luft etwas?

a Ob Luft etwas wiegt, also eine Masse hat? Plant dazu einen Versuch mit einem Fußball.

b Auch der abgebildete Versuch zeigt, ob Luft eine Masse hat und wie viel diese wiegt. ▷ 5
Die Bilder unten sind vertauscht. Nur das erste steht an der richtigen Stelle. Beschreibt, wie der Versuch durchgeführt werden müsste.

6

Was ist schwerer: Salz, Zucker oder Mehl?

Plant dazu einen Versuch mit Geräten aus dem Haushalt. Beschreibt, wie ihr vorgehen wollt.

7

Wie schwer ist ein Liter Wasser?

Auch diese Frage könnt ihr mit Haushaltsgeräten untersuchen. *Tipp:* Denkt an die Masse (das Gewicht) des Gefäßes.

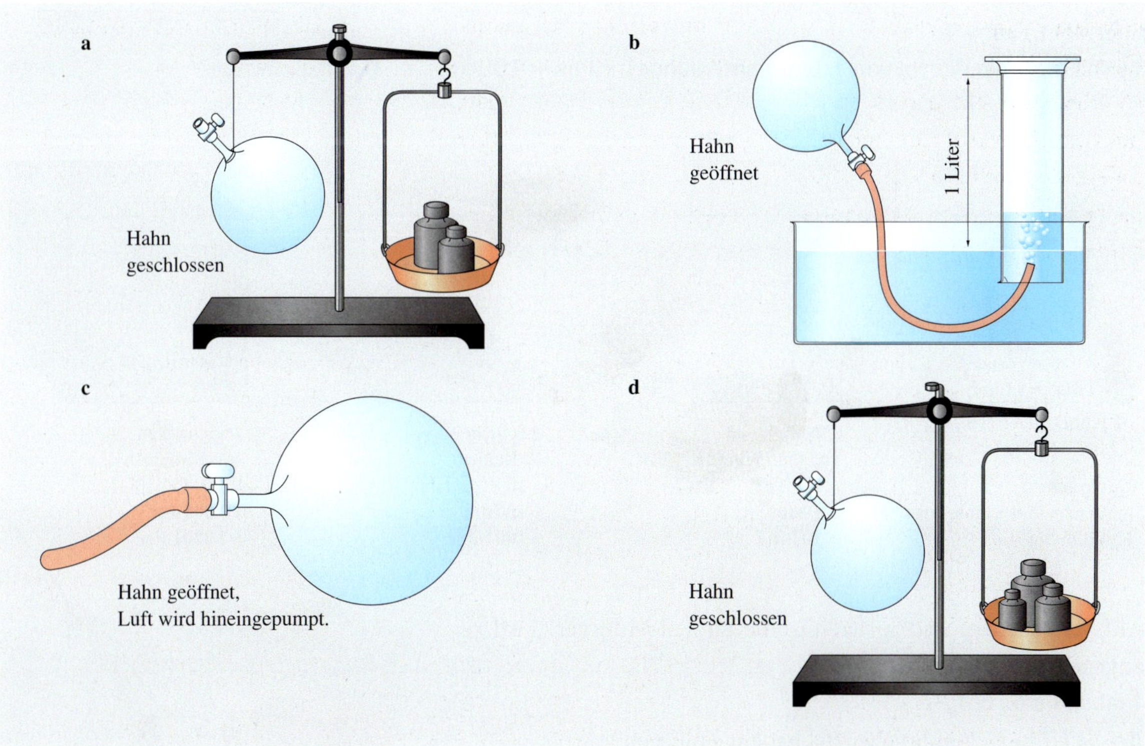

5 In welcher Reihenfolge läuft der Versuch ab?

Masse und Volumen

Die Masse und ihre Einheit In der Umgangssprache sagt man: „Ein Körper *wiegt* 2 Kilogramm“ oder „Er hat ein *Gewicht* von 2 Kilogramm“. In der Sprache der Physik benutzt man für das Wort „Gewicht“ den Begriff *Masse*. Man sagt also: „Die Masse des Körpers beträgt 2 Kilogramm.“
1 Liter Wasser (von 4 °C) hat eine Masse von genau 1 Kilogramm.
Die Einheit der Masse m ist 1 Kilogramm (1 kg).
1000 Gramm (1000 g) = 1 kg
Kleine Massen:
1000 Milligramm (1000 mg) = 1 g
Große Massen:
1 Tonne (1 t) = 1000 kg
Die Masse von Edelsteinen und Perlen wird in Karat (Kt) angegeben:
1 Kt = 0,2 g. ▷ 1
Früher benutzte man zum Messen der Masse meist Balkenwaagen. ▷ 2 Dabei vergleicht man die unbekannte Masse eines Körpers mit der bekannten Masse von Gewichtsstücken. Heute nimmt man elektronische Waagen.

1 Der große „Stern von Afrika“ ziert das englische Königszepter. Er hat eine Masse von 530 Kt (= 106 g).

Das Volumen und seine Einheit Jeder Körper nimmt einen Raum ein. Das *Volumen* (V) gibt an, wie groß der Raum ist.
Die Einheit des Volumens ist 1 Kubikmeter (1 m³).
Das Volumen von Flüssigkeiten und Gasen gibt man meistens in Litern (1 L) an: ▷ 3
1 L = 1 dm³ (ein Würfel von 10 cm Kantenlänge); 1 m³ = 1000 L.

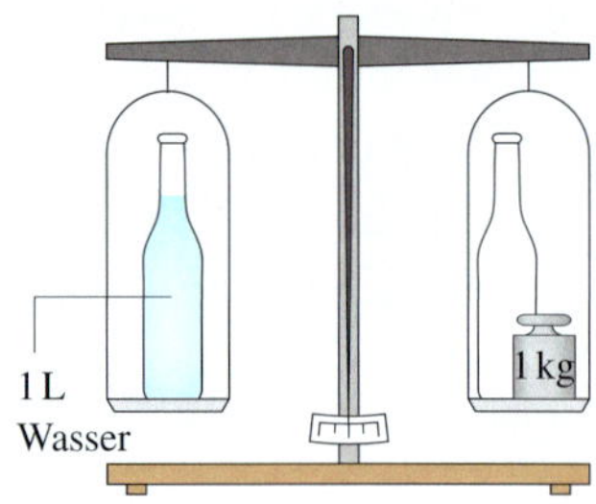

2 Balkenwaage

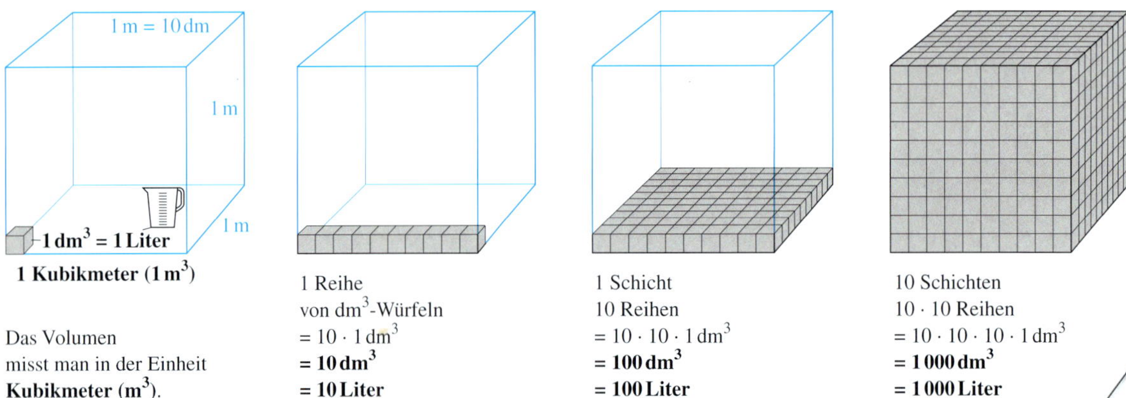

3

Auf Messbechern und Spritzen ist die Einheit Milliliter (1 mL) angegeben:
1 mL = 1 cm³. ▷ 4
Beispiel: Ein kleiner Spielwürfel hat ein Volumen von 1 cm · 1 cm · 1 cm = 1 cm³.

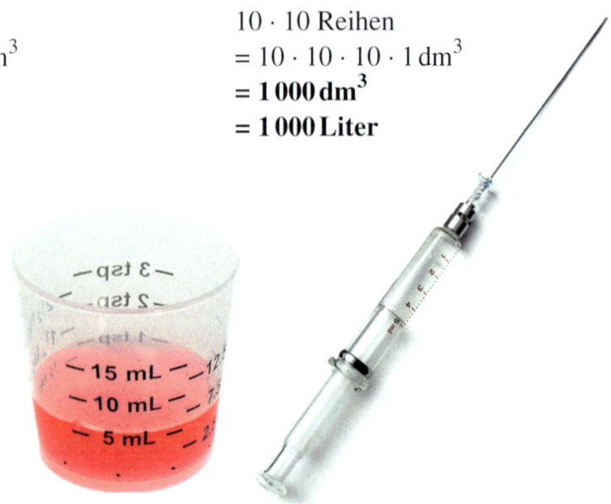

4

die Einheit
das Formelzeichen
die Masse
das Volumen

Messen mit Messgeräten

Um unsere Messungen mit anderen zu vergleichen, benutzen wir festgelegte, allgemeingültige Einheiten:
Wir messen Längen mit einem Messband in Metern oder mit einem Lineal in Zentimetern. ▷ 5
Zeiten werden mit einer Uhr in Sekunden gemessen.
Eine Waage gibt die Masse in Kilogramm oder in Gramm an. Statt Gewicht sagt man in der Fachsprache Masse.
Das Volumen bestimmen wir mit einem Messzylinder. Seine Skala gibt den Inhalt in Millilitern an. ▷ 6–7

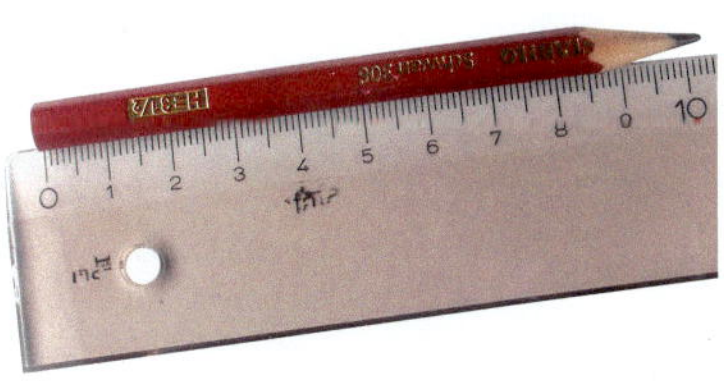

5 Wenn du genau abliest, kannst du auch Zwischenwerte abschätzen.

6 Lies den Messwert immer in Augenhöhe ab.

7

Richtig messen Für genaue Messwerte brauchst du das geeignete Messgerät. Und du musst richtig ablesen: Schaue immer gerade auf die Skala, wenn du einen Wert abliest. Schreibe den Messwert mit der Einheit auf, in der dein Messgerät misst. ▷ 8 *Beipiele:* Auf dem Lineal kannst du Werte in Millimetern oder Zentimetern ablesen, auf einer Uhr die Zeit in Sekunden oder Minuten.

Was wird gemessen?	Formelzeichen	Einheit	Beziehung
Länge	l	Meter (m) Zentimeter (cm) Millimeter (mm)	1 m = 100 cm 1 cm = 10 mm
Zeit	t	Sekunde (s) Stunde (h)	1 h = 60 Minuten 1 h = 3600 s
Masse (Gewicht)	m	Kilogramm (kg) Gramm (g)	1 kg = 1000 g
Volumen	V	Liter (L) Milliliter (mL) Kubikzentimeter (cm^3)	1 L = 1000 mL 1 cm^3 = 1 mL
Temperatur	T	Grad Celsius (°C)	

8

Aufgaben

1 Auf einer Balkenwaage liegt ein 244 g schwerer Körper. Die Waage soll mit folgenden Wägestücken ins Gleichgewicht gebracht werden: 1 g, 2 g, 5 g, 50 g und 200 g. Was ist zu tun? Zeichne!

2 Auf vielen Flaschen ist das Volumen angegeben. Wie viel Kubikzentimeter passen in Flaschen mit den Angaben „0,7 Liter“, „1 Liter“, „0,5 Liter“, „0,25 Liter“, „1,5 Liter“ bzw. „2 Liter“?

Messen, experimentieren, beobachten

Messen, experimentieren und beobachten gehören zum Alltag in den Naturwissenschaften. In diesem Kapitel untersuchst du zunächst verschiedene Stoffe.
Im Haushalt begegnen uns weit über 3000 verschiedene Stoffe. Dazu gehören Farbstoffe, Klebstoffe, Putzmittel, Medikamente, Kunststoffe, Werkstoffe, Lebensmittel … Die ganze Welt besteht aus Stoffen.

Neben Metallen, Glas und Kunststoffen untersuchst du Magnete. In diesem Kapitel wirst du erfahren und verstehen lernen, wie magnetische Kräfte wirken und wie man sie nutzen kann. Du wirst Versuche mit Magneten und dem Kompass durchführen.

Tiere und Pflanzen umgeben den Menschen. Sie sind Lebewesen und haben ganz bestimmte Eigenschaften. Lebewesen bestehen aus kleinsten Grundbausteinen: den Zellen. Du kannst sie nur mit einem Mikroskop erkennen.

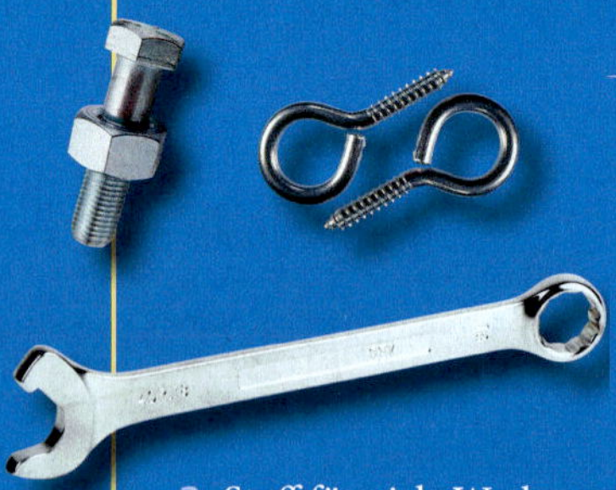

2 Stoff für viele Werkzeuge

3 Stoffe mit besonderen Eigenschaften

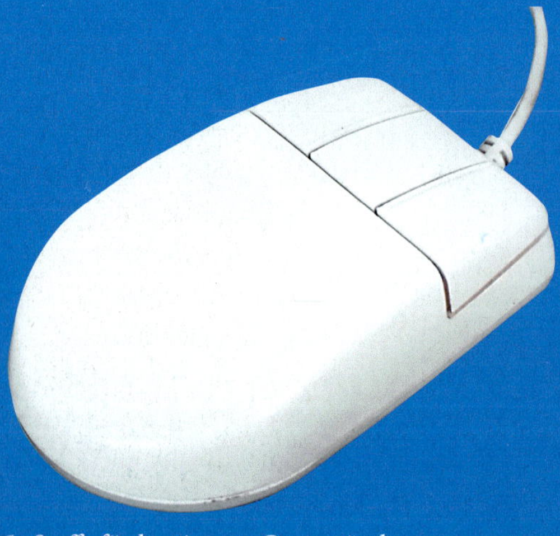

1 Stoffe für bestimmte Gegenstände

4 Stoffe, die Leben retten

5 Neues aus Altem

6 Wird das Wasser wieder sauber?

7 Was passiert mit unserem Abfall?

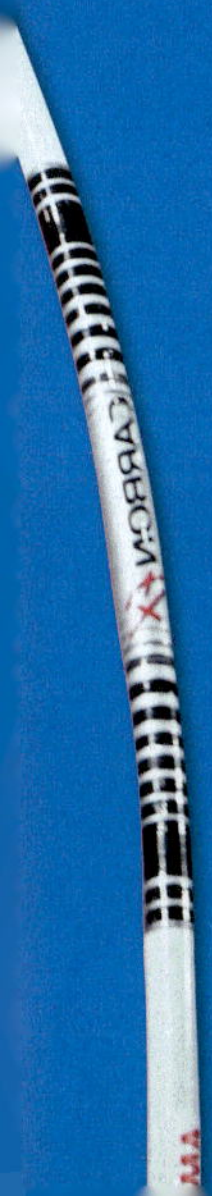

8 Wo ist Osten?

9 Wie wird mit dem Mikroskop gearbeitet?

Stoffe und ihre Eigenschaften

Den Stoffen auf der Spur

1 Anne versucht den Stoff auf ihrem Stirnband zu erraten.

1
Stoffe raten

a Einer Schülerin (oder einem Schüler) wird ein Stoff „an die Stirn geschrieben“: Glas, Holz, Eisen, Kunststoff, Gold, Baumwolle … ▷ 1 Die Person weiß nicht, um welchen Stoff es sich handelt. Durch Fragen soll sie ihn herausfinden. Ihre Mitschüler dürfen nur Ja oder Nein antworten.

b Notiert Eigenschaften, nach denen gefragt wurde. Vielleicht könnt ihr einige Eigenschaften unter passenden Überschriften zusammenfassen (z. B. Farbe).

2
Verwendung von Stoffen

a Schreibt die erratenen Stoffe in einer Tabelle auf. Was wird aus den Stoffen hergestellt?

Stoff (Material)	*Was daraus hergestellt wird*
Holz	*Stuhl*
?	*?*

b Derselbe Gegenstand kann aus verschiedenen Stoffen hergestellt werden. ▷ 2 Sammelt dazu Beispiele in einer Tabelle.

Gegenstand (Körper)	*Hergestellt aus (Stoff)*
Tisch	*Holz, Stahl, Plexiglas*

2

3
Mehl oder Puderzucker?

Wie könnt ihr es herausbekommen, ohne zu schmecken?

3

4
Stoffe erkennen – mit den Sinnen

a Versucht Stoffe mit den Sinnesorganen zu unterscheiden. *Nicht probieren oder schmecken!* Wählt aus jeder Gruppe einen Stoff aus:
- Mehl, Puderzucker, Salz, Grieß, Reis, Brausepulver
- Zitronensaft, Apfelsinensaft, Apfelsaft, Salzwasser, Essigwasser
- Eisen, Kupfer, Aluminium, Silber
- Seide, Wolle, Glaswolle
- Holz, Kohlenstoff
- Styropor, Glas

Beschreibt, an welchen Eigenschaften ihr den Stoff erkennt und welche Sinnesorgane ihr jeweils einsetzt. *Beispiel Glas:* durchsichtig, hart; Auge, Tastsinn

b Versucht für die Stoffgruppen Namen zu finden.

c Sammelt weitere Stoffe für eure Stoffgruppen.

5

Stoffe erkennen – durch Versuche (s. auch die Folgeseite)

Zur Versuchsplanung siehe auch S. 176.

Ihr braucht: verschiedene Geräte ▷ 4.

Außerdem braucht ihr Proben von Stoffen: Glas, Eisen, Holz, Papier, Kunststoff, Aluminium, Zucker, Wachs, Salz …

Überlegt euch Versuche zu folgenden Stoffeigenschaften:

- hart/weich
- schmelzbar/nicht schmelzbar
- magnetisch/nicht magnetisch
- in Wasser löslich/in Wasser nicht löslich
- brennbar/nicht brennbar
- elektrisch leitend/nicht leitend

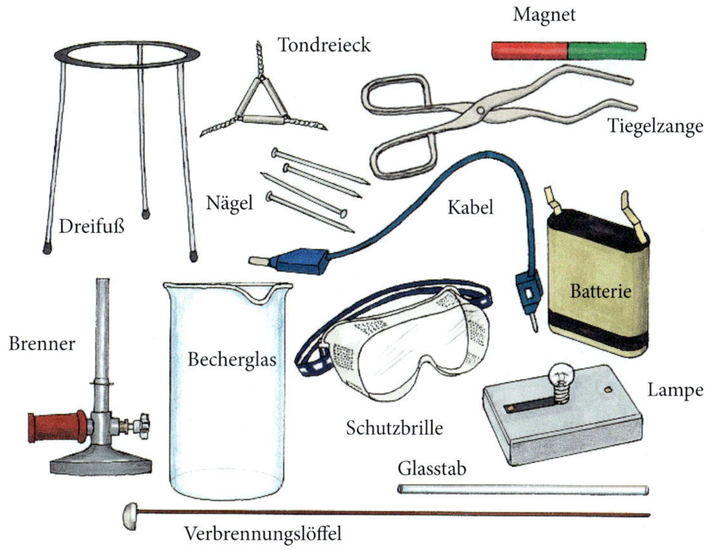

4 Mögliche Versuchsgeräte

6

Bei welcher Temperatur schmilzt/erstarrt …?

a Zündet ein halbvolles Teelicht an.
Wartet, bis der größte Teil des Wachses geschmolzen ist. Pustet die Flamme dann aus und taucht die Spitze eines elektronischen Thermometers in das flüssige Wachs. Beobachtet die Temperaturanzeige!

b Plant einen Versuch, mit dem ihr die Schmelztemperatur von Wachs herausfinden könnt.

7

Gesucht wird …

Wählt einen Stoff aus. Schreibt über ihn auf OH-Folie einen ausführlichen Steckbrief.
Dann deckt einer von euch die Folie auf dem OH-Projektor schrittweise auf. ▷ 5
Wer errät den Stoff als Erster?

5

Stoffe und ihre Eigenschaften – Lernen an Stationen

1

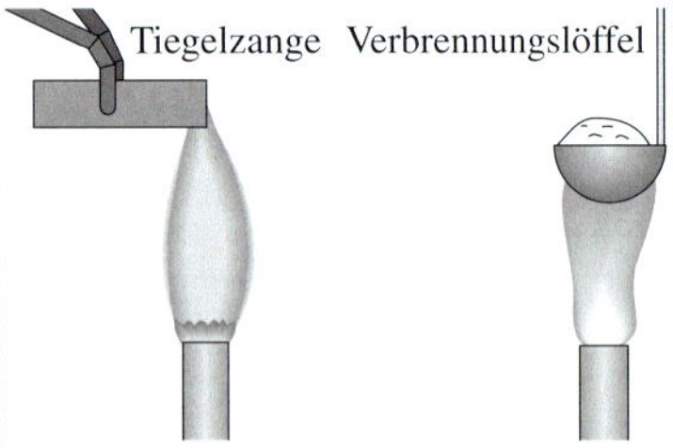

Welcher Stoff ist brennbar?

Material:

Schutzbrille, Brenner, feuerfeste Unterlage, Tiegelzange, Verbrennungslöffel, Messer (zum Säubern); *Proben:* Wolle, Alufolie, Watte, Stahlwolle, Kunststoffe (mit den Zeichen PE oder PS), Grafit (Bleistiftmine), Holzkohle, Salz, Mehl, Reis

Versuchsdurchführung:

a Haltet den Stoff in die Spitze der Flamme oder legt eine kleine Menge davon in den Verbrennungslöffel. Beginnt der Stoff zu brennen?
Brennt er außerhalb der Flamme weiter?

b Legt danach die Reste auf die feuerfeste Unterlage und schaut sie euch an.

c Säubert die Zange und den Verbrennungslöffel mit dem Messer.

Auswertung:

Schreibt eure Beobachtungen in eine Tabelle nach diesem Muster:

Stoff	Brennt/Brennt nicht	Brennt ohne Brenner weiter	Verbrennungsreste (Aussehen)
Papier	brennt	ja	Papierreste und Asche, schwarz, grau
...	...	...	...

2

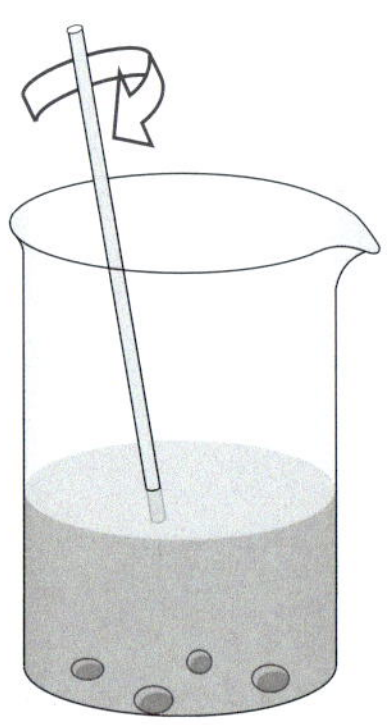

Welcher Stoff löst sich in Wasser?

Material:

Bechergläser mit Wasser, Glasstäbe zum Umrühren, Papierhandtücher; *Proben:* Papier, Eisenpulver, Würfelzucker, Kreide, Holzkohlepulver, gemahlener Kaffee, Instantkaffee, Tee, Hartschaum (Styropor) …

Versuchsdurchführung:

Gebt jeweils nur *kleine* Mengen des Stoffes in Wasser und rührt.

Auswertung:

Notiert eure Beobachtungen in einer solchen Tabelle.

Körper	Stoff	Löst sich in Wasser auf?		
		vollständig	teilweise	nicht
Salzkrümel	Salz	...	...	...
...	...	...	...	...

3

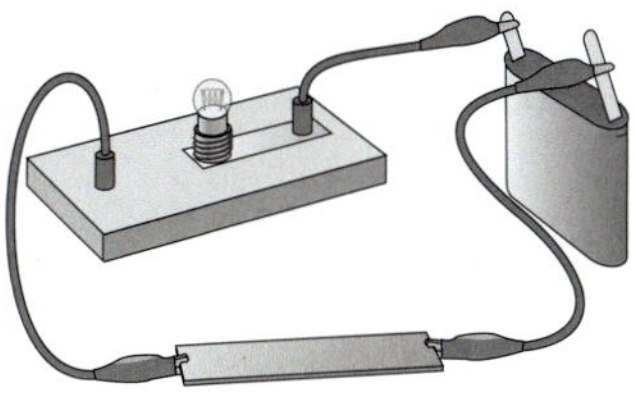

Leiter oder Nichtleiter?

Material: Batterie oder Trafo, Experimentierkabel, Lampe; *Proben:* Eisen, Kupfer, Aluminium, Zink, Glas, Kunststoff, Kohlenstoff (Bleistiftmine, Kohlestab)

Versuchsdurchführung:

a Klemmt die Körper aus den unterschiedlichen Stoffen nacheinander zwischen die Krokodilklemmen.

b Beobachtet die Lampe: Wenn die Glühlampe leuchtet, leitet der untersuchte Stoff den elektrischen Strom. Er ist ein elektrischer Leiter.

Auswertung: Schreibt eure Beobachtungen auf. Sammelt sie am besten in einer solchen Tabelle:

Körper	Stoff	Leuchtet die Lampe?	Leiter oder Nichtleiter?
Nagel	Eisen	ja	Leiter
...	...	...	...

Erweiterung: Wenn ihr Zeit habt, prüft weitere Körper (Schmuckstücke …). Überlegt, aus welchem Stoff sie bestehen könnten.

4

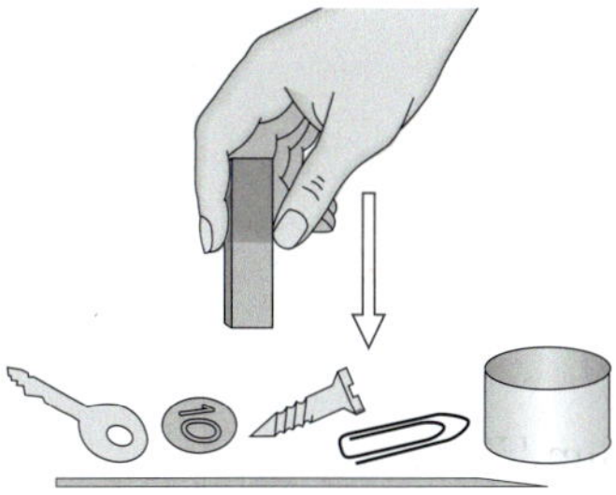

Welcher Stoff ist magnetisch?

Material: Magnete; *Proben:* unterschiedliche Büroklammern, Nägel, Eisenblech, Kupferblech, Aluminiumblech (Teelichtbecher), unterschiedliche Stricknadeln, Schmuck, Münzen, verschiedene Stifte, Lineale

Versuchsdurchführung:

a Prüft mit dem Magneten, welche Körper angezogen werden.

b Ordnet die *Körper* dann zu zwei Haufen an und tragt sie in eine Tabelle ein (siehe Muster).

c Wenn ihr die *Stoffe* erkennt, aus denen die Körper bestehen, schreibt sie in die zweite Spalte der Tabelle.

Auswertung:

Schreibt eure Beobachtungen auf.

Sammelt sie am besten in einer solchen Tabelle:

Körper	Stoff	Wird angezogen?	Magnetisch?
Lineal	Kunst-stoff	nein	nein
...	...	...	...

Die untersuchten Körper, die vom Magneten angezogen wurden, können unterschiedlich aussehen. Sie bestehen aber alle aus ein und demselben Stoff. Wie heißt dieser Stoff?

Körper und Stoff – zur Erinnerung

Erinnerst du dich noch? In den Naturwissenschaften haben viele Wörter eine andere Bedeutung als in der Alltagssprache. Dazu gehören auch die Begriffe *Körper* und *Stoff*.
Als Körper bezeichnet man alle Gegenstände und Lebewesen (Menschen, Tiere, Pflanzen).

Körper nennt man alles, was einen Raum einnimmt.

Als Stoffe bezeichnet man nicht nur das, woraus Kleider, Hosen, Hemden … hergestellt werden. Viele Körper bestehen nicht nur aus einem, sondern aus mehreren Stoffen. ▷ 1–4

Stoff nennt man alles, woraus Körper bestehen.

Körper: Becher
Stoff: Keramik

1

Körper: Becher
Stoff: Kunststoff

2

Körper: Luftballon
Stoffe: Gummi (Hülle), Luft (Inhalt)

3

Körper: Limonadenflasche
Stoffe: verschiedene Kunststoffe (Flasche, Deckel), Luft, Limonade, Papier, Druckfarbe und Klebstoff (Etikett)

4

Stoffgruppen Es gibt unendlich viele verschiedene Stoffe. Um sie unterscheiden zu können, teilt man sie in Gruppen ein. Alle Stoffgruppen haben gemeinsame Eigenschaften. Das gilt für feste Stoffe, aber auch für Flüssigkeiten und Gase:

- *Feste Stoffe:* die *Stoffgruppe der* Metalle (Eisen, Kupfer …) sowie der Stoffe, die keine Metalle sind (Glas, Kunststoff, Holz …)
  Diese beiden Gruppen lassen sich leicht voneinander unterscheiden: Die Metalle leiten alle den elektrischen Strom.
- *Flüssigkeiten:* Wasser, Öl, Spiritus …
- *Gase:* Luft, Sauerstoff, Biogas …

Aufgaben

1 Schüler einer Klasse sollten „Stoffe“ an die Tafel schreiben.

a Da ist nicht alles richtig! ▷ 5 Schreibe die Wörter auf, die wirklich Stoffe sind.

b Suche drei Stoffe heraus und schreibe auf, welche Körper man daraus herstellen kann.

c Teile die Stoffe in sinnvolle Gruppen ein und suche dazu Überschriften. Beispiel: Metalle …

d Suche noch weitere Stoffe, die zu den Gruppen gehören.

2 Beschreibe, was man im Alltag und in der Fachsprache unter Stoff versteht.

Eisen Glas Essig Holz Papier Blech Styropor
Büroklammer Apfelsaft Brett Watte Wasser
Kupfer Kette Silber Benzin Mehl Baum Zinn
Seifenlauge Diamant Draht Butter Baumwolle Kerze

5

der Körper
der Stoff

Stoffeigenschaften Wir können die unterschiedlichen Eigenschaften der vielen Stoffe *mit unseren Sinnen* ▷ 6 erkennen oder *durch Versuche* herausfinden: ▷ 7

mit unseren Sinnesorganen:

Ⓐ
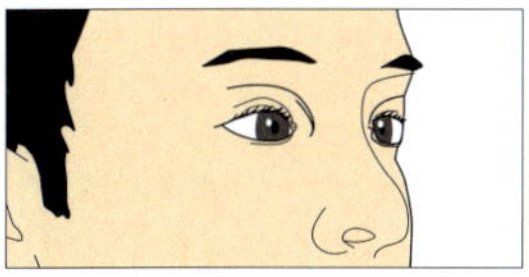

- Farbe
- Glanz
- Zustand (fest, flüssig, gasförmig)

Ⓑ
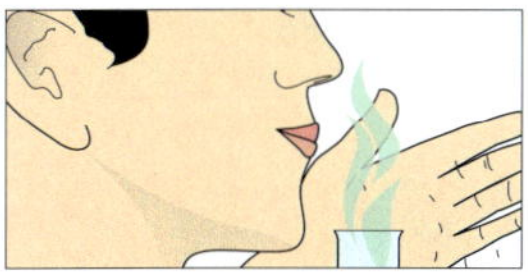

- Geruch (stechend, geruchlos ...)

Vorsicht: Bei unbekannter Flüssigkeit nur zufächeln!

Ⓒ
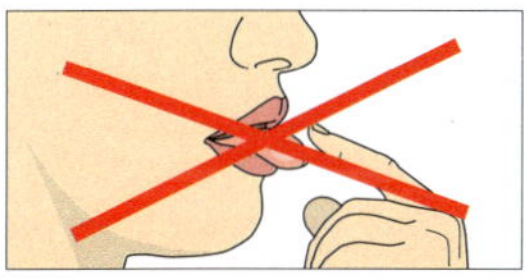

- Geschmack

Vorsicht: Nie den Geschmack eines fremden Stoffs prüfen!

Ⓓ
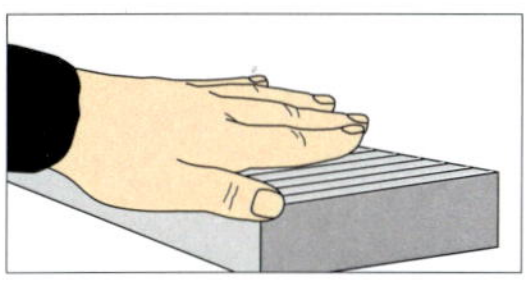

- Oberfläche (rau, glatt ...)

Manche Stoffe reizen die Haut!

Ⓔ
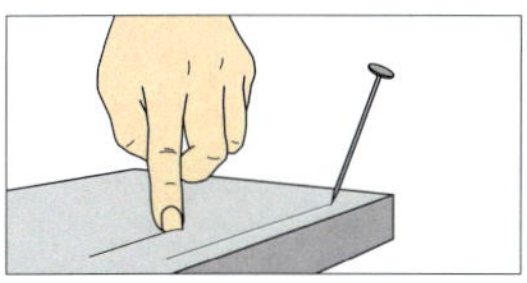

- Härte

6

durch Versuche:

- Löslichkeit des Stoffs

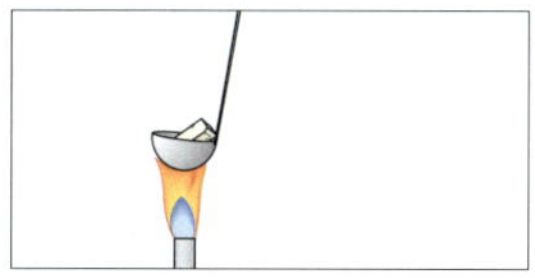

- Schmelzbarkeit (leicht schmelzbar ...)
- Brennbarkeit

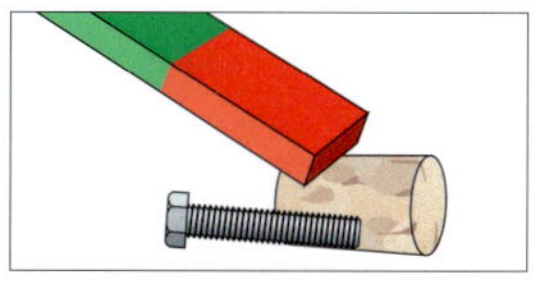

- magnetisch
- nicht magnetisch

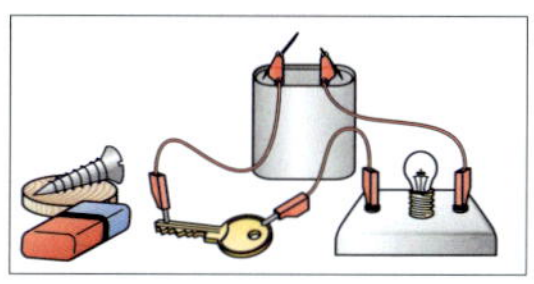

- elektrischer Leiter
- Nichtleiter

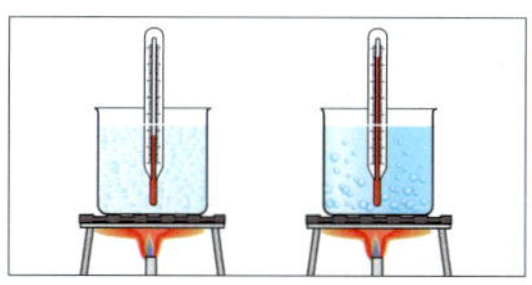

- Schmelztemperatur
- Siedetemperatur

7

Aufgaben

3 Welche Sinne werden hier genutzt, um Stoffeigenschaften zu erkennen? ▷ 6
Schreibe z. B. so: „Mit den Augen kann man …"

4 Was wird in den Versuchen untersucht? ▷ 7
Beispiel: „Es wird untersucht,
– ob sich ein Stoff in Wasser löst,
– ob ein Stoff …"

5 Nenne jeweils zwei Stoffe mit folgenden Eigenschaften:
fest/brennbar, fest/leitet elektrischen Strom, fest/kein Metall, flüssig/trinkbar, flüssig/brennbar, gasförmig/brennbar.

6 Es gibt eine kaum zählbare Menge von Stoffen. Sie unterscheiden sich in ihren Eigenschaften: hart, grün, flüssig, magnetisch, salzig, glatt, gasförmig, elektrisch leitend, glänzend, rau, brennbar, löslich (in Wasser), schmelzbar …

a Benenne unsere fünf Sinne.

b Welche von diesen Eigenschaften könnt ihr mit euren Sinnen erkennen?

c Ordnet den Eigenschaften die jeweiligen Sinne zu. Schreibt z. B. so: hart – Tastsinn.

d Für welche Eigenschaften benötigt man Hilfsmittel? Schreibt z. B.: schmelzbar → Behälter und Gasbrenner …

Werkstoffe sind Wertstoffe

Die Werkstoffe Metall, Papier, Glas, Kunststoff … sind viel zu kostbar, um sie als Müll zu verbrennen. Deshalb werden diese Stoffe möglichst wiederverwertet (recycelt). Dabei können wir alle mithelfen: Wir trennen den Müll und stecken nur den Restmüll in die entsprechende Tonne. ▷ 1

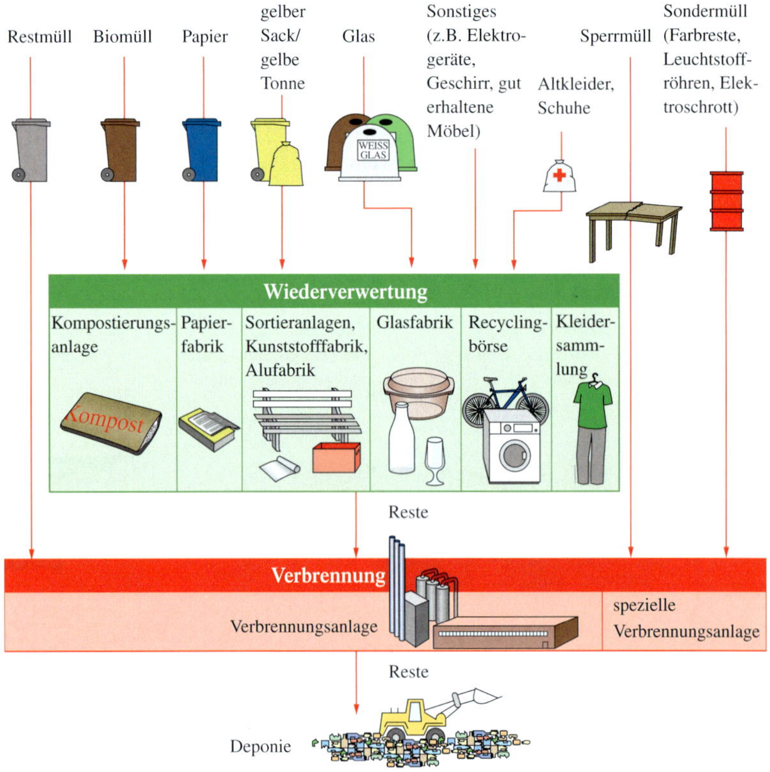

1 Müllentsorgung – nach Stoffgruppen getrennt

Flaschen und Gläser aus Altglas Viele wertvolle Werkstoffe werden wiederverwertet, zum Beispiel Glas.

Für die Herstellung von Flaschen verwendet man „Recyclingglas“. Eine solche *Wiederverwertung* hat drei Vorteile:

- Das viele Altglas gelangt nicht in den Hausmüll und vergrößert nicht die Müllberge.
- Man spart Rohstoffe.
- Zum Recyceln von Altglas braucht man weniger Energie als für die Herstellung von neuem Glas.

Daher stehen fast überall die Sammelbehälter. Das dort gesammelte Glas wird in *Wiederverwertungsanlagen* zu Recyclingglas aufgearbeitet. ▷ 2–3 Das Recyclingglas wird dann zusammen mit anderen Stoffen in einem Schmelzofen erhitzt. So lassen sich aus dem Glas neue Flaschen formen. Eine grüne Flasche enthält zu 9 von 10 Teilen Altglas.

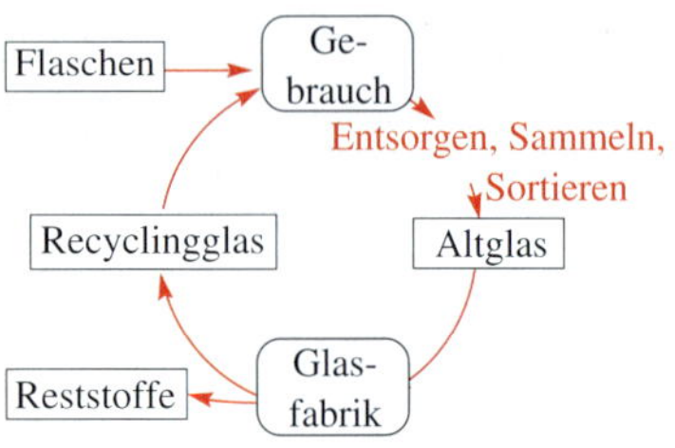

3

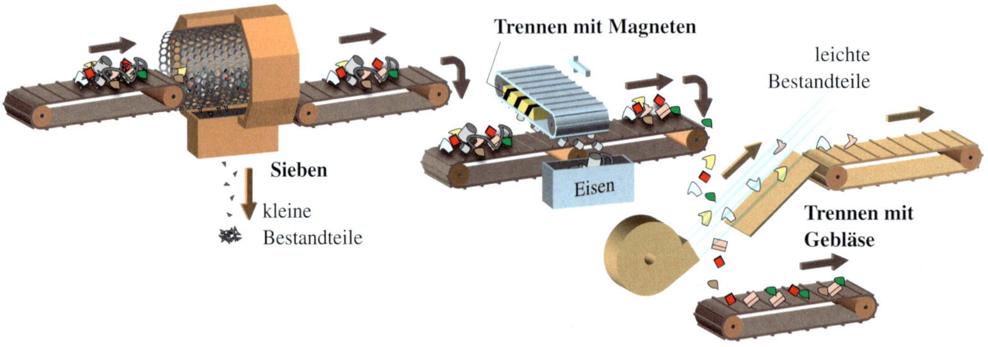

2 Aus Altglas wird Recyclingglas.

1 Restmülltonne, gelbe Tonne (gelber Sack), Biotonne – gib an, was jeweils wo hineingehört:

a Voller Staubbeutel, Speisereste, Joghurtbecher, Rasenschnitt, leere Dosen, Kerzenstummel, Asche …

b Schreibt für jeden Behälter 2 weitere Körper auf.

2 Müll, der nicht recycelt werden kann, wird in der Müllverbrennungsanlage verbrannt. Das Bild unten zeigt auf lustige Weise die Stationen einer solchen Anlage. ▷ 4

a Schreibe zu den Ziffern in Bild ▷ 4 die folgenden Begriffe: ***Mü**llbunker, Rauchwaschanlag**e**, Kran, **D**ynamo (Generator), Dampfkessel, B**l**ase-ba**l**g, **Ver**brennungsrau**m**, Dampfturb**i**ne, Schlackenwag**e**n, Schornstei**n**.*
Beispiel: 1. Müllbunker, 2. …
Wenn du die Begriffe richtig geordnet hast, ergeben die fett gedruckten Buchstaben zwei Wörter. Sie sagen dir, was besser ist, als den „Müll zu verbrennen“. (Das erste Wort beginnt mit „M“, das zweite mit „v“.)

b Beschreibe jeweils *zusätzlich*, was dort geschieht. Beispiel:
Rauchwaschanlage: Der Rauch wird mit Kalk und Wasser von schädlichen Abgasen gereinigt.

3 Es ist besser, Müll zu vermeiden als Müll zu verbrennen. Wie kannst du Müll vermeiden?

4a Malt Plakate für die Klasse (Schule, Küche): Was kommt in die graue (gelbe, blaue …) Tonne?

b Wenn ihr nicht weiterwisst, dann holt euch Hilfekärtchen bei eurem Lehrer oder eurer Lehrerin.

c Informiert euch dazu genau bei eurer Stadt- oder Gemeindeverwaltung.

5 Informiert euch, wie andere Werkstoffe wiederverwertet werden: Papier, Metalle, Kunststoff …

6 Fertige eine Zeichnung für den Stoffkreislauf von Papier an.

4 So hat sich der Zeichner eine Müllverbrennungsanlage vorgestellt.

Wir erkunden einen Betrieb

In eurer Stadt oder Gemeinde gibt es Betriebe, die mit Metallen, Kunststoffen, Holz, Glas oder Textilien arbeiten – unseren wichtigsten Werkstoffen. Vielleicht könnt ihr einen solchen Betrieb besuchen. Fragt an, ob eure Klasse den Betrieb besichtigen darf. Wenn ja, vereinbart einen Termin, an dem euch jemand für Fragen zur Verfügung steht. Vielleicht gibt es auch die Möglichkeit, der örtlichen Feuerwehr einen Besuch abzustatten.

1

Schritt 1 Vorbereitung
Der Besuch eines Betriebs ist etwas Besonderes. Fertigt dazu eine *Wandzeitung* an (s. die folgende Doppelseite). Je nachdem, welchen Betrieb ihr ausgesucht habt, könnte die Überschrift lauten:
„Besuch eines Metall verarbeitenden Betriebs“,
„Besuch eines Holz verarbeitenden Betriebs“,
„Besuch eines Glas verarbeitenden Betriebs“ oder
„Besuch bei der örtlichen Feuerwehr“.
Vor der Betriebserkundung solltet ihr euch Fragen überlegen, z. B.:
- Was stellt der Betrieb her?
- Wo kommt der Werkstoff her?
- Wie wird der Werkstoff bearbeitet? Welche seiner Eigenschaften werden dabei genutzt?

Bildet zur Erarbeitung eurer Fragen Gruppen.

Schritt 2 Informationen beschaffen und dokumentieren
Schon vor der Erkundung solltet ihr Informationen zu dem ausgewählten Betrieb sammeln. Nur dann könnt ihr fachkundige Fragen stellen. Solche Informationen erhaltet ihr aus dem Internet, aus Werbematerialien des Betriebs und durch Befragungen, z. B. im Bekanntenkreis.
Überlegt euch nun, welche Gruppe welche Fragen stellt.
Bei der Betriebserkundung solltet ihr euch unbedingt Notizen machen. Mit einer Kamera könnt ihr Bilder für eure Wandzeitung festhalten.

Schritt3 Informationen ordnen
Nach eurem Besuch müsst ihr euch in eurer Gruppe überlegen, wie ihr die gesammelten Notizen, Bilder und Texte ordnen wollt.
Wie soll euer Teil der Wandzeitung aussehen?

Aufgabe

1 Denkt euch weitere Fragen zur Betriebserkundung aus.

2 Bohren in ein Stahlblech

3 Ausbildung zum Schweißer

4 Bohren in Holz

6 Glasbläser

5 Metallarbeiten

Eine Wandzeitung gestalten

1 Wandzeitung

Eine Wandzeitung soll schön aussehen und den Betrachter anregen. ▷ 1
Ein solches Plakat kann ein Einzelner kaum erstellen.

Schritt 1 **Planung**
Schreibt auf, welches Thema ihr bearbeiten wollt. Legt einen Zeitplan für die Arbeiten fest. Verteilt die Arbeiten auf die Gruppenmitglieder.

Schritt 2 **Informationsbeschaffung**
Zunächst müsst ihr Informationen sammeln.
Manches findet ihr in diesem Buch. Anderes steht im Lexikon, in Büchern, in Informationsschriften, Zeitungen oder im Internet. ▷ 2–3 Vielleicht habt ihr auch die Möglichkeit, eine Feuerwache zu besuchen und Feuerwehrleute zu interviewen. Wer Bilder zu einem anderen Thema hat, bietet sie denjenigen an, die es bearbeiten.

2

Schritt 3 **Herstellung der Wandzeitung**
Besorgt euch Packpapier, ein Papiertischtuch oder Tapeten, Stifte, Scheren, Klebstoff und farbiges Band.
Gemeinsam entscheidet ihr:
- Welches Material soll auf dem Plakat veröffentlicht werden? In welcher Form soll das geschehen?
- Wie werden die Materialien übersichtlich angeordnet? Prüft nach, ob die Zeitung aus der Nähe und auch aus der Ferne wirkt.
- Denkt an die Beschriftung der Bilder: Achtet auf Größe und Lesbarkeit der Schrift. Unterscheidet verschiedene Schriftgrößen.

3

Schritt 4 Nach Fertigstellung erläutert jede Gruppe vor der Klasse den eigenen Teil der Arbeit.

Wie führt man ein Interview?

Wenn ihr ein Interview führen wollt, müsst ihr euch vorbereiten. Überlegt euch, welche Fragen ihr stellen wollt. Informiert euch deshalb vorher über das Thema des Interviews (Bücher, Internet).
Während des Interviews werden die Antworten notiert oder aufgenommen. Einige Tipps für Interviews:

- Fragt nicht so, dass die Antwort nur Ja oder Nein lauten kann. Verwendet Fragewörter wie „warum", „was", „wie", „wozu".
- Formuliert eure Fragen klar und verständlich auf einem Zettel.
- Geht nicht allein zum Interview.
- Fertigt während des Interviews Notizen an. Mit einem Handy könnt ihr auch Ton- oder Videoaufzeichnungen machen. ▷ 4
- Vielleicht redet euer Gesprächspartner zu lange hintereinander. Dann unterbrecht ihn höflich mit einer Zwischenfrage.
- Fragt nach, wenn ihr eine Antwort nicht verstanden habt.
- Bedankt euch am Schluss des Interviews für das Gespräch.
- Fasst die Ergebnisse eurer Befragung schriftlich zusammen. ▷ 5–6

4

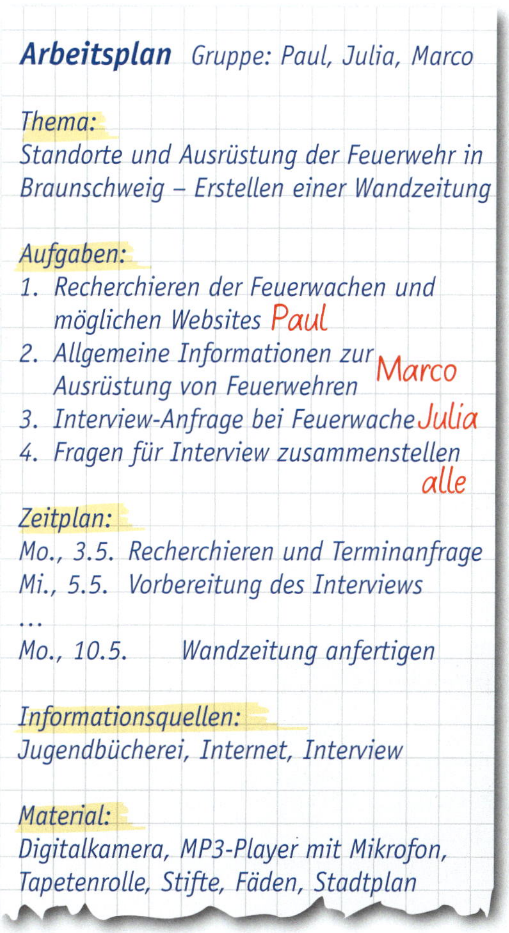
Arbeitsplan Gruppe: Paul, Julia, Marco

Thema:
Standorte und Ausrüstung der Feuerwehr in Braunschweig – Erstellen einer Wandzeitung

Aufgaben:
1. Recherchieren der Feuerwachen und möglichen Websites Paul
2. Allgemeine Informationen zur Ausrüstung von Feuerwehren Marco
3. Interview-Anfrage bei Feuerwache Julia
4. Fragen für Interview zusammenstellen alle

Zeitplan:
Mo., 3.5. Recherchieren und Terminanfrage
Mi., 5.5. Vorbereitung des Interviews
...
Mo., 10.5. Wandzeitung anfertigen

Informationsquellen:
Jugendbücherei, Internet, Interview

Material:
Digitalkamera, MP3-Player mit Mikrofon, Tapetenrolle, Stifte, Fäden, Stadtplan

5

6

Projekt „Wir untersuchen Werkstoffe“

… zum Beispiel: Metalle

Aus vielen Stoffen werden Gebrauchsgegenstände hergestellt. Man bezeichnet sie als *Werkstoffe*. Metalle, Holz, Glas und Kunststoffe gehören zu unseren wichtigsten Werkstoffen.

1 Metalle für verschiedene Zwecke

Projektarbeit

Auf den folgenden Seiten findet ihr Vorschläge für Projektthemen, mit deren Hilfe ihr Werkstoffe selbstständig erkunden könnt.
Bildet Gruppen, die sich mit jeweils einem Werkstoff beschäftigen werden. Zu den Werkstoffen findet ihr Informationen und Anregungen im Buch. Ihr solltet aber auch andere Quellen wie Fachbücher und Internet nutzen oder Experten (Handwerker) befragen.
Stellt eure Arbeitsergebnisse zu einer Ausstellung zusammen.
Sie könnte so aussehen:
- ein Plakat „Vor- und Nachteile unseres Werkstoffs“
- eine Collage „Unser Werkstoff ist sehr vielfältig verwendbar“
- selbst gemachte Gegenstände aus eurem Werkstoff

1

Sammlungen

Sammelt Metallproben und Gegenstände, die aus dem Metall bestehen (oder Bilder davon). Benennt die Metalle.

2

Untersuchungen

Wollt ihr euch mit Eisen, Kupfer und Aluminium beschäftigen oder interessieren euch andere Metalle mehr?
Versucht Unterschiede und Gemeinsamkeiten der einzelnen Metalle festzustellen. ▷ 5–7
Stellt eure Ergebnisse in Form einer Tabelle dar. ▷ 2

	Eisen	Kupfer	Aluminium
Farbe	?	?	?
Oberfläche	?	?	?
Veränderungen	?	?	?
an der Luft	?	?	?
im Wasser	?	?	?

2

3

Arbeiten mit Metall

a Ihr könnt die „Zitterhand-Schaltung“ bauen. ▷ 3
Der Ring muss über den Draht geführt werden, ohne den Draht zu berühren. Ein Summer meldet, wenn die Hand zittert.

b Aus Metallresten und Metallschrott könnt ihr auch „Kunstgegenstände“ herstellen. Lasst eurer Fantasie freien Lauf! ▷ 4

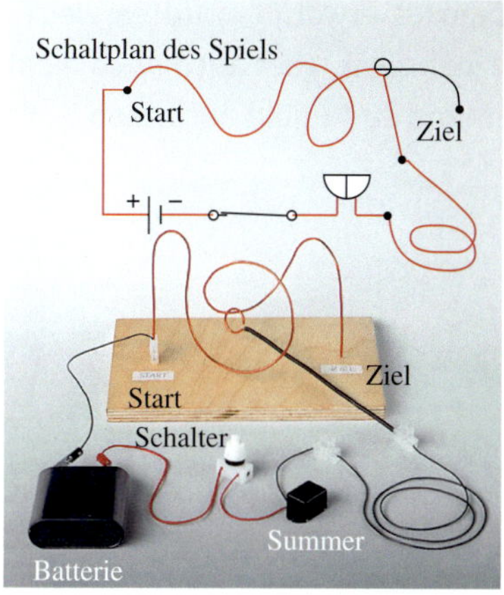

3 Die „Zitterhand-Schaltung“

4 Lokomotive aus Metalldosen

Die Stoffgruppe der Metalle

Eigenschaften der Metalle Zur Gruppe der Metalle gehören als wichtigste Werkstoffe: Eisen (Stahl), Aluminium und Kupfer. Zu dieser Stoffgruppe gehören auch die „Edelmetalle“ Gold und Silber sowie das flüssige Quecksilber.
Für Metalle sind zwei Eigenschaften typisch:

1. Sie leiten den elektrischen Strom.
2. Sie haben eine metallisch glänzende Oberfläche (wenn sie gesäubert ist).

In anderen Eigenschaften unterscheiden sich die Metalle: ▷ 5–7

- Eisen ist magnetisch (neben den seltenen Metallen Cobalt und Nickel).
- Farbe und Härte sind verschieden.
- Sie sind unterschiedlich schwer. ▷ 5 So wiegen 1 cm^3 Aluminium 2,7 g, 1 cm^3 Eisen 7,9 g und 1 cm^3 Gold 19,3 g.
- Einige Metalle, wie z. B. Aluminium, bilden an der Oberfläche eine Schicht, wenn sie mit Wasser und Luft in Berührung kommen.

Bronze – eine Legierung Glocken bestehen aus Bronze. Zum Gießen der Glocken werden die Metalle Kupfer und Zinn zusammengeschmolzen und vermischen sich. Bronze ist viel härter und fester als Kupfer und Zinn. In der Bronzezeit wurde sie zur Herstellung von Waffen und Werkzeugen benutzt.
Solche Metallmischungen nennt man *Legierungen*.

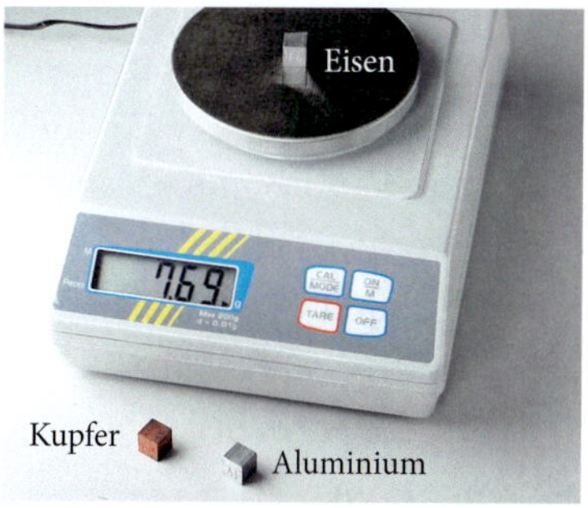

5 Wie schwer sind die Metalle?

6 Welche Metalle lassen sich gut sägen?

7 Die Metalle im „Wassertest“

… zum Beispiel: Glas

Das Besondere am Glas ist: Wenn man es erwärmt, wird es weich. Glas ist dann ein Werkstoff, der nicht mehr fest, aber auch noch nicht flüssig ist. Es lässt sich biegen, ziehen und zu Kugeln aufblasen.

1 Glas – sehr stabil

2 Glas – zerbrechlich und schön

Achtung!

Glas splittert leicht und kann heiß werden. Deshalb bei Arbeiten mit Glas unbedingt Schutzbrille und Schutzhandschuhe tragen!

3 Glas – biegsam

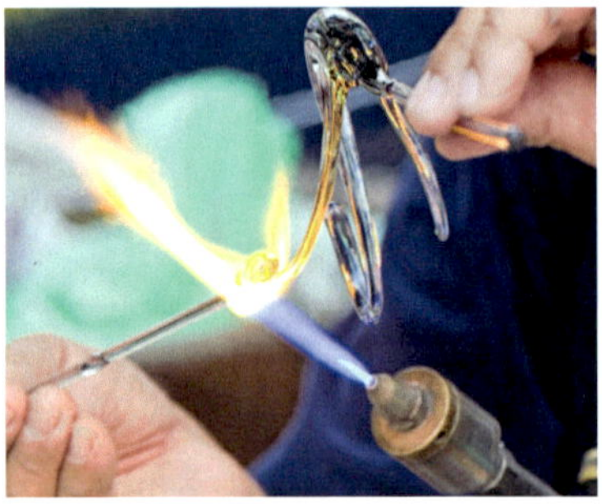

4 Glas – verformbar

1

Arbeiten mit Glas

Tragt beim Arbeiten Schutzbrille und Handschuhe!
Schafft ihr es, den Anfangsbuchstaben eures Vornamens aus Glasröhrchen zu biegen? Eine Anleitung gibt euch die Bildreihe. ▷ 5–8

2

Überall Glas

Glas ist ein Werkstoff – nicht nur für Gläser und Vasen.

- **a** Stellt in einer Fotoausstellung die Verwendungsmöglichkeiten von Glas vor.
- **b** Fertigt ein Fotoplakat an: „Gläserne Kunstgegenstände“.

3

Glasbläser – ein interessanter Beruf

- **a** Habt ihr Gelegenheit, eine Glasbläserei zu besichtigen? Dann berichtet davon mithilfe von Bildern.
- **b** Forscht im Internet nach (Stichwort: Glasbläser).

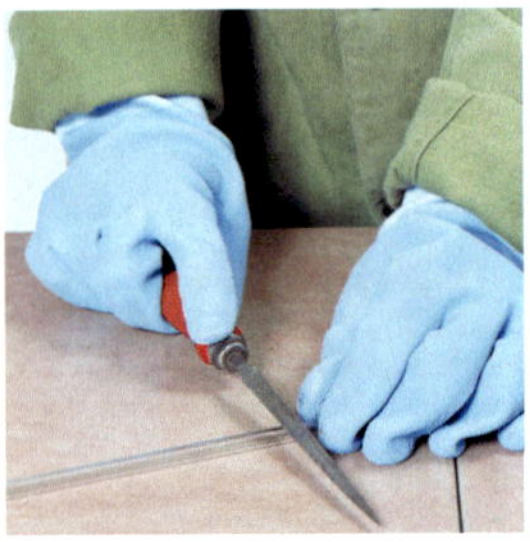

5 Mit der Feile *einkerben*

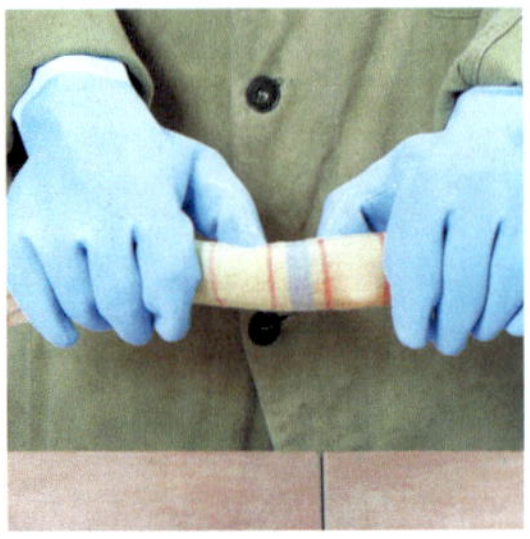

6 *Vom Körper weg* brechen

7 Erhitzen – drehen – biegen

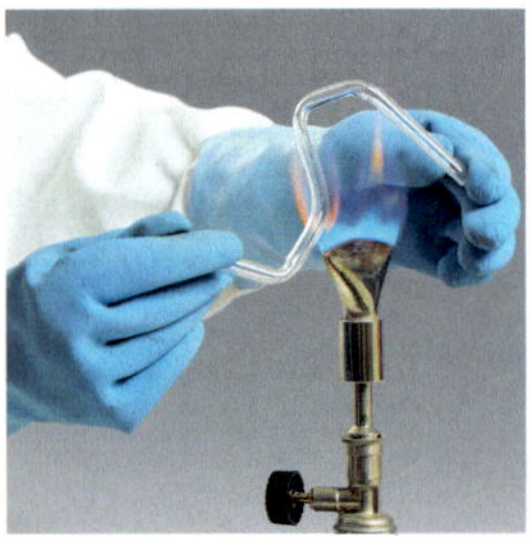

8 Sabine hat es einfach.

Glas – ein uralter Werkstoff

Grabbeigabe der Pharaonen Im alten Ägypten dienten Glaskelche als Grabbeigaben. ▷ 9 Vermutlich wurde Glas aber schon vor mehr als 5000 Jahren durch Zufall „erfunden“. In einer Feuerstelle auf sandigem Boden fanden Menschen nach dem Erkalten Glasperlen. Glas besteht hauptsächlich aus geschmolzenem Sand. Trotzdem ist die Glasherstellung nicht ganz einfach. Zum Schmelzen von Sand sind nämlich Temperaturen von fast 2000 °C nötig. Solch hohe Temperaturen waren mit einem Holzfeuer nur sehr schwer zu erreichen.

Zusatzstoffe helfen Im Lauf der Zeit fand man heraus, dass Sand mit Zusatzstoffen (Salze, Asche von salzhaltigen Pflanzen, Kalk …) bei viel niedrigeren Temperaturen schmilzt. So wurde es möglich, Glas in größeren Mengen herzustellen.
Glas hat nicht nur den Vorteil, dass der Rohstoff Sand überall vorhanden ist. Es ist auch viel einfacher zu bearbeiten als etwa Metalle. Das liegt daran, dass Glas nicht bei einer ganz bestimmten Temperatur erstarrt, sondern ganz langsam beim Abkühlen härter wird. Während dieser Zeit lässt es sich leicht formen – durch Blasen, Pressen, Walzen und Ziehen. Mit weiteren Zusatzstoffen erhält man Glas in vielen schönen Farben.

Vom Luxus zum Massenprodukt Glasfenster stellten bereits die Römer vor rund 2000 Jahren her. Sie gossen geschmolzenes Glas in eine nasse Holzform. Nach dem Erstarren lösten sie das Glas vorsichtig aus der Form. ▷ 10 Fenster aus Glasscheiben waren damals ein Zeichen von Reichtum und Luxus.
Bei uns sind Glasscheiben seit dem Mittelalter bekannt. Sie wurden aber nicht gegossen: Ein Glasbläser formte große Zylinder, die aufgeschnitten, geglättet und gewalzt wurden. ▷ 11
Heute werden Glasscheiben im Floatverfahren hergestellt (engl. *float:* fließen). Das flüssige Glas fließt in eine Wanne mit flüssigem Zinn. Dort kühlt es langsam ab, bis es so fest ist, dass es auf Rollen laufen kann. So entsteht ein breites, endloses Glasband, das in verschiedene Größen geschnitten wird. ▷ 12

9 Dieser schöne Glaskelch ist rund 3500 Jahre alt. Er wurde im Grab eines ägyptischen Pharaos gefunden.

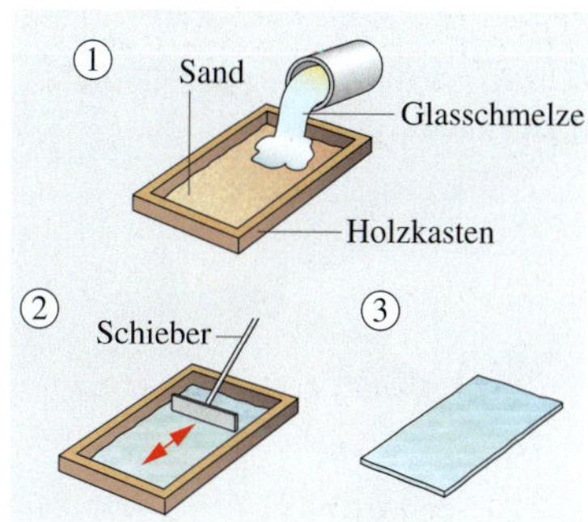

10 Gießen von Glasscheiben (bis ca. 70 cm · 100 cm)

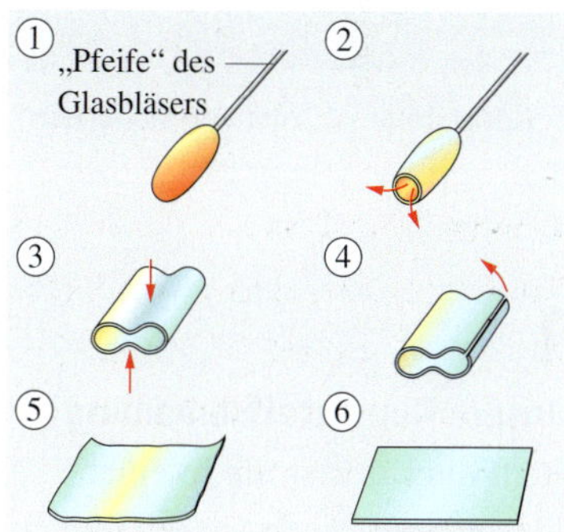

11 Scheiben aus geblasenem Glas

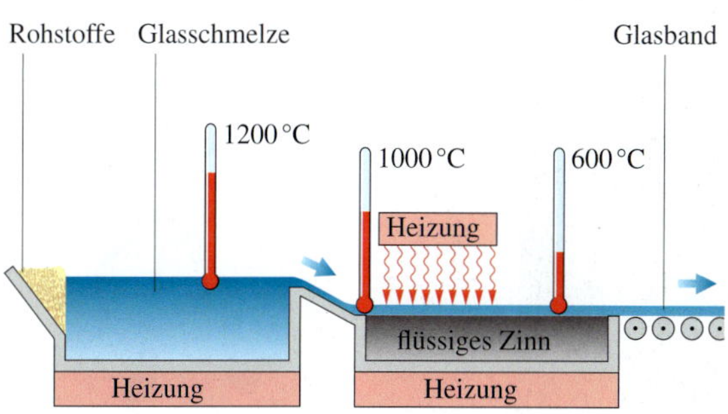

12 Herstellung von Glasscheiben heute

1 Der Rohstoff Sand ist überall vorhanden. Trotzdem war die Glasherstellung zunächst schwierig. Beschreibe das Problem.
2 Warum lässt sich Glas leichter bearbeiten als Metall?
3 Beschreibe die Herstellung von Glasscheiben bei den Römern und im Mittelalter.
4 Beschreibe die Herstellung von Floatglas. Erkläre den Namen.

… zum Beispiel: Kunststoffe

Je nach Bedarf werden Kunststoffe mit den gewünschten Eigenschaften hergestellt. ▷ 1–4
Harte Kunststoffe werden auch beim Erhitzen nicht weich (Griffe von Töpfen).
Andere Kunststoffe werden weich und schmelzen, wenn man sie erhitzt (Plexiglas, Verpackungsmaterial Styropor).
Elastische Kunststoffe kann man zusammendrücken – danach nehmen sie wieder ihre ursprüngliche Form an (Schaumstoff).

1 Gegenstände aus Plexiglas

2 Kunststoffe – für unsere Sicherheit

3 „Isomatte“ aus Schaumstoff

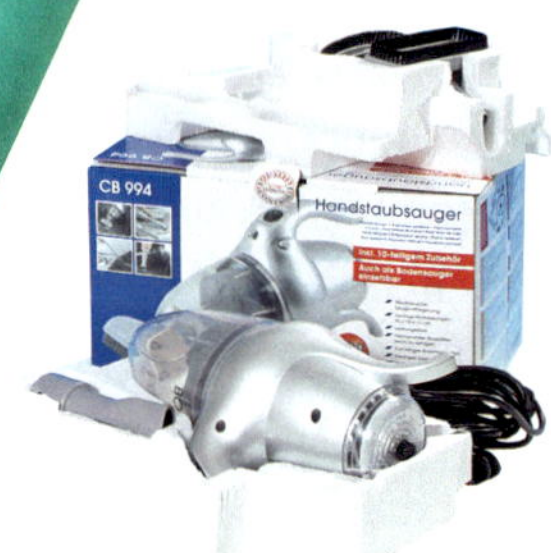

4 Verpackung aus Styropor und Elektrogerät mit Kunststoffgehäuse

1
Unsere Kunststoffsammlung

Stellt die Kunststoffe in einer Glasvitrine aus.

5 Was richtet der heiße Nagel an?

2
Kunststoffe im Test

Vergleicht die Stoffeigenschaften. ▷ 5–6

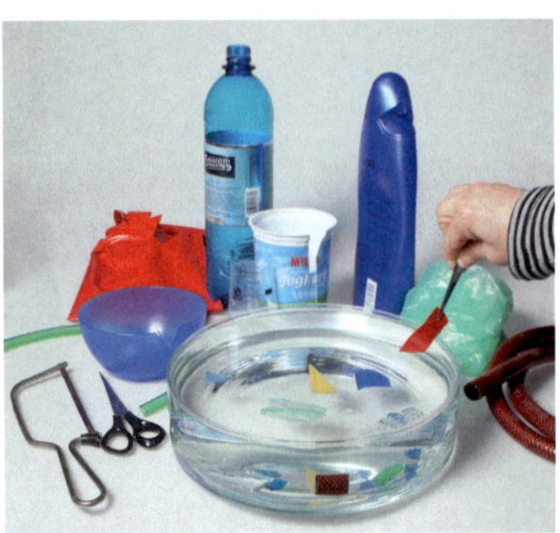

6 Was schwimmt?

3
Selbstgemachtes

Sicherlich habt ihr dazu auch eigene Ideen. ▷ 7

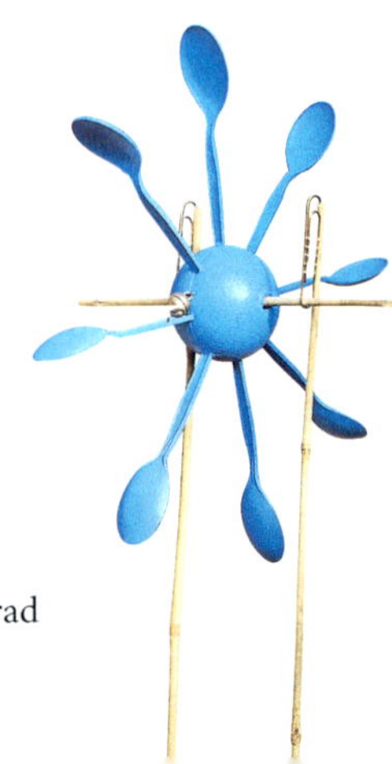

7 Windrad

Kunststoffe im Alltag

Kunststoffe ersetzen in vielen Bereichen natürliche Stoffe. Bei Tüten und Umschlägen ersetzen sie Papier. Für Fußböden, Fenster und Möbel werden sie statt Holz verwendet. Für Wasserrohre, Gehäuse von Geräten wurden früher Metalle verwendet, heute nimmt man Kunststoffe. Manche Kunststoffe haben aber Nachteile: Sie können schädlich für die Gesundheit und für die Umwelt sein.

Die vielen Kunststoffsorten können wir kaum voneinander unterscheiden. Daher werden die unterschiedlichen Gruppen von Kunststoffen mit Symbolen gekennzeichnet. ▷ 8

Die Symbole *(Recycling-Codes)* helfen, die Kunststoffe zu trennen und wiederzuverwerten. Nur Kunststoffe aus den gleichen Gruppen können nämlich wieder zu den gleichen hochwertigen Kunststoffen verarbeitet werden. Aus unsortierten Kunststoffabfällen lassen sich nur minderwertigere Kunststoffprodukte wie Zaunpfähle oder Parkbänke herstellen.

02 PE-HD

festes und hartes **P**oly**e**then (PE)

Verwendung: Vorratsdosen, Abfalleimer, Getränkekästen, Rohre

06 PS

Polystyrol

Verwendung: Joghurtbecher, Gehäuse von Geräten, Spielzeug, Schalter, elektrische Isolierungen, Dämmstoffe

03 PVC

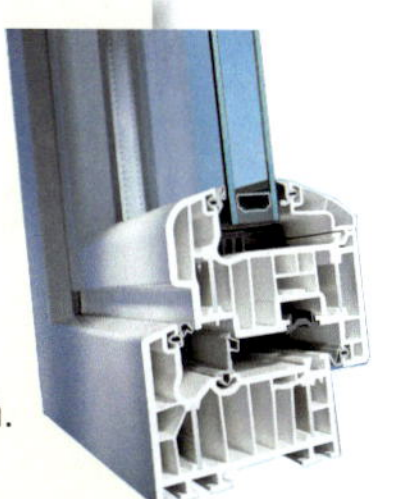

Poly**v**inyl**c**hlorid (PVC)
PVC kann die Gesundheit und die Umwelt stark gefährden. Beim Verbrennen wird nämlich das giftige Chlor freigesetzt. Außerdem enthält PVC oft „Weichmacher“. Sie gefährden unsere Gesundheit, wenn sie in unseren Körper gelangen. Spielzeug darf deshalb nicht aus PVC hergestellt werden.

Verwendung: Fensterrahmen, Rohre, Flaschen für Chemikalien, Fußbodenbeläge, Dachrinnen, Schlauchboote

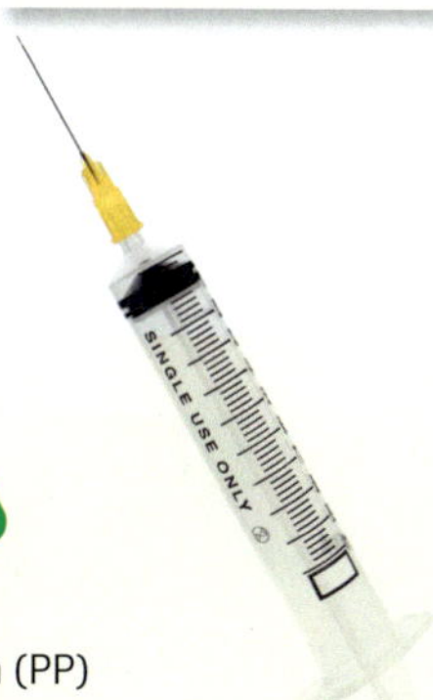

05 PP

Polypropen (PP)

Verwendung: Stoßstangen, Verkleidungen im Autoinnenraum, Sitzbezüge, medizinische Geräte

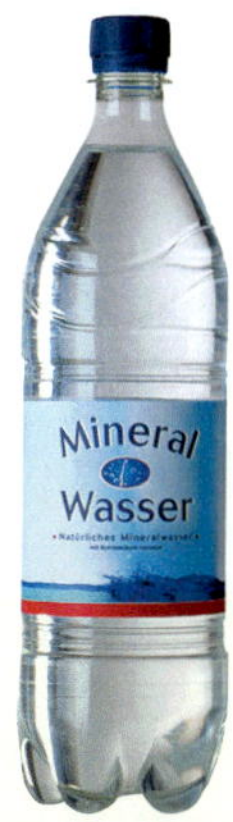

01 PET

PET

Verwendung: Folien, Getränkeflaschen, Verpackungen für Lebensmittel

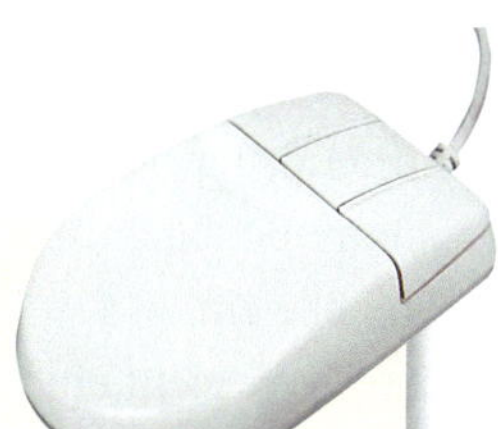

04 PE-LD

Weicheres und weniger festes Polyethen (PE)

Verwendung: Säcke, Folien, Zahnpastatuben, Salben, Taschen

8 Verschiedene Kunststoffe

1 Was bedeutet das Dreieck mit den Pfeilen? ▷ 8

2 Welcher Kunststoff kann gesundheitliche Schäden anrichten? Begründe!

3 Warum sind Kunststoffprodukte mit Symbolen gekennzeichnet? (*Tipp:* Gib den Begriff *Recycling-Code* in eine Suchmaschine ein.)

4 Nenne Produkte aus Kunststoff, die du in eurer Küche findest. Versuche herauszufinden, aus welchem Kunststoff sie hergestellt sind.

Magnete im Alltag

Steckbriefe von Magneten

Im Haushalt gibt es viele Magnete. ▷ 1–5
Kennst du noch mehr?

1

2

3

4

5

Für einen „Steckbrief" untersuchen wir die Eigenschaften eines Stabmagneten. Die Versuchsreihe könnt ihr auch als Stationenarbeit durchführen.

1

Welche Körper zieht ein Magnet an und welche nicht?
Untersucht möglichst viele unterschiedliche Körper mit dem Stabmagneten.

a Welche Körper werden angezogen, welche nicht? ▷ 6–7 Überlegt, aus welchem Stoff die Körper bestehen. Tragt eure Beobachtungen in eine Tabelle ein. ▷ 8

b Welche Stoffe zieht ein Magnet an? Fasst das Versuchsergebnis in einer Regel zusammen. Schreibt sie unter die Tabelle.

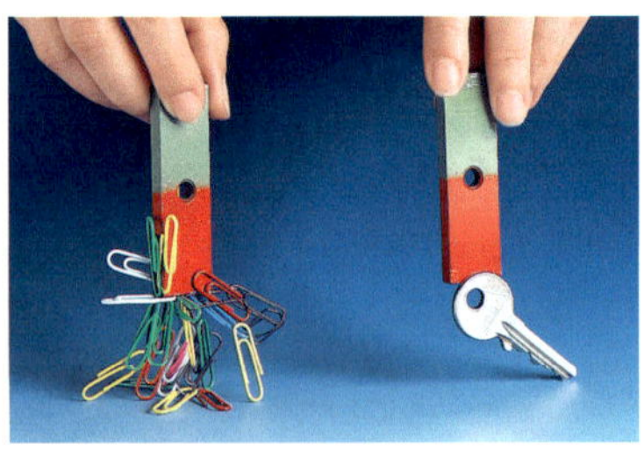
6 Magnete ziehen manche Dinge an …

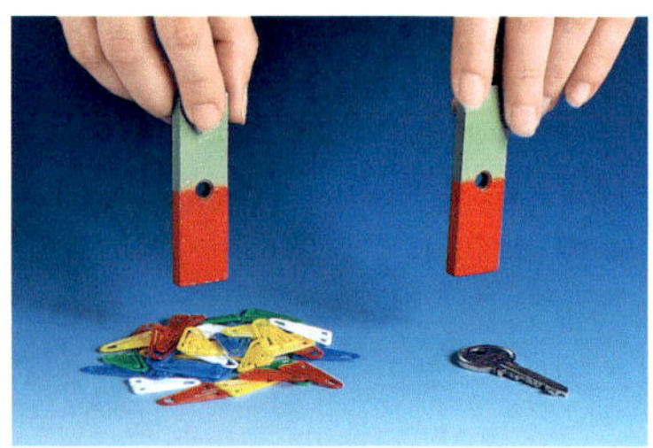
7 … und manche nicht.

Vom Magneten werden angezogen		Vom Magneten werden nicht angezogen	
Körper	Stoff	Körper	Stoff
Schere	?	Ohrring	Silber
Nagel	?	Bleistift	Holz
Büroklammer	?	Büroklammer	?
Schmuckkette	Nickel (silbrig, glänzend)	…	?

8 Mustertabelle

2

Zieht ein Magnet überall gleich stark an?

a Bindet einen Eisennagel an einen Faden und versucht die Mitte des Magneten zu treffen. ▷ 9 Was stellt ihr fest? Habt ihr eine Erklärung?

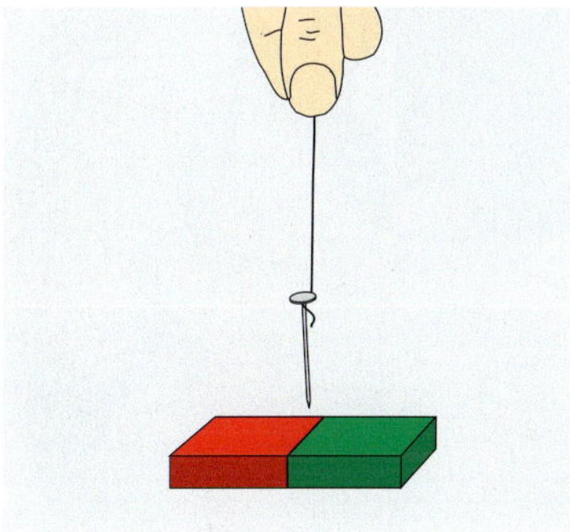

9

b Die Stellen, an denen die Anziehung am stärksten ist, heißen *Magnetpole* oder kurz *Pole*.
Notiert die Anzahl und Lage der Magnetpole.

3

Wird der Magnet von Eisen angezogen?

„Der Magnet zieht Eisen an – aber umgekehrt zieht auch das Eisen den Magneten an."
Ob diese Aussage stimmt?
Plant einen Versuch, mit dem ihr das untersuchen könnt.
Führt ihn dann durch.

4

Wie verhalten sich zwei Magnete, wenn sie zusammenkommen?

Experimentiert mit zwei Stabmagneten auf kleinen Rollen.

a Nähert die Magnetwagen mit der gleichen Farbseite. ▷ 10

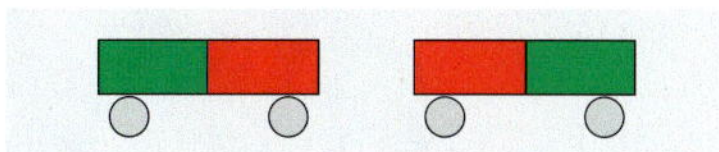

10

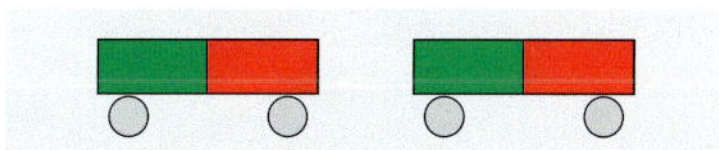

11

b Führt sie dann mit den verschiedenen Farben zusammen. ▷ 11

c Schreibt eure Beobachtung in einer Tabelle auf. ▷ 12

d Die Magnetpole sind nicht gleich. Man unterscheidet Nordpol und Südpol. Bei Experimentiermagneten ist der Südpol grün und der Nordpol rot lackiert.
Formuliert eine Regel, wie Nord- und Südpol sich zueinander verhalten.

Was ich tue	Was ich beobachte
Die rote Magnetseite nähere ich der roten Magnetseite.	?
Die rote Magnetseite nähere ich der grünen.	?
Die ... Magnetseite ...	...

12 Mustertabelle

5

Wovon ist ein Magnet umgeben?

Legt einen Stabmagneten auf den Tisch und bedeckt ihn mit einem Blatt Papier.

a Bestreut das Papier mit Eisenstaub. ▷ 13

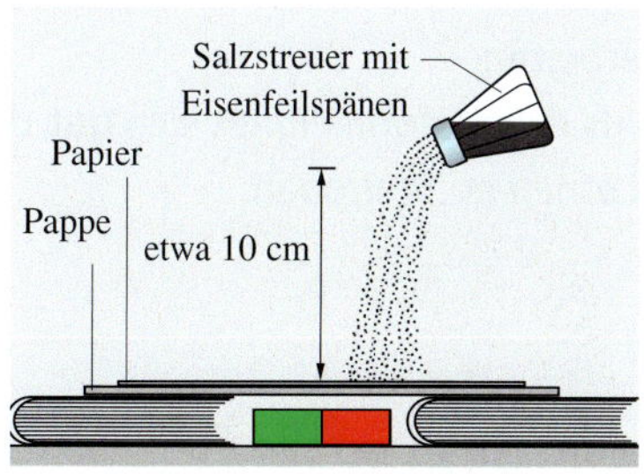

13

b Zeichnet das entstehende Bild ab.

c Wiederholt den Versuch mit zwei Stabmagneten. ▷ 14

14

Magnete genauer untersucht – Lernen an Stationen

Ihr kennt schon einige Besonderheiten von Magneten. Nun könnt ihr eure Kenntnisse noch ergänzen.
Wenn ihr weitere Eigenschaften von Magneten herausfinden wollt, solltet ihr in kleinen Gruppen arbeiten.
Als Arbeitsform eignet sich gut das Lernen an Stationen. ▷ 1

1

1

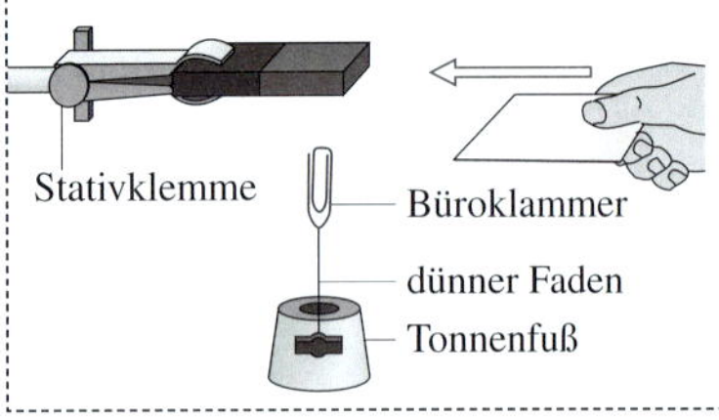

Geht die magnetische Anziehung durch Körper hindurch?
Material: Dauermagnet, Büroklammer, Nähgarn, Karton, Alublech, Holzplatte, Eisenblech, Kupferblech, Glasplatte
Versuchsdurchführung: Schiebt nacheinander die Platten aus verschiedenen Stoffen zwischen Magnet und Büroklammer. Kann der Magnet die Büroklammer immer hochhalten?

2

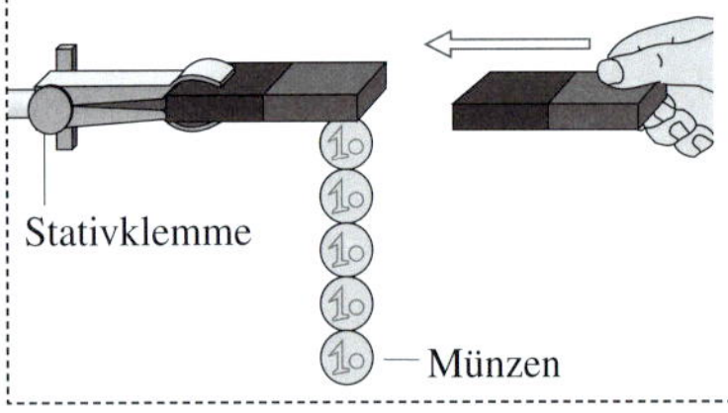

Wie wirkt ein anderer Magnet auf die Anziehung?
Material: 2 Dauermagnete, mehrere 1-Cent-Münzen
Versuchsdurchführung: Hängt so viele Münzen an einen Pol untereinander, wie der Magnet gerade noch halten kann. Nähert euch mit einem zweiten Magneten – mal mit dem gleichen Magnetpol und mal mit dem anderen.

3

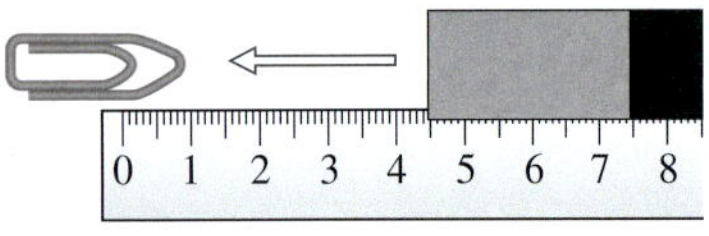

Wie weit reicht die magnetische Anziehung?
Material: Lineal, Büroklammer, Dauermagnet
Versuchsdurchführung: Legt eine Büroklammer oder einen kleinen Nagel aus Eisen an den Nullpunkt eines Lineals. Schiebt den Magneten langsam auf den Körper zu. Ab welchem Abstand wird der Körper angezogen? Notiert den Abstand.

4

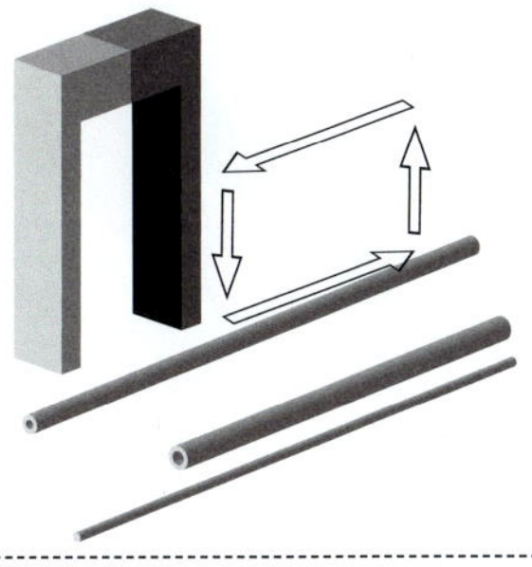

Magnete – selbst gemacht

Material: Dauermagnet, Eisennagel, Kupferstab, Glasstab, Holzspieß, Büroklammer

Versuchsdurchführung: Bestimmte Stoffe lassen sich magnetisieren. Dazu müsst ihr mit einem Dauermagneten die Körper mehrmals in gleicher Richtung bestreichen.

Welche Stoffe lassen sich zu Magneten machen? Wie könnt ihr nachweisen, dass ihr einen Magneten hergestellt habt?

5

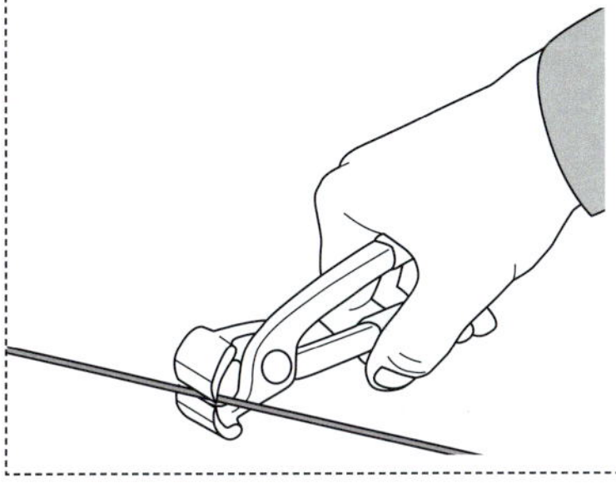

Magnete teilen

Material: Dauermagnet, Eisendraht (20 cm), Kompass, Kneifzange

Versuchsdurchführung: Magnetisiert den Eisendraht: Streicht dazu mit dem Magneten mehrmals in einer Richtung darüber. Stellt dann mit dem Kompass fest, an welchen Enden Nord- und Südpol liegen.

Teilt nun den Draht in der Mitte. Sind die beiden Drahtstücke immer noch magnetisch?

Kann man das Teilen noch einmal durchführen?

6

Magnete zerstören

Material: Dauermagnet, Eisennagel, Hammer, Büroklammern

Versuchsdurchführung: Magnetisiert den Nagel: Streicht dazu mit dem Magneten mehrfach in einer Richtung auf ihm entlang.

Prüft dann die Magnetwirkung des Nagels: Wie viele Büroklammern hält er?

Legt den Nagel auf den Boden und schlagt mit dem Hammer auf ihn. Prüft dann wieder seine magnetische Wirkung.

7

Ein besonderer Magnet

Material: 1 m lackierter Kupferdraht, 1 Eisenschraube, Batterie

Versuchsdurchführung: Wickelt den Kupferdraht auf die Eisenschraube.

Befreit die Drahtenden vom Lack.

Schließt sie kurz an die Batterie an.

Prüft, ob ihr einen Magneten hergestellt habt.

Eigenschaften von Magneten

Magnetische Stoffe Zwischen einem Magneten und Körpern aus Eisen oder Stahl stellt man anziehende Wirkungen fest. Auch zwischen Magneten und Körpern aus Nickel oder Cobalt sind schwache anziehende Wirkungen vorhanden.
Mit einem Magneten kann man feststellen, ob ein Körper aus Eisen besteht oder ob er Eisen enthält. ▷ 1

Körper aus Eisen (Nickel, Cobalt) und ein Magnet ziehen sich gegenseitig an.

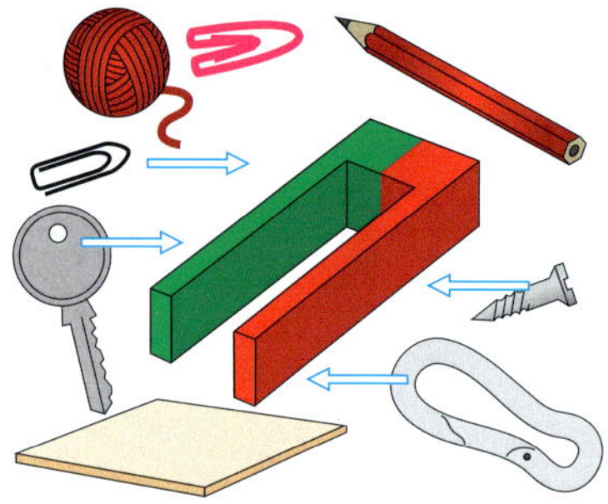

1

Magnetpole Ein Magnet hat an seinen Enden die größte anziehende Wirkung. Diese Stellen nennt man die *Pole* des Magneten. ▷ 2
Magnete besitzen einen Nord- und einen Südpol. Als Nordpol bezeichnet man den Pol, der nach Norden zeigt, wenn er sich frei bewegen kann. ▷ 3

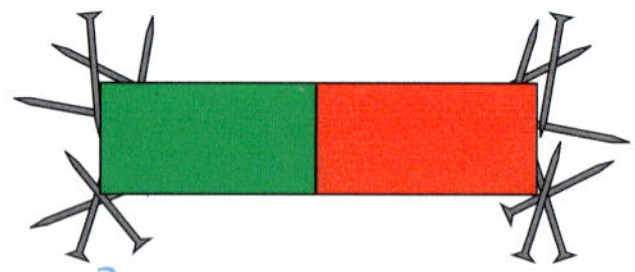

2

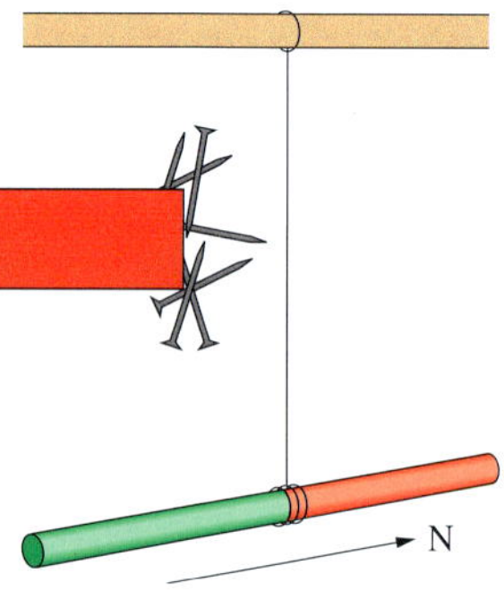

3

Anziehen und Abstoßen Wenn ein Magnet in die Nähe eines zweiten Magneten kommt, kann man Folgendes beobachten:
Sie ziehen sich gegenseitig an, wenn sie mit unterschiedlichen Polen zusammentreffen. Treffen sie mit gleichen Polen aufeinander, stoßen sie einander ab.

Pole mit gleichem Namen (z. B. Nordpol und Nordpol) stoßen einander ab. Pole mit ungleichem Namen (Nordpol und Südpol) ziehen einander an.

Die Reichweite magnetischer Wirkung Ein Magnet kann über eine Entfernung hinweg magnetische Körper anziehen. Seine Anziehung reicht noch weit in den Raum um ihn. ▷ 4
Der Bereich, in dem ein Magnet wirksam ist, nennt man sein *magnetisches Feld*. Mit Eisenstaub kann man die Form des magnetischen Feldes sichtbar machen. ▷ 5 Die Linien zeigen, wie sich eine Magnetnadel in dem Magnetfeld ausrichten würde. Sie werden *Feldlinien* genannt.
Die Wirkung eines Magneten durchdringt andere Körper, wenn diese nicht selber vom Magneten angezogen werden. Körper, die aus magnetischen Stoffen bestehen, schirmen die Wirkung des Magneten ab.

4

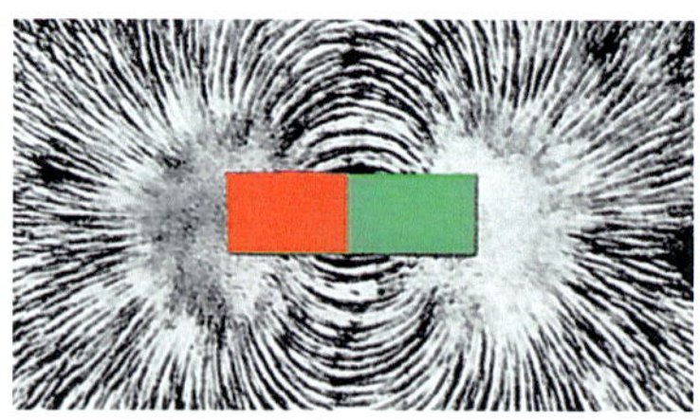

5

Magnete herstellen – Magnete zerstören Wenn man ein Stück Eisen gleichmäßig in einer Richtung mit einem Magneten bestreicht, ▷ 6 wird das Eisen *magnetisiert*. Aus dem Eisen wird ein Magnet.
Die magnetische Wirkung lässt sich durch kräftige Schläge oder durch Hitze schwächen und ganz zerstören. ▷ 7

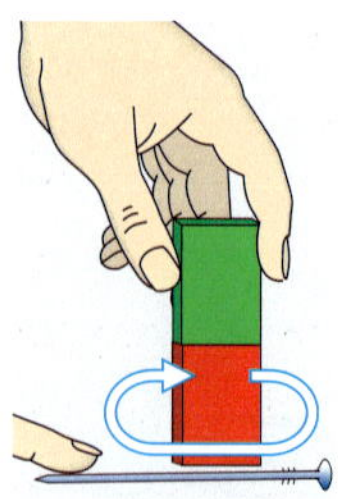

6

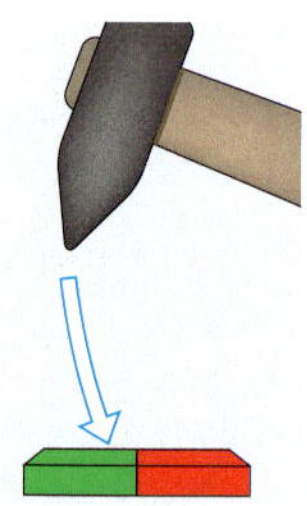

7

das Magnetfeld
der Magnetpol

Magnete sind teilbar Beim Teilen eines Magneten erhältst du zwei neue vollständige Magnete mit jeweils zwei Polen. Wenn du einen dieser geteilten Magnete weiter teilst, entstehen wieder zwei neue Magnete. ▷ 8

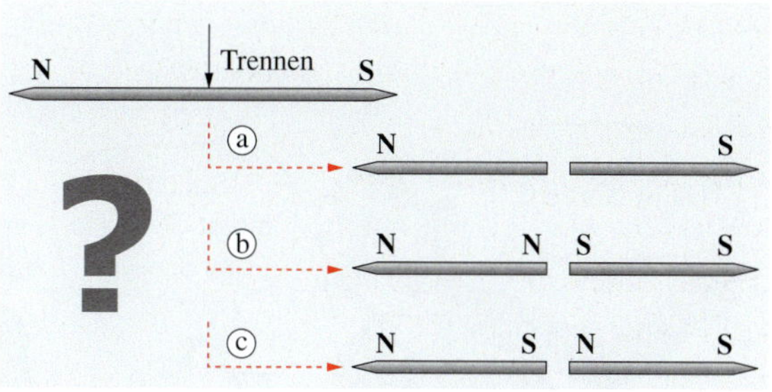

8

Mehr

Der Elektromagnet Eine Eisenschraube wird mit isoliertem Kupferdraht umwickelt. Verbindet man die Enden des Drahts mit einer Batterie, verhält sich die Schraube plötzlich wie ein Stabmagnet. ▷ 9 Nord- und Südpol befinden sich an den Enden der Schraube. Vertauscht man die Anschlüsse an der Batterie, so wechseln auch die Magnetpole.

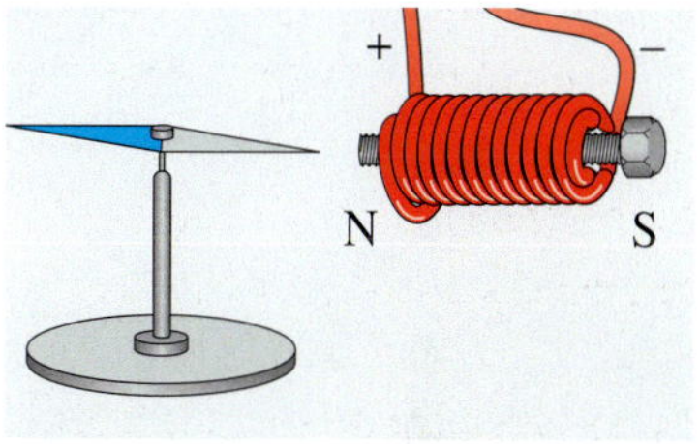

9

Mehr

„Minimagnete" – ein Modell Für Magnete haben die Naturwissenschaftler ein Modell erfunden: Sie stellen sich vor, dass jeder Magnet aus ganz vielen winzig kleinen „magnetischen Bereichen" besteht. Jeder dieser Minimagnete hat einen Nord- und einen Südpol. ▷ 10
Nach dieser Modellverstellung ist klar: Beim Teilen eines Magneten erhält man immer zwei neue Magnete.
Auch unmagnetisches Eisen besteht aus vielen solchen kleinsten Magneten. Diese sind aber normalerweise ganz ungeordnet und schwächen sich in ihrer Wirkung gegenseitig ab. Nach außen bemerkt man daher keine magnetische Wirkung. ▷ 10
Streichst du mit einem Dauermagneten über Eisen, so werden seine Minimagnete geordnet und es entsteht ein Magnet mit zwei Polen. Diese Ordnung kannst du mit Schlägen oder Hitze zerstören. ▷ 11

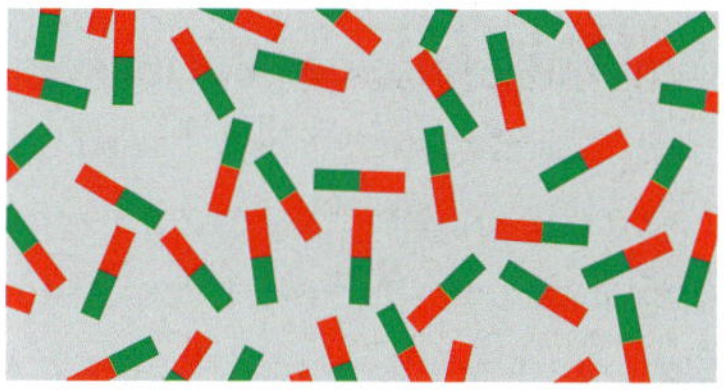

10 Unmagnetisiertes Eisen

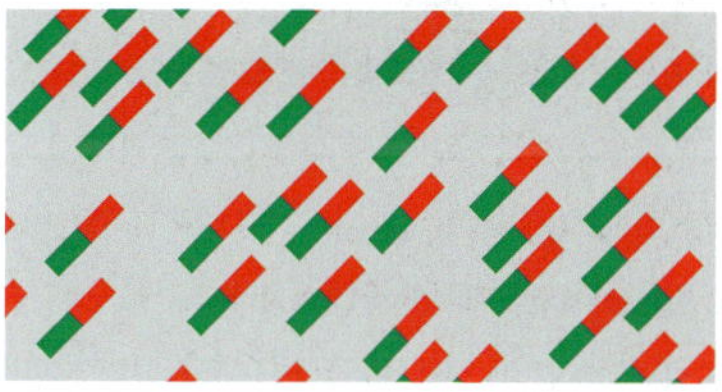

11 Modellvorstellung eines Magneten

Aufgaben

1 Nenne Stoffe, die von einem Magneten angezogen werden.
2 Ziehen sich zwei Magnete an? Erkläre genau.
3 Beschreibe, was du dir unter einem Magnetfeld vorstellst. Wie kannst du es sichtbar machen?
4 Wo hat ein Hufeisenmagnet seine Pole? Plane einen Versuch, mit dem du das herausfinden kannst.
5 Welche Eigenschaften von Magneten kann man mit dem Modell der Minimagnete erklären? Welche nicht?

Der Kompass zeigt die Richtung

1

Funktionsweise des Kompasses Früher glaubte man, dass der Kompass sich nach dem Nordstern ausrichtet. Heute weiß man:
Die Erde ist ein Magnet mit einem Nord- und einem Südpol. Auch eine Kompassnadel ist ein Magnet. Die ungleichnamigen Pole von Erde und Kompassnadel ziehen einander an. Dadurch wird die Nadel ausgerichtet.

Benutzung des Kompasses Ein moderner Kompass besteht aus einer drehbaren Kompassnadel und einer Windrose mit den Himmelsrichtungen. ▷ 2 Die Kompassnadel ist ein kleiner Magnet und hat am Nordpol eine blaue Spitze.
So findest du die Himmelsrichtungen: Der Nordpol der Kompassnadel weist stets nach Norden. Unter ihm muss das N (Norden) der Windrose liegen. Dazu kannst du die Windrose drehen. Die anderen Himmelsrichtungen liest du dann einfach ab.

Lage der Magnetpole der Erde Der Nordpol der Kompassnadel zeigt nach Norden. Also befindet sich der magnetische Südpol der Erde in der Nähe des geografischen Nordpols. ▷ 3 Der magnetische Südpol liegt hoch im Norden Kanadas und wandert Jahr für Jahr ein wenig weiter in Richtung Sibirien. Der magnetische Nordpol liegt in der Nähe des geografischen Südpols, weit südlich von Australien. Ein Kompass zeigt daher nicht ganz genau in Nord-Süd-Richtung. Bei uns ist diese Abweichung zurzeit sehr gering.

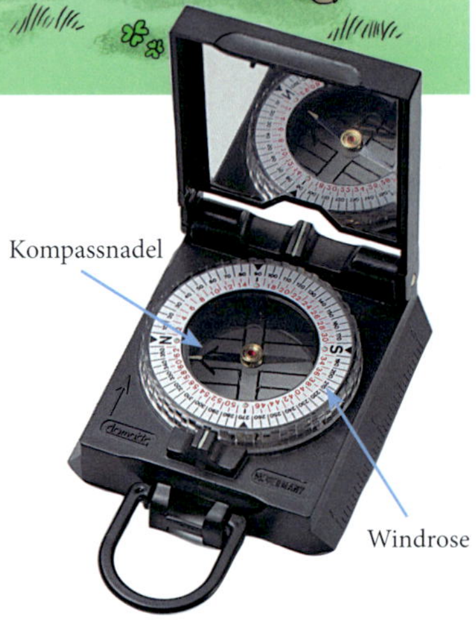

2 Wanderkompass

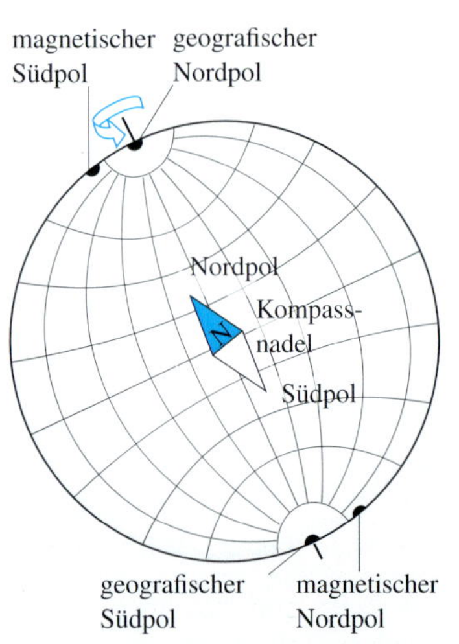

3 Die magnetischen Pole der Erde

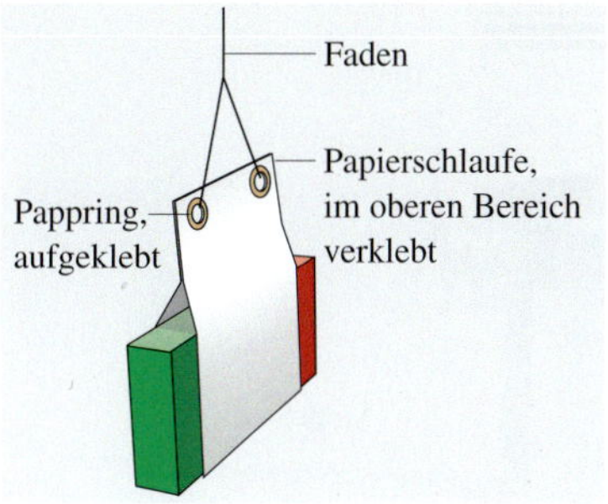

4

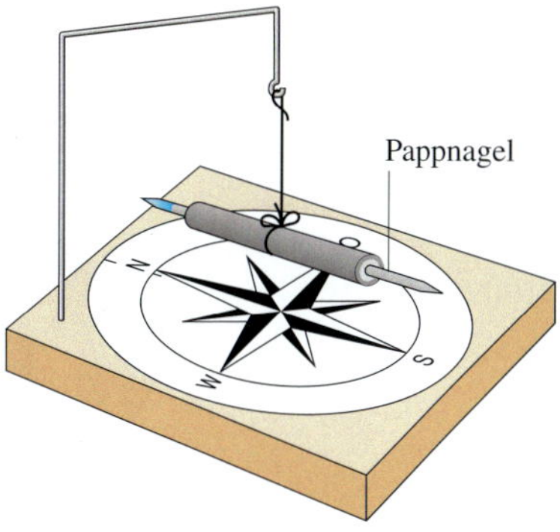

5 Kompass zum Selberbauen

1 Erkläre, wie ein Kompass funktioniert.

2 Zur Wirkungsweise einer Kompassnadel: Führe den abgebildeten Versuch durch. ▷ 4 Achte darauf, dass der Magnet weit weg von Metallteilen schwebt. Lass den Magneten auspendeln, bis er zur Ruhe kommt. Notiere die Richtung, in die sein Nordpol zeigt. Wiederhole den Versuch an verschiedenen Stellen. Notiere immer die Richtung, in die die Magnetpole zeigen. Fällt dir etwas auf? Kannst du deine Beobachtung erklären?

3 Im Norden von Kanada zeigt die Kompassnadel nicht nach Norden. Erkläre!

4 Auf U-Booten, großen Schiffen und auch im Auto wird ein normaler Kompass nicht richtig die Nord-Süd-Richtung anzeigen. Hast du dafür eine Erklärung?

5 Bauanleitung: Kompass MEIKO
Diesen Kompass gibt es nicht zu kaufen. Du baust ihn selbst. Von ihm kannst du sagen: „Das ist MEIKO (MEIn KOmpass)." ▷ 5
Du brauchst: Stabmagnet (5 mm dick, 15 bis 20 mm lang; aus Elektronikgeschäft); 2 Eisennägel mit flachem, breitem Kopf (Dachpappenägel); Holzbrettchen (80 mm · 80 mm, 10 mm dick), Kupferdraht (20 cm lang, 1,5 mm Durchmesser), Nähgarn oder Nähseide; 1 Windrose. ▷ 6

So wird's gemacht:

a Übertrage die Windrose auf ein Blatt Papier.

b Schneide sie aus und klebe sie auf das Brett. Die Himmelsrichtungen sollen auf die Mitte der Kanten zeigen.

c Bohre in einer Ecke des Bretts ein kleines Loch. Der Draht soll gerade hineinpassen. Biege ihn zu einer Aufhängung.

d Knote um den Stabmagneten genau in der Mitte einen Faden Nähgarn.

e Hänge den Magneten so auf, dass er 1 cm über der Windrose kreisen kann.

f Setze auf die Pole des Magneten je einen Nagel. Der Magnet wird so zur Kompassnadel.

g Wenn sich die Kompassnadel nicht frei drehen kann, musst du den Kupferdraht zurechtbiegen.

h Falls die Kompassnadel nicht waagerecht hängt, verschiebst du den Knoten am Magneten. Wenn der Magnet richtig hängt, kannst du den Knoten mit Klebstoff festkleben.

i Sorge dafür, dass sich kein Eisen oder Stahl in der Nähe befindet. Die eine Nagelspitze wird dann dorthin zeigen, wo mittags die Sonne steht. Diese Nagelspitze ist der **S**ü**d**pol (**gr**ü**n**) der Kompassnadel. Die andere Spitze ist der N**o**rdpol. Färbe sie r**o**t (mit Folienstift).

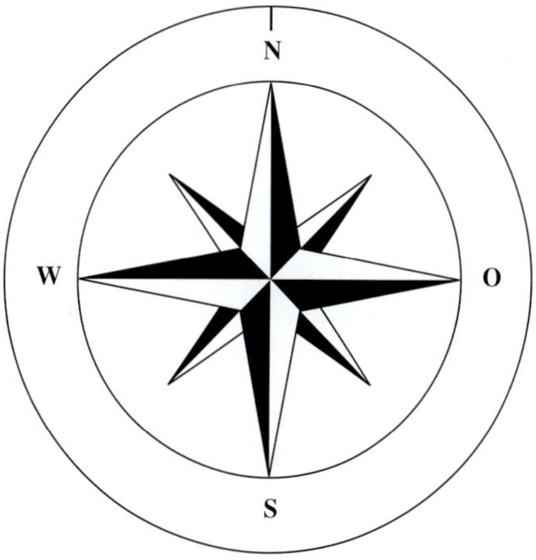

6 Zeichenvorlage Windrose

Körper und Stoff

Unter „Körper“ versteht man alle Gegenstände und Lebewesen.
Die Materialien, aus denen sie bestehen, heißen „Stoffe“. ▷ 1

1

Magnete im Alltag

Körper aus Eisen (Nickel oder Cobalt) und ein Magnet ziehen sich gegenseitig an. ▷ 2

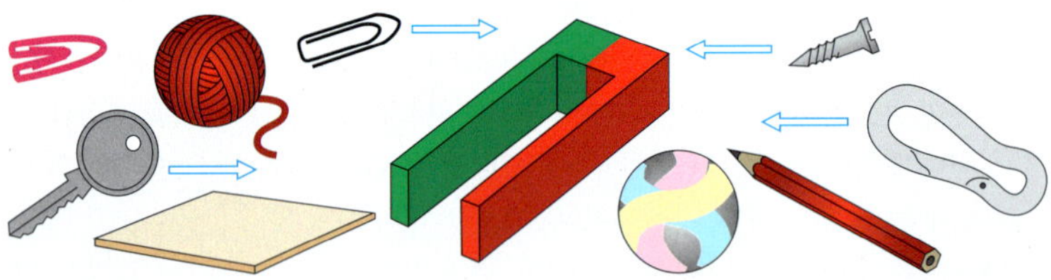
2

Die Stellen eines Magneten, an denen die magnetische Wirkung am größten ist, heißen Pole. ▷ 3
Jeder Magnet hat einen Nordpol und einen Südpol.

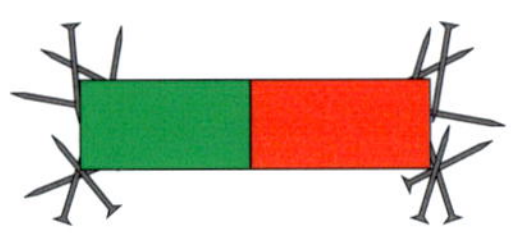
3

Gleichnamige Pole stoßen einander ab. Ungleichnamige Pole ziehen einander an. ▷ 4–5

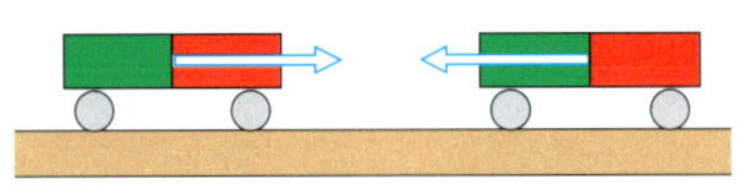
4

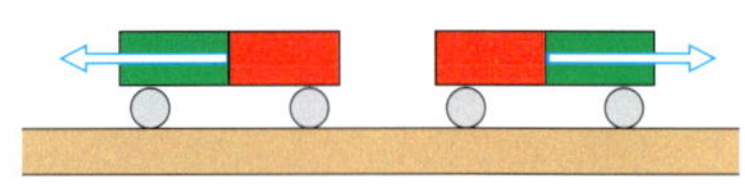
5

Die Wirkung eines Magneten reicht in den Raum um den Magneten herum. Man nennt diesen Raum *Magnetfeld*. Mit Eisenstaub kann man zeigen, wie sich eine Magnetnadel in dem Feld ausrichten würde. ▷ 6

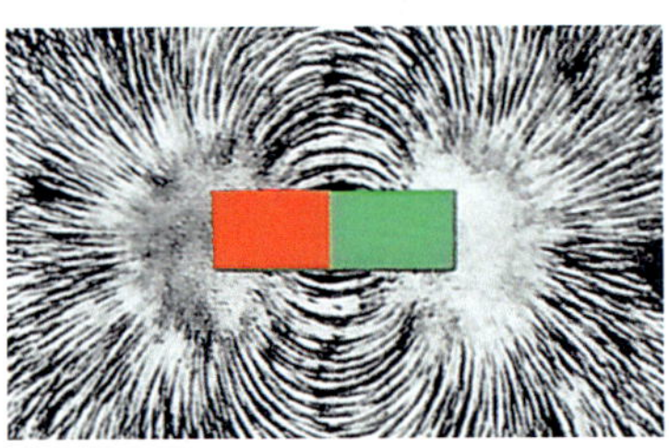
6

Die Eigenschaften von Magneten zeigt ein Steckbrief. ▷ 7

Steckbrief Stabmagnet

Eigenschaften:

- *Er zieht Gegenstände aus Eisen und Nickel an und wird selbst auch von ihnen angezogen.*
- *An den Enden ist er am stärksten. Die Enden heißen Pole.*

Südpol = grün 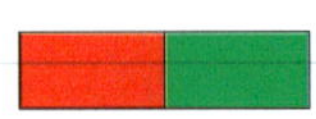 *Nordpol = rot*

- *Er weicht dem gleichen Pol eines anderen Magneten aus.*

- *Von einem ungleichen Pol wird er angezogen.*

- *Seine anziehende Wirkung reicht über einige Zentimeter. Sie durchdringt fast alle Stoffe – außer Eisen und Nickel.*

7

Mehr

Ein besonderer Magnet

Eine Spule, die an eine Batterie angeschlossen wird, wirkt wie ein Magnet. ▷ 8
Diesen besonderen Magneten nennt man *Elektromagnet*.

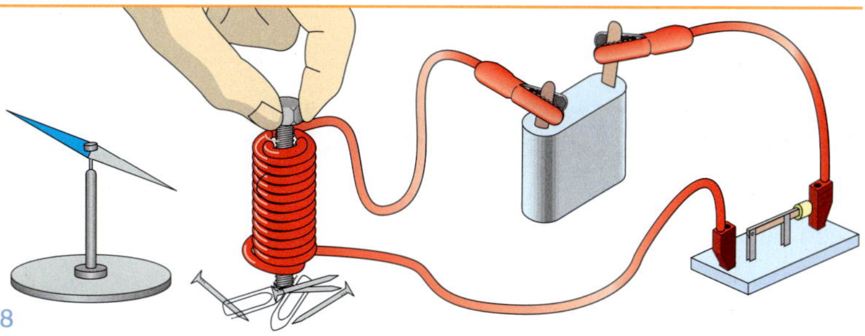

8

Der Kompass

Ein Magnet kann sich an einem Faden oder auf einer Nadelspitze drehen. Er stellt sich so ein, dass sein Nordpol nach Norden zeigt. ▷ 9

Die Erde ist ein großer Magnet. Ihre Magnetpole liegen in der Nähe der geografischen Pole. ▷ 10

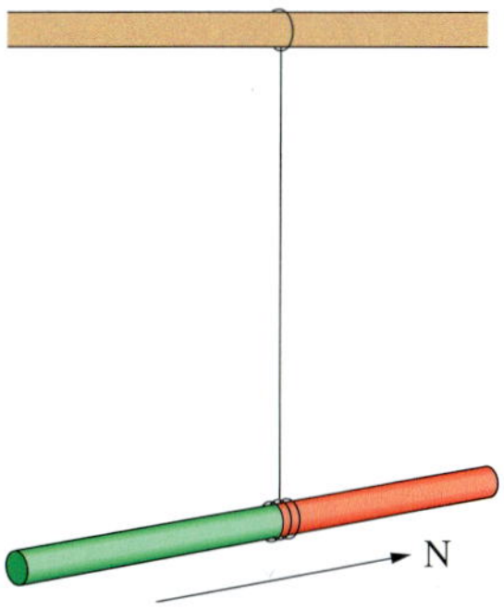

9

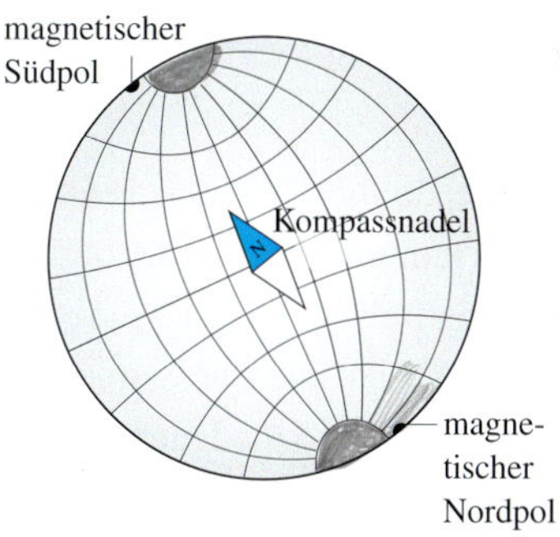

10

Alles klar?

1 Beschreibe und zeichne einen Versuch, durch den man das Volumen einer Eisenkugel feststellen könnte.

2 Körper oder Stoff?

a Lege eine Tabelle mit den Spalten „Körper“ und „Stoff“ an. Ordne die folgenden Wörter in die Tabelle ein: Wasser, Kleid, Eisen, Glas, Blech, Fenster, Holz …

b Schreibe in jede Spalte noch 3 weitere Beispiele.

3 „Ein Magnet kann alle Körper anziehen.“ Korrigiere diese Aussage.

4 Wo befinden sich die Pole bei einem Stabmagneten?

5 Was passiert, wenn du zwei Magnete mit den gleichen Polen zusammenbringst?

6 Warum richtet sich ein frei aufgehängter Magnet immer nach einer Richtung aus?

7 Erkläre, weshalb der Norpol eines frei schwebenden Magneten nach Norden zeigt.

8 Carl behauptet: Der Begriff „Magnetfeld“ ist falsch. Ein Feld ist doch flach. Ich würde dafür etwas ganz anderes sagen.“
Was meint er mit seiner Bemerkung?

9 Ton- und Videobänder, Disketten, Scheckkarten und Parkscheine enthalten dünne magnetische Schichten. In diesen sind Töne, Bilder, Texte oder auch Zahlen gespeichert.
Warum dürfen solche „Datenspeicher“ nicht in die Nähe von Magneten gebracht werden?

Stoffe mischen und trennen

In der Küche wird gemischt

Beim Backen und Kochen kommt es immer auf die richtige Mischung an! Aus vielen Zutaten entsteht ein leckeres Essen.

1

Gemische

Um Schokolade herzustellen, röstet man die Bohnen aus den Früchten des Kakaostrauchs. Sie liefern die Stoffe Kakaopulver und Kakaobutter. Außerdem wird Zucker hinzugefügt. Kakaopulver und Kakaobutter bestehen wiederum aus mehreren anderen Stoffen, die der Schokolade ihren Geschmack geben. Schokolade besteht aus verschiedenen Stoffen. Sie ist ein *Gemisch*. In unserer Umwelt gibt es fast nur Gemische. ▷ 2

Gemische bestehen aus mindestens zwei Stoffen.

Reine Stoffe wie Zucker, Salz oder Gold kommen in der Natur selten vor. Sie müssen oft erst aus Gemischen abgetrennt werden. Ein reiner Stoff enthält keine zusätzlichen Stoffe mehr.

2

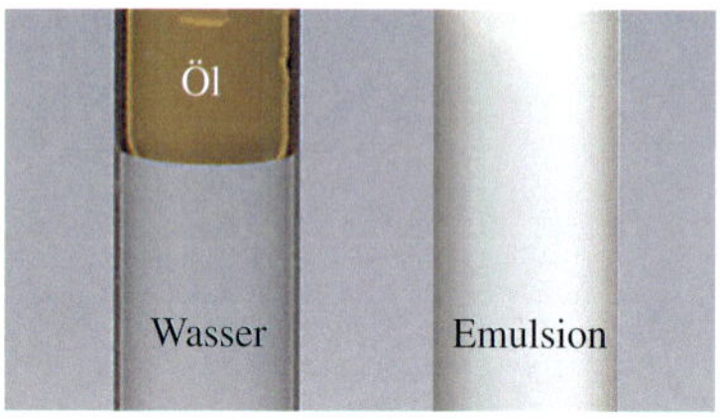

3

Gemische werden unterschieden

Emulsion Bestimmte Stoffe (z. B. Öl und Wasser) lassen sich nur vorübergehend mischen. Es entsteht meistens eine trübe *Emulsion*. ▷ 3 Nach einiger Zeit entmischen sich die Stoffe wieder.

Lösung Salz löst sich vollständig in Wasser auf. Das Gemisch ist eine *Lösung*. Limonade ist auch ein Beispiel für eine Lösung.

Suspension Die Schwebstoffe in Orangensaft sind ungleichmäßig verteilt. Sie setzen sich nach einiger Zeit am Boden ab. Orangensaft ist ein Beispiel für eine *Suspension*. ▷ 4

4

der Reinstoff
das Gemisch

Woher kommt der Orangensaft?

Unser Orangensaft kommt meist aus Brasilien. Dort werden die Orangen in großen Plantagen angebaut und von Mai bis Januar geerntet. Auch Kinder helfen bei der Ernte. Ein Plantagenarbeiter erhält einen Lohn von rund 400 Euro im Monat. Das reicht gerade für die wichtigsten Dinge.
Nach der Ernte werden die Orangen sortiert, gewaschen und ausgepresst. Dem Saft werden Aroma und Wasser entzogen, es entsteht ein Sirup. Die Aromastoffe und das Konzentrat werden tiefgekühlt in Schiffen zu uns transportiert. Hier werden das Aroma und das Wasser dem Konzentrat wieder hinzugefügt. Je nach Menge des Wassers entstehen Orangensaft, Orangennektar oder Orangensaftgetränk.
Wenn gerade die entzogene Menge an Wasser zugesetzt wird, entsteht wieder Orangensaft. Auf den Verpackungen steht dann: „100 % reiner Orangensaft – aus Konzentrat hergestellt". Wenn der Zusatz „aus Konzentrat hergestellt" fehlt, wurde der Orangensaft selbst transportiert. Der Transport ist aber teuer.
Fruchtnektar klingt zwar hochwertiger, doch enthalten 100 mL Nektar nur 25 bis 50 mL Orangensaft. Der Rest ist Wasser und etwas Zucker.
Orangensaftgetränk enthält am wenigsten Orangensaft: Für ein ganzes Trinkglas werden nur vier Teelöffel Orangensaft verwendet. Das Getränk besteht vor allem aus Wasser und Zucker.

5 Orangenbäume

1

Orangensaftkonzentrat entsteht

Ihr braucht Orangensaft, 1 kleinen Kochtopf, eine Herdplatte und Wasser.

a Probiert, wie der gekaufte Orangensaft schmeckt. Hebt euch ein bisschen davon auf.
b Füllt etwas Orangensaft in den Topf und stellt ihn auf die Herdplatte. Dampft den Saft auf die Hälfte seines Volumens ein.
c Was geschieht während des Erwärmens mit dem Orangensaft?
Notiert eure Beobachtungen.
d Gebt in den abgekühlten, eingedampften Orangensaft wieder Wasser. Habt ihr jetzt den gleichen Saft wie zuvor?

2

Ein Softdrink für deine Party

Ihr braucht je ein Glas mit Orangensaft, naturtrübem Apfelsaft, Ananassaft sowie eine Scheibe von einer Orange.
Gießt die Säfte mit einigen Eiswürfeln in ein Gefäß und rührt kräftig um. Füllt den Drink in das Glas. Schneidet die Orangenscheibe bis zur Mitte ein und steckt sie auf den Glasrand. ▷ 6

6

3

Einen Badezusatz mischen

Ihr braucht einen sauberen Becher, 1 Messbecher, 1 Teelöffel und 1 Esslöffel, eine Gabel zum Rühren, ca. 50 mL Schlagsahne, 1 Esslöffel Olivenöl, 1 Teelöffel Badezusatz.

a Gebt die Sahne und das Öl in den Becher und rührt kurz. Vermischt alles mit dem Badezusatz zu einer einheitlichen Masse. Testet das Sahnebad in einer Schüssel Wasser und taucht eure Hände ein. Wie fühlt es sich an?
b Erforscht, warum der Badezusatz zugefügt wird: Wie mischen sich etwas Öl und Wasser? Wie mischen sich etwas Öl und Wasser mit einigen Tropfen Badezusatz? Beschreibt.

Trinkwasser aus Meerwasser?

Gestrandet auf einer Insel – ohne Trinkwasser!
Das Meerwasser ist ja ungenießbar …
Werden die drei verdursten müssen?
Was könnten sie probieren?

1

1

„Meerwasser" reinigen

a Stellt ein Gemisch aus Wasser, Sand und Salz (2 Esslöffel) her.
Welche Gruppe schafft es, die drei Stoffe wieder voneinander zu trennen?
Die abgebildeten Geräte können euch beim Experimentieren nützlich sein. ▷ 2

b Beschreibt genau, wie ihr die Aufgabe gelöst habt.

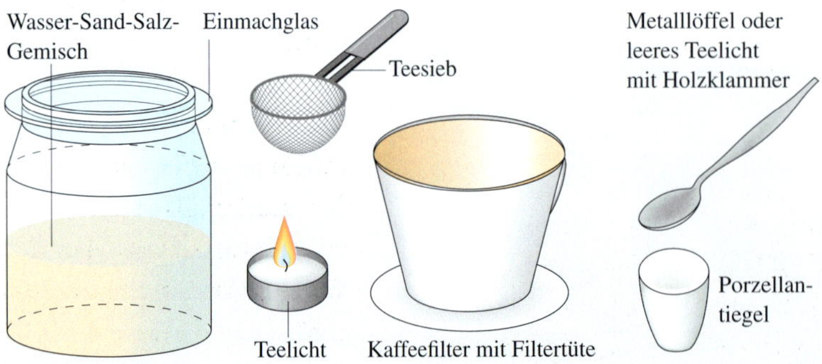

2 Versuchsgeräte

2

Stoffe trennen durch Destillation

a „Meerwasser“ entsalzen:
- Entwerft eine einfache „Wasserentsalzungsanlage“ mit diesen Geräten. ▷ 3
- Überlegt, wie ihr möglichst viel reines Wasser erhaltet.
- Fertigt eine Versuchsskizze an.
- Euer Lehrer führt die „Entsalzungsanlage“ in der Klasse vor. Beschreibt, wie sie funktioniert.

b Mit dieser „Profianlage“ geht es noch besser. ▷ 4
- Erklärt, wie die Anlage funktioniert.
- Warum ist es besser, das Kühlwasser von unten einströmen zu lassen?
- Was bleibt im Kolben zum Schluss übrig?

c Wasser und Farbstoffe sollen voneinander getrennt werden. (Das Meerwasser kann auch Farbstoffe enthalten.)
- Färbt Wasser mit Tinte an.
- Versucht aus dem gefärbten Wasser wieder farbloses Wasser zu gewinnen.

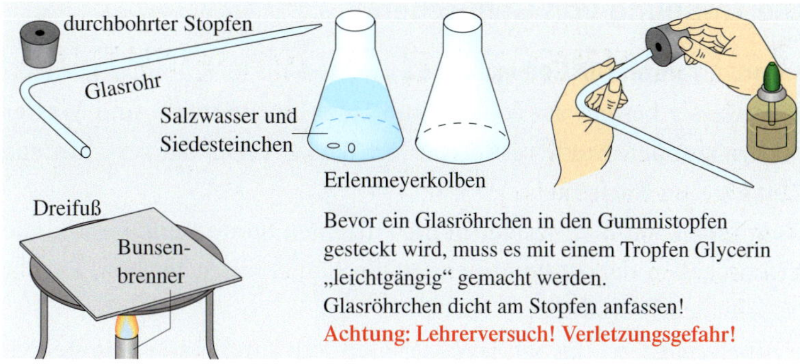

3 Einige Versuchsgeräte

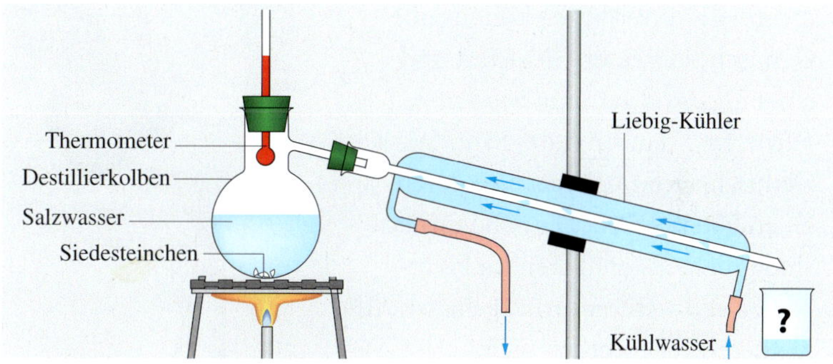

4 Destillation mit Liebig-Kühler

Rezept für eisgekühlte Limonade

Zutaten: 0,3 L Leitungswasser,
Zucker (nach Geschmack),
1 Teelöffel Zitronensaft (Citronensäure),
etwas Backpulver, Eiswürfel

Zubereitung: Der Zitronensaft und der Zucker werden in das Wasser eingerührt. Anschließend gibt man eine Messerspitze Backpulver hinzu. Vor dem Trinken wird die Limonade mit Eiswürfeln gekühlt.

5

3

Limonaden und Colagetränke – fast nur aus Wasser? ▷ 5

a Überlegt euch zur Beantwortung dieser Frage ein Experiment mit den folgenden Materialien:
Gasbrenner, Vierbein, Ceranplatte, (Dreibein mit Drahtnetz), Konservendose und jeweils 50 ml verschiedene Limonaden und Colagetränke.

b Was bleibt zurück?
Stellt Vermutungen an und vergleicht sie mit den Angaben auf den Etiketten.

c Welche Aufgabe hat das Backpulver in euren Rezepten?

Die Trennung von Gemischen

Trennverfahren für Gemische

Meerwasser besteht aus Wasser und Salz. In Limonade sind Wasser und viele andere Stoffe vermischt. Der Bäcker vermengt verschiedene Zutaten zum Kuchenteig.

Gemische kann man wieder in die einzelnen Stoffe trennen, weil die Eigenschaften der Stoffe in den Gemischen erhalten bleiben. Es gibt verschiedene Verfahren:

- *Absetzenlassen:* Ein Sand-Wasser-Gemisch kann man ruhig stehen lassen. Nach einiger Zeit sammelt sich der Sand als Bodensatz. Das Wasser lässt sich dann *abgießen.* Mit diesem Trennverfahren können alle Gemische aus einer *Flüssigkeit* und einem *Feststoff* getrennt werden. ▷ 1
- *Filtrieren:* Man kann das Sand-Wasser-Gemisch auch filtrieren, also durch einen Filter gießen. Die Sandkörner sind größer als die Poren im Filterpapier und werden zurückgehalten. Alle kleineren Teile werden nicht herausgefiltert. ▷ 2
- *Eindampfen:* Im Salzwasser hat sich das Salz im Wasser gelöst *(Lösung).* Um das Salz zurückzugewinnen, kann man das Salzwasser eindampfen. ▷ 3 Das Salz bleibt zurück und das Wasser verdampft; es wird zu Wasserdampf. Auch die festen Stoffe, die z. B. in Limonaden gelöst sind, kann man mit dieser Methode gewinnen.
- *Destillieren:* Beim Eindampfen von Salzwasser kannst du ein kaltes Gefäß in den Wasserdampf halten. ▷ 4 An der kalten Gefäßwand wird der Dampf wieder zu Wasser. Dann tropft salzfreies Wasser herab. Man nennt es *destilliertes Wasser.* Bei einem entsprechenden Verfahren im Labor leitet man den Wasserdampf durch einen Kühler. In der Fachsprache bezeichnet man dieses Trennverfahren als *Destillation.*

2 Filtrieren

Gemische im Teilchenmodell Mithilfe des *Teilchenmodells* kann man erklären, wie wir uns Gemische vorstellen können.

Wir stellen uns vor, dass alle Stoffe aus kleinsten, für uns unsichtbaren Teilchen aufgebaut sind.

Diese Teilchen sind so winzig, dass man sie auch mit starken Mikroskopen nicht sehen kann. Wir stellen sie uns als ganz kleine Kügelchen vor. ▷ 5–6

1 Absetzenlassen

3 Salzwasser wird eingedampft.

4 Salzwasser wird destilliert.

das Gemisch
der Reinstoff
das Teilchenmodell
das Trennverfahren

Reinstoffe Stoffe, die man mit den beschriebenen Trennverfahren nicht in verschiedene Stoffe trennen kann, heißen *Reinstoffe*. Zucker, Salz, destilliertes Wasser oder Öl sind Beispiele für Reinstoffe. Im Gegensatz zu den Gemischen ▷ 5 bestehen sie aus lauter gleichen Teilchen. ▷ 6

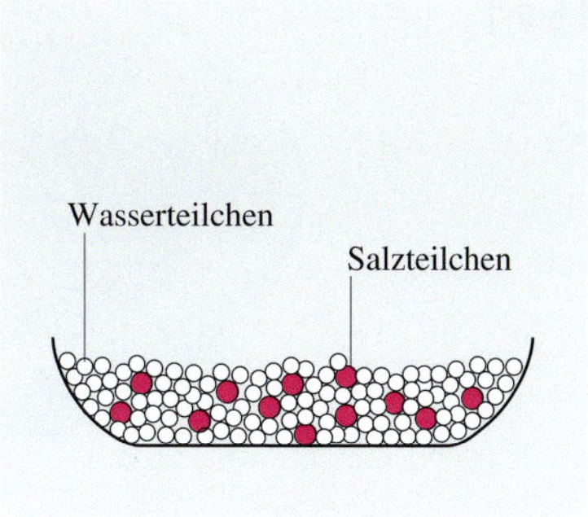

5 *Gemische* (z. B. Salzwasser) bestehen aus unterschiedlichen Teilchen.

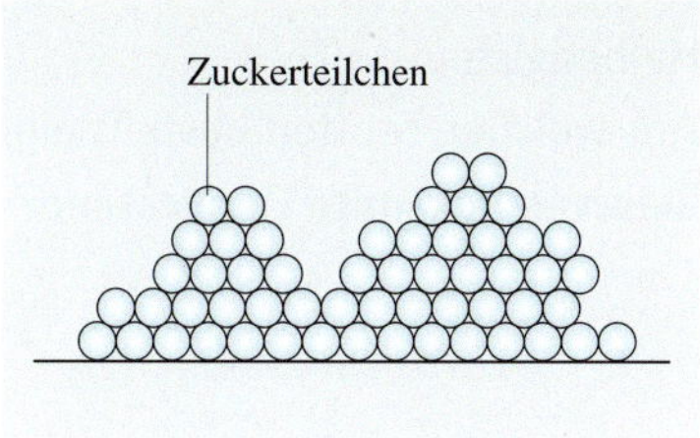

6 *Reinstoffe* (z. B. Zucker) bestehen aus lauter gleichen Teilchen.

Aufgaben

1 Gemisch oder Reinstoff?
a Sortiere die folgenden Begriffe in einer entsprechenden Tabelle: Wasser, Mehl, Zucker, Öl, Müsli, Salzwasser, Nudelsuppe.
b Ergänze die beiden Spalten um je 2 Beispiele.
c Begründe, warum das Getränk Kaffee ein Gemisch und kein Reinstoff ist.
Beschreibe einen Versuch, der das beweist.
d Flüssige Gemische sind oft Lösungen.
Welche der folgenden Flüssigkeiten sind Lösungen, welche Reinstoffe: Zuckerwasser, Öl, Essig, Tee (im Glas)?
Versuche deine Entscheidung zu begründen.

2 Gemische werden getrennt.
a Welche dieser Gemische und Lösungen lassen sich durch Absetzenlassen trennen: lehmiges Wasser, Salzwasser, Wasser-Öl-Gemisch, Tee?
b Beschreibe jeweils ein Beispiel für folgende Trennverfahren: Eindampfen, Destillieren.
c Begründe, warum bei den Beispielen, die du in Aufgabe 2 b beschrieben hast, das Verfahren jeweils erfolgreich war.

3 Der Werkraum wird gefegt.
Wie kannst du kleine Eisenschrauben vom Kehricht trennen, ohne dir die Finger schmutzig zu machen?

4 Bei uns wird Salz meistens aus Steinsalz gewonnen. Es kommt aus Bergwerken und ist stark mit Sand und Steinen verschmutzt.
Beschreibe, wie man daraus reines Salz gewinnen kann.

5 Reinstoffe und Gemische in der Küche:
a Nenne jeweils zwei.
b Begründe, warum es Reinstoffe bzw. Gemische sind.

6 Stoffgemisch Salzwasser:
a Ordne die folgenden Beschreibungen den Bildern zu: ▷ 7–9
– Salzwasser verdunstet.
– Salzwasser wird hergestellt.
– Festes Salz liegt in einem Schälchen.
b Beschreibe mithilfe des Begriffs „Teilchen", was in den Bildern dargestellt ist.

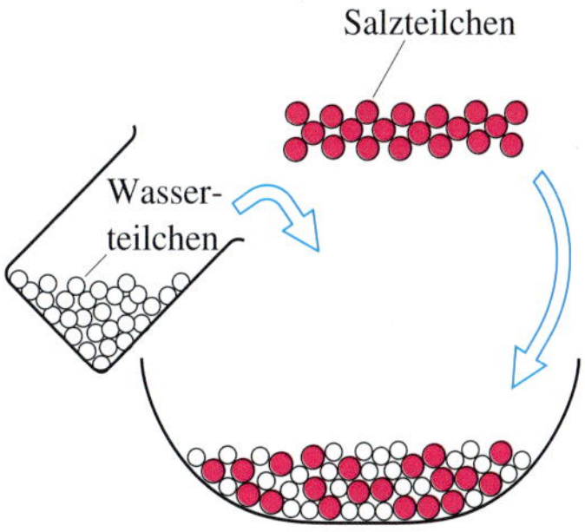

7

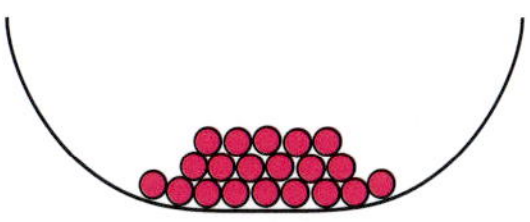

8

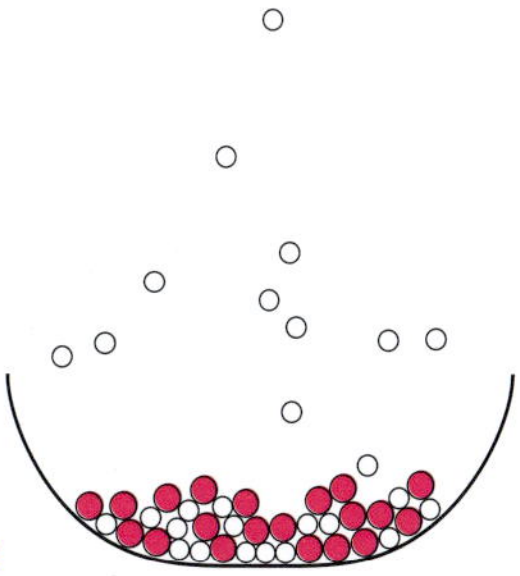

9

„Was ist da drin?"

Sieht fast aus, wie ein mehrfarbiger Halbedelstein … ▷ 1
Aus welchen Stoffen besteht eigentlich dieser unbekannte Gegenstand?

1

1
Smarties und Schokolade – was ist drin?

Informiert euch über die Inhaltsstoffe von Smarties und von Vollmilchschokolade. Schaut z. B. auf der Verpackung nach.

2
Wir trennen Schokolade in ihre Bestandteile

a So trennt ihr das Fett ab: Löst ein Stück Schokolade in 50 mL warmem Nagellackentferner◇ auf. Filtriert dann das Gemisch in ein Glas. ▷ 2 Lasst das Becherglas einige Tage offen stehen. Der Nagellackentferner verdunstet, das Fett bleibt übrig.

b Enthält auch die Schokolade Zucker? Haltet den Filter mit dem Rückstand über ein zweites Becherglas. Gebt langsam und in kleinen Schritten 50 mL warmes Wasser durch den Filter. Dabei wird der Zucker gelöst. Wenn das Wasser verdunstet ist, bleibt der Zucker im Becherglas. Den nicht gelösten Rückstand im Filter lassen wir trocknen. Dies ist das Kakaopulver.

3
Wir zerlegen Smarties

Wir versuchen das Stoffgemisch „Smartie" zu zerlegen – nur durch Lösen in Wasser und anschließendes Eindampfen. ▷ 3

a Schwenkt ein unzerdrücktes blaues Smartie in sehr wenig kaltem Wasser (ein Esslöffel voll). Wendet es, bis der Farbstoff sich vollständig gelöst hat.
Durch vorsichtiges Abgießen wird das überstehende Wasser vom Smartie abgetrennt.

b Schwenkt das Smartie kurz in etwas heißem Wasser, bis es seine weiße Farbe verliert. Gießt die Lösung ab und dampft sie vorsichtig ein. Welcher Stoff bleibt zurück?

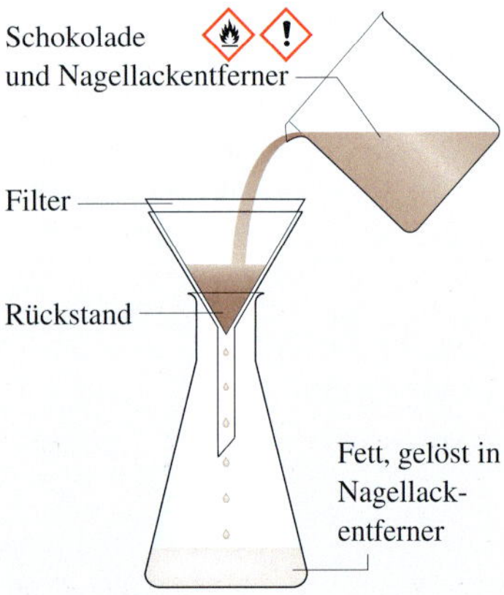

2

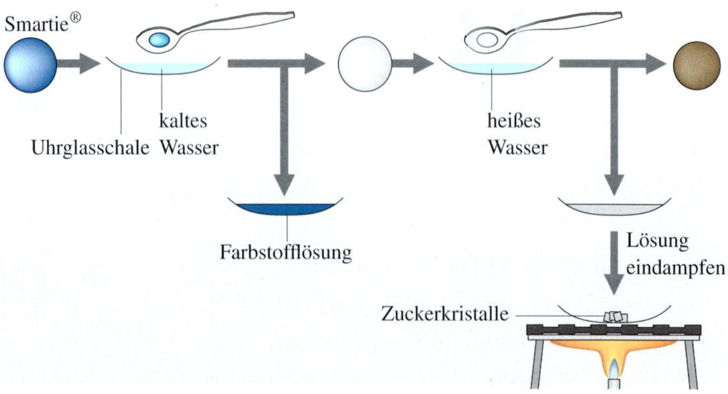

3 Versuchsdurchführung

**Ihr könnt die Farbstofflösung aus dem Smartie noch weiter untersuchen.
Um das geeignete Verfahren (die *Chromatografie*) kennenzulernen, nehmt ihr Farbstoffe von Filzstiften.**

4

Dem Täter auf der Spur

Jemand hat eurem Freund mit Filzstift in sein Tagebuch gekritzelt. Mithilfe der *Chromatografie* könnt ihr herausfinden, mit welcher Sorte Filzstift der Täter geschrieben hat.

Ihr braucht:

2 farbige Filzstifte unterschiedlicher Hersteller, 3 runde Filterpapiere (Rundfilter), 2 flache Gefäße, Wasser, Spiritus◇.

So wird's gemacht:

- Malt mit einem Filzstift einen dicken Punkt auf einen Rundfilter. Mit dem anderen Stift malt ihr den Punkt auf den anderen Filter. ▷ 4
- Schneidet den dritten Rundfilter in der Mitte durch. Rollt die beiden Hälften zu je einem „Docht“ auf.
- Steckt die selbst gefertigten „Dochte“ durch die farbigen Punkte hindurch in die Rundfilter. ▷ 5
- Legt die Rundfilter mit den darin steckenden „Dochten“ auf die Gefäße mit Wasser. Die „Dochte“ sollen ins Wasser eintauchen, die Filter aber nicht. ▷ 6
- Wiederholt den Versuch mit Spiritus statt Wasser.

5

Wir untersuchen Blattgrün

Grüne Gummibärchen enthalten den Farbstoff „Blattgrün“, abgekürzt „E 140“.

a Enthalten auch Pflanzenblätter diesen Farbstoff? Oder färbt vielleicht ein Gemisch aus blauen und gelben Farbstoffen die Blätter grün? Haltet euch bei eurer Untersuchung genau an die dargestellten Schritte. ▷ 7

b Vergleicht nun die Wirksamkeit verschiedener Lösemittel. Ersetzt in Schritt 1 Spiritus durch Wasser.

c Verfasst eine Versuchsbeschreibung.

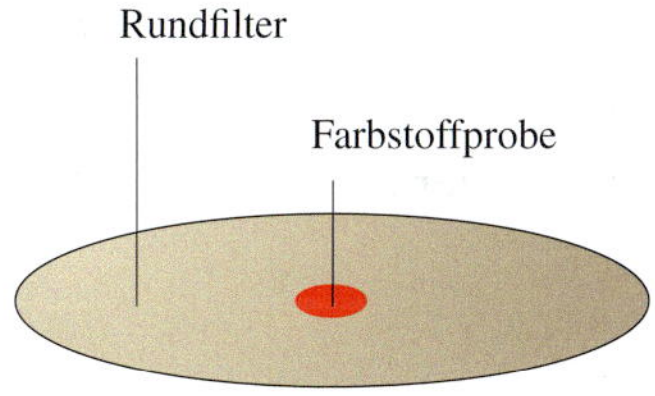

4

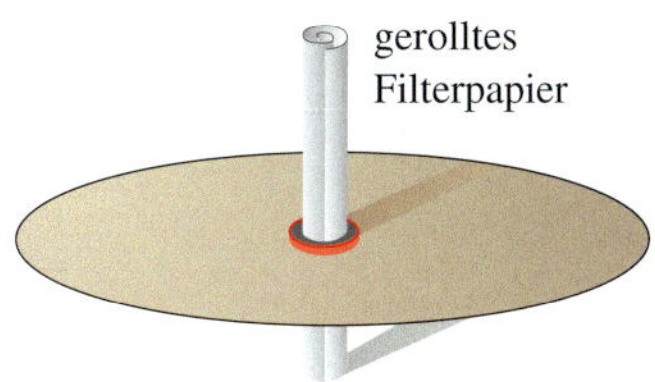

5

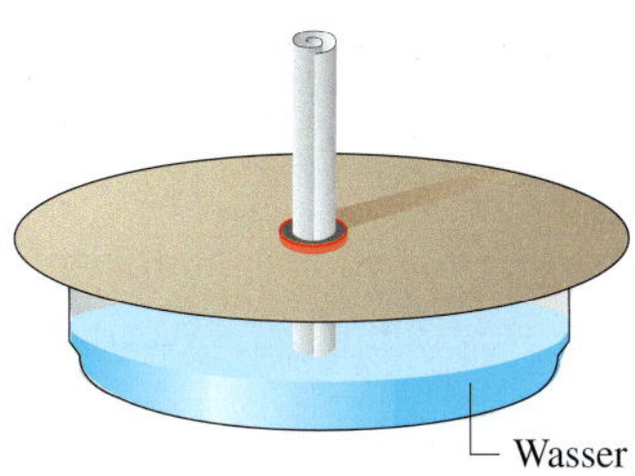

6

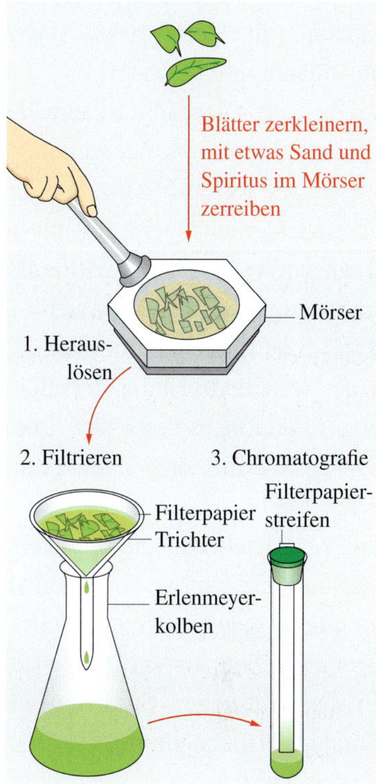

7 Farbstoffuntersuchung in 3 Schritten

◇ Nagellackentferner	🔥 ❗	Gefahr
◇ Spiritus	🔥	Gefahr

Entsalzung von Meerwasser

Trinkwasser durch Destillation Auf vielen Inseln und an mehreren Küstenabschnitten des Mittelmeers wird in großen Anlagen Trinkwasser aus Meerwasser gewonnen.
Einige dieser Anlagen sehen aus wie Gewächshäuser. ▷ 1 Schräge Glasdächer überspannen lange Becken mit Meerwasser. Alle zwei Tage wird es abgelassen und ersetzt.
Außen am Glasdach ist eine Sammelrinne angebracht. Wenn es einmal regnet, läuft hier das Regenwasser ab. Es kann dann ebenfalls als Trinkwasser genutzt werden. Dem destillierten Wasser werden dann noch die nötigen Mineralsalze hinzugefügt – und fertig ist das Trinkwasser.
Täglich gewinnt man hier von jedem Quadratmeter Wasserfläche drei Liter destilliertes Wasser. Wie in einem Treibhaus staut sich unter den Glasflächen so viel Wärme, dass die Destillation sogar nachts erfolgt.
Dieses Verfahren benötigt viel Energie. Es eignet sich nur für Länder, in denen die Sonne als Energiequelle genutzt werden kann und ausreichend große Flächen zur Verfügung stehen.
In den arabischen Ölstaaten wird allerdings auch Öl als Wärmequelle für die Destillation von Meerwasser genutzt.

Trinkwasser durch Filterung Eine andere „Entsalzungsmethode“ arbeitet mit Filtern aus Kunststoff: Mit sehr hohem Druck wird das Salzwasser gegen die Filter gepresst. ▷ 2 Die großen Salzteilchen werden fast vollständig vom Filter zurückgehalten. Die kleineren Wasserteilchen passen dagegen durch die winzigen Poren der Filter und gelangen so auf die andere Seite. So erhält man fast salzfreies Wasser, das sich gut als Trinkwasser eignet.
Auf der Insel Helgoland in der Nordsee wird auf diese Weise Trinkwasser aus Meerwasser hergestellt.
Das Filtern verbraucht im Vergleich zum Destillieren von Meerwasser nur ungefähr ein Drittel der Energie.

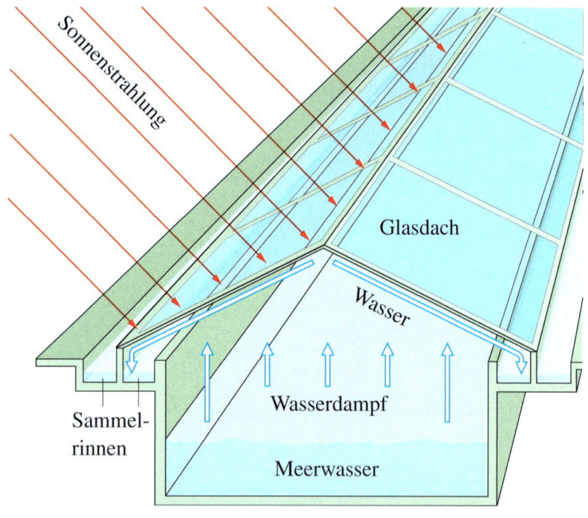

1

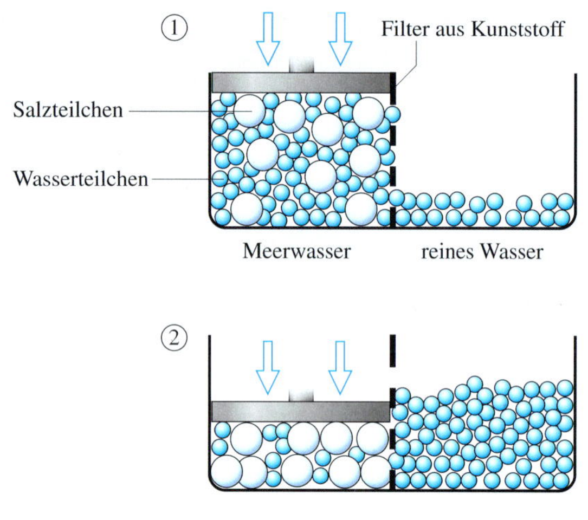

2

1 Beschreibe die beiden Möglichkeiten, wie aus Salzwasser Trinkwasser hergestellt wird:
a Destillation: ▷ 1 „Das kalte Meerwasser …“
b Filterung: ▷ 2 „Das Meerwasser wird mit hohem Druck …“

2 Warum wäre es kaum sinnvoll, mit der Anlage von Bild ▷ 1 Trinkwasser aus Nordseewasser zu gewinnen?

Auf der Suche nach Gold

Ab Mitte des 19. Jahrhunderts erlebt Nordamerika mehrfach einen „Goldrausch".
Nach ersten Goldfunden in Kalifornien versuchten viele Menschen ihr Glück im Goldwaschen: ▷ 3

3

Der Schriftsteller *Jack London* schrieb über einen Goldwäscher: ... *Dort, wo der Steilhang das Ufer des Teiches bildete, blieb er stehen, hob seine Schaufel voll Erde aus und schüttete die Erde in die Pfanne. Dann hockte er sich am Bach nieder, tauchte das Gefäß halb unter das Wasser und schwenkte es sacht hin und her. Schneller und schneller wurden die kreisenden Bewegungen der Pfanne. Kleinere und größere Erd- und Kieselteilchen kamen an die Oberfläche und glitten über den Rand des Gefäßes hinweg.*
Um den Prozess des Auswaschens zu beschleunigen, hielt der Mann manchmal inne und suchte die größeren Steine mit den Fingern heraus.
Mit unendlicher Vorsicht setzte der Goldgräber seine Arbeit fort. Seine Bewegungen wurden langsamer und behutsamer. ... Der Boden des Gefäßes war mit einer dünnen schwarzen Schicht überzogen, die der Mann einer sorgfältigen Untersuchung unterzog.
Da! Ein winziger, goldig flimmernder Punkt fesselte seine ganze Aufmerksamkeit. Noch mal spülte eine Flut von Wasser über den Boden des Gefäßes hinweg. Er kehrte die Pfanne um, ließ ihren Inhalt auf den Boden gleiten und entdeckte unter den schwarz schimmernden Sandkörnern einen neuen goldenen Punkt.
Der Mann erledigte seine Arbeit mit der größten Genauigkeit. Immer kleiner wurde die Menge schwarzen Sandes, die er auf den Rand der Pfanne gleiten ließ, um sie dort auf ihren Goldgehalt zu prüfen. Kein noch so kleines Sandkörnchen entging seinen Blicken. ... Schließlich befanden sich nur noch Goldkörnchen auf dem Boden des Gefäßes.
Nur seine Augen verrieten die Erregung, in der er sich befand, als er sich nach getaner Arbeit vom Boden aufrichtete.
„Sieben", murmelte er beglückt vor sich hin, „sieben." Er konnte nicht oft genug diese Zahl wiederholen.

1 Versuche ein Gemisch aus 10 g Kupferspänchen und 100 g feinem Sand mit der Methode der Goldwäscher zu trennen.
Wie viel Gramm Kupfer erhältst du? Vergleiche mit dem Ausgangsgemisch.

2 In Freizeitparks kann man heute selbst Gold waschen. Erkundige dich, ob es auch in deiner Nähe einen ähnlichen Park gibt.

Stofftrennung in der Natur – der Wasserkreislauf

Einfluss der Menschen Der Mensch greift auf vielerlei Weise in den natürlichen Wasserkreislauf ein. ▷ 1–2

- Beim Bau von Straßen und Häusern wird der Boden „versiegelt", also durch wasserundurchlässige Stoffe abgedeckt.
- Industrieanlagen, Haushalte und Kraftfahrzeuge erwärmen Luft und Wasser, das Wasser verdunstet schneller.
- Flussläufe werden begradigt, Moore trockengelegt und Wälder abgeholzt.
- Wasser wird aus Flüssen, Seen oder Grundwasserschichten entnommen.
- Mineralstoffe, Jauche, Gülle und Öl verschmutzen das Wasser. ▷ 3
- Abgase und Schadstoffe werden in die Luft ausgestoßen. Der Regen bringt sie wieder zurück ins Wasser.

Folgen für die Wasserqualität Das Oberflächenwasser aus Flüssen und Seen kann man heutzutage nicht trinken. Das Grundwasser ist zwar normalerweise wegen der Filterwirkung des Bodens sauberer. Aber auch Grundwasser wird erst mühsam aufbereitet, bevor es als Trinkwasser aus der Wasserleitung fließt.

Gewässerschutz Der beste Schutz für Gewässer ist, von Anfang an möglichst wenige Schadstoffe ins Wasser gelangen zu lassen. Dazu tragen auch gesetzliche Maßnahmen bei – wenn sie eingehalten werden.

Giftige Abfälle müssen sachgerecht gelagert werden, sonst können sie mit dem versickernden Regenwasser ins Grundwasser gelangen.

Giftmüll darf weder in fester noch in flüssiger Form ins Meer gelangen („verklappt" werden). In der Natur geht nämlich nichts verloren. Auch die riesigen Meere sind nur begrenzt belastbar.

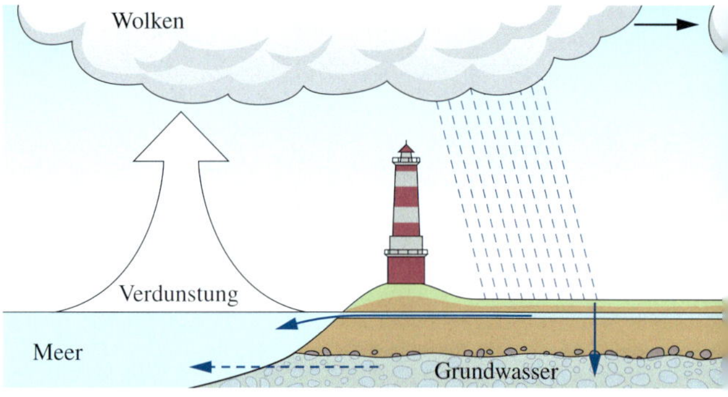

1 Natürlicher Wasserkreislauf

2 Eingriff des Menschen in den Wasserkreislauf

3

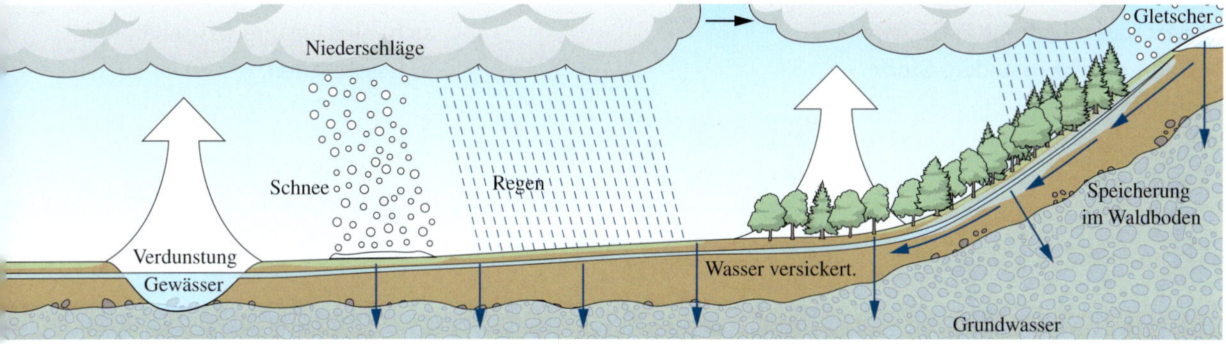

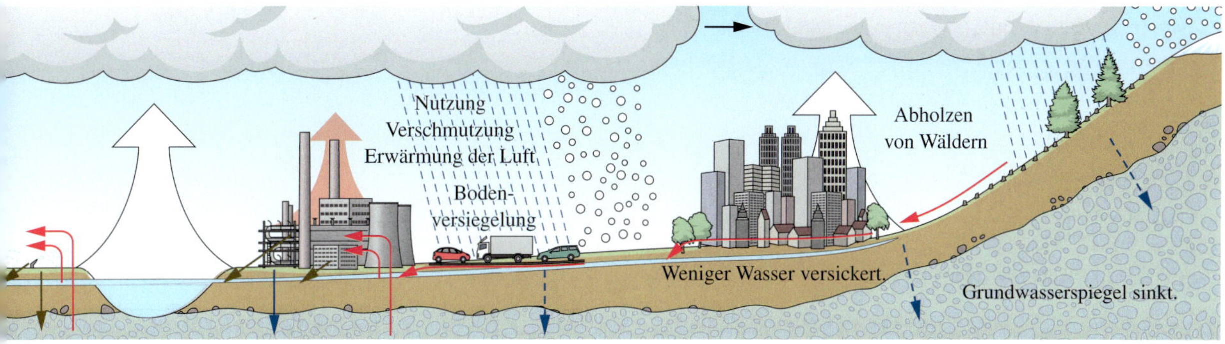

1 Beschreibe den natürlichen Wasserkreislauf.

2 Trinkwasser kann auch aus Flusswasser gewonnen werden. Die Reinigung des Wassers ist aber sehr aufwendig. Warum ist Grundwasser sauberer?

4

3 An welchen Stellen des Wasserkreislaufs entsteht destilliertes Wasser?

4 Wie gelangen die Mineralsalze in unser Trinkwasser?

5 In Wasserschutzgebieten wird Trinkwasser gewonnen. Verkehrszeichen verbieten die Durchfahrt z. B. für Tankfahrzeuge oder mahnen zu vorsichtigem Verhalten. ▷ 4
Was ist in Wasserschutzgebieten zu beachten?

6 Vergleiche den natürlichen Wasserkreislauf ▷ 1 mit dem durch Menschen veränderten Kreislauf. ▷ 2

a Die roten Pfeile im zweiten Bild machen Veränderungen deutlich. Beschreibe diese.

b Welchen Einfluss haben diese Veränderungen auf das Grundwasser?

Reinstoffe und Stoffgemische

Gemische wie das Meerwasser bestehen aus mehreren *Reinstoffen*. Einen Reinstoff wie Wasser kann man mit einfachen Verfahren nicht in andere Stoffe trennen.

Zuckerwasser, Teig und viele andere Stoffe sind Gemische mehrerer Reinstoffe. ▷ 1

1

Beim Lösen von Salz in Wasser wird das Salz in einzelne Salzteilchen zerlegt. Diese verteilen sich gleichmäßig zwischen den Wasserteilchen. ▷ 2

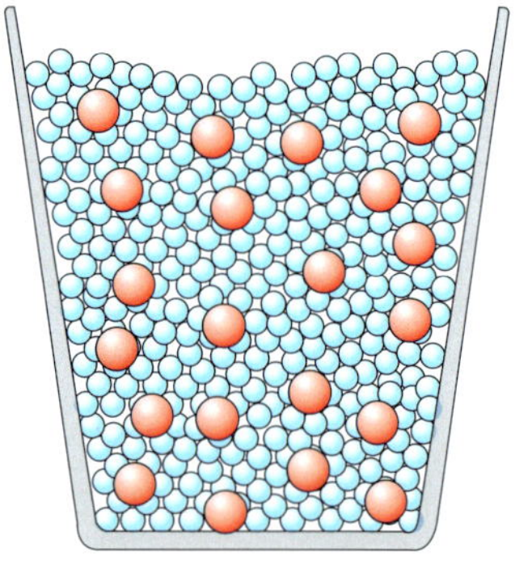

2

Verfahren zur Stofftrennung

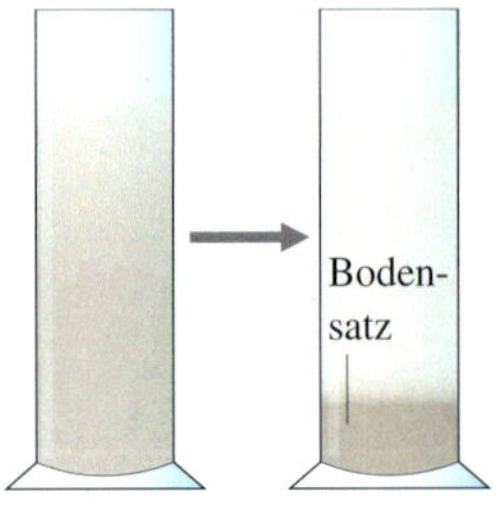

3

4

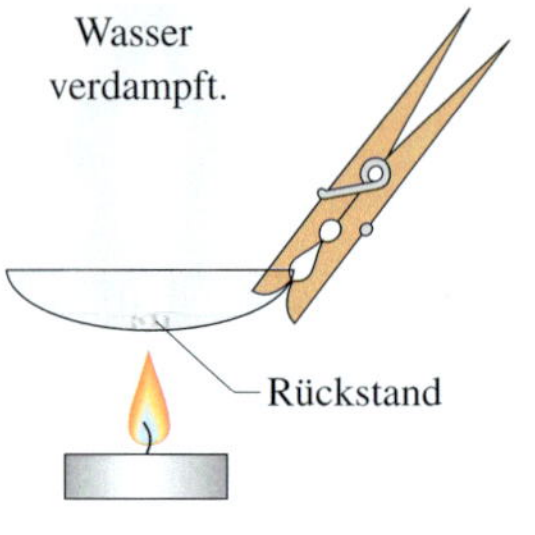

5

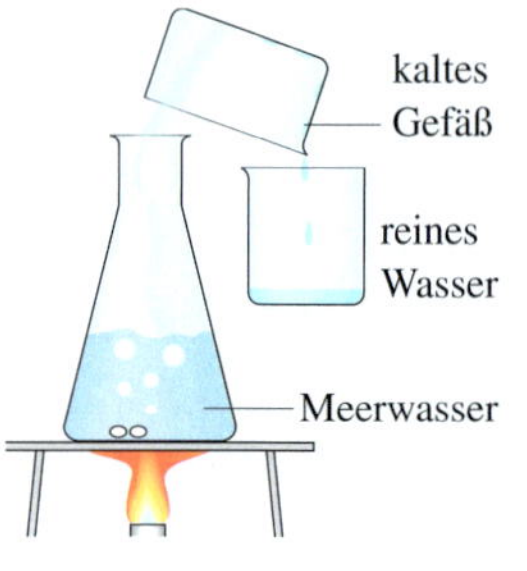

6

Absetzenlassen: ▷ 3
Unlösliche, feste Bestandteile bilden einen Bodensatz. Die Flüssigkeit, die darüber steht, wird abgegossen.

Filtrieren: ▷ 4
Filterpapier ist ein feines Sieb. Die größeren Teile des Gemischs passen nicht durch seine kleinen Poren. Übrig bleibt die Flüssigkeit.

Eindampfen: ▷ 5
In Wasser gelöstes Kochsalz lässt sich nicht durch Filtrieren abtrennen. Festes Kochsalz bleibt aber zurück, wenn man das Wasser verdampfen lässt.

Destillieren: ▷ 6
Wenn Meerwasser erhitzt wird, verdampft nur das Wasser. Der Wasserdampf wird aufgefangen und abgekühlt. Man erhält auf diese Weise reines Wasser.

Alles klar?

1 Beschreibe jeweils ein Beispiel für folgende Trennmethoden: Absetzenlassen, Filtrieren, Eindampfen, Destillieren.

2 In den beiden Gläsern sind Regenwasser aus einer Pfütze sowie Quellwasser. ▷ 7

7

a Warum ist das Quellwasser so sauber?

b Sind Pfützenwasser und Quellwasser Reinstoffe oder Gemische? Begründe deine Antwort.

3 Ein Glas enthält Salzwasser, ein zweites destilliertes Wasser.
Wie kannst du herausfinden, wo sich das Salzwasser befindet? (Schmecken verboten!) Plane einen Versuch.

4 Mit dieser altertümlichen Destillieranlage kann man in mehreren Schritten aus Wein fast reinen Alkohol herstellen. ▷ 8

8

a Schreibe die folgenden Sätze in der richtigen Reihenfolge auf. Der erste und der letzte Satz stehen richtig.
- Vorne aus dem Rohr fließt Alkohol mit etwas Wasser in die kleine Flasche.
- Im Glasrohr wird der gasförmige Alkohol wieder flüssig (er kondensiert), weil das Fass mit kaltem Wasser gefüllt ist.
- Der Alkohol im Wein wird schon bei rund 80 °C gasförmig. Aber auch Wasser verdampft. Das Alkoholgas und der Wasserdampf strömen in dem schrägen Glasrohr durch das Fass.
- Das Feuer erhitzt den Wein in dem großen Glasbehälter.

b Entwirf und zeichne selbst eine Destillieranlage, mit der du Tintenwasser entfärben kannst.

5 Der Saft einer Orange besteht zum größten Teil aus Wasser.
Plane und zeichne einen Versuch, mit dem du nachweisen kannst, dass „reiner“ Orangensaft Wasser enthält.

Lebewesen

Kennzeichen des Lebendigen

George ist ein kleiner Hund. Er läuft, springt, bellt und schläft auf Knopfdruck. Man kann ihn sogar dressieren. Der Terrier ist ein Lebewesen, aber George ist eine Maschine.
Wodurch unterscheidet sich ein Lebewesen von unbelebten Dingen?

1 George

2 Terrier

Kennzeichen des Lebendigen bei Tier und Mensch

Bewegung Der Gepard ▷ 3 läuft beim Jagen sehr schnell. Andere Tiere kriechen, springen, klettern, schwimmen oder fliegen.
Alle Lebewesen bewegen sich.

Reizbarkeit Mit seinem Geruchssinn findet ein Schmetterling Nahrung. Kommst du einem Schmetterling sehr nahe, der auf dem Boden sitzt, fliegt er davon. Mit seinen Beinen spürt er Erschütterungen, die deine Schritte hervorrufen.
Alle Lebewesen nehmen Reize aus der Umwelt (Licht, Geräusche …) wahr und reagieren darauf.

Wachstum und Entwicklung Der Nachwuchs von Weinbergschnecken schlüpft aus Eiern. Die Jungschnecken sind nur wenige Millimeter groß und haben schon ihr eigenes Haus. Es dauert mehrere Jahre, bis sie ausgewachsen sind.
Alle Lebewesen wachsen und entwickeln sich.

Stoffwechsel Der Goldhamster ▷ 4 nimmt Nahrung auf, verdaut sie und scheidet nicht verwertbare Stoffe aus. Er braucht ständig Luft zum Atmen.
Alle Lebewesen nehmen Stoffe aus ihrer Umgebung auf und geben Stoffe ab (Stoffwechsel).

Fortpflanzung und Vererbung Viele Kinder sehen ihren Eltern ähnlich. ▷ 5 Manche sind ihren Eltern sogar „wie aus dem Gesicht geschnitten". Kinder erben Eigenschaften ihrer Eltern.
Alle Lebewesen pflanzen sich fort und vererben Eigenschaften.

3 Gepard

4 Goldhamster

5 Mutter mit Töchtern

Kennzeichen des Lebendigen bei Pflanzen

Die Kennzeichen des Lebendigen sind bei Pflanzen nicht so offensichtlich wie bei Tieren. Oft kann man sie nur bei genauer Beobachtung erkennen.

Bewegung Pflanzen können ihren Standort nicht verlassen. Trotzdem bewegen sie sich. Blüten öffnen und schließen sich. Setzt sich eine Fliege auf das Blatt einer Venusfliegenfalle, klappen die Blatthälften zusammen. ▷ 6

Bei Pflanzen bewegen sich Teile.

Reizbarkeit Junge Sprosse wachsen in Richtung des Lichts. Wurzeln orientieren sich stets zum Erdboden hin. Die Venusfliegenfalle ▷ 6 und die Mimose ▷ 7 sind für Berührungen empfindlich.

Pflanzen reagieren auf Reize aus der Umwelt.

Wachstum und Entwicklung Der Samen einer Birke ist klein und wiegt weniger als ein Gramm. Aus ihm entwickelt sich nach mehreren Jahren ein großer Baum. ▷ 8

Pflanzen wachsen und entwickeln sich.

Stoffwechsel Unsere Laubbäume werfen im Herbst ihre Blätter ab. Im Frühjahr sprießt frisches Grün. Manche Pflanzen legen in Knollen oder Früchten Vorrate an. Kartoffelknollen, Getreidekörner, Nüsse oder Sonnenblumenkerne enthalten solche Vorratsspeicher. Im Sonnenlicht können die grünen Pflanzen viele Stoffe, die sie zum Leben brauchen, selbst herstellen.

Pflanzen haben einen Stoffwechsel.

Fortpflanzung und Vererbung Bei der Birke wachsen neue Pflanzen aus Samen heran. Tulpe und Kartoffel können sich auch durch Zwiebeln und Knollen fortpflanzen. Die Tochterpflanzen gleichen den Mutterpflanzen in vielen Eigenschaften.

Pflanzen vermehren sich und vererben Eigenschaften.

6

7

8

Aufgaben

1 Nenne Kennzeichen des Lebendigen, die einer brennenden Kerze fehlen.

2 Nenne Kennzeichen des Lebendigen, die du auf den Bildern erkennst. ▷ 2–8

Die Welt des Kleinen

Spuren und Gegenstände untersuchen

Eine Spurensicherung hilft der Polizei, Verbrechen aufzuklären. Fußabdrücke oder Fingerabdrücke werden gesichert.

1 Spurensicherung durch die Polizei

1

Fingerkuppen betrachten

a Betrachtet die Fingerkuppen eurer Hände. Was erkennt ihr? Beschreibt.

b Vergleicht sie mit den Fingerkuppen anderer Personen. Was stellt ihr fest?

c Wie könntet ihr die feinen Einzelheiten eurer Fingerkuppen untersuchen?

2

Einen Fingerabdruck erstellen

a Rollt eine Fingerkuppe behutsam von der einen zur anderen Seite über ein Stempelkissen. ▷ 2 Setzt euren Finger vorsichtig auf ein Papier und rollt ihn gleichmäßig ab. ▷ 3
Beschriftet den Fingerabdruck mit eurem Namen.

b Vergleicht euren Fingerabdruck mit anderen. Verwendet dazu eine Lupe. ▷ 4
Könnt ihr einige typische Merkmale eures Fingerabdrucks erkennen?

2

3

4

die Linse
die Lupe

3
Fingerabdrücke sichern

a Drückt die Kuppe eures Daumens auf einen Objektträger. ▷ 5 Verteilt darauf Grafitstaub oder braune Kreide sparsam und gleichmäßig mit einem Pinsel. ▷ 6 Klebt ohne zu verrutschen einen Streifen durchsichtiges Klebeband auf den Objektträger. Zieht das Klebeband ab und klebt es in euer Heft. ▷ 7

b Probiert aus, ob ihr einen Mitschüler oder eine Mitschülerin an den Fingerabdrücken erkennen könnt.

6

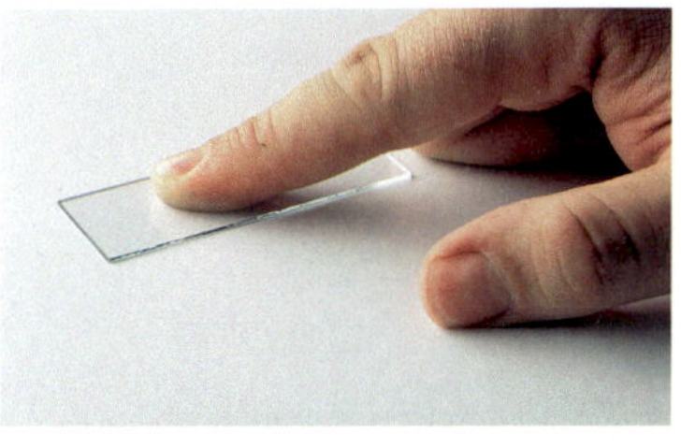
5

7

4
Auge und Lupe

Seht euch verschiedene Gegenstände mit bloßem Auge an: ein gedrucktes Bild, ein Stück Stoff, ein Haar, eine Feder, eine Filzstiftspitze.
Betrachtet dann denselben Gegenstand mit einer Stiellupe und einer Einschlaglupe. ▷ 8

8 Einschlag- und Stiellupe

Fingerabdrücke

Finger hinterlassen auf Glasscheiben, Türen und sogar auf Papier Abdrücke aus Fett und Schweiß.
Fingerabdrücke sind mit bloßem Auge kaum zu erkennen. Sie können jedoch mit einfachen Hilfsmitteln sichtbar gemacht werden. Das Muster der Rillen an den Fingern und Handflächen unterscheidet sich von Mensch zu Mensch und wird weder durch Altern noch durch Verletzungen bedeutend verändert. Jeder Mensch kann also anhand seiner Fingerabdrücke erkannt werden. ▷ 9

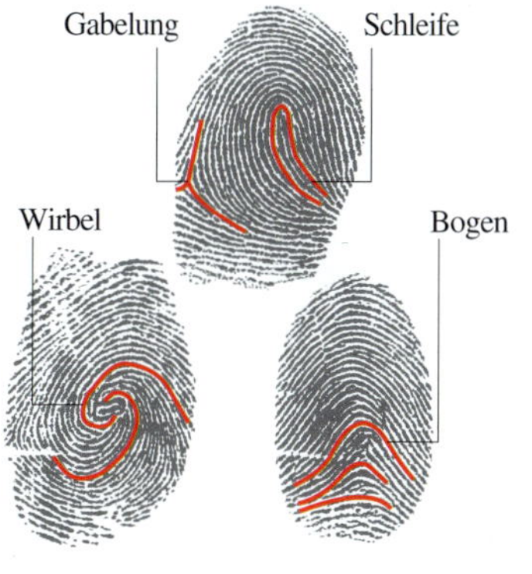

9

Vergrößerung durch Linsen

Lupen Lupen enthalten eine oder mehrere *Linsen* aus Glas oder Kunststoff. Je stärker die Linse gewölbt ist, umso stärker vergrößert sie. Einfache Lupen vergrößern etwa fünffach, stärkere Lupen bis zu zwanzigfach. Zum Betrachten musst du die Lupe und das Objekt einander so weit annähern, bis das Bild scharf ist. Mit einer Stiellupe siehst du einen größeren Ausschnitt des Untersuchungsgegenstands als mit einer Einschlaglupe.

Beobachten mit dem Mikroskop

Manche Dinge sind so klein, dass man sie mit dem bloßen Auge kaum oder gar nicht erkennen kann. Diese „Welt der kleinen Dinge" ist aber größer, als man denkt. Mit einem Mikroskop kannst du viele Geheimnisse dieser Welt erkunden. Um mit dem Lichtmikroskop arbeiten zu können, musst du seine einzelnen Bestandteile genau kennen und mit ihnen umgehen können.

1 Arbeit mit dem Mikroskop

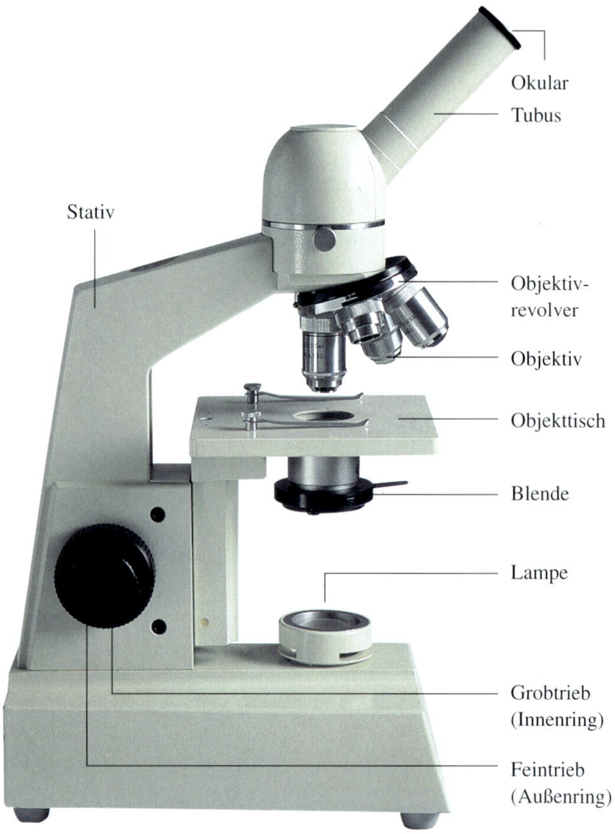

2 Lichtmikroskop

Okular	Es vergrößert das Bild des zu untersuchenden Objekts.
Tubus	Er verbindet Okular und Objektiv.
Objektivrevolver	Durch Drehen des Revolvers werden ein anderes Objektiv und damit eine andere Vergrößerung eingestellt.
Objektiv	Es liefert ein vergrößertes Bild des Objekts. Die Vergrößerung ist umso größer, je länger das Objektiv ist.
Objekttisch	Das zu untersuchende Objekt wird hier abgelegt und mit Halteklammern befestigt.
Blende	Sie reguliert die Helligkeit und den Kontrast des Bildes.
Grobtrieb, Feintrieb	Hiermit lässt sich der richtige Abstand zwischen Objektiv und Objekt einstellen und man erhält ein scharfes Bild.
Lampe	Sie liefert das nötige Licht zur Durchleuchtung des Objekts.
Stativ	An ihm sind die einzelnen Teile befestigt. Das Stativ dient als Tragegriff.

Wie ermittelt man die Vergrößerung des Mikroskops?

Die Zahl auf dem Objektiv gibt an, wievielmal das Bild des Objekts vergrößert wird. Die Zahl auf dem Okular zeigt, wievielmal das Bild zusätzlich durch das Okular vergrößert wird. Wenn du beide Zahlen miteinander multiplizierst, erhältst du die Gesamtvergrößerung.

3 Okular

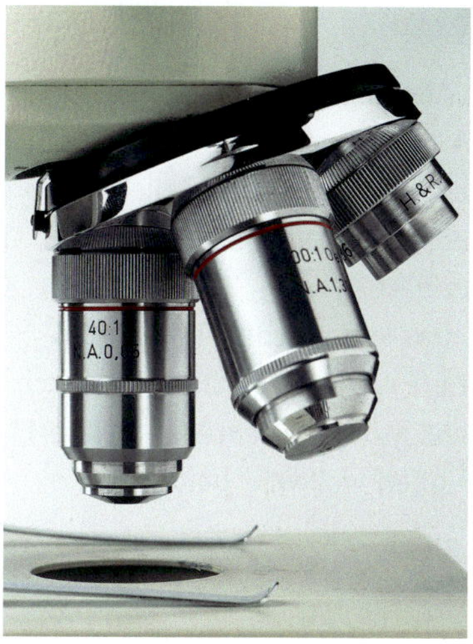

4 Objektiv

Wichtige Schritte beim Mikroskopieren

Schritt 1 Fasse das Mikroskop immer nur am Stativ an und trage es grundsätzlich aufrecht. Berühre die Linsen niemals mit den Fingern. Entferne Schmutz immer mit einem Reinigungstuch.

Schritt 2 Drehe den Objekttisch am Grobtrieb so weit wie möglich nach unten. Lege nun den Objektträger mit deinem Objekt auf den Objekttisch und schiebe ihn unter die Halteklammern. Schalte die Beleuchtung ein.

Schritt 3 Um dein Objekt richtig betrachten zu können, beginne immer mit der kleinsten Vergrößerung, also dem kürzesten Objektiv. Drehe dazu immer am Objektivrevolver, nie am Objektiv selbst.

Schritt 4 Schließe die Blende, während du durch das Okular schaust. Du siehst, wie sich das ausgeleuchtete Feld verkleinert. Den besten Kontrast erreichst du, wenn du die Blende so weit öffnest, dass die Ränder gerade aus dem Sichtfeld verschwinden.

Schritt 5 Beim Einstellen der nächsthöheren Vergrößerung wiederholst du die Schritte 2 bis 4.

Schritt 6 Du beendest das Mikroskopieren, indem du das Objekt vom Tisch nimmst. Stelle das kleinste Objektiv ein und schalte die Lampe aus. Stelle das Mikroskop an seinen Aufbewahrungsort zurück.

Aufgaben

1 Klebe ein Haar mit durchsichtigem Klebeband auf einen Objektträger. Achte darauf, dass sich in dem Bereich, den du mikroskopieren willst, kein Klebeband befindet.

2 Mikroskopiere das Präparat mit unterschiedlichen Vergrößerungen und zeichne einen Ausschnitt auf ein DIN-A4-Blatt.

3 Du wählst für die Betrachtung deines Haarpräparats das Objektiv mit der Aufschrift 40 ×. Auf dem Okular steht 10 ×. Berechne die Gesamtvergrößerung.

Alle Lebewesen bestehen aus Zellen

„Alle Lebewesen bestehen am Anfang ihres Lebens aus nur einer Zelle und die Zellen sind eigentlich alle gleich groß“, erklärt Aylin.
„Das kann nicht sein“, protestiert Alex. „Der Blauwal ist doch viel größer als ein Marienkäfer!“ Haben vielleicht beide recht?

1 Bestehen Blauwal und Marienkäfer aus Zellen?

Grundbaustein aller Lebewesen

Alle Pflanzen und Tiere sind aus *Zellen* aufgebaut. Zellen von Pflanzen und Tieren sind ungefähr gleich groß. Eine Zelle ist ein bis zehn Mikrometer groß. ▷ 2 Ein Mikrometer (µm) entspricht einem Tausendstelmillimeter. Große und kleine Lebewesen, wie Wal und Marienkäfer, unterscheiden sich also lediglich in der Zahl ihrer Zellen. Eine Zelle entsteht niemals neu: Zellen können nur durch Teilung bereits vorhandener Zellen entstehen.

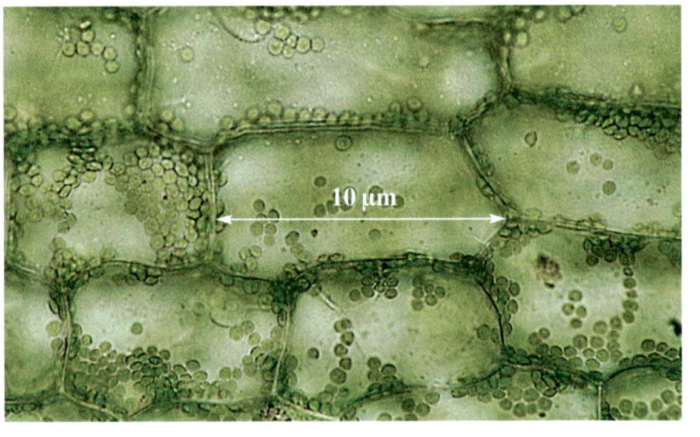

2 Pflanzenzellen unter dem Mikroskop

Pflanzenzelle

Betrachtet man ein Blättchen der Wasserpest unter dem Mikroskop, so erkennt man viele abgerundete Vier- bis Sechsecke. ▷ 2–3 Sie liegen dicht beieinander und bilden Reihen. Das sind die Zellen. Erkennbar sind die *Zellwände,* die der Zelle ihre feste Gestalt geben. Das *Zellplasma* füllt die Zellen aus. Das Zellplasma ist von einem dünnen Häutchen, der *Zellmembran,* umgeben. Da sie ganz dicht an der Zellwand anliegt, kann man sie im Mikroskop aber nicht erkennen. Im Zellplasma liegt der *Zellkern.* Weiter sind in einer Pflanzenzelle ein *Zellsaftraum* (Vakuole) und in grünen Pflanzenteilen zusätzlich die Zellmembran zu erkennen. ▷ 2–3

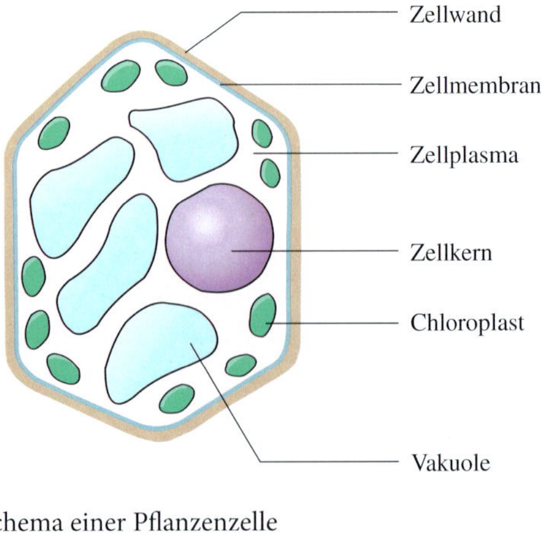

3 Schema einer Pflanzenzelle

die Zelle
der Zellkern
die Zellmembran
das Zellplasma

Tierzelle

Auch die Zellen der Tiere und des Menschen besitzen eine Zellmembran, Zellplasma und einen Zellkern. Sie haben aber keine Vakuole, keine Blattgrünkörner und auch keine Zellwand. Bei den Zellen der Mundschleimhaut kannst du daher die dünne Zellmembran erkennen. ▷ 4–5

Die Grundbausteine aller Lebewesen heißen Zellen. Alle Pflanzen undTiere sind daraus aufgebaut. Die Zelle ist ein Kennzeichen der Lebewesen.

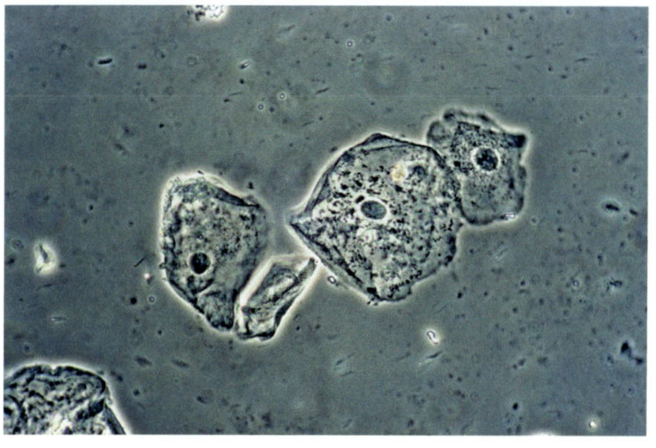

4 Tierzelle unter dem Mikroskop

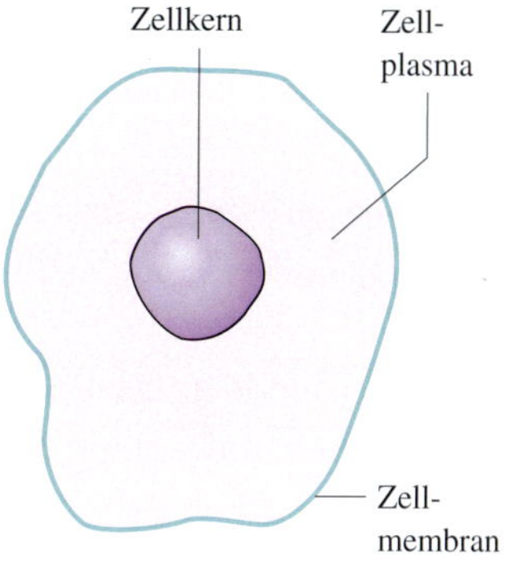

5 Schema einer Tierzelle

Aufgaben

1 Übernimm die Abbildungen ▷ 3 und ▷ 5 möglichst exakt in dein Heft und beschrifte sie.
2 Vergleiche Pflanzenzelle und Tierzelle. Stelle Gemeinsamkeiten und Unterschiede in einer Tabelle zusammen.
3 Untersuche Zellen deines eigenen Körpers:
a Schabe dazu von der Innenseite deiner Wange mit einem Teelöffel etwas Mundschleimhaut ab.
b Gib mit einer Pipette einen Tropfen Wasser auf einen Objektträger und bringe die Mundschleimhaut ein. Decke dein Präparat mit einem Deckgläschen ab. ▷ 6
c Mikroskopiere dein Präparat und zeichne, was du siehst.

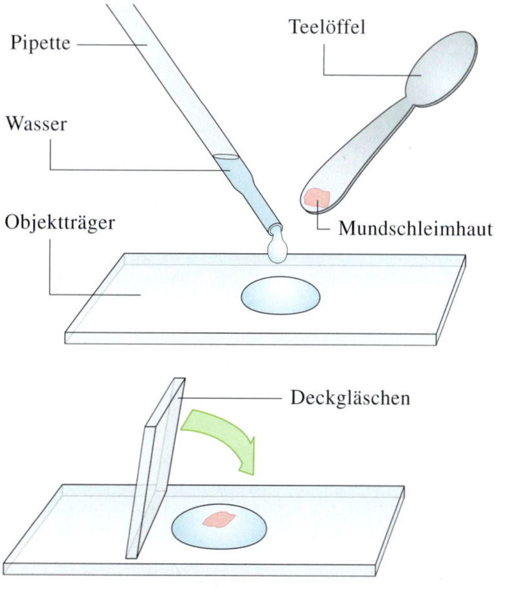

6 Versuchsdurchführung

1
Pflanzenzellen – immer gleich?

1 Dreimasterblume

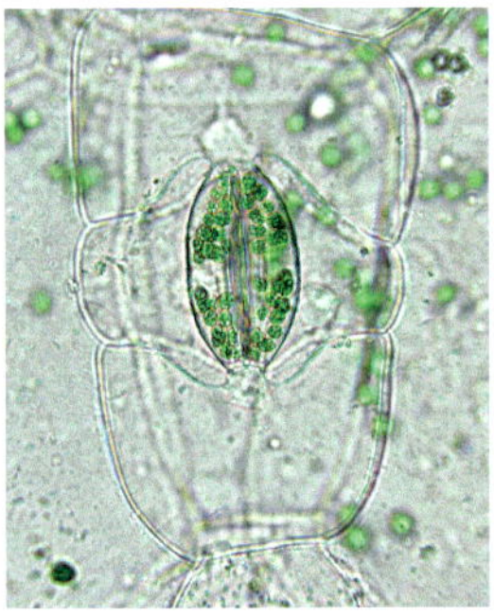
2 Spaltöffnungszelle

Ihr braucht: Dreimasterblume, Mikroskop, Objektträger, Deckgläschen, Pipette, Pinzette.

Durchführung: Brich ein Blatt der Dreimasterblume vorsichtig durch, sodass die Blattunterseite innen liegt. Die unterste Zellschicht bleibt dabei an einigen Stellen intakt. Schiebe die beiden Blatthälften aneinander vorbei, sodass du die Fasern der untersten Zellschicht mit der Pinzette abziehen kannst. Tropfe mit der Pipette Wasser auf den Objektträger und lege die abgezogenen Fasern hinein. Lege ein Deckgläschen auf.

a Mikroskopiere dein Präparat wie bei der Methode „Beobachten mit dem Mikroskop" beschrieben.

b Untersuche, ob alle Zellen auf der Blattunterseite gleich sind. Suche besonders nach den Zellen aus Abbildung ▷ 2. Diese Zellen heißen Spaltöffnungszellen. Mit ihrer Hilfe kann die Pflanze ihren Wasserhaushalt regulieren. Zeichne dein Präparat.

c Beschrifte deine Zeichnung.

2
Wieso sind Tomaten rot?

3 Tomaten

Ihr braucht: Tomaten, Präpariernadel, Mikroskop, Objektträger, Deckgläschen, Messer.

Durchführung: Schneide eine Tomate mit dem Messer in mehrere Teile. Schabe mit der Präpariernadel einen Teil des Fruchtfleisches ab und verteile es auf dem Objektträger. Lege ein Deckgläschen auf.

a Mikroskopiere dein Präparat wie bei der Methode „Beobachten mit dem Mikroskop" beschrieben.

b Zeichne dein Präparat. Achte besonders auf die farbigen Anteile in den Zellen.

c Beschrifte deine Zeichnung. Die farbigen Bestandteile heißen Chromoplasten.

d Beantworte die Frage: Wieso sind Tomaten rot?

3
Steine in der Birne?

4 Dreimasterblume

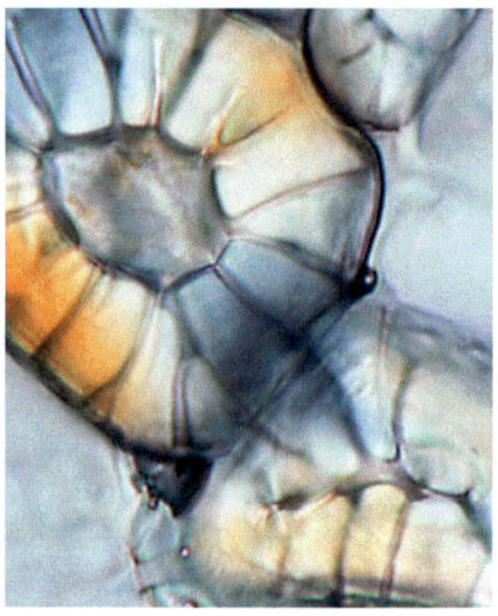

5 Spaltöffnungszelle

Ihr braucht: Birnen, Präpariernadel, Mikroskop, Objektträger, Deckgläschen, Messer.

Durchführung: Zerteile eine Birne mit dem Messer in mehrere Teile.
Schabe einen Teil des Fruchtfleisches ab und verteile es auf dem Objektträger.

Achtung!

Nun wird von der Lehrkraft ein Tropfen Phloroglucin-Salzsäure (ätzend, Färbemittel) hinzugetropft.

Lege ein Deckgläschen auf.

a Mikroskopiere dein Präparat wie bei der Methode „Beobachten mit dem Mikroskop" beschrieben.

b Zeichne dein Präparat. Achte besonders auf die gefärbten Zellen. ▷ 5 Das Färbemittel Phloroglucin-Salzsäure färbt die pflanzliche Zellwand rot.

c Beschrifte deine Zeichnung.

d Beim Kauen einer Birne kann man kleine Körner im Mund spüren. Erkläre diese Beobachtung.

4
Eine Zelle – selbst gebaut

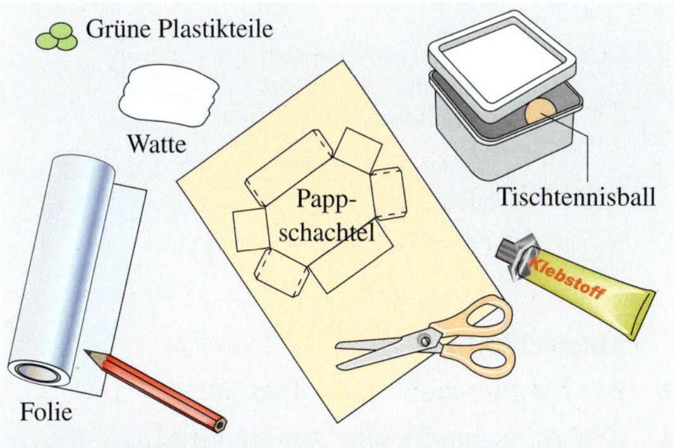

6 Material für deine Zelle

Ihr braucht: Lest erst die Aufgabe. Wählt dann geeignete Materialien aus. Die Abbildung zeigt euch Beispiele. ▷ 6 Eurer Fantasie sind aber keine Grenzen gesetzt.

Durchführung: Wie Pflanzen- oder Tierzellen aufgebaut sind, kannst du mit Gegenständen aus dem Alltag veranschaulichen.

a Überlege dir zunächst, welche Teile deine „Zelle" enthalten muss. Wähle Materialien aus.

b Was veranschaulicht deine „Zelle" besser als eine Zeichnung?

c Wie könntest du deine „Zelle" verbessern, sodass sie noch mehr Eigenschaften einer wirklichen Zelle zeigt?

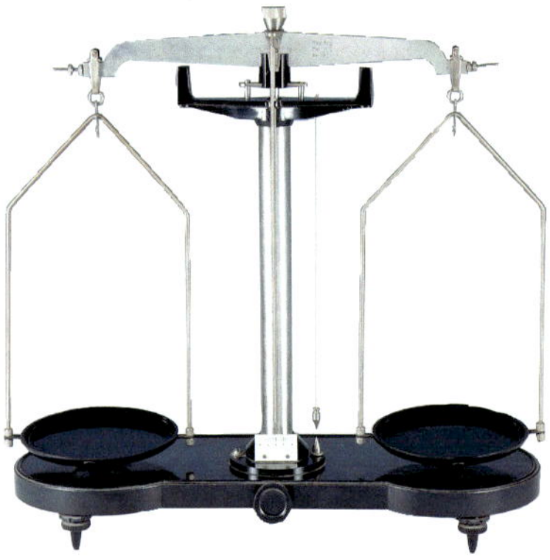

1

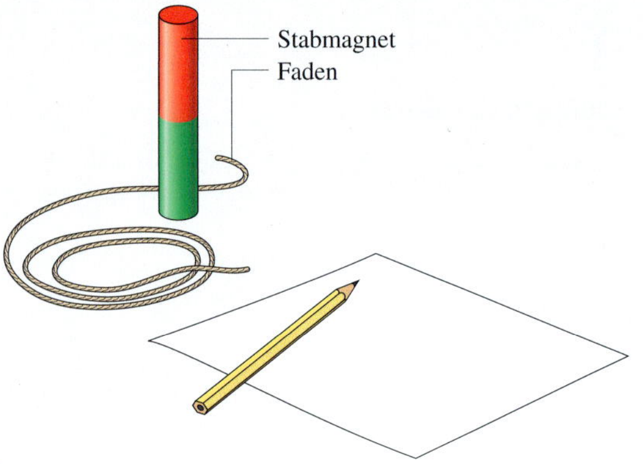

2

Volumen und Masse

1 In der Fachsprache benutzt man statt *Gewicht* den Begriff *Masse*. Die Einheiten der Masse (des Gewichts) sind *Gramm* (g), *Kilogramm* (kg) und *Tonne* (t).
Übertrage in die Fachsprache:
„Das Paket ist 2 Pfund schwer."
„Die Tüte wiegt 1 Kilogramm."
„Der Wagen hat ein Gewicht von 20 Tonnen."

2 David legt Stahlwolle auf eine Balkenwaage. ▷ 1
Die Masse der Stahlwolle beträgt 11 g.

a Sven knüllt die Stahlwolle zusammen und wiegt sie noch einmal. Beträgt ihre Masse jetzt 10 g, 11 g oder 12 g?
Begründe: Die Masse beträgt ... g, weil
- das Volumen kleiner geworden ist (A).
- sich die Masse nicht geändert hat (B).
- die Stahlwolle nun stärker zusammengepresst ist (C).

b Gib die Masse der Stahlwolle in Kilogramm an.

Körper und Stoff

3 Körper und Stoffe sind durcheinandergeraten. Ordne die Begriffe richtig in einer Tabelle:

Körper	*Stoff*
?	?

a Kupfer, Hose, Kiste, Holz, Baumwolle, Fenster, Stuhl, Bleistift, Aluminium, Styropor, Fahrrad, Papier, Radiergummi, Luftballon, Öl, Geldstück, Gummi, Luft

b Blech, Glas, Kunststoffbecher, Draht, Goldring

4 Stoffe für unterschiedliche Körper

a Was passt zusammen?
Karton, Flasche, Sessel, Tisch – Holz, Glas, Leder, Pappe

b Papier, Holz, Leder, Eisen (Stahl), Aluminium, Kunststoff, Leinen – welche dieser Stoffe eignen sich für welche der folgenden Körper?
Fensterrahmen, Fahrradrahmen, Möbel, Trinkbecher, Einkaufstaschen, Gehäuse von Elektrogeräten

5 Um welche Stoffe handelt es sich?

A	B	C	D
dunkelgrau ziemlich schwer sehr biegsam	unsichtbar für Fahrradreifen unverzichtbar auf dem Mond nicht vorhanden	flüssig gelblich braun schwimmt auf dem Wasser	wird nicht von Magneten angezogen silbrig leitet den Strom leichter als Eisen

Magnetismus

6 Ein Magnet zieht nicht alles an.

a Gib an, welche Stoffe von einem Magneten angezogen werden.

b Zieht ein Magnet einen Magneten an?

c Wo ist die Anziehung eines Magneten am stärksten?

3

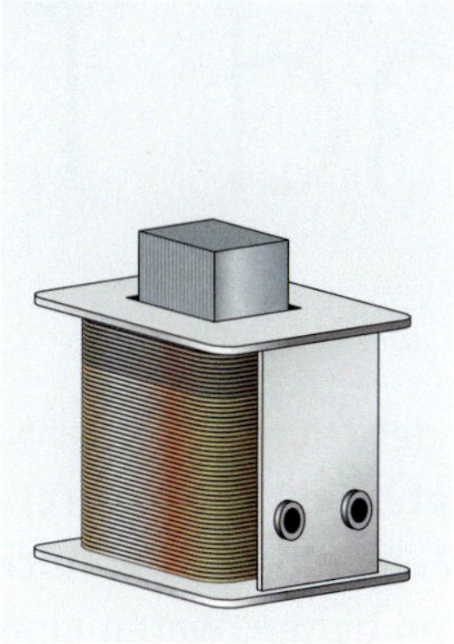
4

5

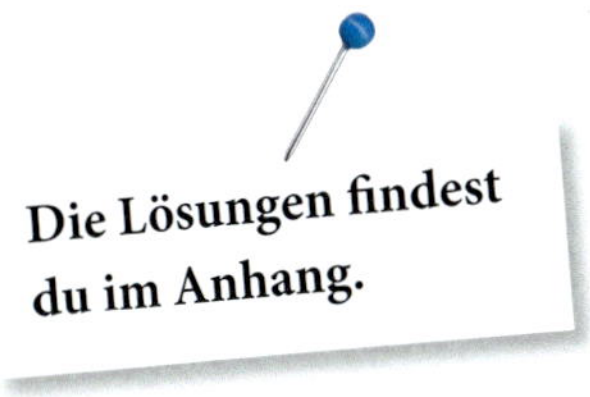

7 Magnete kann man selbst herstellen.
Dir stehen folgende Körper zur Verfügung: Kupferblech, Aluschiene, Eisenblech, Bleikugel, Holzleiste, Stahlnagel, Glasröhrchen, Nähnadel.

a Welche wählst du?

b Begründe deine Wahl.

c Beschreibe, wie du einen Körper magnetisierst.

8 Man kann die Magnetkraft eines Magneten auch zerstören. Wie müsste man dabei vorgehen?

9 Ein Kompass aus Faden und Magnet?

a Aus den oben abgebildeten Teilen ▷ 2 könntest du einen Kompass bauen. Fertige dazu eine Skizze an.

b Wie kannst du alle Himmesrichtungen mit deinem Kompass bestimmen?

c Wer erfand wann den Kompass?

10 Haben runde Magnete Pole? ▷ 3
Gib die richtigen Lösungen an:

a Dieser Magnet hat nur einen Magnetpol an der grünen Unterseite.

b Dieser Magnet hat mindestens einen Nord- und einen Südpol.

c Dieser Magnet hat keine Pole, weil er rund ist.

11 Das soll ein Magnet sein und Eigenschaften wie ein Stabmagnet haben? ▷ 4

a Beschreibe, wie diese Spule zu einem Magneten wird.

b Wie kannst du herausfinden, wo hier Nord- und Südpol liegen?

c Stelle in einer Tabelle die Eigenschaften eines Stabmagneten und eines Elektromagneten gegenüber.

d Worin unterscheidet sich der Elektromagnet von dem Stabmagneten?

Gemisch oder Reinstoff – Stofftrennung

12 Wenn … „Zucker“ in Wasser aufgelöst wird, entsteht ein … ▷ 5

a Schreibe den Satz ab und setze die Begriffe *Gemisch* und *Reinstoff* richtig ein.

b Zeichne dazu ein Modell. *Tipp*: Die Zuckerteilchen sind größer als die Wasserteilchen.

c Was passiert, wenn du das Zuckerwasser erhitzt? Zeichne mithilfe des Modells.

13 Du sollst aus verschmutztem Salzwasser *destilliertes Wasser* und *Salz* herstellen.

a Zeichne zwei Versuche auf, die du dazu durchführen musst.

b Beschrifte die Zeichnungen mit folgenden Begriffen: Filter, Filtrat, salziges Wasser, destilliertes Wasser, Wasserdampf, Salz.

14 Müll wird getrennt:

a Für welche 2 Werkstoffe gibt es Extrabehälter?

b Bringe den Stoffkreislauf von Flaschenglas in die richtige Reihenfolge: Sammelbehälter, Glasfabrik, sortieren, mit Lastwagen transportieren, schmelzen, neue Flaschen herstellen, Fremdkörper entfernen, zerkleinern.

Mensch und Tier

Weißt du, dass der Hund in deiner Nachbarschaft von wilden Tieren abstammt? Die Ururur…großeltern des Hundes waren vor langer Zeit wilde Wölfe. Auch alle anderen Tierarten, die wir Menschen halten, waren einmal wilde Tiere. Erfahre, wie Tiere an ihren Lebensraum angepasst sind, wie sie sich bewegen und fortpflanzen.

1 In jedem Hund steckt noch ein Wolf. Was ist davon wahr? (Siehe Seite 76.)

2 Tiere vermehren sich. Wie funktioniert das? (Siehe Seite 84.)

3 Rinder liefern uns z. B. Milch. Wir nutzen aber noch andere Tierarten. (Siehe Seite 86.)

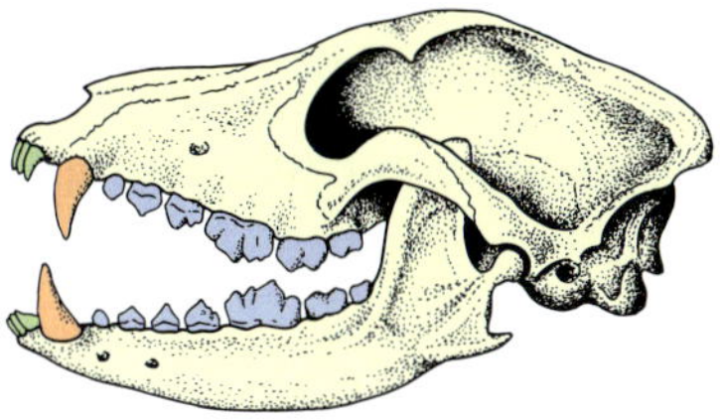

4 Viele Tierarten gehören zu den Säugetieren. Sie lassen sich z. B. nach der Gebissform ordnen. (Siehe Seite 96.)

5 Fische leben im Wasser. Wie ist ihr Körper an dieses Leben angepasst? (Siehe Seite 102.)

6 Man sagt, Lurche führen ein Doppelleben. Sie leben zwischen Wasser und Land. (Siehe Seite 106.)

7 Kriechtiere leben meistens in warmen Ländern. Woran liegt das? (Siehe Seite 110.)

8 Die meisten Vögel können sehr gut fliegen. Warum ist das so? (Siehe Seite 116.)

9 Schmetterlinge gehören zu den Insekten. Was zeichnet Insekten aus? (Siehe Seite 124.)

Als Alex neulich bei seiner Tante zu Besuch war, hatte ihre Hündin gerade Junge bekommen. Am liebsten möchte Alex einen Welpen mit nach Hause nehmen. Heute bekommt man Haustiere von Verwandten, aus einer Tierhandlung oder von einem Züchter.
Doch wie kamen die Menschen früher zu ihren Tieren?

1 Hundewelpen bei der Mutter

Vom Wildtier zum Haustier

Wie die Menschen zu ihren Tieren kamen

Vor vielen Tausend Jahren, als die Menschen ihre Nahrung noch jagen mussten, gab es nur wilde Tiere. → 2 Einige Jäger kamen auf die Idee, die Wildtiere zu fangen und sie an sich zu gewöhnen. Dies nennt man **Zähmung**. Aus vielen Wildtieren wurden später treue oder nützliche Begleiter und Helfer wie Hunde, Pferde und Rinder.

Die Urform des Rindes

Das Urrind wurde vor etwa 8 500 Jahren von Menschen erstmals gefangen und gezähmt. Dieses Rind hieß Auerochse, auch „Ur“ genannt. → 3 Der letzte Auerochse in Europa wurde 1627 erlegt.

Was sind Haustiere?

Alle Tiere, die der Mensch zu seinem Nutzen oder zum Vergnügen hält und züchtet, heißen **Haustiere**. Bei der **Züchtung** wählt man gezielt Tiere aus, die Nachwuchs bekommen sollen. Die Auswahl erfolgt dabei nach ganz bestimmten Merkmalen wie Größe oder Farbe des Tieres. Aber auch eine gute Fleischbildung bei Schweinen, die Schnelligkeit bei Pferden oder schönes Aussehen bei Hunden können solche Merkmale sein.

2 Höhlenmalerei mit wilden Rindern und Pferden

3 Der Auerochse lebte in Wäldern.

Haustiere
Heimtiere
Nutztiere
Zähmung
Züchtung

4 Weibliches Hausschwein mit Ferkeln

5 Weibliches Wildschwein

Die Vorfahren des Hausschweins

Als die Menschen nicht mehr umherzogen, bauten sie Hütten und Häuser. Sie konnten die Tiere in festen Ställen halten. So wurde das gefangene Wildschwein durch Zähmung und Züchtung allmählich zu einem Hausschwein. → 4

Seit etwa 6000 Jahren werden Hausschweine vom Menschen gehalten und dienen als Fleischlieferanten.

Wildschweine leben noch heute in unseren Wäldern. Sie durchwühlen den Waldboden auf der Suche nach Nahrung. → 5 Sie sind kleiner als unsere Hausschweine und haben noch ihr borstiges Fell.

Von Heimtieren und Nutztieren

Werden Tiere zur eigenen Freude gehalten, spricht man von **Heimtieren**. Sie leben gemeinsam mit den Menschen in der Wohnung. Hunde, Katzen, Hamster und Wellensittiche zählen zu den Heimtieren. Haustiere, die der Mensch nutzt, um Fleisch, Milch, Wolle oder Leder zu gewinnen, bezeichnet man als **Nutztiere**. Hühner, Schweine, Rinder und Schafe gehören dazu.

→ **Merk dir!** Alle Haustiere waren vor langer Zeit einmal wilde Tiere. Man unterscheidet dabei Heim- und Nutztiere.

Arbeitsaufträge

1. Nenne die wilden Vorfahren von Rind und Hausschwein.
2. Vergleiche das Aussehen von Hausschwein und Wildschwein. → 4, 5
   a Beschreibe die Abbildungen.
   b Welche Merkmale könnten beim Hausschwein besonderen Nutzen für den Menschen haben?
3. Erkläre, ob es sich bei dem Kanarienvogel um ein Haustier, Heimtier oder Nutztier handelt.

6 Kanarienvogel

Alex ist im Zoo und beobachtet die Wölfe. Sie laufen umher und geben Laute von sich – fast so wie Hunde. Gibt es da einen Zusammenhang?

1 Wölfe im Rudel

So kam der Mensch auf den Hund

Wolf und Mensch freunden sich an

Die **Wölfe** begleiteten die Menschen der Steinzeit bei der Jagd. Hin und wieder fielen dabei ein paar Fleischreste für sie ab. Mit der Zeit wurden die Wölfe zutraulich. Die Menschen nahmen junge Wölfe mit in ihre Höhlen und zogen sie auf. Diese gezähmten Wölfe waren für die Menschen nützlich. → 2 Sie halfen bei der Jagd und bewachten die Höhlen. Durch Zähmung und Züchtung wurde der wilde Wolf in Tausenden von Jahren zum Haustier.

2 Steinzeitmensch mit gezähmtem Wolf

3 Hunde verschiedener Rassen

4 Hunde bei der Arbeit

Durch Züchtung entstehen Hunderassen

Durch Züchtung hat der Mensch besondere Fertigkeiten des Wolfes verfeinert. Dabei wählte er jene Tiere aus, die von ihm gewünschte Eigenschaften haben. Auf diese Weise sind die vielen verschiedenartigen **Hunderassen** entstanden. → 3

Hundeberufe

Bei der Züchtung von Hunden haben Menschen besonders auf Eigenschaften geachtet, die nützlich für sie waren. Solche Eigenschaften sind zum Beispiel Treue, Wachsamkeit, der gute Geruchssinn und Gehorsam. Der Hund ist seit Tausenden von Jahren Freund und Helfer des Menschen, zum Beispiel als Blindenhund oder als Spürhund. → 4

> → Merk dir! **Aus dem Wildtier Wolf wurde durch Zähmung ein Haustier, der Hund. Durch Züchtung sind viele verschiedene Hunderassen mit unterschiedlicher Nutzung entstanden.**

Arbeitsaufträge

1. Der Mensch machte aus dem Wildtier Wolf ein Haustier. Nenne die Eigenschaften des Wolfes, die der Mensch dafür nutzte.

2. Informiere dich über die Lebensweise des Wolfes. Nimm für die Suche Bücher oder Lexika zu Hilfe.

a Nenne Unterschiede zwischen einem zahmen Hund und einem wilden Wolf.

b Beschreibe die Lebensweise von Wölfen. → 1 Vergleiche mit unseren Haushunden.

3. Beschreibe, wie ein besonders großer Hund gezüchtet werden kann.

Wir fertigen einen Steckbrief an

Der Steckbrief ist eine kurze und genaue Beschreibung einer Person, eines Tieres oder einer Pflanze. In Stichworten werden Name, Aussehen und Eigenschaften festgehalten. Der Text wird durch ein Foto oder selbst gemaltes Bild ergänzt. Ein Steckbrief darf nicht zu lang sein.

Steckbrief

Name: Deutscher Schäferhund

Größe: bis 65 Zentimeter (Schulterhöhe)

Gewicht: bis 40 Kilogramm

Körperbau: kräftig

Kopf: groß, stets gespitzte Ohren, spitz auslaufende Schnauze, starkes Gebiss

Fell: schwarz und rotbraun gefärbt, borstig und kurz

Eigenschaften: reaktionsstark, treu, mutig, kraftvoll, ausdauernd, aufmerksam

Verwendung: Sporthund, Familienhund, Spürhund, Schutzhund, Rettungshund, Blindenführhund, Hütehund

Besonderheiten: eignet sich gut als Familienhund

1 Beispiel für einen Steckbrief

→ *Tipp*

- *Schreibe in Stichworten, dann bekommst du mehr Informationen über dein Tier auf den Steckbrief.*
- *Beginne mit den wichtigen Informationen.*
- *Gestalte den Steckbrief mit unterschiedlichen Schriften oder Farben. Das macht das Lesen interessanter.*

In 3 Schritten einen Steckbrief erstellen

Schritt 1 Besorgt euch zuerst Informationen über das Tier, zu dem ihr einen Steckbrief erstellen wollt. Sucht auch nach einem geeigneten Foto. Ihr könnt es zeichnen, kopieren oder einscannen und ausdrucken.

Schritt 2 Überlegt dann, zu welchen Oberbegriffen ihr in eurem Steckbrief Informationen aufschreiben möchtet. Was ist wichtig? → 1

Für die Beantwortung dieser Frage müsst ihr die Kennzeichen des Tieres und seine Besonderheiten kennen.

Schritt 3 Plant nun den Aufbau des Steckbriefes. Bringt dazu die Oberbegriffe in die richtige Reihenfolge. Überlegt, wo das Foto platziert werden soll. Achtet auf ein interessantes Aussehen eures Steckbriefes. → 1

Der Bullterrier

Er wurde ursprünglich aus Bulldoggen und Terriern als Kampfhund gezüchtet. Er sollte Schaukämpfe mit Stieren überstehen. Dabei zeigte sich das typische Terrierverhalten: kampfbereit und schmerzunempfindlich. Seine Beute fasst er mit den Zähnen und hält sie fest.
Seine Größe beträgt 50 bis 55 Zentimeter. Bullterrier haben einen kräftigen, muskulösen Körperbau. Der Kopf ist massig oder „bullig". Sein Fell ist weiß, manchmal mit Flecken durchsetzt, das Haarkleid ist kurz und drahtig.
Bei nicht artgerechter Haltung dieser Rasse reagieren die Hunde manchmal aggressiv und bissig. Deshalb unterliegt diese Rasse der „Kampfhundeverordnung". Der Bullterrier ist als Familienhund eher ungeeignet. Man sollte ihm stets mit großer Vorsicht begegnen.

2 Bullterrier

Arbeitsaufträge

1. Fertige einen Steckbrief an. Beachte dabei die Tipps und Schritte.
- **a** Erstelle mithilfe des Infotextes einen Steckbrief über den Bullterrier. → 2
- **b** Erstelle einen Steckbrief über deine Lieblingshunderasse. Nimm ein Lexikon oder das Internet zu Hilfe.

2. Stellt eure Steckbriefe in der Klasse vor.

3. Erstelle einen Steckbrief über ein weiteres Haustier. Sammelt alle Steckbriefe der Klasse und stellt sie aus.

Ein Hund als Haustier – das wäre prima. Aber wie hält und erzieht man einen Hund richtig?

1 Anna mit ihrem Hund

Ein Hund als Haustier

Die Sprache der Hunde

Hunde verständigen sich untereinander durch ihre **Körpersprache.** → 2, 3 Sie zeigt sich in ihrer Körperhaltung und Schwanzhaltung, durch ihre Lautäußerungen und ihren Gesichtsausdruck. Auch der Mensch kann aus der Körpersprache des Hundes auf die Stimmung des Tieres schließen. Sein Revier grenzt der Hund mithilfe von Harn ab, den sogenannten Duftmarken. Der Hund ist ein **Nasen- und** ein **Ohrentier.** Er orientiert sich über Gerüche und Geräusche. Seine Sinnesorgane sind viel empfindlicher als die der Menschen.

Hundehaltung – aber richtig!

Bevor ein Hund angeschafft wird, sollten wichtige Fragen der Hundehaltung geklärt werden: Welche Rasse soll der Hund haben? Wohin mit dem Hund im Urlaub? Soll der

2 Zwei männliche Hunde begegnen sich.

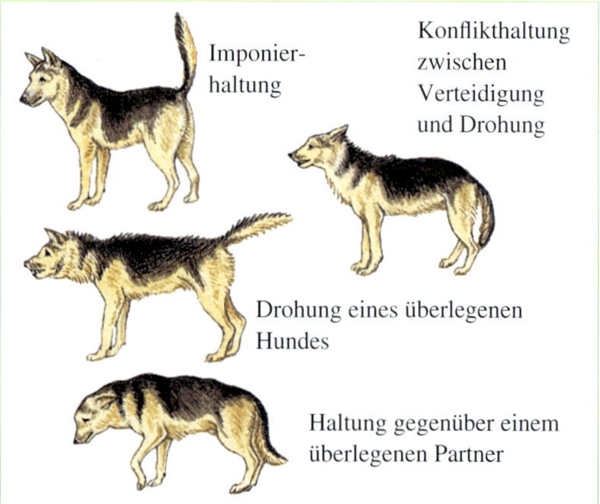

3 Körpersprache von Hunden

Hundeschule
Körpersprache
Nasentier
Ohrentier

Informationen über:

- die geeignete Rasse
- die Unterschiede von weiblichen und männlichen Hunden
- Krankheiten und Impfungen
- …

4 Wichtige Informationen

5 In der Hundeschule

Hund vom Züchter oder aus dem Tierheim kommen? → 4 Wie sieht der Alltag aus? Ein Hund sollte nie länger als fünf Stunden am Tag alleine sein. Hunde sind Rudeltiere und brauchen die Zuwendung des Menschen. Dreimal am Tag eine halbe Stunde mit dem Hund spazieren gehen ist wichtig. Hunde brauchen viel Bewegung. Wer übernimmt die Kosten für Hundefutter, Tierarzt, Hundesteuer und Versicherungen?

Hunde müssen erzogen werden

Ein Hund muss lernen, sich in die Gemeinschaft einzuordnen. Im Alter von vier bis sechs Monaten muss mit der Erziehung begonnen werden. Ein Hund muss wissen, was er darf und was er nicht darf. Das beste Erziehungsmittel ist das Lob. Bestraft werden darf er nur für Fehler, die er gerade begangen hat. Ein gut erzogener Hund ist stubenrein, geht bei Fuß, macht auf Befehl „Sitz“ und kommt sofort, wenn man ihn ruft. Es gibt **Hundeschulen**, in denen der Umgang mit einem Hund geübt wird und der Hund lernt, sich richtig zu verhalten. → 5

→ **Merk dir!** Hunde verständigen sich untereinander durch ihre Körpersprache. Vor der Anschaffung eines Hundes sollten wichtige Voraussetzungen erfüllt sein. Ein Hund muss erzogen werden.

Arbeitsaufträge

1. Sieh dir Abbildung → 3 genau an.
- **a** Nenne die Körperhaltungen des Hundes, bei denen sich der Mensch in Acht nehmen sollte.
- **b** Erkläre das Verhalten des Hundes.

2. Nenne Bedürfnisse des Hundes, die Hundebesitzer beachten müssen.

3. Führt einen Zoobesuch durch.
- **a** Beobachtet über längere Zeit ein Wolfsrudel.
- **b** Beschreibt einige Verhaltensweisen der Tiere im Umgang miteinander.
- **c** Versucht, diese Verhaltensweisen zu erklären. Nutzt dazu auch Abbildung 3.

Ganz langsam und kaum hörbar schleicht sich Lenas Katze Minchen heran. Vorher hat sie minutenlang unbeweglich im hohen Gras gesessen. Jetzt duckt sie sich und setzt zum Sprung an. Kraftvoll stößt sie sich ab und fängt die Maus mit ihren ausgefahrenen Krallen. Oft hat Lena das schon beobachtet. Doch wie erkennt die Katze eigentlich ihre Beute?

1 Katze auf der Lauer

Die Katze – ein Schleichjäger

Herkunft

Unsere **Katze** stammt von der Falbkatze ab, die ursprünglich in Afrika lebte. → 2 Katzen wurden in Ägypten bereits zur Zeit der Pharaonen als Haustiere sehr geschätzt. Wie der Hund ist auch die Katze heute ein beliebtes Haustier. Im Unterschied zum Hund lebt sie gerne als **Einzelgänger**.
Sie gewöhnt sich zwar an den Menschen, geht aber keine feste Bindung zu ihm ein. Viel eher noch ist sie mit der Wohnung verbunden, in der sie lebt.

Der Körperbau der Katze

Die Katze ist ein **Schleichjäger**. Sie hat eine biegsame Wirbelsäule und starke Muskeln. Das macht ihr das Anschleichen an die Beute und das Springen leicht. Ihr Beutefang besteht aus Anschleichen, Fangen, Töten und Fressen. Manchmal spielt die Katze mit ihrer Beute. Ihre Krallen kann sie einziehen. Die weichen Ballen an den Pfoten machen ihren Schritt fast unhörbar. Erst beim Beutesprung fährt sie die scharfen Krallen aus und ergreift die Beute. → 3

2 Falbkatze

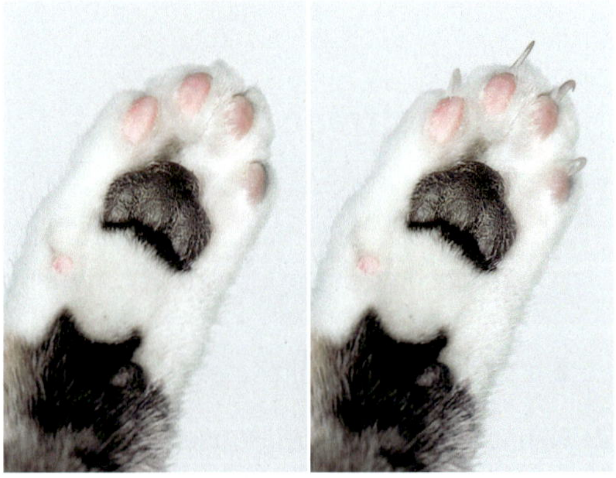

3 Katzenpfote

Augentier
Einzelgänger
Katze
Körpersprache
Schleichjäger

4 Aus der Körpersprache von Katzen

Die drei Katzensprachen

Katzen verständigen sich durch ihre **Körpersprache**, mit ihrer Stimme und mit Duftmarken. Wird eine Katze angegriffen, macht sie einen Buckel und faucht. → 4 Andere Katzen verstehen dies. Fühlt sich eine Katze wohl, schnurrt sie. Knurren und Fauchen bedeutet Warnen und Drohen. Hat sie Hunger oder will sie aus dem Haus, dann miaut sie. Wenn sich zur Paarungszeit Kater und Katze suchen, kann man lautes Jaulen hören. Um ihr Revier abzugrenzen, setzt die Katze Geruchszeichen. Sie verspritzt Harn und hinterlässt so ihre Duftmarken genauso wie Hunde.

Sinnesorgane der Katze

Ihre Umwelt nimmt die Katze durch Hören, Sehen und Tasten wahr. Das Auge ist ihr schärfstes Sinnesorgan. Bei Dämmerung sieht sie ungefähr 6-mal besser als der Mensch. Katzen sind **Augentiere**. Werden Katzenaugen im Dunkeln mit Licht angestrahlt, so leuchten sie. → 5

5 Katzenaugen in der Dämmerung

Merk dir! Die Katze ist ein Schleichjäger. Sie ist ein Augentier und kann in der Dämmerung jagen.

Arbeitsaufträge

1. Erkläre, warum es für die Katze wichtig ist, dass sie ihre Krallen einziehen kann.

2. Lenas Familie will umziehen. Stelle eine Vermutung an, welche Probleme mit ihrer Katze Minchen auftreten können.

Tarek beobachtet zwei Kater, die in einen heftigen Kampf verwickelt sind. Schon den ganzen Tag hat er immer wieder lautes Miauen gehört. Sein Onkel erklärt ihm, dass die Katze des Nachbarn „rollig“ ist. Doch Tarek weiß nicht genau, was das ist. Er ahnt, dass es mit Katzen und Katern und deren Paarung zu tun hat. Was ist denn nun „rollig“? Und warum kämpfen die Kater miteinander?

1 Kampf zweier Kater

Wie Katzen Junge bekommen

Paarungszeit

Zu bestimmten Zeiten ist der Körper der Katze bereit, Nachwuchs zu bekommen. Die Weibchen miauen in dieser Zeit laut, sind unruhig und rollen sich häufig auf dem Boden. Man sagt: Die Katze ist rollig. In ihrem Revier versammeln sich oft mehrere Kater. Sie versuchen sich durch laute „Gesänge“ gegenseitig zu vertreiben. Dabei kann es zu heftigen Auseinandersetzungen kommen. → 1

Paarung

Ist die Katze bereit dazu, kommt es zur **Paarung**. Bei der Befruchtung verschmilzt eine Spermienzelle des Katers mit der Eizelle der

2 Nach der Paarung verschmelzen Ei- und Spermienzelle. Es entwickelt sich ein Katzenjunges.

Nesthocker

Paarung

3 Katzenmutter mit ihren Welpen

4 Junge Katze „spielt" mit einer Maus.

Katze. Die befruchtete Eizelle beginnt sich darauf zu teilen und zu wachsen. Der Embryo wächst in der Gebärmutter. → 2 Acht Wochen nach der Paarung bringt die Katze in einem Versteck vier bis acht Katzenwelpen zur Welt.

Junge Katzen

Unmittelbar nach der Geburt sind die Katzenwelpen blind und taub. Mithilfe des Tast- und Geruchssinns suchen sie die Zitzen ihrer Mutter. Nach 10 Tagen öffnen die Kätzchen die Augen und richten die Ohren auf. Die Jungtiere sind **Nesthocker**. Sie beginnen erst nach ungefähr zwei Wochen ihre Umgebung zu erkunden und zu spielen. Bei Gefahr packt die Mutter die Katzenwelpen am Nackenfell und bringt sie an einen sicheren Ort. Katzen sind Säugetiere. Sie ernähren ihre Jungtiere mit Muttermilch. → 3 Die Mutter säugt und betreut die Jungen noch vier Wochen. Die Kätzchen werden zunehmend selbstständiger, bleiben zunächst aber in der Nähe der Mutter. Leben auf Dauer mehrere Katzen zusammen, lässt sich unter ihnen eine Rangordnung beobachten. Die Tiere bilden aber nie so ein festes Rudel wie Hunde oder Wölfe.

→ Merk dir! In der Paarungszeit kämpfen die Kater um die Weibchen. Die Katze ist rollig und damit zur Paarung bereit. Die Jungtiere sind Nesthocker.

Arbeitsaufträge

1. Beantworte Tareks Fragen.
   a Was bedeutet „rollig"?
   b Warum kämpfen die Kater miteinander?

2. Erkläre mithilfe von Abbildung 2, wie Katzen sich fortpflanzen.

3. Auch wenn die Katzenwelpen noch gesäugt werden, bringt ihnen die Mutter ab und zu eine halbtote Maus. Erkläre diese Beobachtung.

Dieses Rind hat lockiges braunes Fell. Es sieht ganz anders aus als die üblichen schwarz-weiß gefleckten Rinder, die du auf vielen Wiesen sehen kannst.
Warum gibt es unterschiedliche Rinderrassen?

1 Hochlandrind

Das Rind liefert uns Milch und Fleisch

Nutztier Rind

Rinder werden gehalten, weil sie Milch und Fleisch liefern. Der Mensch hat für diese Zwecke verschiedene Rinderrassen gezüchtet.

Milchrinder

Die Deutsche Schwarzbunte wird am häufigsten gehalten. → 2 Sie gehört zu den **Milchrindern.** Du wirst sie auf den Wiesen schon einmal gesehen haben. Die Schwarzbunte ist ein wahrer „Milch-Champion“. Sie liefert bis zu 10 000 Liter Milch pro Jahr. Das sind gut 27 Liter pro Tag. Auch die Deutsche Rotbunte gehört zu den Milchrindern. → 5

Fleischrinder

Anders als Milchrinder werden **Fleischrinder** auf gute Fleischqualität hin gezüchtet. Das aus Schottland stammende Galloway-Rind und das Hochlandrind sind dafür besonders geeignet. → 1, 4 Da ihr Nutzen als

2 Deutsche Schwarzbunte

Kuh	→	weibliches Rind
Bulle/Stier	→	männliches Rind
Kalb	→	Jungtier bis zum Alter von 6 Monaten

3 So werden Rinder benannt.

Fleischrinder
Milchrinder

4 Galloway-Rind

5 Deutsche Rotbunte

Milchgeber nicht wichtig ist, leben Kälber und Kühe in einer Herde zusammen. Die Kühe werden nicht gemolken und die Kälber nicht von ihren Müttern getrennt, wie es sonst üblich ist.

Produkte vom Rind

Nach der Schlachtung lassen sich neben dem Fleisch noch weitere Teile des Rindes nutzen. Die Haut findet als Leder bei der Herstellung von Schuhen und Taschen Verwendung. Aus den Hörnern werden Kämme oder Späne zur Düngung hergestellt. → 6

6 Die Produkte vom Rind lassen sich vielfältig verwenden.

Merk dir! Rinder werden in vielfältiger Form von den Menschen genutzt. Es gibt Milchrinder und Fleischrinder.

Arbeitsaufträge

1. Erstelle eine Liste der Milchprodukte, die du im Supermarkt finden kannst. Welche isst oder trinkst du selbst?
2. Sammelt leere Verpackungen von Milchprodukten und stellt sie in der Klasse aus.
   a Lest die Angaben auf den Verpackungen.
   b Nennt die Inhaltsstoffe.
3. Erläutere mithilfe der Abbildung 6 den vielseitigen Nutzen des Rindes für den Menschen.

Dass die Milch von der Kuh stammt, weiß Jakob. Aber wie stellt die Kuh eigentlich Milch her? Und wie kommt die Milch von der Kuh in den Supermarkt?

1 Rinder fressen Gras und geben Milch.

Rinder sind Wiederkäuer

Rätselhaftes Kauen

Rinder fressen nur Pflanzen. Daher gehören sie zu den **Pflanzenfressern**. Sie stehen auf der Wiese und fressen Gras. Andere Rinder haben sich niedergelegt und kauen. Dabei fressen sie gar nicht mehr. Warum?

Der lange Weg der Verdauung

Rinder schlucken das Gras, fast ohne es zu zerkauen. Für die Verdauung von Gras haben Rinder gleich vier Mägen. → 2 Die schwer verdaubaren Grasfasern werden im ersten Magen, dem **Pansen**, eingeweicht.

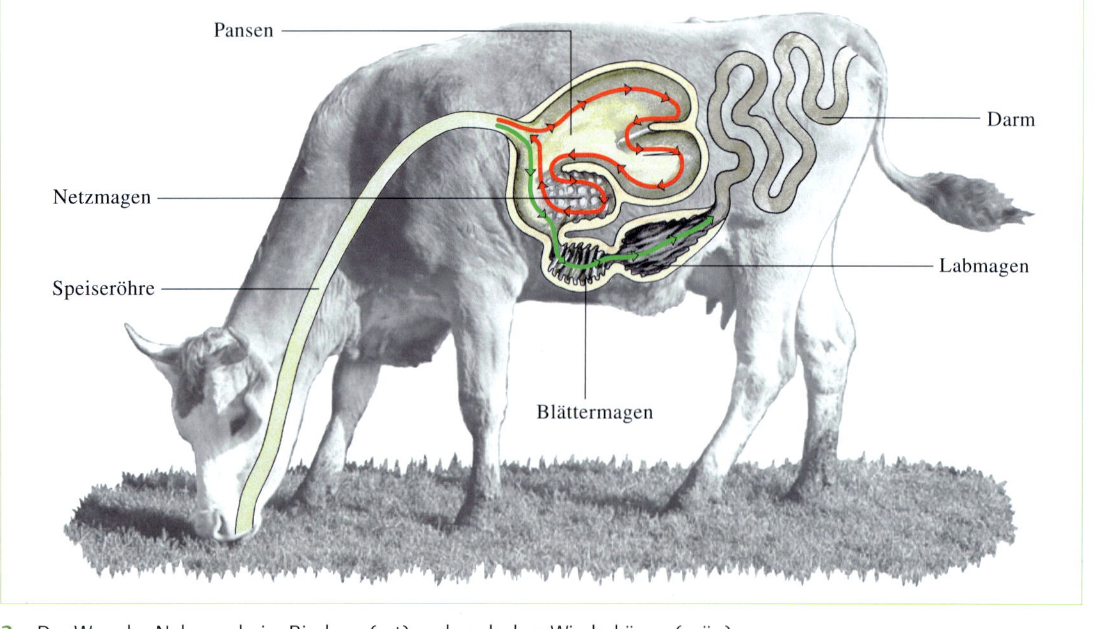

2 Der Weg der Nahrung beim Rind vor (rot) und nach dem Wiederkäuen (grün)

Blättermagen
Labmagen
Netzmagen
Pansen
Pflanzenfresser
Wiederkäuer

3 Eine Kuh säugt ihr Kalb.

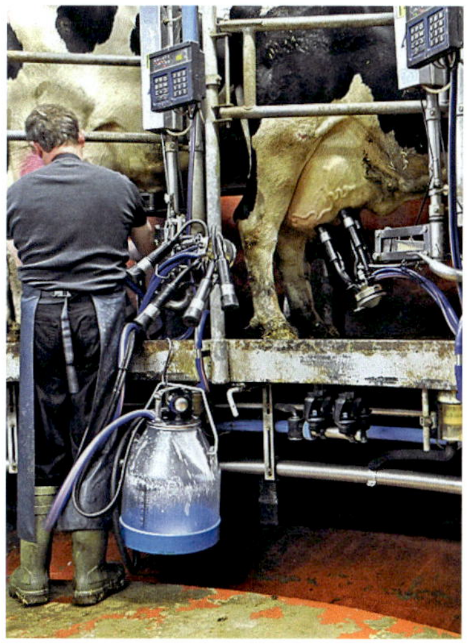

4 Kühe im Melkstand

Das Gras gelangt nun in den **Netzmagen** und wird von dort aus in kleinen Portionen zurück ins Maul befördert. Nun kaut das Rind das Gras. Diesmal aber gründlich. Rinder sind **Wiederkäuer**. Beim erneuten Hinunterschlucken gelangt der Grasbrei in den **Blättermagen**. Dort wird ihm das Wasser entzogen. Im **Labmagen** und im langen Darm findet dann die endgültige Verdauung statt. Die Nährstoffe werden aufgenommen. Unverdauliche Reste werden als Kot ausgeschieden.

Aus Gras wird Milch

Am Euter wandeln Milchdrüsen die Nährstoffe zu Milch um. Nachdem die Kuh gemolken wurde, wird die Milch zur Molkerei gebracht. Dort wird sie zu Milchprodukten verarbeitet.

Ohne Kalb keine Milch

Eine Kuh gibt nur Milch, wenn sie ein Kalb geboren hat. Nach neun Monaten bringt die Kuh ihr junges Kalb zur Welt. Dann beginnt auch die Bildung der Milch.
Das Kalb trinkt etwa sechs Monate die Milch vom Euter der Kuh. → 3 Häufig wird es jedoch von der Kuh getrennt. Das Kalb lebt dann mit anderen Kälbern zusammen. Es bekommt Muttermilchersatz zu trinken. Die Kuh wird aber weiter gemolken und die Milch verarbeitet. → 4

> → Merk dir! Rinder sind Wiederkäuer. Sie besitzen vier Mägen, die bei der Verdauung des Grases helfen. Im Euter sitzen die Milchdrüsen, sie wandeln Nährstoffe in Milch um.

Arbeitsaufträge

1. Beschreibe den Weg der Nahrung des Rindes mithilfe der Abbildung 2.
2. Erstellt ein Plakat mit der Überschrift „Vom Gras zur Milch“.
   - a Sammelt dazu Fotos aus Zeitschriften.
   - b Ergänzt die Fotos mit kurzen Texten.

Hast du zu Hause ein Haustier? Dann kennst du auch seine Bedürfnisse. Annas Hund braucht jeden Tag Auslauf, Gesellschaft, einen Kauknochen für die Zähne und vieles mehr.
Auch Nutztiere haben Bedürfnisse. Es wird oft darum gestritten, wie man diese Tiere richtig hält.

1 In der Freilandhaltung können die Hühner all ihren Bedürfnissen nachgehen.

Haltung von Nutztieren

Vom wilden Huhn zum Haushuhn

Unsere Haushühner stammen vom Bankiva-Huhn ab. → 2 Dieses wild lebende Huhn scharrt bei der Futtersuche mit den Füßen im Boden nach Würmern, Insekten und Samen. Es gräbt sich gerne Sandkuhlen und bestreut sich zur Federpflege mit Sand. Auf der Suche nach einem sicheren Schlafplatz fliegt es auf Äste von Büschen und Bäumen. Für den Nachwuchs baut es ein Nest. Dort legt die Henne ihre Eier hinein und brütet sie aus. Ein Hahn lebt meistens mit mehreren Hennen zusammen.
Unsere Haushühner haben die gleichen Verhaltensweisen und Bedürfnisse wie das Bankiva-Huhn. Dazu brauchen sie aber Platz und geeignete Gelegenheiten. → 1

Geld spielt bei der Tierhaltung eine Rolle

Für den Menschen ist die Haltung von Nutztieren aufwändig. Je weniger Arbeit die Haltung von Tieren macht, desto billiger kann

2 Hahn des Bankiva-Huhnes

3 Bodenhaltung bei Hühnern

4 Käfighaltung

5 Massentierhaltung bei Schweinen

ein Bauer tierische Produkte wie Fleisch und Eier herstellen. Viele Menschen achten beim Kauf dieser Produkte vor allem auf einen günstigen Preis. Deshalb werden viele Tiere inzwischen in beengter **Massentierhaltung** gehalten. → 5

→ Merk dir! **Bei der Haltung von Nutztieren unterscheidet man verschiedene Haltungsformen. Die Freilandhaltung ist besonders artgerecht. Die Massentierhaltung ist besonders kostengünstig.**

Arbeitsaufträge

1. Gehe in einen Supermarkt und notiere dir die Preise für Eier aus Freilandhaltung und aus Bodenhaltung. → 1, 3
- **a** Errechne den Preis für ein einziges Ei.
- **b** Vergleiche die Preise. Wie lautet das Ergebnis? Erkläre die Unterschiede.

2. Welche Verhaltensweisen kann ein Huhn in Freilandhaltung und in Käfighaltung zeigen, welche nicht? → 1, 4 Schreibe die Antworten in dein Heft.

3. Welches Fleisch würdest du einkaufen: Fleisch aus Massentierhaltung oder Fleisch von Schweinen aus Freilandhaltung? Begründe deine Meinung. Tausche dich mit deinem Tischnachbarn aus.

4. Lena hat einen Bauernhof mit „artgerechter Tierhaltung" besucht. Ihrer Brieffreundin will sie schreiben, was artgerechte Tierhaltung ist. Kannst du Lena helfen? Schreibe den Brief. Nimm den Text aus dem Tierschutzgesetz zu Hilfe. → 6

§ 1 Grundsatz: Niemand darf einem Tier ohne vernünftigen Grund Schmerzen, Leiden oder Schäden zufügen.

§ 2 Artgemäße Tierhaltung: Wer ein Tier hält, betreut oder zu betreuen hat, muss das Tier seiner Art und seinen Bedürfnissen entsprechend angemessen ernähren, pflegen und verhaltensgerecht unterbringen.

6 Auszug aus dem Tierschutzgesetz

**Aylin macht Ferien auf einem Reiterhof. Sie findet den Umgang mit Pferden toll. Viele Menschen sind so begeistert von Pferden wie Aylin.
Was ist das Besondere an diesen Tieren?**

1 Reitunterricht

Das Pferd – ein Tier aus der Steppe

Woher kommen Pferde?

Neuste Untersuchungen haben ergeben, dass unsere Hauspferde vom **Steppentarpan** abstammen. → 2 Ihre Zähmung und Züchtung begann vor etwa 6 000 Jahren. Der Steppentarpan war ein Wildpferd. Er lebte in Russland in offenen Graslandschaften, auch Steppe genannt.

Lebensweise von Pferden

Wildpferde leben in kleineren Herden zusammen. → 3 Eine Herde besteht aus einem Hengst und mehreren Stuten mit ihren Jungtieren. Es gibt eine Rangordnung unter den Tieren. Der Hengst bewacht und verteidigt seine Herde. Die erfahrenste Stute führt als Leittier die Herde an.

2 Nachzüchtung eines Steppentarpans

3 Wild lebende Pferde

Fohlen
Kaltblutpferde
Nestflüchter
Steppentarpan
Vollblutpferde

4 Vollblutpferde beim Pferderennen

5 Kaltblutpferde

Fortpflanzung

Die trächtige Stute bringt nach fast einem Jahr ein einziges Junges zur Welt, das **Fohlen**. Es versucht mithilfe der Mutter, sofort nach der Geburt aufzustehen. Nach wenigen Stunden kann es bereits der Mutter folgen. Pferde sind **Nestflüchter**.

Vom Arbeitstier des Menschen …

Für die Menschen haben Pferde schon immer ganz unterschiedliche Aufgaben übernommen. Sie wurden als Reittier und Lasttier verwendet. Kutschen wurden von Pferden gezogen und Bauern setzten Pferde in der Feldarbeit ein. Mit der Erfindung von Maschinen und Motoren lösten Eisenbahn, Autos und Traktoren die Pferde als Arbeitstiere überwiegend ab.

… zum Freizeittier

Heute hat das Pferd im Reitsport und in der Freizeitgestaltung seine größte Bedeutung. Die schnellen **Vollblutpferde** starten bei Wettrennen oder springen über Hindernisse. → 4 Es gibt nur noch wenige Arbeiten, die Pferde verrichten, wie zum Beispiel das Holzrücken im Wald. Dafür werden die großen, starken **Kaltblutpferde** eingesetzt. → 5

→ Merk dir! Unsere Hauspferde stammen von wilden Pferden ab. Ihr Körper ist an schnelles Laufen angepasst. Pferde sind Nestflüchter. Dem Menschen dienten sie früher als Arbeitstiere. Heute werden Pferde meist in Sport und Freizeit genutzt.

Arbeitsaufträge

1. Recherchiere im Internet die Begriffe Nesthocker und Nestflüchter. Notiere Unterschiede und liste Beispiele anderer Wirbeltiere auf.
2. Beschreibe, warum ein Leben in offenen Landschaften Vorteile für Pferde hat.
3. Informiere dich in Büchern über die Pferderassen Vollblut, Warmblut und Kaltblut. → 4, 5
   a Nenne Eigenschaften dieser Pferderassen.
   b Nenne Einsatzbereiche dieser Pferde.

Rund um Haustiere

1. Wie funktioniert eine Katzenkralle?

Ihr braucht: Pappe (DIN-A4-Blatt), Schere, Bindfaden, Gummiband, Musterklammer.

Zeichne den Umriss der Katzenpfote (graue Farbe) und der Katzenkralle (blaue Farbe) nebeneinander auf die Pappe.

Schneide die Krallen und die Pfote aus.

Bohre mit der Schere Löcher in die Pfote (zwei Löcher) und in die Kralle (drei Löcher). → 1

Verbinde die Kralle und die Pfote mithilfe der Musterklammer.

Binde den Bindfaden an der Kralle fest.

Verbinde die Kralle und die Pfote mit dem Gummiband.

- **a** Ziehe vorsichtig an dem Bindfaden. Lass ihn anschließend wieder locker. Beschreibe deine Beobachtungen.
- **b** Vergleiche dein Modell mit einer echten Katzenpfote. Betrachte die Abbildung. → 2
  Liste auf, welcher Teil des Modells einem Teil der echten Katzenpfote entspricht.
  Erkläre, wie bei der echten Katzenpfote die Bewegung der Krallen zustande kommt.
- **c** Beschreibe die Unterschiede zwischen dem Modell und der echten Katzenpfote.

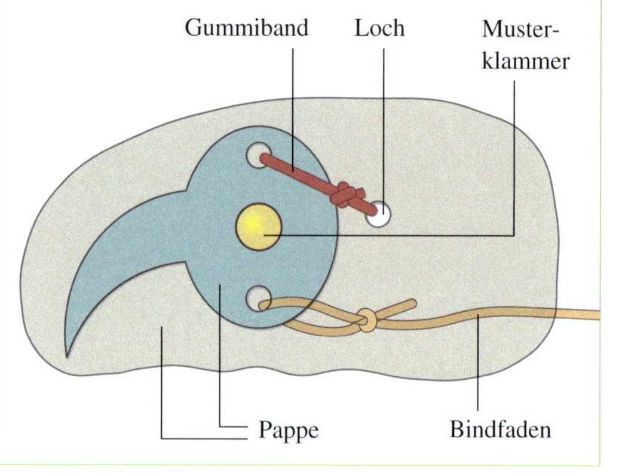

1 Modell der Katzenkralle

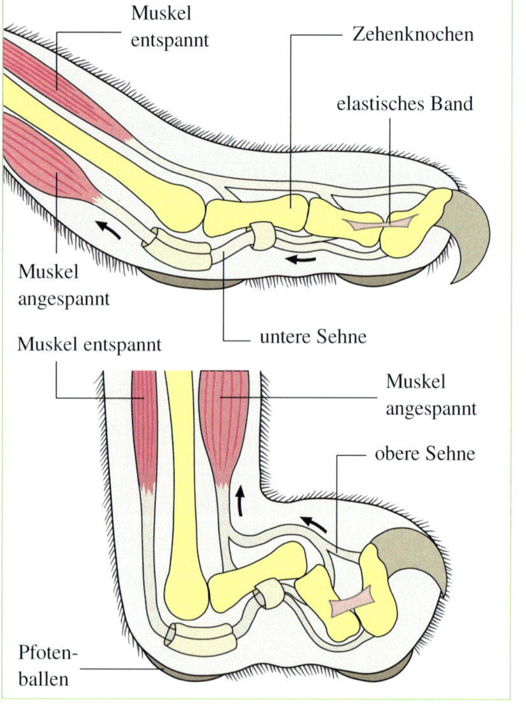

2 Bewegung der Katzenkralle

2. Was kannst du an einem Hund entdecken?

3 Hund

Ihr braucht: einen Hund (Dauer etwa 30 Minuten).

a Achte auf das Verhalten des Hundes. Beschreibe sein Verhalten, wenn er neu einen Raum betritt. Beschreibe was er tut, wenn er ein Geräusch hört, zum Beispiel Händeklatschen.

b Achte auf die Schnauze des Hundes. Beschreibe, wie der Hund seine Zunge hält. Beschreibe die Zähne des Hundes.

c Achte auf den Schwanz des Hundes. Beschreibe die Schwanzbewegung, wenn der Hund jemanden begrüßt. Beschreibe die Schwanzhaltung, wenn der Hund ruhig steht.

d Achte auf die Beine des Hundes. Unterscheide Oberschenkel, Unterschenkel, Fußkrallen und Zehenknochen. Finde heraus, auf welchen Knochen der Hund läuft.

3. Wie wird Käse hergestellt?

4 Mozzarella

Ihr braucht: mindestens 2 Liter Milch, ein großes, sauberes Becherglas (2 L), Zitronensaft, Heizrührgerät, flaches Sieb, sauberes Tuch, 2 Glasschalen, Gewichte, 50 Gramm Salz.

Schütte die Milch in das Becherglas und erwärme sie auf dem Heizgerät auf etwa 30 °C. Gib nun den Zitronensaft hinzu, bis die Milch flockig wird.

Lege das Sieb mit dem Tuch aus und stelle es auf die Glasschale. Schütte die Milch aus dem Becherglas in das Sieb und lass die Flüssigkeit gut abtropfen.

Nun wird der Käse gepresst. Dazu wird das Tuch aus dem Sieb genommen und flach ausgelegt. Auf den Käse wird eine weitere Glasschale gestellt und für drei Stunden mit Gewichten beschwert.

50 Gramm Salz werden in einem halben Liter Wasser aufgekocht. Nachdem diese Lösung abgekühlt ist, wird der gepresste Käse in große Würfel geschnitten und für etwa 30 Minuten in diese Salzlösung gelegt.

Nach dem Abspülen ist der Käse fertig und im Kühlschrank drei bis vier Tage haltbar. In Scheiben geschnitten und mit Olivenöl, Essig und Basilikum schmeckt er gut zu Tomaten.

Was haben Säugetiere gemeinsam und was unterscheidet sie?

1 Säugetiere

Wir vergleichen Säugetiere

Gemeinsamkeiten der Säugetiere

Der Mensch und die Tiere in Abbildung 1 bringen lebende Junge zur Welt und ernähren sie mit Milch. → 2, 3 Man nennt dies säugen. Deshalb gehören alle diese Tiere und der Mensch zu den **Säugetieren**.
Die Körpertemperatur der Säugetiere ist **gleichwarm** und unabhängig von der Außentemperatur. Nur Säugetiere besitzen zum Schutz der Haut **Haare**, die ein wärmeisolierendes **Fell** bilden. Wir Menschen haben das Fell verloren und tragen Kleider, um uns vor Kälte zu schützen.

Säugetiere nach Gebisstypen ordnen

Die Gruppe der Säugetiere umfasst sehr viele Arten. Eine mögliche Ordnung ist die Unterscheidung nach den verschiedenen Ernährungsweisen der Tiere. Sie erfordert unterschiedliche Gebissformen.
Katzen fressen andere Tiere. Sie haben ein **Fleischfressergebiss.** → 4 Pferde fressen Gras. Sie besitzen ein **Pflanzenfressergebiss.** → 5 Menschen ernähren sich von einer Mischkost. Sie essen Fleisch, Gemüse, Obst und Salat. Ihr Gebiss bezeichnet man als **Allesfressergebiss.** → 6

2 Das Baby wird gestillt.

3 Ziegenkitz beim Säugen

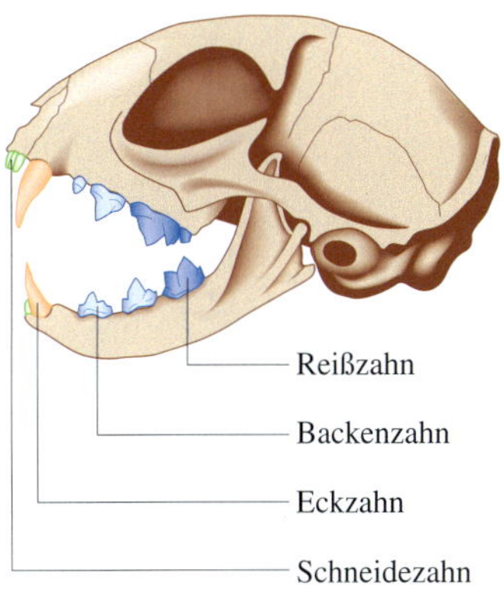

4 Fleischfressergebiss

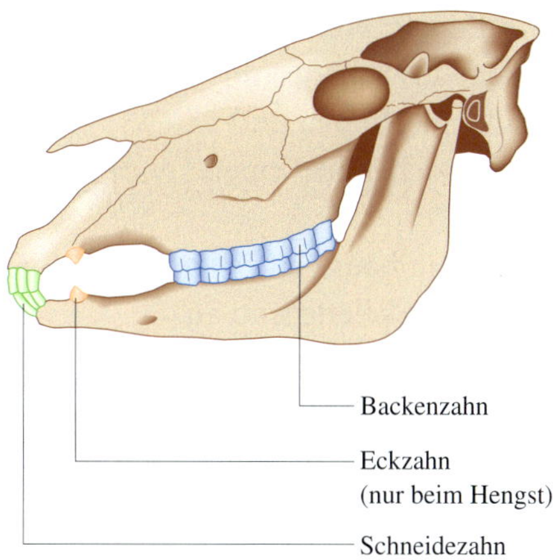

5 Pflanzenfressergebiss

Allesfressergebiss
Fangzähne
Fell
Fleischfressergebiss
gleichwarm
Haare
Mahlzähne
Pflanzenfressergebiss
Reißzähne

Das Fleischfressergebiss

Die Eckzähne der Raubtiere werden **Fangzähne** genannt. Mit ihnen töten sie ihre Beute. Mit den kleinen spitzen Schneidezähnen zupfen sie das Fleisch vom Knochen. Die starken Backenzähne wirken wie Scheren. Mit ihnen können die Raubtiere sogar Knochen zerbeißen. Sie heißen **Reißzähne**.

Das Pflanzenfressergebiss

Pflanzenfresser brauchen keine Eckzähne. Sie fehlen deshalb oder sind sehr klein. Mit den Schneidezähnen reißen sie das Gras ab. Sie sind daher lang und etwas nach vorne gerichtet. Mit den breiten Backenzähnen wird das Gras wie zwischen Mühlsteinen zermahlen. Sie heißen auch **Mahlzähne**.

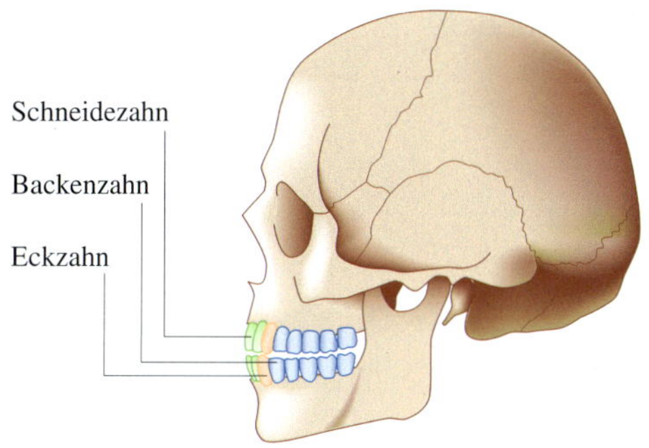

6 Allesfressergebiss

→ Merk dir! **Säugetiere bringen lebende Junge zur Welt, die sie säugen. Sie sind gleichwarm und haben ein Fell aus Haaren. Das Gebiss der Säugetiere ist ihrer Ernährungsweise angepasst.**

Arbeitsaufträge

1. Vergleiche die drei Gebissarten und liste die wesentlichen Unterschiede auf. → 4–6
Inwiefern ermöglicht das Allesfressergebiss den Verzehr von Fleisch und Pflanzen?

2. Zähle in Abbildung 6 die Anzahl der Backenzähne, der Eckzähne und der Schneidezähne. Zähle bei dir nach. Welche Zähne fehlen dir?

3. Beobachte dich beim Kauen und beschreibe: Welche Zähne benutzt du, um eine Hähnchenkeule zu essen, eine Möhre durchzubeißen oder eine Nuss zu zerkleinern?

4. Recherchiere im Internet und notiere weitere Fleischfresser, Pflanzenfresser und Allesfresser.

Säugetiere nach ihrem Skelett ordnen

Das Skelett aller Säugetiere ist vom Grundaufbau gleich. Es besteht aus Schädelknochen, einer Wirbelsäule mit Rippen und ähnlich angeordneten Knochen in Armen und Beinen.

Trotz des gleichen Grundaufbaus gibt es erhebliche Unterschiede. Die Skelette sind an die Art, wie sich der Mensch und die Tiere bewegen, angepasst. Je nachdem, welcher Teil des Fußes bei der Fortbewegung den Boden berührt, unterscheidet man **Sohlengänger** → 1, **Zehengänger** → 2 und **Zehenspitzengänger** → 3. Sich entsprechende Knochen sind in den Abbildungen auf dieser Doppelseite in gleicher Farbe hervorgehoben.

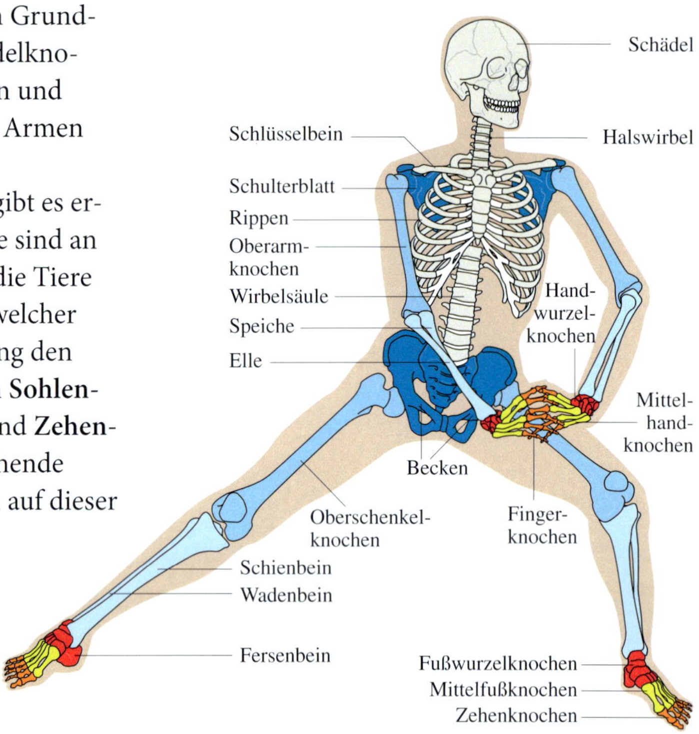

1 Skelett des Menschen

Sohlengänger

Menschen sind Sohlengänger. Sie treten mit dem ganzen Fuß auf, also von den Zehen bis zum Fersenbein. Jede Zehe besteht aus drei Knochen, mit Ausnahme der großen Zehe. Sie besteht wie der Daumen nur aus zwei Knochen. An jeden **Zehenknochen** schließt sich ein langer **Mittelfußknochen** mit vielen kleinen **Fußwurzelknochen** an. Das **Fersenbein** markiert das Ende des Fußes. Sohlengänger haben einen festen Stand, doch besonders schnell sind sie nicht.

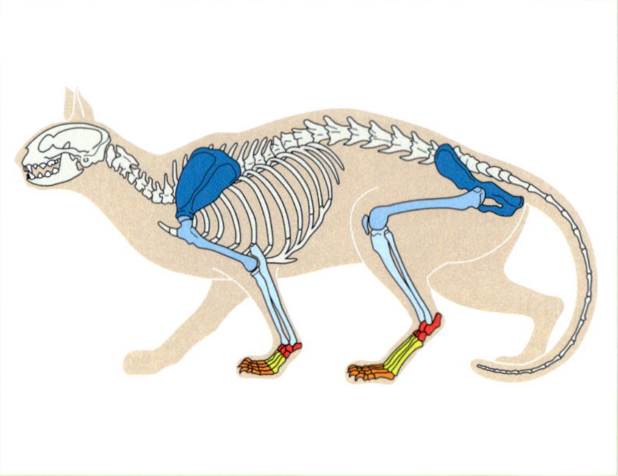

2 Skelett einer Katze

Zehengänger

Katzen sind Zehengänger. Sie treten nur mit ihren drei Zehenknochen auf. Die übrigen Fußknochen liegen in der Luft und verlängern das Bein. Die Verlängerung des Beines ermöglicht es den Zehengängern, schneller zu laufen und größere Sätze zu springen.

Zehenspitzengänger

Pferde sind Zehenspitzengänger. Sie bewegen sich nur auf den Spitzen der Zehen, die miteinander verschmolzen sind. Die Zehennägel bilden den Huf. Fuß und Unterschenkel sind so lang, dass das Knie fast im **Rumpf** sitzt.

Fluchttiere
Fußknochen
Skelett
Sohlengänger
Zehengänger
Zehenspitzengänger

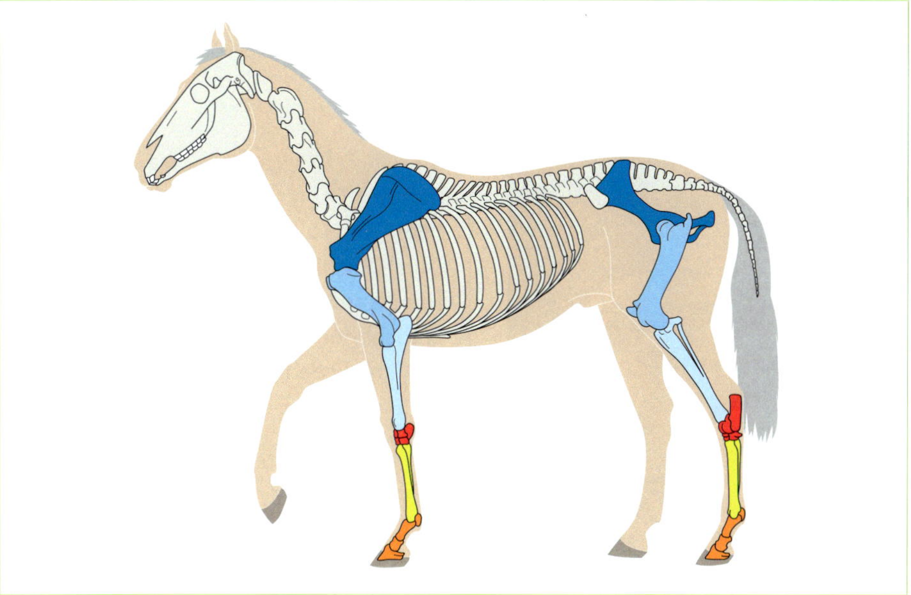

3 Skelett eines Pferdes

Der natürliche Lebensraum von Pferden sind offene Graslandschaften, die keine Versteckmöglichkeiten bieten. Raubtiere zählen zu den natürlichen Feinden der Pferde. Die beste Möglichkeit zu entkommen, ist zu fliehen. Damit die Flucht gelingt, müssen sie ein Raubtier früh erkennen und schneller sein. Pferde sind **Fluchttiere**.
Als Zehenspitzengänger sind Pferde hervorragend an schnelles Laufen auf Gras angepasst, nicht jedoch an Laufen auf Asphalt. Deswegen müssen ihre Hufe heute durch ein Hufeisen geschützt werden.

Merk dir! Die Skelette der Säugetiere sind an ihre Fortbewegungsweise angepasst. Je nachdem, welcher Teil des Fußes auftritt, unterscheidet man Sohlengänger, Zehengänger und Zehenspitzengänger.

Arbeitsaufträge

1. Das Skelett des Menschen:
- **a** Sucht die benannten Knochen im Skelettmodell aus der Biologiesammlung!
- **b** Welche Knochen könnt ihr an eurem Körper ertasten?
- **c** Sind alle Knochen beweglich? Welche kann man nur in eine Richtung bewegen, welche kann man auch drehen?

2. Vergleich der Skelette:
- **a** Zählt die Anzahl der Halswirbel. *Hinweis:* In Abbildung 1 ist ein Halswirbel vom Schädel verdeckt.
- **b** Vergleicht die Knochen der Beine vom Becken bis zu den Zehenknochen. Wo sitzt das Fersenbein bei Mensch, Pferd und Katze?
- **c** Überlegt: Worauf lauft ihr, wenn ihr schleicht oder rennt? Probiert es: Könnt ihr wirklich nur auf den Zehen stehen?
- **d** Recherchiert im Internet und findet weitere Sohlen-, Zehen- und Zehenspitzengänger.

3. Benennt in den Abbildungen 2 und 3 die farbig markierten Knochen entsprechend der Abbildung 1.

Haustiere und Nutztiere

Der Hund stammt vom Wolf ab. Durch Züchtung sind verschiedene Hunderassen entstanden. Als Haustier braucht der Hund Pflege, Aufmerksamkeit und Erziehung. (Siehe Seite 74–79.)

Die Katze ist ein Schleichjäger. Sie orientiert sich mithilfe ihrer Sinnesorgane. Die Jungen sind Nesthocker und werden von der Katzenmutter gesäugt. (Siehe Seite 82–85.)

Kühe sind Nutztiere. Sie liefern uns Milch und Fleisch. (Siehe Seite 86–89.)

Auch Tiere haben Bedürfnisse. Bei der Haltung sollte der Mensch auf diese Rücksicht nehmen. (Siehe Seite 90.)

Das Pferd ist vom Körperbau an schnelles Laufen angepasst. Der Mensch nutzt es für Sport und Freizeit. (Siehe Seite 92.)

Säugetiere lassen sich anhand von unterschiedlichen Gebissformen ordnen. (Siehe Seite 96.)

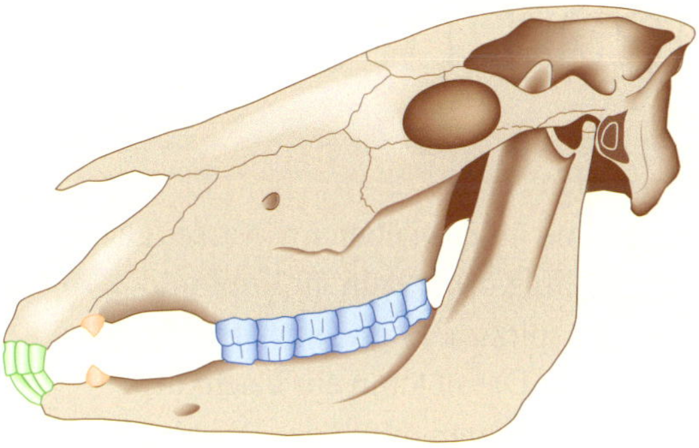

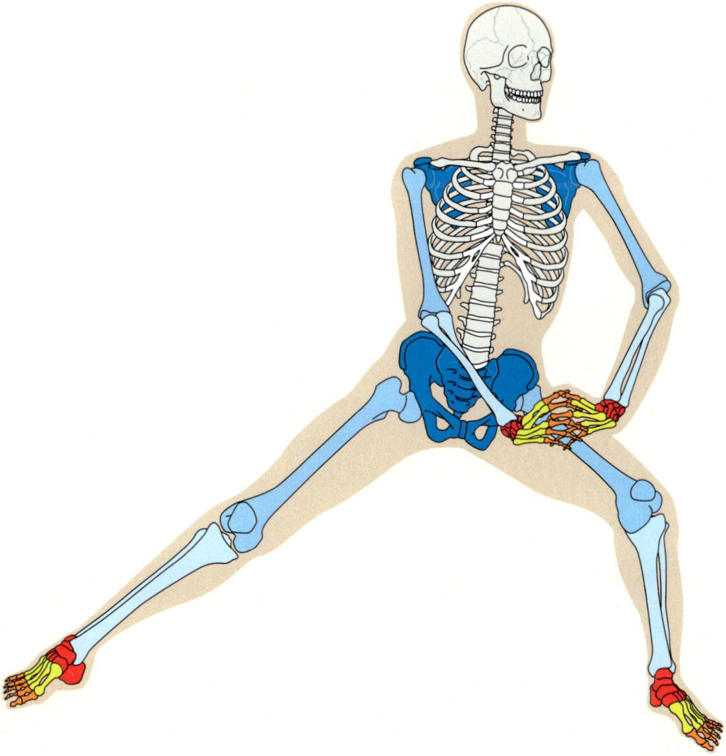

Die Skelette der Säugetiere sind an die Art der Fortbewegung angepasst. (Siehe Seite 98.)

**Wir müssen nach kurzem Tauchen immer wieder Luft holen.
Wie schaffen es Fische, unter Wasser zu atmen? Warum ertrinken Fische nicht?**

1 Der Karpfen lebt in ruhigen Gewässern.

Leben unter Wasser – Fische

Körperbau

Fische sind an das Leben im Wasser gut angepasst. Ihr Körper läuft an Kopf und Schwanz spitz zu. Er hat eine Stromlinienform. → 2 Damit kann ein Fischkörper beim Schwimmen durch das Wasser „hindurchschlüpfen". Dies wird noch durch die Schuppen verbessert, die wie Dachziegel übereinanderliegen. Die Haut sondert Schleim ab. Dadurch werden Fische noch schneller bei der Fortbewegung im Wasser.

Fortbewegung und Orientierung

Die **Flossen** der Fische dienen zur Fortbewegung und zur Steuerung. Schwanz-, After- und Rückenflosse sind einfach vorhanden, Brust- und Bauchflossen liegen paarig vor. → 2

Fische können sich im Wasser sehr gut orientieren. Dabei hilft ihnen ihr **Seitenlinienorgan**. Es besteht aus vielen kleinen Sinneshärchen, die in kleinen Hautöffnungen sitzen. → 2

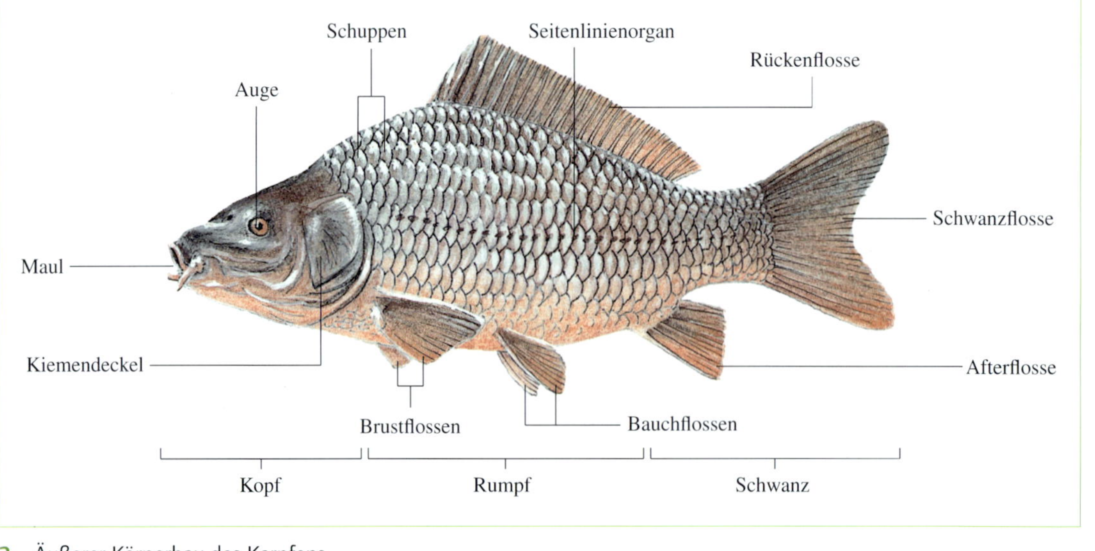

2 Äußerer Körperbau des Karpfens

Flossen
Kiemen
Schwimmblase
Seitenlinienorgan

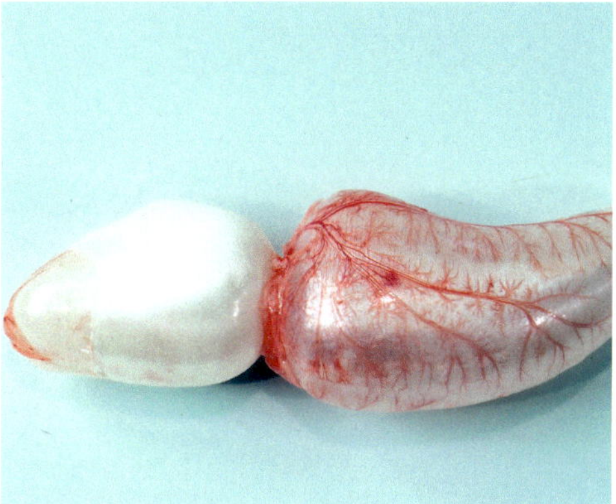

3 Schwimmblase

4 Kiemen (Kiemendeckel entfernt)

Schwerelos Schweben

Fische verfügen über eine mit Luft gefüllte **Schwimmblase.** → 3 Dadurch können sie auf einer Stelle schweben und sinken nicht einfach zu Boden. Möchte ein Fisch weiter oben schweben, nimmt er zunächst seine Flossen zu Hilfe. Dann lässt er etwas mehr Luft in die Schwimmblase hinein. Taucht er tiefer, lässt er etwas Luft ab.

Atmen unter Wasser

Mit jedem Öffnen des Mauls nehmen Fische Wasser auf und drücken es anschließend an der Seite des Kopfes durch die Kiemendeckel wieder nach außen. Unter den Kiemendeckeln liegen geschützt die roten **Kiemen.** → 4, 5 Mit den Kiemen atmen die Fische. An den Kiemenblättchen fließt das eingeatmete frische Wasser vorbei. Dadurch können diese gut durchbluteten Häute ständig den im Wasser gelösten Sauerstoff aufnehmen und Kohlenstoffdioxid abgeben.

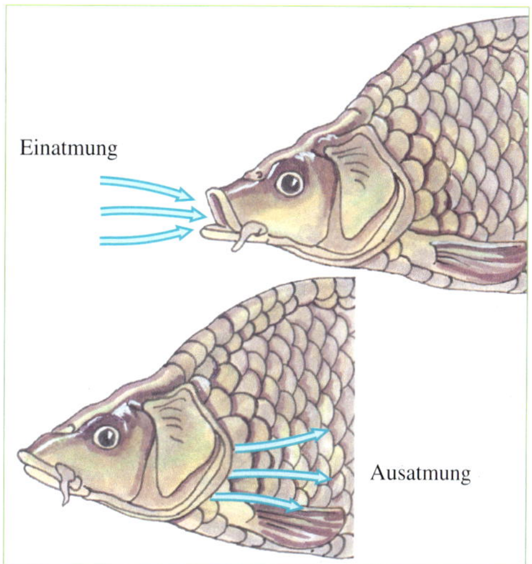

5 Weg des Wassers beim Einatmen und Ausatmen

→ **Merk dir!** Fische sind durch ihren Körperbau und ihre Organe gut an das Leben im Wasser angepasst. Mit der Schwimmblase können sie im Wasser schweben. Sie atmen unter Wasser durch Kiemen.

Arbeitsaufträge

1. Beschreibe genau, wodurch die Fische an das Leben unter Wasser angepasst sind.

2. Fische atmen ebenso wie Landlebewesen Sauerstoff. Begründe, wieso sie ersticken, wenn sie an Land gespült werden.

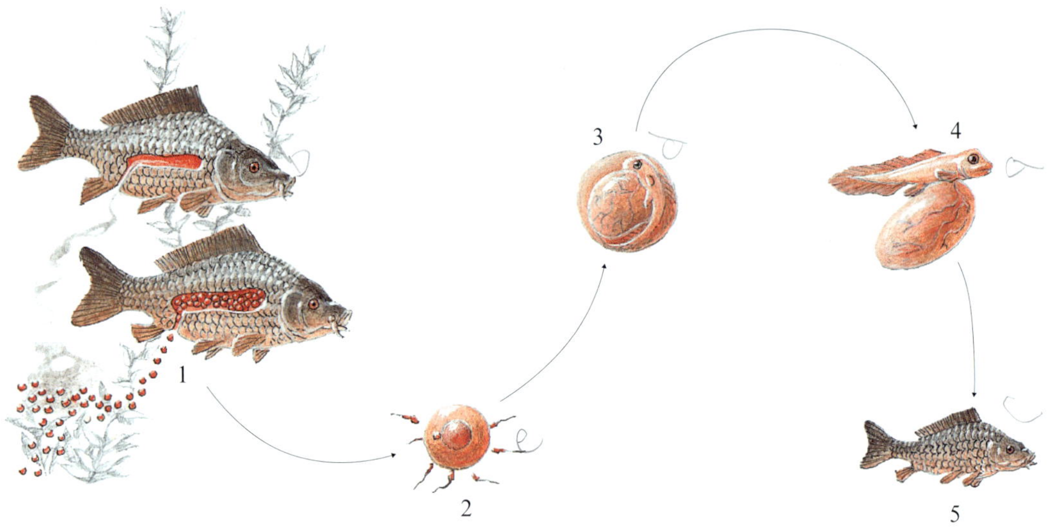

1 Fortpflanzung und Entwicklung eines Karpfens

Wie pflanzen Fische sich fort?

Die Eier entwickeln sich im Körper des Weibchens. Sie legen ihre Eier von Mai bis Juli im warmen, flachen Wasser ab. Anschließend schwimmt das Fischmännchen über die Eier und gibt seine Spermienzellen darüber ab. → 1 Die Spermienzellen befruchten die Eier. Aus den befruchteten Eiern entwickeln sich kleine Fischlarven. Sie schlüpfen nach einigen Tagen bis Wochen. Die frei schwimmenden Fischlarven ernähren sich zunächst aus Nährstoffen des Dottersacks. Sind diese aufgebraucht, beginnen die Tiere sich Futter zu suchen. Sie sind nun Jungfische und erreichen in einigen Monaten bis Jahren das Erwachsenenalter.

Lebensweise der Bachforelle

Als Süßwasserfisch braucht die **Bachforelle** klares Wasser und Versteckmöglichkeiten im Bach. → 2 Flussverschmutzungen und die Zerstörung von Verstecken durch Begradigung der Bäche vernichten Lebensräume für die Bachforelle. Sie gilt als bedrohte Art.

Die Scholle ist ein Plattfisch

Die Scholle ist ein Plattfisch und lebt in Nord- und Ostsee. Sie versteckt sich im Sandboden. → 3 Die Oberseite ist graubraun gefärbt. Die Fischlarven der Scholle sehen noch wie alle anderen Fischlarven aus, in der Entwicklung wandert dann ein Auge auf die Seite zum anderen Auge.

2 Bachforelle

3 Scholle

Bachforelle
Gewässerschutz
Hai

4 Hai

5 Toter Fisch

Haie sind Knorpelfische

Alle Fische mit Gräten gehören zu den Knochenfischen. Der **Hai** besitzt ein Skelett aus Knorpel. → 4 Da er keine Schwimmblase hat, muss er sich ständig bewegen. Sonst würde er absinken. Haie haben für die Jagd ein besonderes Sinnesorgan, mit dem sie Nervensignale anderer Tiere wahrnehmen. Versteckte Fische kann ein Hai so ausfindig machen. Nur ganz wenige Haiarten greifen Menschen an.

Bedrohung für viele Fische

Durch die Eingriffe des Menschen sind heute viele Fischarten bedroht. Der **Gewässerschutz** ist ein wichtiges Thema geworden. Die Lebensräume vieler Fische werden durch die Begradigung von Gewässern zerstört. Durch das Einleiten von giftigen Stoffen aus Industrie und Haushalt werden viele Flüsse und Seen verschmutzt. → 5 In Badeseen werden die hier lebenden Tiere von Wassersportlern gestört.

→ Merk dir! **Die Eier des Fischweibchens werden von den Spermienzellen des Fischmännchens befruchtet. Aus den befruchteten Eiern schlüpfen Larven, die zu den Jungfischen heranwachsen.**

Arbeitsaufträge

1. Lies die unten stehenden Bezeichnungen durch und ordne sie den einzelnen Schritten 1 bis 3 in Abbildung 1 zu:
- **a** Fischlarve mit Dottersack
- **b** Männchen und Weibchen
- **c** Jungfisch
- **d** Fischlarve im Ei
- **e** Befruchtetes Ei

2. Informiere dich anhand von Literatur oder Internet, welche Fische zu den Knorpelfischen gehören. Ermittle die Besonderheiten der verschiedenen Arten.

Frösche kannst du auf der Wiese, am Wasser und auch im Wasser finden. Wodurch sind Lurche an diese verschiedenen Lebensräume angepasst?

1 Ein Leben zwischen Wasser und Land.

Lurche führen ein Doppelleben

Was der Name verrät

Die Biologen bezeichnen die Lurche als **Amphibien**. Das Wort stammt aus der griechischen Sprache und kann mit „zwei Leben" übersetzt werden. Der Name verrät schon, dass diese Tiere in zwei verschiedenen Lebensräumen leben: auf dem Land und im Wasser. → 1, 3

Feuchte Haut

Hast du schon einmal einen Grasfrosch aus der Nähe gesehen oder sogar berührt? Dann wirst du festgestellt haben, dass seine Haut feucht ist. Die Feuchtigkeit schützt den Frosch vor dem Austrocknen. Er atmet auch über die feuchte Haut (Hautatmung). → 2 Deswegen kann er so lange unter Wasser bleiben. An Land atmet der Grasfrosch über die Lungen (Lungenatmung). Die Haut besitzt Schleim- und Giftdrüsen. Sie schützt den Frosch vor Infektionen und Feinden.

Fortbewegung

Der Frosch kann so gut springen, weil er kräftige und sehr lange Hinterbeine hat. Mit ihnen stößt er sich vom Boden ab. Mit den Vorderbeinen landet er wieder. Auf diese Weise kann der Frosch bis zu 1 Meter weit springen. Aber auch im Wasser ist er ein guter Schwimmer und Taucher. → 3

Mit Klappzunge auf Beutefang

Sein Sprungvermögen nutzt der Frosch auch beim Fangen von Insekten. Ist die Beute nah

2 Atmung über Haut und Lunge

3 Grasfrosch unter Wasser

Amphibien
Froschlurch
Klappzunge
Schwanzlurch

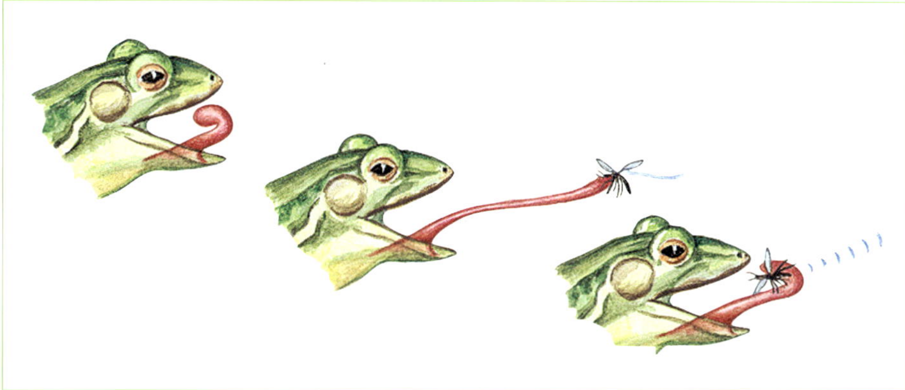

4 Beutefang beim Frosch

genug, springt der Frosch und schnappt gleichzeitig zu. Dabei klappt er seine lange, klebrige Zunge aus und fängt das Insekt ein. Mit dieser **Klappzunge** zieht der Frosch das Insekt sofort in das Maul. → 4

Froschlurch oder Schwanzlurch?

Froschlurch und **Schwanzlurch** zu unterscheiden ist ganz einfach. Besitzt der Lurch einen Schwanz, dann gehört er zu den Schwanzlurchen. Hierzu zählen beispielsweise Salamander oder Molche. Lurche ohne Schwanz sind Froschlurche. Zu ihnen gehören Frösche, Kröten und Unken.

→ Merk dir! Der Grasfrosch atmet über die Lunge und die Haut. Mit seinen Beinen kann er sich an Land und im Wasser gut fortbewegen. Lurche kann man in Frosch- und in Schwanzlurche einteilen.

Arbeitsaufträge

1. Erläutere an Beispielen, wie Lurche an das Leben im Wasser und an Land angepasst sind.
2. Ermittle mithilfe des Internets, was ein „Amphibienfahrzeug“ ist. Erkläre, warum es so genannt wird.
3. Betrachte die Lurche auf den Abbildungen. → 5, 6 Handelt es sich jeweils um einen Froschlurch oder einen Schwanzlurch? Begründe und erkläre deine Antwort. Finde mithilfe eines Lexikons heraus, wie diese Lurcharten heißen.

5 Frosch- oder Schwanzlurch?

6 Frosch- oder Schwanzlurch?

1 Teichfrosch

2 Frösche bei der Paarung

Warum quaken Frösche?

Der Grasfrosch ist bei uns die häufigste Froschart. Während des Jahres lebt er an Land, vor allem im Wald und auf feuchten Wiesen. Im Frühling begeben sich die Grasfrösche auf Wanderschaft zu ihren Seen oder Teichen. In dieser Zeit können wir die Rufe als wahre „Froschkonzerte" hören. Die Männchen machen sich durch Quaken, Knurren und Brummen bemerkbar. → 1 Damit versuchen sie, die Weibchen anzulocken und gleichzeitig andere Männchen zu vertreiben.

Im „Huckepack" ins Wasser

Das Männchen klammert sich am Rücken des Weibchens fest. Im „Huckepack" geht es dann in das Wasser. Im Wasser findet die Paarung statt. → 2 Dort stößt das Weibchen die Eier – den **Laich** – aus. Das Männchen verteilt über den Laich seine Spermienzellen. Der Laich ist nun befruchtet.

Von der Kaulquappe zum Frosch

Nach etwa zwei Wochen schlüpfen aus dem Laich winzige **Kaulquappen**. Sie atmen wie Fische durch Kiemen. → 3 Die Kaulquappen bewegen sich mithilfe ihres Ruderschwanzes schlängelnd durch das Wasser. Nach sechs bis sieben Wochen entwickeln sich die vorderen und hinteren Gliedmaßen, der Schwanz wird kleiner. → 4 Im letzten Entwicklungsschritt haben sich die Lungen gebildet. Die Kiemenatmung setzt aus und der Ruderschwanz wird abgestoßen. Ein erwachsener Grasfrosch verlässt das Wasser.

Schutz auf Wanderschaft

In Deutschland gibt es ungefähr 20 Lurcharten. Davon sind sehr viele gefährdet. Der Hauptgrund ist die Zerstörung und Verkleinerung der Lebensräume wie Teiche und andere Feuchtgebiete. Aber auch auf der Wanderung der Kröten und Frösche zu ihren Laichgewässern droht Gefahr. → 5

3 Kaulquappe

4 Frosch mit Ruderschwanz

Kaulquappe
Krötenwanderung
Laich

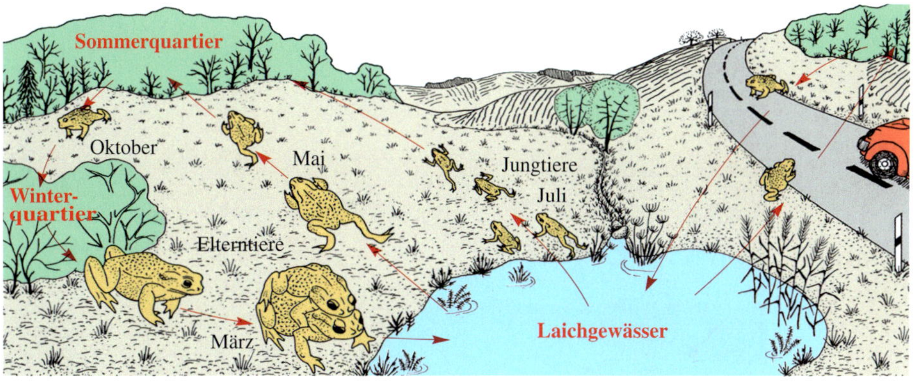

5 Wanderungen der Erdkröte im Jahreslauf

Beim Überqueren einer Straße benötigen die Tiere bis zu 20 Minuten. Werden sie vom Licht der Autos geblendet, rühren sie sich vor Schreck nicht von der Stelle und werden überfahren. Auf diese Weise sterben jedes Jahr Millionen Lurche auf unseren Straßen. Es gibt verschiedene Möglichkeiten, Lurche vor dem Straßentod zu schützen. Beim Bau einer Straße kann ein Tunnel mit eingebaut werden. Sogenannte Krötenzäune sind meist 50 Zentimeter hohe, undurchsichtige Kunststofffolien, die parallel zur Straße aufgebaut werden. → 6

6 Arbeit am Krötenzaun

→ **Merk dir!** Im Frühjahr paaren sich die Lurche im Wasser. Aus dem Laich schlüpfen Kaulquappen, die mit Kiemen atmen. Aus den wasserlebenden Kaulquappen entwickeln sich die landlebenden Jungfrösche.

Arbeitsaufträge

1. Lies die unten stehenden Entwicklungschritte von Fröschen durch und ordne sie in eine sinnvolle Reihenfolge.

- **a** Jungfrosch mit Ruderschwanz
- **b** Laich
- **c** Erwachsener Frosch
- **d** Kaulquappen mit Kiemen
- **e** Frösche im Huckepack auf dem Weg zu einem Gewässer

2. Erkläre anhand der richtig geordneten Entwicklungschritte des Paarungsverhalten der Lurche mit eigenen Worten.

3. Betrachte die Abbildung 5. Beschreibe das Leben der Erdkröte im Jahreslauf.

4. Zeichne, wie Kröten bei der Wanderung geschützt werden.

Schildkröten, Krokodile und riesige Schlangen sind nur in warmen Ländern zu finden.
Doch welche Verwandten dieser Tiere leben bei uns? Und was kennzeichnet sie?

1 Das Krokodil liebt die Sonne.

Kriechtiere mögen es trocken und warm

Bunte Vielfalt

Echsen, Schlangen, Schildkröten und Krokodile gehören zu den **Kriechtieren**. Die Vorfahren der heute noch lebenden Kriechtiere waren die Saurier. → 2 Vor 145 Millionen Jahren beherrschten sie das Leben auf der Erde. Saurier kannst du heute nur noch in Filmen oder im Museum sehen. Die meisten Kriechtiere leben in den warmen Gebieten unserer Erde. Aber auch bei uns gibt es spannende Kriechtiere zu entdecken.

Die Zauneidechse

Zauneidechsen leben an trockenen und warmen Stellen in Hecken, Wäldern oder Feldrändern. Mit etwas Glück kannst du sie beim Sonnenbad beobachten. → 3 An warmen Tagen bewegen sich **Zauneidechsen** besonders schnell. Bei allzu großer Hitze verkriechen sie sich jedoch in Höhlen.
Wird es kühler, sinkt auch die Körpertemperatur dieser Tiere. Sie werden dann langsamer und träge. Da Zauneidechsen von der

2 Tyrannosaurus

3 Zauneidechse beim Sonnenbad

Häutung
Hornschuppen
Kriechtiere
wechselwarm
Zauneidechse

4 Ein Jungtier schlüpft aus dem Ei.

5 Zauneidechse während der Häutung

Außentemperatur abhängig sind, bezeichnet man sie als **wechselwarme** Tiere. Sie passen ihre Temperatur der Umgebungstemperatur an.

Fortpflanzung an Land

Im Frühsommer finden sich Männchen und Weibchen zur Paarung zusammen. Bei der Paarung überträgt das Männchen seine Spermienzellen in den Körper des Weibchens.
Das Weibchen legt bis zu 20 Eier in einem Erdloch ab. Die Wärme des Bodens brütet die Eier aus. Nach zwei Monaten schlüpfen kleine Zauneidechsen. → 4

Trockene und schuppige Haut

Echsen und Schlangen haben eine trockene und starre Haut. Sie besteht aus **Hornschuppen**. Die Haut schützt vor Austrocknung und Verletzung. Da sie nicht mitwächst, müssen sich Schlangen und Echsen von Zeit zu Zeit häuten. Während der **Häutung** hängt die alte Haut in Fetzen am Körper. → 5

Merk dir! Zu den Kriechtieren gehören Echsen, Schildkröten und Schlangen. Die Zauneidechse hat eine trockene Haut und häutet sich. Sie ist wechselwarm. Ihre Eier werden durch Erdwärme ausgebrütet.

Arbeitsaufträge

1. Die Kriechtiere haben ihren Namen erhalten, weil sie sich kriechend fortbewegen. Beschreibe mithilfe von Abbildung 6 die Fortbewegung der Kriechtiere.

6 Fortbewegung der Kriechtiere

2. Erkläre, warum die meisten Kriechtiere in den warmen Ländern unserer Erde leben.

3. Suche dir aus dem Tierlexikon ein Kriechtier heraus. Fertige einen Steckbrief dazu an. Stellt euch eure Kriechtiere gegenseitig in der Klasse vor.

1 Blindschleiche

3 Kreuzotter

Schlange oder Echse?

Die **Blindschleiche** sieht auf den ersten Blick aus wie eine Schlange. → 1 Sie wird bis zu 50 Zentimeter lang. Ihr Körper ist mit glänzenden Hornschuppen bedeckt. Sie hat keine Beine. Wenn du dir aber das Skelett der Blindschleiche genau ansiehst, dann kannst du zurückgebildete Arm- und Beinknochen erkennen. → 2
Die Blindschleiche lebt im Wald. Bei feuchtem Wetter kommt sie aus ihrem Versteck. Dann jagt sie nach Schnecken und Würmern. Die Blindschleiche wirft bei Gefahr ihren Schwanz ab, er bewegt sich und lenkt so die Feinde ab.

Die Kreuzotter

Die **Kreuzotter** ist die einzige giftige Schlange, die in Deutschland vorkommt. Du erkennst sie an dem schwarzen Kreuz auf ihrem Kopf und dem Zickzackmuster auf ihrem Rücken. → 3 Die Kreuzotter ernährt sich von Mäusen und Fröschen. Beim Öffnen ihres Mauls richten sich die **Giftzähne** auf. → 4 Beißt sie zu, gelangt das Gift in die Beute. Die Kreuzotter wartet, bis die Beute tot ist, und verschlingt sie dann im Ganzen. Für Menschen ist der Biss der Kreuzotter nicht lebensgefährlich. Die Kreuzotter ist nur noch selten zu finden. Sie steht unter Artenschutz.

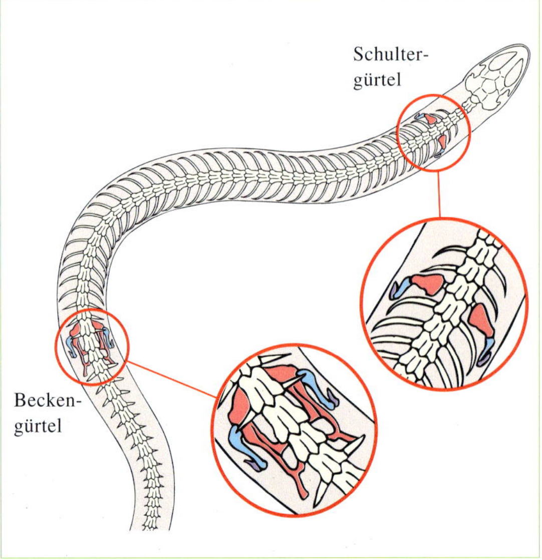

2 Skelett einer Blindschleiche

4 Giftzahn einer Kreuzotter

Blindschleiche
Giftzähne
Kreuzotter
Ringelnatter

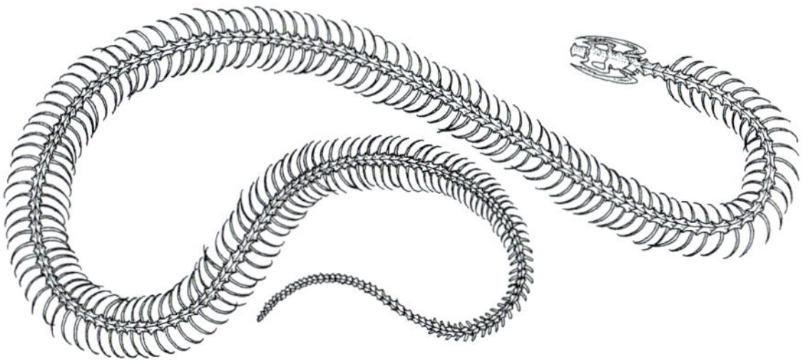

5 Skelett einer Schlange

6 Bauchschuppen einer Puffotter

Schlangen können schlecht sehen und sind taub. Sie orientieren sich mit ihrem sehr guten Geruchssinn.

Kriechen ohne Beine

Im Gegensatz zu den Echsen fehlen den Schlangen die Beine. Wie können sie sich dann aber bewegen? Schlangen bewegen sich schlängelnd voran. Sie kriechen auf ihren Rippen. → 5 Mithilfe von Muskeln richten sie dabei ihre Hautschuppen am Bauch auf. → 6 Mit den aufgerichteten Bauchschuppen finden Schlangen Halt am Boden und können sich abstoßen.

Erkennungszeichen: gelbe Halbmonde

Im Moor und auf feuchten Wiesen ist die **Ringelnatter** zu Hause. Sie kann bis zu 1,20 Meter lang werden. Ihr Körper ist grau gefärbt und hat schwarze Flecken. Die Ringelnatter ist von anderen Schlangen gut durch die zwei gelben Halbmonde am Hinterkopf zu unterscheiden. Sie ernährt sich von Schnecken und Fröschen. Ringelnattern können auch gut schwimmen. → 7 Im Wasser machen sie Jagd auf Frösche und kleine Fische. Ihre Eier legen sie an warmen Stellen im Boden ab.

7 Ringelnatter

→ Merk dir! Schlangen haben keine Beine. Sie kriechen auf ihren Rippen. Schlangen sehen schlecht und sind taub, sie orientieren sich über ihren Geruchssinn.

Arbeitsaufträge

1. Handelt es sich bei der Blindschleiche um eine Schlange oder eine Echse? Begründe deine Antwort mithilfe der Abbildung 2.
2. Schlangen laufen auf ihren Rippen. Erkläre diese Aussage.
3. Schlangen auf Beutejagd strecken rhythmisch die Zunge heraus. Erkläre dieses Züngeln.
4. In Deutschland sind viele Kriechtiere gefährdet. Findet mithilfe des Internets die Gründe dafür heraus. Erstellt in der Gruppe eine Liste mit den gefährdeten Kriechtieren.

„Es macht viel Freude, die vielen verschiedenen Vögel in unserem Park zu beobachten", schwärmt Aylin. „Ich wüsste aber auch gerne, wie sie alle heißen. Wie man sie wohl bestimmt?" „Das ist gar nicht so schwer", erklärt Anna. Es gibt verschiedene Möglichkeiten, Vögel zu bestimmen. Du brauchst nur etwas Zeit und Ruhe.

1 Vögel zu beobachten ist spannend.

Vögel beobachten

Größe, Gestalt und Färbung

Für die Bestimmung eines Vogels ist seine äußere Erscheinung wichtig. Gefiederfarbe, Größe und Gestalt des Vogels sowie die **Schnabelform** sind wichtige Unterscheidungsmerkmale. Die Schnabelform der Vögel unterscheidet sich deutlich entsprechend ihrer Nahrungsgewohnheiten. Vögel, die sich ausschließlich von Körnern und Samen ernähren, haben einen kurzen, dicken und festen Schnabel. Im Gegensatz dazu besitzen Vögel, die nach Würmern und Weichtieren picken, einen langen, spitzen Schnabel. Arten, die Insekten aus der Luft fangen, haben einen, schmalen spitzen Schnabel. Der hakenförmige Schnabel der Greifvögel biegt sich spitz zulaufend nach unten. → 2 Der Schnabel der Greifvögel ist somit ein wichtiges Werkzeug, um die Haut der Beute zu öffnen und die Nahrung zu zerteilen.

Gesang

Jede Vogelart besitzt ihren eigenen Gesang. Männliche Vögel locken mit ihrem **Gesang** Partnerinnen an. Außerdem grenzen sie durch ihren Gesang ihr Revier gegen Artgenossen ab. Vögel anhand ihres Gesangs zu erkennen und zu bestimmen ist nicht leicht. Am besten fängst du mit häufigen Gesängen an, wie dem von Amsel oder Buchfink, oder

2 Schnabelformen verschiedener Vogelarten

Gefiederfarbe
Gesang
Gestalt
Schnabelform
Vogelschutz

3 Schattenbilder verschiedener Vogelarten

mit solchen, die du häufig hörst. In vielen Städten bieten Vogelkundler Vogelstimmen-Exkursionen an.

Wir arbeiten als Vogelkundler

Um Vögel zu hören und im Geäst zu entdecken, ist Geduld und Ruhe wichtig. Da man häufig gegen das Licht schaut und der zu beobachtende Vogel zunächst nur dunkel erscheint, ist seine **Gestalt** zur Bestimmung hilfreich. → 3 Für die genaue Bestimmung eines Vogels ist die **Gefiederfarbe** wichtig. Deshalb müssen wir uns an ihn heranschleichen oder ihn mit dem Fernglas beobachten.

Vogelschutz – eine Herausforderung für uns alle

Viele Vogelarten sind vom Aussterben bedroht. Dafür gibt es viele Gründe. Umweltgifte schaden den Vögeln. Durch den Bau von Straßen, Siedlungen und Städten, durch die Begradigung von Bächen und Flüssen sowie durch intensive Landwirtschaft verlieren viele Vögel ihren Lebensraum und ihre Brutplätze. Freizeitsportler (Segler, Surfer, Kletterer) und Hundebesitzer, die ihre Hunde frei laufen lassen, stören brütende Vögel. In Italien und Afrika werden noch heute Zugvögel abgeschossen und verzehrt. Auch durch den wachsenden Verkehr sind immer mehr Vögel bedroht.

Merk dir! Vögel können nach ihrer Schnabelform, ihrem Gesang, ihrer Gestalt und Gefiederfarbe bestimmt werden.

Arbeitsaufträge

1. Brütende Vögel am Nest darf man nicht stören. Du kannst sie aber im Internet beobachten.
- **a** Gib die Suchwörter „Vögel" und „Webcam" ein. Suche dir deinen Lieblingsvogel aus und „beobachte" ihn eine halbe Stunde lang.
- **b** Notiere, was du in dieser Zeit beobachtest.

2. Abbildung 2 zeigt typische Schnabelformen der Vögel. Erkläre, welche Schnabelform für die jeweilige Nahrung geeignet ist, und begründe deine Aussage.

3. Überlege, was du selbst zum Vogelschutz beitragen kannst.

Du hast sicher schon einmal beobachtet, wie ein Vogel fliegt. Scheinbar ganz mühelos gleitet er durch die Luft und gelangt schnell von einem Ort zum anderen. Warum können Vögel fliegen?

1 Die Vögel haben den Lebensraum Luft erobert.

Wie Vögel fliegen

Körper und Knochen

Der Körper der Vögel besitzt eine Stromlinienform. Diese Körperform hilft ihnen, ohne großen Widerstand durch die Luft zu fliegen. Das Skelett besteht aus festen Knochen, die teilweise mit Luft gefüllt sind. Der Schädelknochen ist dünn wie Papier. Dadurch sind Vögel sehr leicht. Das Brustbein ist vergrößert. → 2 Hier setzen die starken Muskeln der Flugmuskulatur der Flügel an.

Gefieder

Vögel besitzen verschiedene Arten von **Federn.** → 3 Die Daunenfedern halten den Vogel warm. Die Deckfedern schützen vor Nässe und sind oft auffällig gefärbt. Die Schwungfedern befinden sich an den Flügeln und bilden die Tragflächen. Mithilfe der Steuerfedern am Schwanz kann der Vogel steuern und bremsen.

Verdauung und Atmung

Das Fliegen erfordert viel Energie. Die Nahrung ist energiereich und wasserarm. Vögel fressen und verdauen ihre Nahrung schnell. Sie tragen kein überflüssiges Gewicht mit sich. Die Lungen sind besonders gebaut und versorgen die Vögel mit viel Sauerstoff.

2 Skelett eines Vogels

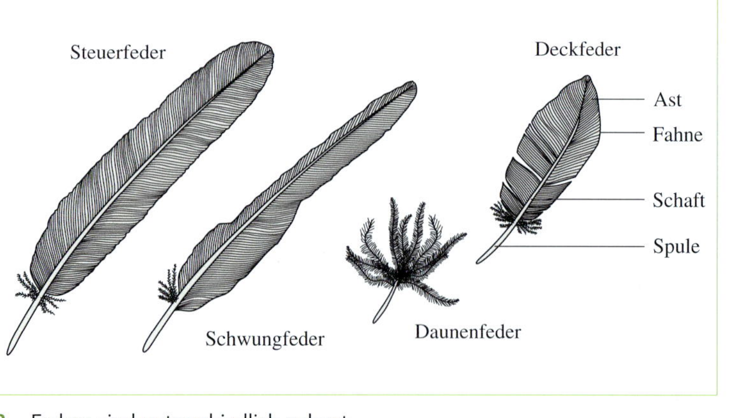

3 Federn sind unterschiedlich gebaut.

Federn
Gleitflug
Ruderflug
Segelflug

4 Ruderflug

5 Segelflug

Flugarten

Beim Fliegen bewegen Vögel ihre Flügel schnell auf und ab. Es sieht so aus, als würden sie in der Luft „rudern". Deshalb wird diese Art des Fliegens auch als **Ruderflug** bezeichnet. → 4 Der Ruderflug ist typisch für viele Vogelarten.
Vögel mit sehr großen Flügeln nutzen auch den **Segelflug**. So lässt sich der Storch mit ausgebreiteten Flügeln von warmen Winden in die Höhe heben. → 5 Beim **Gleitflug** werden die Flügel ausgestreckt und nicht bewegt. Mithilfe des Gleitflugs landen viele Vögel. → 6

6 Gleitflug

→ Merk dir! **Vögel sind an das Fliegen angepasst. Sie haben leichte Knochen, Federn und leistungsstarke Lungen.**

Arbeitsaufträge

1. Untersuche die Eigenschaften einer Deckfeder. → 3
   a Zerzause die Fahne der Feder. Ziehe die Feder anschließend von unten nach oben zwischen Daumen und Zeigefinger hindurch. Beschreibe deine Beobachtung.
   b Halte die Feder vorsichtig vor eine Kerzenflamme. Versuche die Flamme durch die Feder mit einem Strohhalm auszublasen. Erkläre, was du siehst.

2. Führe folgenden Versuch durch:
   Stelle dir aus Papier und Bleistift ein Modell des gewölbten Vogelflügels her. Der Bleistift stellt den Arm dar und das Papier die Federn. → 7
   a Puste über das Blatt Papier, den Flügel, hinweg. Beschreibe deine Beobachtung.
   b Begründe, welche Rolle die Form des Flügels für das Fliegen spielt.

7 Modell eines Vogelflügels

**Du wirst im Frühjahr schon mit dem ersten Hellwerden morgens durch lautes Vogelgezwitscher geweckt. Auch die Vögel, die du den ganzen Winter kaum gehört hast, zwitschern jetzt mit allen anderen um die Wette.
Warum singen Vögel?**

1 Ein singendes Amselmännchen

Das Vogeljahr

Singen um die Wette

Im Frühling kannst du singende Vögel hören und beobachten. Bei den Vögeln singen die Männchen. → 1 Mit ihrem **Gesang** grenzen sie ihr eigenes Wohngebiet ab und geben einem männlichen Artgenossen zu verstehen: „Hier wohne ich, und hier will ich auch mit meiner Partnerin leben – also verschwinde." Wenn sich trotzdem ein anderes Männchen nähert, kann es zum Kampf kommen. → 2 Jede Vogelart hat ihren eigenen Gesang.

Vögel auf Partnersuche

Die Amsel ist ein Singvogel. Sie lebt sowohl in der Stadt als auch auf dem Land. Die Männchen haben ein schwarzes Gefieder und einen leuchtend gelben Schnabel. Die Weibchen sind unauffällig braun gefärbt. Durch den Gesang wird auch das Weibchen angelockt. Das Amselmännchen wirbt um das Weibchen mit typischen Körperbewegungen. Dieses Verhalten wird als **Balz** bezeichnet. → 3 Haben sich Männchen und Weibchen gefunden, kommt es zur Paarung.

2 Amselmännchen beim Kampf

3 Amseln bei der Balz

Balz
Brutschmarotzer
Gesang
Nestflüchter
Nesthocker
Paarung

4 Amselnest

5 Fütterung

Ein Nest wird gebaut

Nach der **Paarung** baut sich das Amselpaar gemeinsam einen Nistplatz. Das Nest wird vom Weibchen aus Gras, Stroh und kleinen Zweigen gebaut und mit Federn und Moos ausgepolstert. → 4

Nesthocker

Ist das Nest fertig, legt das Weibchen vier bis fünf Eier, die etwa 14 Tage bebrütet werden. Danach schlüpfen die Jungvögel nackt und blind. Amseljunge sind **Nesthocker**, sie werden von den Altvögeln aufgezogen. → 5 Männchen und Weibchen kümmern sich gemeinsam um die Brut.

Nestflüchter

Andere Vögel kümmern sich nicht so intensiv um die Aufzucht ihrer Jungen. Sie bebrüten zwar die Eier. Wenn die Jungvögel schlüpfen, haben diese aber bereits Federn, können munter laufen und Körner picken. Die Jungvögel sind selbstständig und werden deshalb als **Nestflüchter** bezeichnet.

Brutschmarotzer

Der Kuckuck kümmert sich nicht um seinen Nachwuchs, er ist ein **Brutschmarotzer**. Er legt nur ein Ei in ein fremdes Nest und lässt seinen Jungvogel von anderen Vögeln aufziehen.

→ Merk dir! Der Vogelgesang dient der Partnersuche und gleichzeitig der Revierabgrenzung. Die meisten Vögel bauen ein Nest für die Eier und ziehen die Jungvögel durch Fütterung auf.

Arbeitsaufträge

1. Tarek ärgert sich. Er wurde heute Morgen wieder von dem Gesang vieler Vögel geweckt. Erkläre ihm, wieso die Vögel so ausgiebig laut singen.
2. Erkläre deinem Nachbarn die Unterschiede zwischen Brutschmarotzer, Nesthocker und Nestflüchter.
3. Bei vielen Vögeln haben Männchen und Weibchen ein verschiedenfarbiges Federkleid.
   a Nenne das Geschlecht, das das getarnte Federkleid trägt.
   b Erkläre, welchen Vorteil das unauffällige Federkleid bietet.

Vögel im Herbst und Winter

Warum sammeln sich jedes Jahr im Herbst Scharen von Vögeln auf den Hochspannungsleitungen und ziehen in großen Schwärmen Richtung Süden?
Müssen wir die Vögel im tief verschneiten Winter füttern oder können sie sich selbst versorgen?

1 Standvögel

2 Zugvögel

Im Spätherbst kannst du beobachten, dass sich Schwalben sammeln und dann gemeinsam wegziehen. Die Schwalben ziehen, wie viele andere Vögel auch, in den Süden. Im Winter finden sie bei uns keine Insekten mehr, deshalb ziehen sie dorthin, wo sie ihre Nahrung finden können. Deswegen werden sie auch **Zugvögel** genannt. → 2

Manche Vögel können bei uns überwintern, weil sie sich hauptsächlich von Körnern und Samen ernähren. Vögel, die das ganze Jahr an demselben Standort leben, bezeichnet man als **Standvögel**.

Schritte und Tipps für euer Vogelprojekt

Vorbereitung
Besprecht, was ihr unternehmen wollt. Die Mindmap hilft euch dabei. Ergänzt eure Ideen.

Planung
Stellt eigene Überlegungen an, welche Informationen ihr für euer Projekt braucht und woher ihr sie bekommt.
- Beobachten und Bestimmen der Vögel im Schulumfeld
- Kontakt herstellen zum Vogelschutzbund
- Informationen aus Büchern, Zeitschriften, dem Internet
- Tierschutzbund
- Geeignete Futterstellen → 4
- Bau von Futterhilfen → 5

Durchführung
Bildet Arbeitsgruppen und verteilt die Aufgaben.
- Wie viele Schüler sind in einer Gruppe?
- Welche Gruppe übernimmt welche Aufgabe?
- Arbeitsteilung in den Gruppen (jeder bekommt eine Aufgabe)

Erledigt die Aufgaben in den Gruppen.

Abschluss und Präsentation
Überprüft eure Ergebnisse. Wertet sie mit den anderen Gruppen der Klasse aus. Überlegt euch, wie ihr eure Ergebnisse präsentieren könnt:
- mit Steckbriefen
- mit Fotos und Zeichnungen
- mit Plakaten
- mit einer Ausstellung

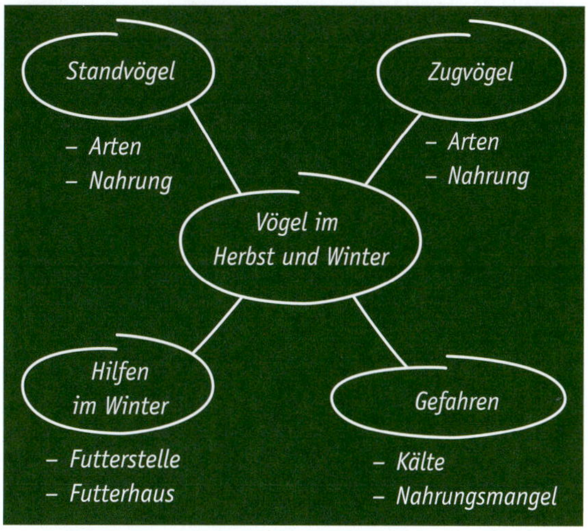

3 Mindmap Vögel im Herbst und Winter

4 Futterhaus

5 Meisen am Futterplatz

Lena, Tarek und Aylin knobeln an einer Rätselfrage: Was haben diese Tiere gemeinsam? Lena meint: „Gar nichts, die sehen doch alle verschieden aus." „Sie leben alle an Land", meint Tarek. „Stimmt nicht", sagt Aylin, „der Fisch lebt ja wohl im Wasser. Aber mir fällt etwas ein." Welche Gemeinsamkeit meint Aylin?

1 Was haben diese Tiere gemeinsam?

Vielfalt lässt sich ordnen

Eine versteckte Gemeinsamkeit

So unterschiedlich Kaiserpinguin, Braunbär, Wasserfrosch, Dreizehenmöve, Goldfisch und Python auch aussehen, sie haben trotzdem alle etwas gemeinsam. → 1 Etwas, was von außen nicht zu erkennen ist: Sie besitzen eine **Wirbelsäule**. Daher fasst man alle Tiere mit einer Wirbelsäule als **Wirbeltiere** zusammen. Innerhalb der Gruppe der Wirbeltiere gibt es wiederum Gruppen von Tieren, die viele Gemeinsamkeiten miteinander haben. Die Wirbeltiere lassen sich in Fische, Lurche, Kriechtiere, Vögel und Säugetiere einteilen.

Fische

Fische atmen mit Kiemen unter Wasser. Ihre Haut ist aus knöchernen Schuppen mit einer darüberliegenden Schleimschicht aufgebaut. Fische legen Eier ins Wasser, aus denen sich die Nachkommen entwickeln. Sie sind wechselwarm. → 2

Lurche

Lurche legen ebenfalls Eier ins Wasser. Aus ihnen schlüpfen zunächst Kaulquappen, die im Wasser leben und mit Kiemen atmen. Nach einer Umwandlung haben Lurche vier Beine und atmen mit Lungen. Sie haben eine feuchte Haut und sind wechselwarm. → 2

Kriechtiere

Hornschuppen schützen die Kriechtiere gut gegen Austrocknung. Sie atmen mit einer Lunge. Kriechtiere besitzen vier kurze Beine, mit denen sie kriechen. Bei Schlangen haben sich diese jedoch zurückgebildet. Alle Kriechtiere sind wechselwarm. → 2

Vögel

Die Knochen der Vögel sind innen hohl. Das macht sie leichter und verbessert damit die Flugfähigkeit. Die Lunge der Vögel ist sehr leistungsstark. Als gleichwarme Tiere werden Vögel durch ihre Federn warm gehalten. Sie brüten ihre Eier aus und kümmern sich um ihre geschlüpften Jungen. → 2

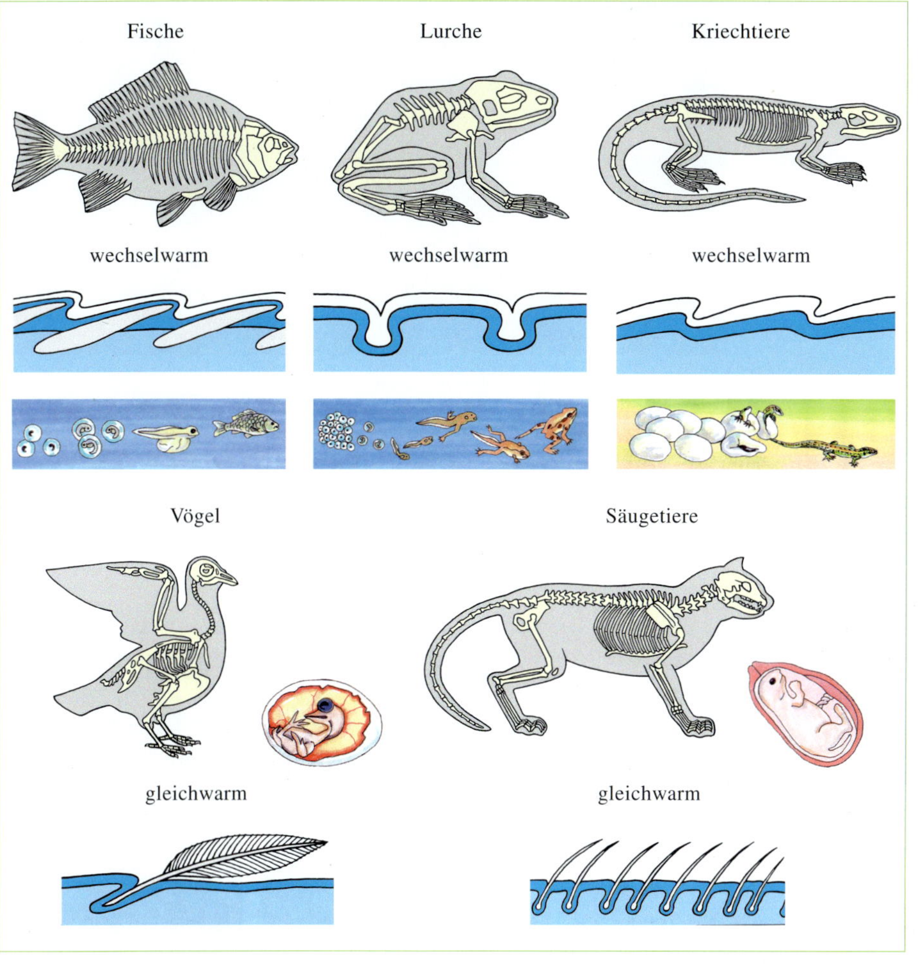

2 Wirbeltiere im Vergleich

Säugetiere

45 Säugetiere sind ebenfalls gleichwarme Tiere und atmen mit Lungen. Ein Fell schützt sie vor Auskühlung. Die Jungen der Säugetiere werden nach ihrer Geburt mit der Milch der Mutter gesäugt. → 2

Merk dir! Alle Tiere mit einer Wirbelsäule sind Wirbeltiere. Sie lassen sich in Fische, Lurche, Kriechtiere, Vögel und Säugetiere unterteilen.

Arbeitsaufträge

1. Ordne die Tiere aus Abbildung 1 den Wirbeltiergruppen zu. → 2
Begründe deine Zuordnung.

2. Erkläre, warum Krebse, Muscheln und Insekten nicht zu den Wirbeltieren gehören.

3. Betrachte die einzelnen Wirbeltierklassen in Abbildung 2.

- **a** Erkläre die Unterschiede in der Körperbedeckung.
- **b** Erkläre die Unterschiede bei der Fortpflanzung.

Über 90 Prozent aller heute bekannten Tierarten sind wirbellose Tiere. Wirbellose haben alle Lebensräume erobert. Die größte Gruppe unter den Wirbellosen mit über einer Million Arten sind die Insekten.

1 Die Libelle gehört zu den Insekten.

Insekten sind wirbellose Tiere

Entwicklung

Die Fotos zeigen als Beispiel die Entwicklung eines Schmetterlings, des Tagpfauenauges. → 2 Sie beginnt mit der Paarung zweier geschlechtsreifer Schmetterlinge. Das Weibchen des Tagpfauenauges legt die Eier auf Blätter einer Brennnessel ab. Bald schlüpfen daraus die **Larven** (Raupen). Sie fressen unermüdlich und wachsen. Wenn ihre harte Außenhaut zu eng wird, häuten sie sich. Nach mehreren Häutungen wird die Larve zur scheinbar leblosen **Puppe**. In der Puppe vollzieht sich die Verwandlung zum geschlechtsreifen, ausgewachsenen Insekt. Die Entwicklung vom Ei über die Larve und die Puppe zum ausgewachsenen Insekt durchlaufen auch Wespen, Bienen, Ameisen, Käfer, Mücken und viele andere Insekten.

2 Tagpfauenauge: Eier, Larven (Raupen), Puppe, ausgewachsener Schmetterling

Körpergliederung

Der Insektenkörper ist in drei Teile gegliedert: Kopf, Brust und Hinterleib. → 3 Am Kopf sitzen zwei Antennen und die Mundwerkzeuge. Die Brust besteht aus drei Körperringen, die je ein Beinpaar tragen. Insekten haben also sechs Beine. Am mittleren und hinteren Ring setzen die beiden Flügelpaare an. Auch am Hinterleib erkennt man mehrere Körperringe.

3 Typische Dreiteilung des Körpers bei der Wespe

Außenskelett
Larve
Puppe
wirbellose Tiere

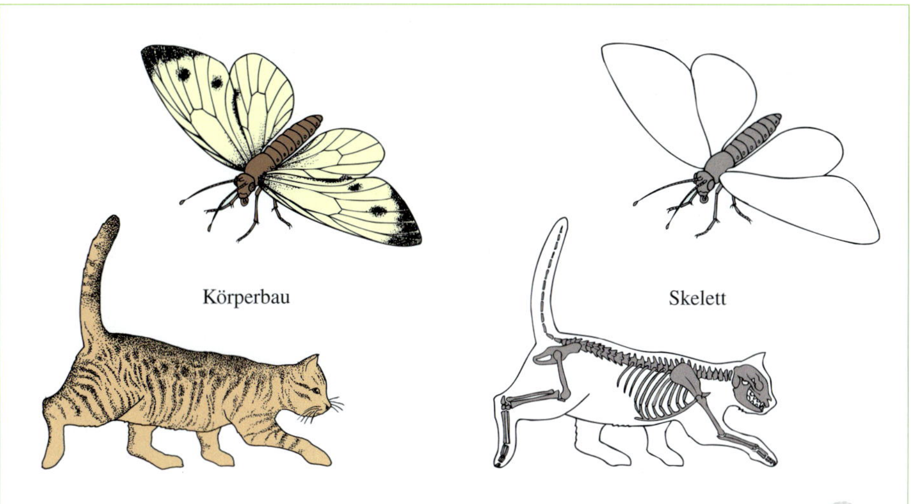

4 Vergleich Säugetier – Insekt

Außenskelett

Der ganze Körper eines Insekts ist von einer widerstandsfähigen Außenschicht umgeben. Sie besteht aus Chitin. Sie schützt das Insekt und dient als **Außenskelett.** Das Außenskelett wächst nicht mit. Deshalb muss sich das Insekt regelmäßig häuten, bis es völlig ausgewachsen ist.

→ Merk dir! Die Insekten haben keine Wirbelsäule. Sie gehören zu den Wirbellosen: Ihr Körper ist in Kopf, Brust und Hinterleib gegliedert. Am Brustabschnitt sitzen drei Beinpaare und meist zwei Flügelpaare. Viele Insekten entwickeln sich vom Ei über die Larve und Puppe zum voll entwickelten Tier.

Arbeitsaufträge

1. Du kennst Wirbeltiere und Wirbellose. Nenne jeweils einige Beispiele.

2. Die Katze ist ein Säugetier und gehört zu den Wirbeltieren. Der Kohlweißling ist ein Schmetterling und gehört zu den Insekten. → 4
- **a** Vergleiche den Körperbau von Säugetier und Insekt.
- **b** Beschreibe die Unterschiede der Skelette.
- **c** Vergleiche die Entwicklung von Säugetier und Insekt.

3. Die Beine der Insekten haben alle den gleichen Grundbauplan. Sie sind aber unterschiedlich gebaut. → 5
- **a** Beschreibe die Unterschiede.
- **b** Welches Bein könnte zu welchem Insekt gehören? Begründe deine Antwort.

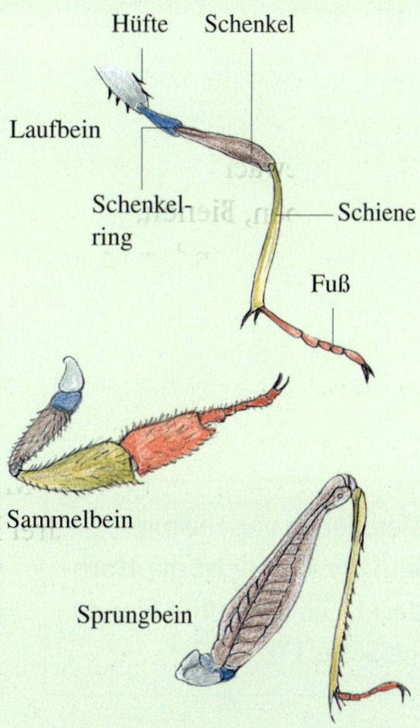

5 Insektenbein: Grundbau und Abwandlungen

Tiere in ihren Lebensräumen

Fische können mithilfe von Kiemen und Schwimmblase unter Wasser leben. Durch den Gewässerschutz können bedrohte Fischarten gerettet werden. (Siehe Seite 102–105.)

Lurche sind durch ihren Körperbau und ihre Fortpflanzung an das Leben im Wasser und an Land angepasst. (Siehe Seite 106–109.)

Kriechtiere leben vor allem in warmen Ländern. Ihr Körper ist mit Hornschuppen bedeckt. Sie legen ihre Eier an Land ab. (Siehe Seite 110–113.)

→ Auch du kannst bestimmte Vögel an ihrer Gestalt, Größe und Färbung unterscheiden und etwas für ihren Schutz tun. (Siehe Seite 114.)

→ Vögel sind durch den stromlinienförmigen Körper, die Federn und die leichten Knochen an das Fliegen angepasst. (Siehe Seite 116.)

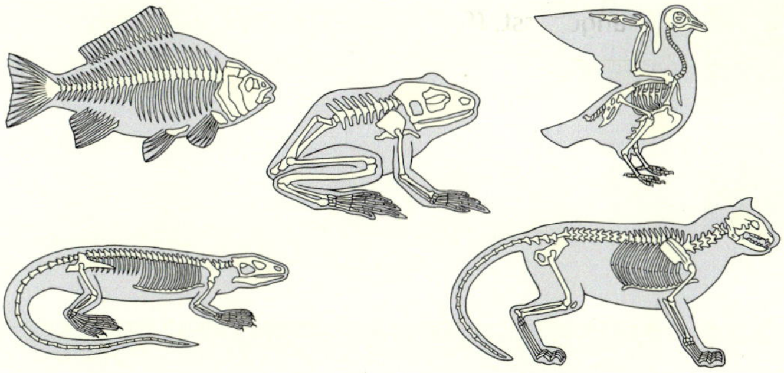

→ Fische, Lurche, Kriechtiere, Vögel und Säugetiere besitzen eine Wirbelsäule und gehören daher zu den Wirbeltieren. (Siehe Seite 122.)

→ Insekten sind die artenreichste Tierklasse auf der Welt und kommen in fast allen Lebensräumen vor. (Siehe Seite 124.)

Teste dich!

1

2

1. Teile folgende Tiere in Haustiere und Nutztiere ein. Begründe deine Zuordnung.
   - **a** Schwein
   - **b** Wellensittich
   - **c** Kuh
   - **d** Katze
   - **e** Huhn
   - **f** Hund

2. Sieh dir die Abbildungen 1 bis 4 an. Schreibe auf, was für eine Botschaft der Hund mitteilt.

3. Beschreibe das Verhalten der Katze beim Fangen einer Maus.

4. Warum kauen Kühe ihre Nahrung zweimal? Erkläre den Begriff „Wiederkäuer".

5. Entscheide, welche der folgenden Tiere nicht zu den Säugetieren gehören. Begründe deine Wahl.
   - **a** Eisbär
   - **b** Hamster
   - **c** Storch
   - **d** Reh
   - **e** Esel
   - **f** Pinguin
   - **g** Hai
   - **h** Seehund
   - **i** Schlange

3

4

5 Futter

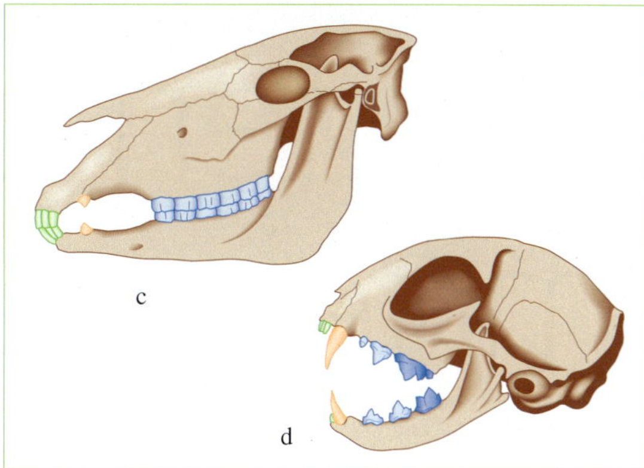

6 Gebisse

6. Erkläre, welches Futter zu welchem Gebiss passt. → 5, 6

7. Fische sind gut an das Leben unter Wasser angepasst. Nenne mindestens vier Merkmale.

8. Viele einheimische Lurche sind gefährdet.

a Zähle die Gründe für ihre Gefährdung auf.

b Erstelle eine Liste mit Maßnahmen zum Schutz der Lurche.

9. Wie bewegen sich Schlangen fort? Erkläre die Fortbewegung genau.

10. Vögel sind an das Leben in der Luft angepasst.
Nenne die körperlichen Anpassungen, die den Vögeln das Fliegen ermöglichen.

11. Welche Wirbeltiere pflanzen sich an Land und welche im Wasser fort?
Zähle auf und begründe.

Die Lösungen findest du im Anhang.

Pflanzen in unserer Umgebung

Wenn du aus dem Fenster schaust, kannst du bestimmt viele Pflanzen sehen: große Bäume, Blumen im Blumenbeet und kleine Kräuter zwischen den Pflastersteinen. Wenn alle diese Pflanzen nicht da wären, würde es sehr grau und eintönig aussehen. Gehe auf Entdeckungsreise und du wirst sehen, wie Pflanzen leben und welche wichtige Rolle sie in unserem Leben spielen.

1 Blätter sind ein Teil der Blütenpflanze. Woraus bestehen Blütenpflanzen? (Siehe Seite 132.)

2 Menschen wachsen, wenn sie essen. Wie kommen Pflanzen an ihre Nahrung? (Siehe Seite 135.)

3 Wie kommt die Kirsche an den Baum? (Siehe Seite 140.)

4 Wie kommt der Löwenzahn auf die Mauer? (Siehe Seite 142.)

5 Es gibt die verschiedensten Blüten. Wie kann man sie unterscheiden? (Siehe Seite 144.)

6 Welche Pflanzen nutzt der Mensch? (Siehe Seite 152.)

7 Kennst du die Bäume im Wald? (Siehe Seite 154.)

8 Wie kann die Natur geschützt werden? (Siehe Seite 156.)

Aylin und Jakob unterhalten sich: Was sind eigentlich Blütenpflanzen? Aylin ist der Meinung, damit seien nur die blühenden Tulpen aus ihrem Garten gemeint. Jakob behauptet dagegen, dass die Bäume auf dem Schulhof und im Park auch Blütenpflanzen sind.
Wer von beiden hat recht?

1 Sind der Kastanienbaum und die Tulpe beides Blütenpflanzen?

Die Pflanze besteht nicht nur aus Blättern

Unterschiedlich und doch gleich

Der Kastanienbaum und die Tulpe sehen auf den ersten Blick wirklich unterschiedlich aus. → 1 Vergleichst du diese Pflanzen aber genau miteinander, dann wirst du sehen, dass sie beide die gleichen Teile besitzen: **Blüten**, **Sprossachse**, **Blätter** und **Wurzeln**. → 2 Da diese Pflanzen Blüten bilden, werden sie als **Blütenpflanzen** bezeichnet.

Verankerung im Boden

Die Wurzeln halten die Pflanze fest im Boden und versorgen sie mit Wasser und Mineralstoffen. Diese Mineralstoffe benötigt

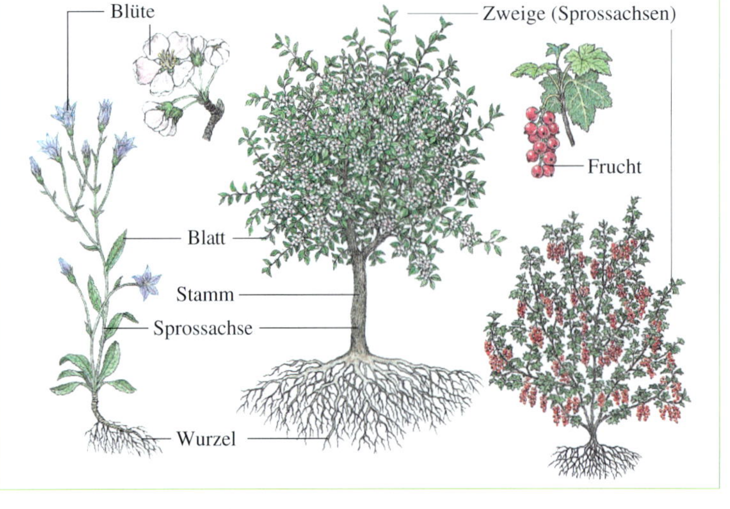

2 Teile der Blütenpflanzen

3 Wurzel einer Pflanze

4 Tief- und Flachwurzler

5 Entwurzelte Fichte

Blätter
Blüten
Blütenpflanzen
Flachwurzler
Sprossachse
Tiefwurzler
Wurzel

die Pflanze zum Leben. Oft haben die Pflanzen eine starke Hauptwurzel und viele kleine Nebenwurzeln, an deren Spitze sich feine Wurzelhaare befinden. → 3
Bei einigen Bäumen kann die Wurzel mehrere Meter tief in den Boden wachsen. → 4 Beispiele für solche **Tiefwurzler** sind Tanne, Kiefer und Eiche. Die Kiefer treibt ihre Hauptwurzel in den Boden bis zu einer Tiefe von über zehn Metern. Andere Bäume hingegen bilden nur flache Wurzelteller. → 4 Zu ihnen gehören viele Fichtenarten. Bei schlechten Bodenverhältnissen können diese **Flachwurzler** keinen optimalen Halt finden und sind bei starkem Sturm umsturzgefährdet. → 5

→ Merk dir! Alle Blütenpflanzen haben die gleichen Teile: Blüte, Sprossachse, Blatt und Wurzel. Die Wurzeln halten die Pflanze im Boden fest. Mithilfe der Wurzeln kann die Pflanze Wasser und Mineralstoffe aufnehmen.

Arbeitsaufträge

1. Decke die Begriffe in Abbildung 2 ab. Nenne die Teile einer Blütenpflanze.
2. Nach einem Sturm sind im Wald einige Bäume entwurzelt und andere nur geknickt. Überlege mit deinem Tischnachbarn, warum das so ist. Schreibt eure Vermutungen auf.
3. Auf Abbildung 6 siehst du einen Kaktus. Entscheide, ob es sich bei dem Kaktus um eine Blütenpflanze handelt. Begründe deine Entscheidung.

6 Kaktus

Von Stängel, Zweig und Stamm

Die Sprossachse der Kräuter, Sträucher und Bäume sind unterschiedlich ausgebildet und werden verschieden bezeichnet. → 1

Pflanze	Kräuter	Sträucher	Bäume
Sprossachse	weich, saftig	fest, holzig	fest, holzig
Bezeichnung	Stängel	Zweig	Stamm, Ast, Zweig

1 Sprossachsen bei Blütenpflanzen

2 Querschnitt durch einen Stamm

In der **Sprossachse** befinden sich die **Leitungsbahnen**, über die Wasser und Stoffe durch die Pflanze transportiert werden. Ähnlich wie wir mit einem Trinkhalm trinken, saugen auch die Pflanzen Wasser. Im Wasser gelöste Mineralstoffe gelangen so bis in die Blätter der Pflanze. Bei Bäumen kann man die Leitungsbahnen mit dem bloßen Auge sehen. → 2

Grüne Blätter von außen

An einem Blatt können wir Blattspreite und Blattstiel unterscheiden. → 3 Im Blatt setzen sich die Leitungsbahnen der Sprossachse als „Adern" fort. → 4 Sie verzweigen sich bis zum Blattrand.

Die Blätter der Pflanzen können verschiedene Formen haben. → 5 Anhand der Blattform kannst du Bäume bestimmen.

3 Aufbau eines Blattes

4 „Adernetz" eines Laubblatts

5 Blätter verschiedener Bäume

Blattgrün
Leitungsbahnen
Spaltöffnungen
Sprossachse

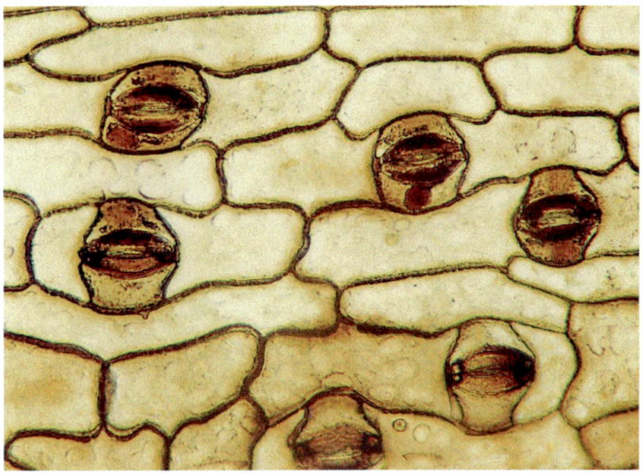

6 Spaltöffnungen

7 Pflanzen wachsen zum Licht.

Grüne Blätter von innen

Im Innern des Blattes befindet sich das **Blattgrün**, durch das die Blätter ihre Farbe erhalten. Mithilfe des Blattgrüns können die Blätter das Sonnenlicht aufnehmen. Auf der Blattunterseite befinden sich kleine Poren. Durch diese **Spaltöffnungen** kann Luft in das Blatt gelangen. → 6 Das ist wichtig, damit die grünen Blätter mithilfe von Licht Nährstoffe bilden können.

Energie zum Leben

Tiere und Menschen brauchen Energie, um leben zu können. Diese Energie nehmen sie durch die Nahrung auf. Auch Pflanzen brauchen Energie, um zu wachsen. Doch woher nimmt die Pflanze die Energie?

Energie aus Licht und Luft

Mit den Wurzeln nimmt die Pflanze Wasser auf. Zum Leben benötigt sie außerdem auch Nährstoffe wie Zucker und Stärke. Aus Wasser und Kohlenstoffdioxid aus der Luft stellt die Pflanze diese Nährstoffe selbst in den grünen Blättern her. Dies funktioniert nur, wenn die Pflanze Licht erhält. → 7 Gleichzeitig gibt sie den für uns lebenswichtigen Sauerstoff ab.

→ **Merk dir!** In der Sprossachse werden Wasser und gelöste Stoffe von den Wurzeln in die Blätter transportiert. In den Blättern stellt die Pflanze Nährstoffe her, die sie zum Leben braucht.

Arbeitsaufträge

1. Lena soll im Biologieunterricht etwas über die Aufgaben der Pflanzenteile erzählen. Sie hat vergessen, sich etwas dazu aufzuschreiben. Kannst du ihr helfen? Schreibe die wichtigsten Informationen zu den Pflanzenteilen in eine Tabelle. → 8

2. Viele Menschen essen gerne süße Früchte wie Äpfel, Erdbeeren oder Bananen. Erkläre, woher der Zucker darin stammt.

Pflanzenteil	Aufgabe
Sprossachse	
Blatt	
Wurzel	

8 Tabelle zur Aufgabe der Pflanzenteile

Was brauchen Pflanzen zum Leben?

1. Was brauchen Pflanzen zum Leben?

Ihr braucht: 5 Pflanztöpfe mit Kressepflänzchen (ca. 5 Tage alt).

a Was brauchen Pflanzen zum Leben? Notiere deine Vermutungen.

b Betrachte die Abbildung. → 1 Notiere für jeden Topf eine Versuchsfrage. Beispiel:
Topf 1: Wie entwickelt sich die Pflanze ohne Wasser?
...
Topf 5: Dieser Topf dient als Kontrollversuch.

c Beobachte die Pflänzchen mehrere Tage. Notiere, was du gesehen hast.

d Beantworte deine Versuchsfragen.

e Warum ist ein Kontrollversuch sinnvoll? Notiere deine Vermutung.

1 Versuchsaufbau mit Kressetöpfen

2. Wasserleitung in der Pflanze

Ihr braucht: 2 Fleißige Lieschen oder Buntnesseln und 2 Bechergläser.

Schneide die Wurzeln mit einem scharfen Messer unter Wasser frisch ab. Stelle die eine Pflanze in ein Becherglas mit roter Farblösung (rote Tinte oder Lebensmittelfarbe), die andere zur Kontrolle in ein Glas mit Wasser. → 2

Schneide von jedem Spross nach einer Stunde ein 2 cm langes unteres Stück des Stängels ab. Spüle es unter Wasser kurz ab.

a Betrachte mit einer Lupe die frischen Schnittflächen.

b Wodurch wird das Wasser in der Pflanze nach oben geleitet? Deute die Beobachtungsergebnisse.

2

3. Durchziehen die Leitungsröhren alle Pflanzenteile?

Ihr braucht: 1 weiße Blüte und 2 Bechergläser.

Schneide den unteren Teil des Stiels einer weißen Blüte (z. B. Nelke) bis zur Hälfte auf. Lege ein Klebeband um das obere Schnittende, damit sich der Stiel nicht weiter spreizt. Stelle die eine Stängelhälfte in Farbstofflösung, die andere in Wasser. → 3

a Formuliere eine Vermutung über die Verfärbung der Blüte.

b Beobachte nach ein bis zwei Stunden die Veränderungen der Blüte. Warum war deine Vermutung zutreffend bzw. unzutreffend? Begründe!

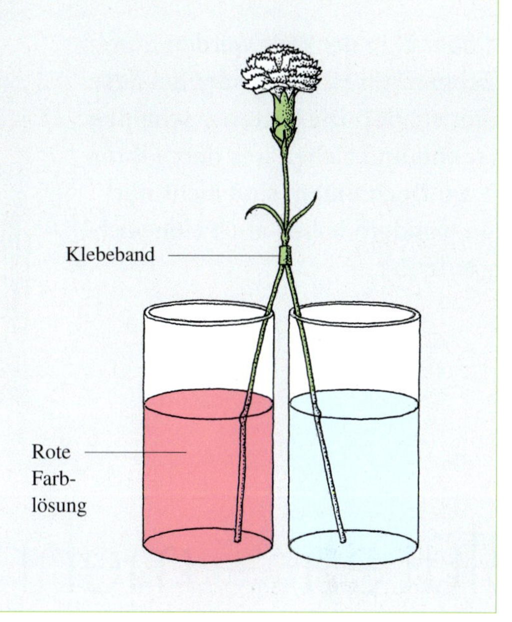

3

4. Wasseraufnahme durch die Wurzeln

Ihr braucht: 1 fleißiges Lieschen und 2 Messzylinder.

Stelle ein Fleißiges Lieschen mit Wurzeln in einen Messzylinder mit Leitungswasser. Fülle zur Kontrolle einen zweiten Messzylinder bis zur gleichen Höhe mit Wasser und markiere den Wasserstand. → 4

a Vergleiche alle zwei Stunden den Wasserstand in den Zylindern und notiere den jeweiligen Wasserverlust.

b Zeichne den Aufbau am Anfang und am Ende des Versuchs. Erkläre den Wasserverlust.

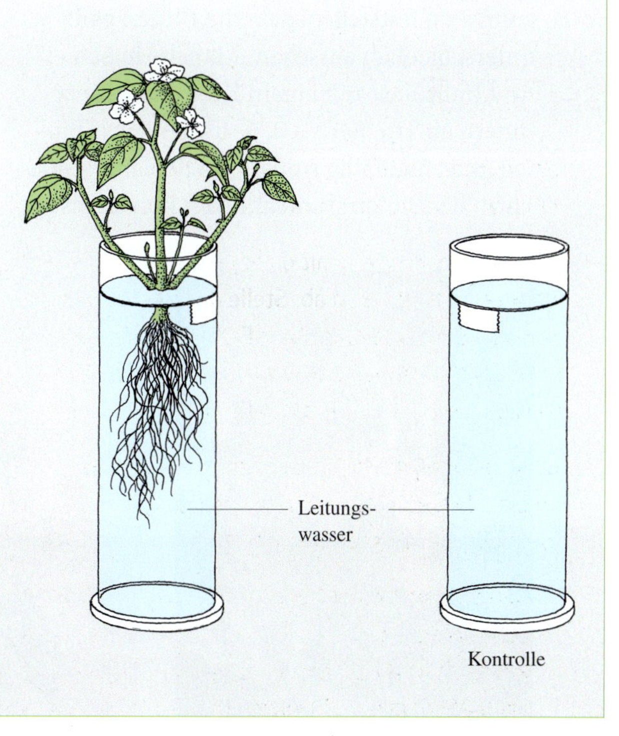

4

Fast überall in der Welt werden Blüten als Schmuck in Häusern oder bei Festen verwendet. Die Blüten erscheinen uns schön und ziehen uns durch ihren Duft an. Doch Blüten sind nicht nur schön, sondern haben auch eine wichtige Aufgabe.

1 Bunte Blüten überall

Blüten – mehr als nur schön anzusehen

Formen und Farben

Wenn du dir Pflanzen genau anschaust, kannst du feststellen, dass die **Blüten** ganz unterschiedlich aussehen. Manche haben eine Ähnlichkeit mit einem Kreuz, andere erinnern an Trichter. → 2, 3 Es gibt auch Blüten, die unauffällig sind. → 4 Die Farbe und Form der Blüten ist nicht nur schön anzusehen, sie ist vor allem wichtig für die Fortpflanzung. Blüten enthalten die „Geschlechtsorgane“ der Pflanzen. Durch ihre farbigen Blütenblätter machen die Blütenpflanzen auf sich aufmerksam. Viele Blüten lenken die Insekten durch Farbtupfer genau dorthin, wo sich Pollen und Nektar befinden.

2 Goldlack

3 Fingerhut

4 Wiesen-Rispengras

Blüte
Pollen
Stempel

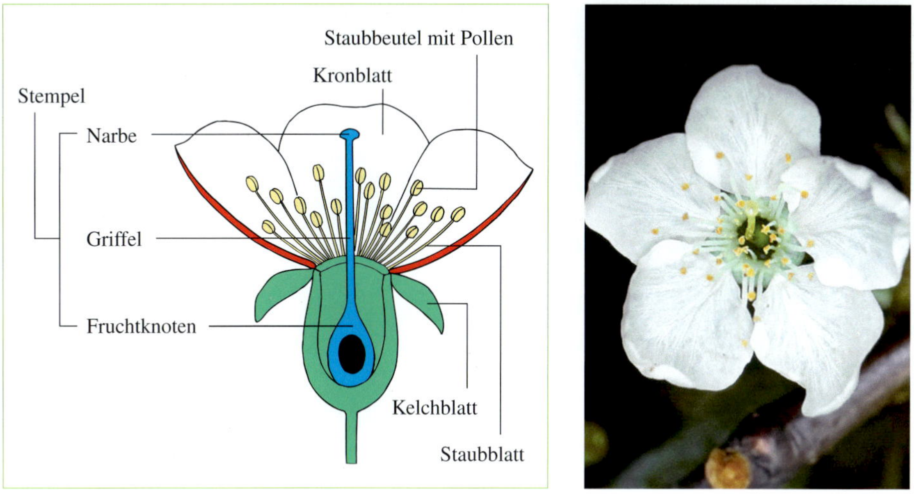

5 Kirschblüte

Die Kirschblüte

Wenn du die Blüte eines Kirschbaums genau betrachtest, kannst du verschiedene Blütenteile erkennen. → 5 Eine Kirschblüte besteht aus fünf weißen Kronblättern und vielen Staubblättern. Die Staubblätter sehen wie Stecknadeln aus. Am Ende tragen sie den **Pollen** in gelben Staubbeuteln. Wenn du die Kronblätter und die Staubblätter entfernst, kannst du den Blütenboden gut erkennen. Er sieht wie ein kleiner Becher aus. An seinem oberen Teil hängen fünf kleine Zipfel: die grünen Kelchblätter. In dem Becher ist der Fruchtknoten verborgen. Oben ragt der Griffel mit der Narbe heraus. Er bildet mit dem Fruchtknoten den **Stempel**. → 5

→ Merk dir! Eine Blüte besteht aus Kelchblättern, Kronblättern, Staubblättern und einem Stempel. Der Stempel besteht aus Fruchtknoten, Griffel und Narbe.

Arbeitsaufträge

1. Zupfe mit einer Pinzette die einzelnen Teile einer Kirschblüte vorsichtig ab und ordne sie von außen nach innen auf vier Kreislinien auf einem Blatt Papier an. Klebe die Teile dann mit etwas Klebstoff fest. Betrachte die Teile mit einer Lupe. Beschrifte die einzelnen Teile. Die Zeichnung im Buch kann dir dabei helfen. → 5, 6

2. Findest du die Kronblätter, Kelchblätter, Staubblätter und den Stempel auch bei anderen Blüten? Untersuche zum Beispiel Buschwindröschen, Rose oder Lilie und zeichne für eine der Blüten ein Blütendiagramm.

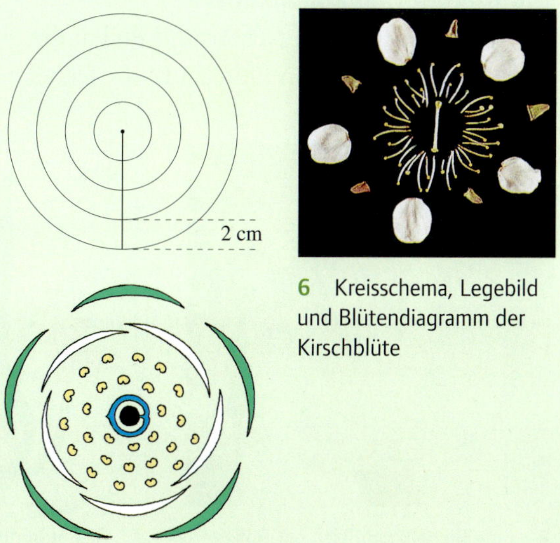

6 Kreisschema, Legebild und Blütendiagramm der Kirschblüte

**Die Obstbäume blühen im Frühling mit auffälligen weißen oder rosafarbenen Blüten. Zu den Obstbäumen gehören der Kirschbaum, der Pflaumenbaum und der Apfelbaum.
Doch was passiert eigentlich nach der Blüte? Und wie kommt die Kirsche im Sommer an den Baum?**

1 Dort, wo im Frühjahr die Blüten sitzen, erscheinen im Sommer die Kirschen.

Wie kommt die Kirsche an den Baum?

Es summt an der Blüte

Wenn du einen blühenden Kirschbaum eine Zeit lang beobachtest, wirst du sehen, dass viele Honigbienen die Blüten anfliegen. Sie finden in der Blüte eine zuckerhaltige Flüssigkeit. Dieser Nektar ist sehr nahrhaft für die Insekten. → 2

Insekten sind Pollenkuriere

Auf der Suche nach Nektar und Pollen fliegen die Insekten von Blüte zu Blüte. Dabei bleiben die Pollen am Körper haften. Auf seiner Nahrungssuche fliegt das Insekt mit dem Pollen zur nächsten Blüte. Dabei überträgt es die Pollen auf die Narbe dieser Blüte. Dieser Vorgang heißt **Bestäubung**. → 2, 3

Befruchtung

Der Pollen enthält die männlichen Geschlechtszellen. Eine davon gelangt nach der Bestäubung zur weiblichen Eizelle in der Samenanlage im Fruchtknoten. Dort

2 Eine Biene belädt sich mit Pollen.

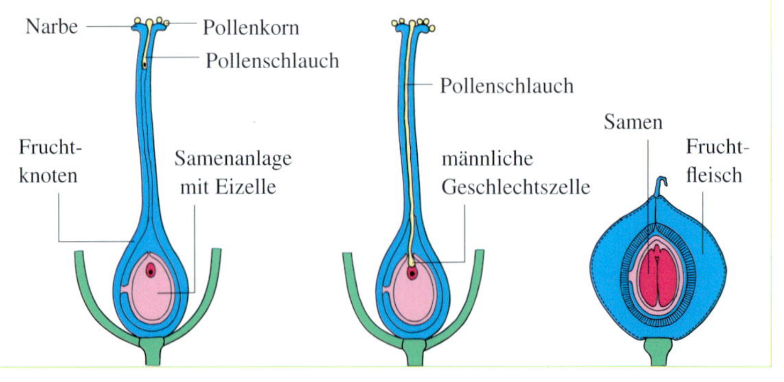

3 Bestäubung und Befruchtung bei der Kirsche

Befruchtung
Bestäubung
Frucht

4 Kirschkern mit Samen

5 Männliche Haselblüten

6 Weibliche Haselblüte

verschmelzen die männliche Geschlechtszelle und die weibliche Eizelle. Dieser Vorgang heißt **Befruchtung.** → 3

Aus dem Fruchtknoten wird die Frucht

Nach der Befruchtung vergrößert und verfärbt sich der Fruchtknoten langsam. Der Fruchtknoten wird zur Kirsche. Im Innern enthält die **Frucht** den Kirschkern mit einem Samen. → 4

Es gibt auch unscheinbare Blüten

Pflanzen, die unauffällig blühen, haben auch Früchte. Der Haselstrauch lässt seine männlichen Pollen durch den Wind auf die weiblichen Narben tragen. Die männlichen Blüten hängen an langen Kätzchen. → 5 Die weiblichen Blüten zeigen nur ihre roten Griffel. → 6 Nach der Befruchtung entwickelt sich die Frucht, eine Haselnuss. → 7 Pollen, der durch den Wind übertragen wird, löst häufig Allergien aus. Menschen, die allergisch reagieren, haben „Heuschnupfen".

7 Haselnüsse

> → **Merk dir!** Durch Übertragung von Pollen auf die Narbe findet die Bestäubung statt. Danach kommt es zur Befruchtung des Fruchtknotens.

Arbeitsaufträge

1. Erkläre deinem Tischnachbarn, wie die Kirsche im Sommer an den Baum kommt.
2. Du weißt, dass die Kirsche einen Samen enthält. Nenne Früchte, die mehrere Samen enthalten.
3. Begründe, warum Obstbauern und Imker gut zusammenarbeiten können.
4. Alex hat jedes Jahr eine Pollenallergie. Informiere dich in der Apotheke oder in Büchern.
   - **a** Erkläre, wie eine Pollenallergie entsteht, und liste die Anzeichen einer Allergie auf. Nenne die Inhaltsstoffe.
   - **b** Nenne Pflanzen, deren Pollen eine Allergie auslösen können.

Jeden Morgen gehen Alex und Lena gemeinsam zur Schule. Heute bleibt Lena erstaunt vor einer Mauer stehen und schaut nach oben. „Alex, schau mal“, sagt sie, „da blüht ein Löwenzahn auf der Mauer. Wie ist er denn da hingekommen?“

1 Wie kommt der Löwenzahn auf die Mauer?

Wie kommt der Löwenzahn auf die Mauer?

Pflanzen besiedeln ungewöhnliche Orte

Da Pflanzen sich nicht selbst fortbewegen können, gelangen sie durch die Verbreitung ihrer **Samen** und **Früchte** an ungewöhnliche Orte. Dabei unternehmen sie manchmal eine spannende Reise.

Tiere verbreiten Samen und Früchte

Oft verbreiten Tiere die Samen und Früchte. Besonders Vögel werden von farbigen und süßen Früchten angelockt. Sie verschlucken die ganze Frucht und scheiden die Samen an einem anderen Ort aus. → 2 Bucheckern, Eicheln und Haselnüsse dienen Eichhörnchen als Nahrung. → 3 Die Tiere haben die Früchte im Herbst vergraben und können sie im Winter nicht immer wiederfinden. Daher keimen aus diesen Früchten Samen im nächsten Frühjahr. Auf diese Weise tragen die Tiere zur Verbreitung bei.

2 Vögel fressen Früchte und verbreiten so die Samen.

3 Eichhörnchen vergraben Nüsse.

Früchte
Samen
Selbstverbreitung

4 Löwenzahnfrüchte

5 Springkraut mit Schleuderfrucht

Vom Winde verweht

Manche Früchte haben Anhänge, mit denen sie im Wind schweben und fliegen können. Vielleicht hast du schon mal beobachtet, wie weit die Früchte vom Löwenzahn fliegen, wenn du gegen die „Pusteblume“ bläst. → 4

Wie Samen auf lange Reisen gehen

Dadurch, dass der Mensch viele Güter auf der Erde transportiert, reisen Früchte und Samen mit. Manche Pflanzen, die von anderen Erdteilen stammen, gehören heutzutage zu unserem Speiseplan. So kommt die Tomate ursprünglich aus Südamerika und wurde von Christoph Kolumbus 1498 nach Europa gebracht.

Pflanzen können sich auch selbst verbreiten

Es gibt Pflanzen, die ihre Samen durch **Selbstverbreitung** verteilen. Manche Früchte schleudern ihre Samen unter hohem Druck in die Umgebung (Schleuderfrüchte), wie das Springkraut. → 5

Auch beim Ginster und der Bohne brechen die reifen Früchte auf und entlassen so die Samen.

→ Merk dir! **Früchte und Samen werden durch Tiere, durch den Wind und den Menschen verbreitet. Manche Früchte verbreiten ihre Samen selbst.**

Arbeitsaufträge

1. Untersuche einen Klettverschluss mit der Lupe. Überlege, wie eine Frucht oder ein Samen aussehen muss, damit er wie beim Klettverschluss am Fell eines Tieres haften kann. Zeichne deine „Fantasiefrucht“.

2. Bastelt in einer Gruppe selber Flugfrüchte. Ihr könnt dazu verschiedene Materialien benutzen (Watte, Federn, Draht, Papier, Bindfaden, Wolle, Pappe, Zahnstocher …).

3. Überlege, wie der Mensch außer mit Schiffen Früchte und Samen auch noch unbeabsichtigt verbreiten kann. Halte deine Überlegungen schriftlich fest.

**Es gibt Blumen mit großen oder kleinen, einfarbigen oder bunten Blüten. Einige Pflanzen haben sehr unscheinbare, kaum erkennbare Blüten.
Im Blumenladen sind die Pflanzen nach ihrem Preis geordnet. Wie unterscheiden und ordnen Biologen die Pflanzen?**

1 Blumenladen

Pflanzenfamilien

Unterscheidung anhand des Blütenbaus

Ein Merkmal bei der Ordnung von Pflanzen ist der Bau der Blüte. Alle Pflanzen mit gleichem Grundbauplan der Blüte gehören zu einer **Pflanzenfamilie**.

Rosengewächse

Die Blüte der **Rosengewächse** besteht aus fünf Kelchblättern, fünf Kronblättern, vielen Staubblättern und dem Stempel. Der Fruchtknoten sitzt in einem tiefen Becher. Hier entwickelt er sich zur Frucht. Manche dieser Früchte schmecken sehr gut. Neben allen Obstbäumen wie der Pflaume → 2 gehören auch die Erdbeeren zu den Rosengewächsen. Himbeeren, Brombeeren und weitere Sträucher der Rosengewächse schützen sich mit **Stacheln** oder **Dornen** gegen Tierfraß.
Die Rose ist die Königin der Blumen. Sie wurde aus der Heckenrose gezüchtet. Ihre Früchte heißen **Hagebutten**. → 3 Aus getrockneten Hagebutten kann ein erfrischender Tee zubereitet werden.

2 Pflaumenblüte

3 Hagebutten

Dornen
Hagebutte
Hülsenfrüchte
Kreuzblütler
Pflanzenfamilie
Rosengewächse
Schmetterlingsblütler
Schoten
Stacheln

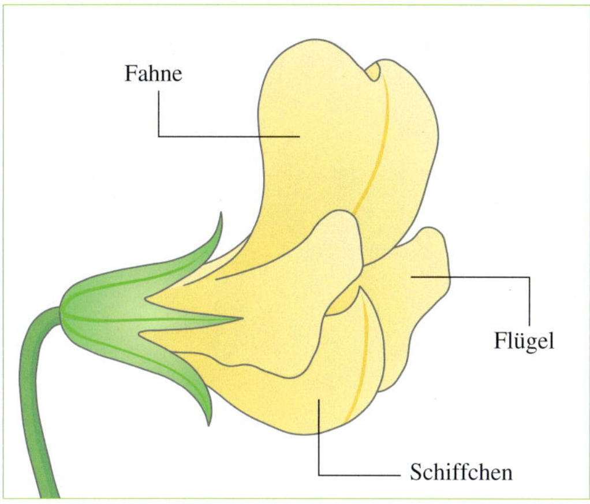

4 Aufbau der Schmetterlingsblüte

5 Erbsensamen in der Hülsenfrucht

Schmetterlingsblütler

Schmetterlingsblütler haben fünf unterschiedlich gestaltete Kronblätter. Die Form der Blüte ähnelt einem Schmetterling. → 4 Bohnen, Erbsen und Linsen sind eiweißreiche Früchte von Schmetterlingsblütlern. Sie sitzen aufgereiht in Hülsen. → 5 Schmetterlingsblütler haben **Hülsenfrüchte**.

Kreuzblütler

Kreuzblütler sind leicht an der Blüte zu erkennen. Sie besitzen nur vier kreuzförmig angeordnete Kelchblätter und Kronblätter sowie vier Staubblätter. → 6
Auch Kreuzblütler liefern uns wichtige Nahrungsmittel: Alle Kohlsorten sind Kreuzblütler. Senf, Meerrettich und der sehr scharfe japanische Wasabi werden aus dem Samen von Kreuzblütlern gewonnen. Die Samen sitzen in **Schoten**, die den Hülsen sehr ähnlich sind.

Eine wichtige Kulturpflanze ist der Raps. Aus Raps wird Speiseöl und Biodiesel gewonnen.

6 Der Raps gehört zu den Kreuzblütlern.

→ Merk dir! **Hagebutten sind die Früchte der Rosen. Erbsen, Bohnen und Linsen sind Hülsenfrüchte.**

Arbeitsaufträge

1. Ein Sprichwort sagt: „Keine Rose ohne Dornen.“ Die Früchte der Erbse nennt man manchmal auch „Erbsschote“. Beides ist falsch. Geh der Sache auf den Grund und recherchiere:
   a Welche Pflanzen haben Dornen, welche Stacheln?
   b Nenne den Unterschied zwischen einer Hülsenfrucht und einer Schote.
   c Wann spricht man von einer Schote, wann von einem Schötchen?

2. Was will das Sprichwort „Keine Rose ohne Dornen“ wohl aussagen?

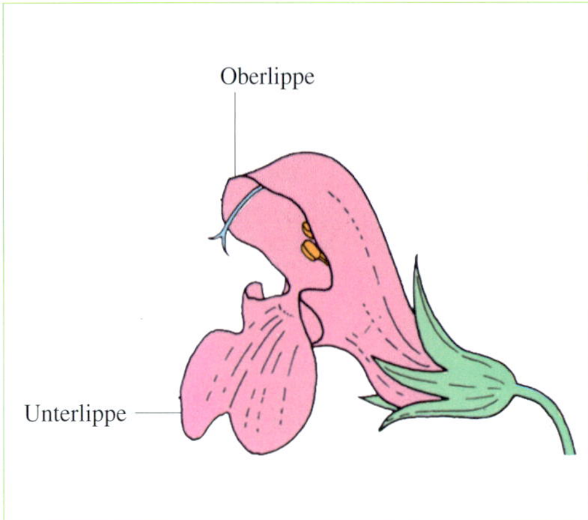

1 Aufbau der Lippenblüte

2 Lavendelfeld

Lippenblütler

Lippenblütler besitzen fünf verwachsene Kronblätter, die an einen geöffneten Mund erinnern. → 1

Lippenblütler sind beliebte Gewürz- und Heilpflanzen, weil sie besondere Aromastoffe enthalten. Die Pizzagewürze Thymian, Oregano und Basilikum gehören zu den Lippenblütlern. Auch Salbei ist ein Küchengewürz. Als Tee lindert er Halsschmerzen. Hustenbonbons verleiht er einen angenehmen Geschmack.

Die Pfefferminze und der Lavendel sind weitere Lippenblütler. Lavendel wird auf großen Feldern in Südfrankreich angepflanzt. → 2 Lavendelöl ist ein Grundstoff für Parfüm.

Korbblütler

Die Blüte der **Korbblütler** ist kompliziert. Eigentlich handelt es sich um einen **Blütenstand** mit vielen kleinen Blüten. Außen stehen Blüten mit einem großen Kronblatt. Sie heißen **Zungenblüten**. Die kleinen Blüten in der Mitte sind röhrenförmig verwachsen und werden **Röhrenblüten** genannt. → 3

Alle Salatsorten sind Korbblütler. Der Löwenzahn ist wohl der bekannteste Korbblütler. Auch er kann als Salat gegessen werden. Aus dem Samen der Sonnenblume gewinnt man wertvolles Speiseöl.

Die Kamille → 4 ist eine Heilpflanze. Kamillentee hilft bei Magenbeschwerden und Kamillenöl lässt Wunden schneller heilen.

3 Die Sonnenblume ist ein Korbblütler.

4 Kamille

Blütenstand
Hahnenfußgewächse
Korbblütler
Lippenblütler
Röhrenblüten
Zungenblüten

5 Anemonen

6 Clematis

Hahnenfußgewächse

Die Blüten der **Hahnenfußgewächse** sind unterschiedlich, meist aber einfach gebaut. Sie besitzen oft mehr als fünf Kelch- und Kronblätter, viele Staubblätter und manchmal auch mehrere Griffel.
Viele Hahnenfußgewächse sind giftig. Deshalb tragen sie wenig zu unserer Ernährung bei. Die Samen des Kümmels sind eine Ausnahme. Sie werden als Gewürz genutzt und fördern als Heilmittel die Verdauung. Der Hahnenfuß ist besser als Butterblume bekannt, die im Frühjahr die Wiesen gelb färbt. Beliebte Zierpflanzen sind die Akelei, die Christrose, die Anemone → 5 oder die Clematis → 6.

> → **Merk dir!** Man kann Pflanzen nach ihrem Blütenbau in Pflanzenfamilien ordnen.

Arbeitsaufträge

1. Wählt eine Pflanzenfamilie aus und bearbeitet sie in arbeitsteiliger Gruppenarbeit. Geht dabei besonders auf die Blüte, auf Vorkommen und Nutzen der Pflanzen ein. Vervollständigt eure Präsentation durch Fotos, Zeichnungen oder eingepresste Blumen.

2. Wähle eine Pflanze aus, die dich besonders interessiert. Sie kann auch aus einer anderen Pflanzenfamilie stammen. Erstelle einen Steckbrief und hänge ihn in der Klasse aus.
Hinweis: Orientiere dich am Beispiel des Steckbriefes der Gartenerbse.

Steckbrief: Gartenerbse

Pflanzenfamilie: Schmetterlingsblütler
Blüte: weiß bis blasslila;
5 Kronblätter, 2 zusammengewachsen; Blüte sieht wie Schmetterlingsflügel aus;
5 verwachsene Kelchblätter,
10 Staubblätter
Blütezeit: Mai–Juni
Früchte: 3–12 cm lange Hülsen mit 4–10 Samen, den Erbsen
Pflanzenwuchs: bis 2 m hoch, rankend
Standort: Kulturpflanze in Gärten
Nutzen: die Erbsen als Nahrungsmittel, die ganze Pflanze als Futterpflanze für Vieh
Besonderheit: verbessert den Boden, wird auch als Gründüngung angebaut

Wie bestimmt man Pflanzen?

Mit einem Bestimmungsschlüssel kannst du Pflanzen bestimmen, die du nicht kennst. Dieser Schlüssel ist ein Text, der dir die Tür zum richtigen Namen öffnet.

1 Pflanzen betrachten und bestimmen.

So funktioniert ein Bestimmungsschlüssel

Schritt 1 Achte bei der Bestimmung darauf, dass die Pflanze blüht. Am besten bestimmst du die Pflanze dort, wo sie wächst.

Schritt 2 Betrachte die Pflanzenteile mit einer Lupe.

Schritt 3 Bei der Bestimmung musst du dich immer zwischen zwei Aussagen entscheiden und kommst damit immer näher an den Namen der Pflanze heran. Der Bestimmungstext fragt dich nach wichtigen Merkmalen einer Pflanze. Deine Körpermerkmale sind: Augenfarbe, Größe und Haarfarbe. Pflanzenmerkmale können sein: die Anzahl der Laubblätter, die Farbe der Kronblätter in der Blüte, die Form des Stängels und vieles mehr.

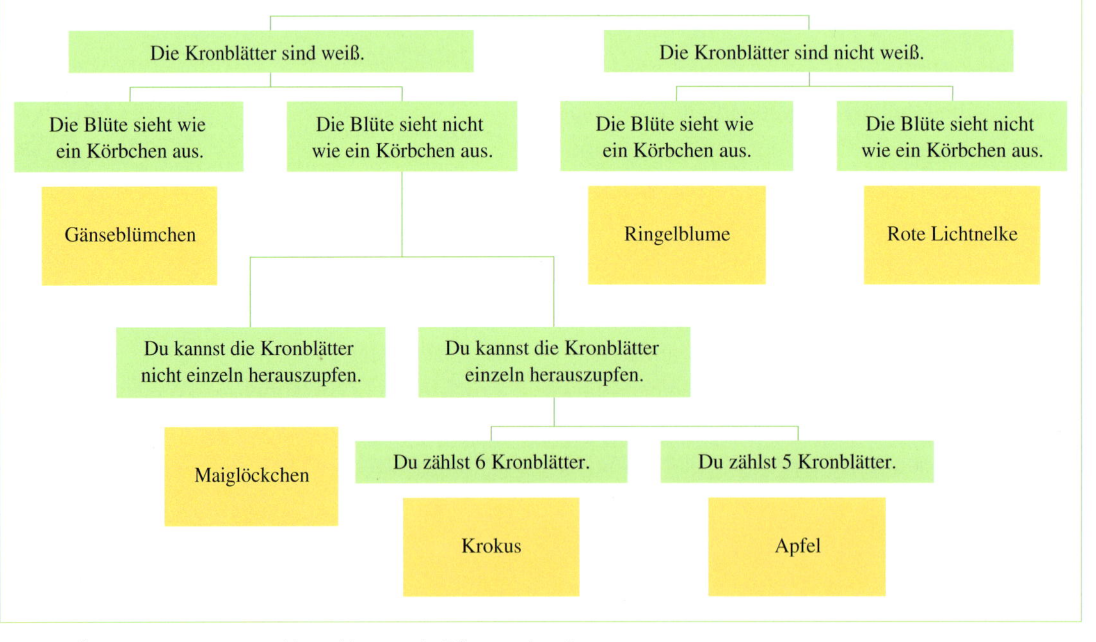

2 Mit diesem Bestimmungsschlüssel kannst du Pflanzen bestimmen.

3 Diese kleinen Sonnen wachsen im Rasen. Ihr Blütenstand sieht aus wie ein Körbchen. Die Pflanze gehört zur Familie der Korbblütler.

4 Diese Pflanze ist sehr giftig! Da sie unter Naturschutz steht, lass sie bitte im Wald stehen.

5 Dieser Baum ist mit dem Kirschbaum verwandt und gehört zur Familie der Rosengewächse.

6 Diese Pflanze ist ein Frühblüher. Wie viele Schwertliliengewächse findest du sie schon im März.

7 Diese Pflanze aus der Familie der Nelkengewächse wird von Schmetterlingen bestäubt.

8 Diese Pflanze ist eine bekannte Heilpflanze. Sie wird in Salben verwendet oder als Tee getrunken.

Arbeitsaufträge

1. Bestimme die Pflanzen auf den Abbildungen. → 3–8 Schreibe ihren Namen in dein Heft. Zeichne die Pflanzen neben den Namen.

2. Nicht nur die Sonnenblume hat gelbe Kronblätter.
  - **a** Suche in Bestimmungsbüchern nach weiteren Pflanzen mit gelben Kronblättern.
  - **b** Lege eine Tabelle an. → 9 Zu welcher Pflanzenfamilie findest du die meisten gelb blühenden Pflanzen?

Pflanzenname	Pflanzenfamilie
Ringelblume	Korbblütler
…	…

9 Tabelle

Blätter und Pflanzen sammeln

Bestimmt hast du schon einmal besonders schöne Blätter oder Blumen gesammelt. Normalerweise verwelken sie nach ein paar Tagen und werden weggeworfen.
Hier erfährst du, wie du Blätter oder ganze Pflanzen haltbar machst.
Dabei können kleine Kunstwerke entstehen.

1

So legst du eine Blattsammlung an

Schritt 1 Das Sammeln
Sammle zwei oder drei schöne Blätter. Bewahre sie in einer Plastiktüte auf. Notiere dazu das Datum, den Fundort und den Namen der Pflanze. Benutze dazu ein Pflanzenbestimmungsbuch. Achte darauf, dass du keine Blätter von geschützten oder giftigen Pflanzen sammelst.

Schritt 2 Das Vorbereiten
Säubere die Blätter sorgfältig und trockne sie ab. Alles muss ganz trocken sein.

Schritt 3 Das Pressen
Lege die Blätter auf mehrere Lagen Zeitungspapier. Breite sie so aus, dass keine Teile übereinanderliegen. Lege nun mehrere Lagen Zeitungspapier darauf. Die Blätter können auch zwischen Küchenpapier in alte Telefonbücher gelegt werden.
Der Stapel mit den eingelegten Blättern wird dann zwischen Bretter gelegt und mit Büchern oder Steinen beschwert. → 2 Er kann auch mit Spanngurten oder Schraubzwingen zwischen

2

zwei Holzplatten gepresst werden. Sehr feuchte Blätter müssen nach zwei bis drei Tagen wieder zwischen neue Papierlagen eingelegt werden. Nach etwa drei Wochen sind die Blätter fertig gepresst.

Schritt 4 Das Aufkleben und Beschriften
Klebe die gepressten Blätter mit durchsichtigem Klebeband auf einen Zeichenkarton. Schreibe den Namen der Pflanze, den Fundort und das Datum sowie die Besonderheiten der Pflanzenart auf. → 3

Schritt 5 Die Präsentation
Die gepressten Blätter können unterschiedlich präsentiert werden.

- Sammelmappe: Einzelne aufgeklebte Blätter schützt man mit einer Prospekthülle und heftet sie in einem Ordner ab. Der Ordner wird beschriftet und erhält ein Inhaltsverzeichnis.
- Bild: Ein einzelnes Blatt kann in einem Bilderrahmen hinter Glas präsentiert werden. Dazu eignen sich besonders schöne und sorgfältig gepresste Blätter. Das Blatt sollte dann mit kleinen Papierstreifen aufgeklebt werden.
- Foto: Wenn du ein Blatt mit einer Digitalkamera fotografierst, kannst du es später in einem geeigneten Computerprogramm verwenden.

Pflanzen sammeln

Möchtest du ganze Pflanzen sammeln und pressen, dann gehst du so wie bei der Blattsammlung vor. Dicke Pflanzenteile wie z. B. Wurzeln müssen dann aber vor dem Pressen der Länge nach geteilt werden. Eine Sammlung von gepressten Pflanzen nennt man **Herbarium** oder **Herbar**. Herbarien werden besonders für wissenschaftliche Zwecke benutzt.

3

Arbeitsaufträge

1. Lege eine Blattsammlung von verschiedenen einheimischen Laubbäumen an.
Tipp: In Gruppenarbeit kann eine Blattsammlung von Bäumen eines bestimmten Gebietes angefertigt werden. Das kann z. B. das Schulgelände, ein Park oder ein Waldgebiet sein.

2. Auf den vorangegangenen Seiten im Buch wurden mehrere Pflanzenfamilen vorgestellt. Fertigt in Gruppenarbeit ein kleines Herbarium zu typischen Vertretern einer Pflanzenfamilie an.

3. Präsentiere ein Thema anhand gepresster Pflanzen.
a Wähle eines der folgenden Themen aus: „Küchenkräuter“, „Heilkräuter“, „Pflanzen am Straßenrand“, „Das Leben eines Blattes“ oder „Von der Blüte zur Frucht“
b Informiere dich über das gewählte Thema.
c Presse Pflanzen, die zu deinem Thema passen.

4. Alle Getreidearten gehören zu den Gräsern.
a Informiere dich auf der nächsten Doppelseite über Getreide.
b Erstelle einen Steckbrief zu einer Getreideart. Der Steckbrief soll eine gepresste Pflanze und deren Samen zeigen.

Brot und Brötchen essen wir gerne und oft. Beim Bäcker gibt es viele verschiedene Sorten. Aus welchen Getreidesorten wird Brot hergestellt?

1 Verschiedene Brotsorten

Pflanzen für unsere Ernährung

Getreidearten

Weizen, Roggen, Gerste und Hafer werden in Deutschland häufig als Getreidepflanzen angebaut. Alle Getreidepflanzen gehören zu den Gräsern.

Der Weizen

Die Weizenpflanze hat einen runden und hohlen Stängel, den Halm. Die Blätter sind schmal und umhüllen mit ihrem unteren Teil den Halm. An der Spitze der Pflanze sitzen viele kleine Blüten, die gemeinsam eine Ähre bilden. → 2

Die Früchte des Weizens

Nach der Bestäubung bilden sich in der Ähre die Früchte des Weizens, die Weizenkörner. → 2 Der Keimling im Weizenkorn wächst bei der Keimung zu einer neuen Weizenpflanze heran. Um wachsen zu können, wird der Keimling aus dem Mehlkörper

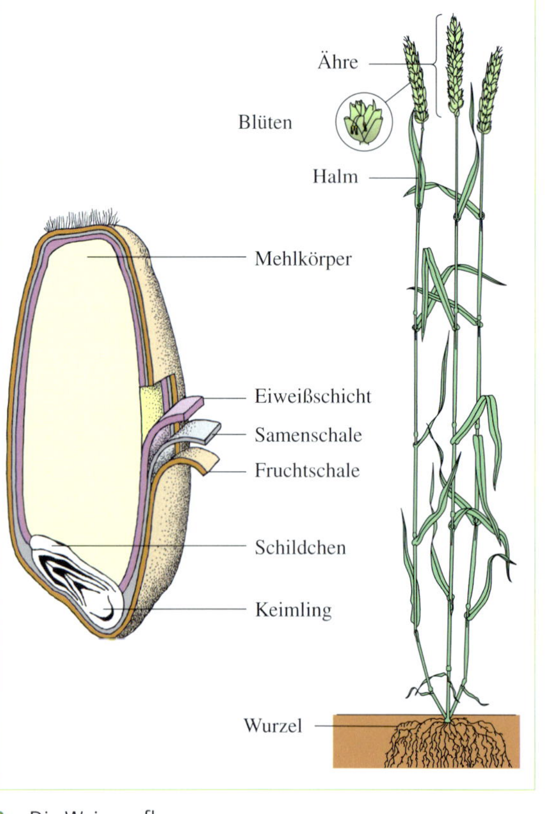

2 Die Weizenpflanze

Gerste
Hafer
Mais
Reis
Roggen
Weizen

3 Weizen

4 Reisanbau

mit Stärke ernährt. Aus diesem Mehlkörper gewinnt man Mehl, aus dem wir Brot und Kuchen backen können.
Das Weizenkorn enthält Kohlenhydrate, Eiweiß, Fett sowie gesunde Vitamine und Mineralstoffe.

Gerste, Roggen und Hafer

Die **Gerste** wird beim Brauen von Bier verwendet. Aus **Roggen** wird wie aus Weizen Mehl hergestellt. Aus **Hafer** werden Haferflocken hergestellt.

Andere Länder – andere Getreidesorten

Weißt du, dass Cornflakes aus **Mais** hergestellt werden? In Südamerika ist Mais das wichtigste Getreide. Aus den Körnern wird Maismehl gewonnen, mit dem Fladen gebacken werden.
Die Menschen in Asien ernähren sich hauptsächlich von **Reis**. In einem Jahr isst ein Chinese mehr als 100 Kilogramm davon. Reispflanzen benötigen viel Wasser zum Wachsen. Deshalb wird Reis auf gefluteten Feldern angebaut. → 4

→ **Merk dir!** Weizen, Roggen, Gerste, Hafer und Mais sind wichtige Getreidepflanzen. Aus ihnen werden Lebensmittel hergestellt. Die Getreidekörner enthalten gesunde Inhaltsstoffe.

Arbeitsaufträge

1. Aus welchem Getreide wird welches Lebensmittel hergestellt?
- **a** Sammelt Verpackungen von Lebensmitteln aus Getreide.
- **b** Erstellt eine Tabelle dazu.

2. Informiere dich im Internet, von welchen Nutzpflanzen die Bewohner der folgenden Länder sich hauptsächlich ernähren:
- **a** China
- **b** Sudan
- **c** Mexiko
- **d** Indien

„O Tannenbaum, O Tannenbaum, wie …"
Das Lied geht davon aus, dass der geschmückte Weihnachtsbaum eine Tanne ist. Aber stimmt das denn wirklich? Oder ist es nicht häufig eine andere Nadelbaumart?
Fest steht: Die Nadelbäume, die du im Wald siehst, sind in den meisten Fällen keine Tannen. Die Zapfen, die du auf dem Waldboden findest, stammen sicherlich auch nicht von einer Tanne.
Wie kann man nun die verschiedenen Nadelbäume erkennen?

1

Nadelbäume

Die Tanne

Die **Tanne** → 2 ist ein typischer Baum mittelhoher Gebirge. Die Nadeln der Tanne sind flach und vorne abgerundet. Die Unterseite der Nadeln sieht viel heller als die Oberseite aus. Ein Tannenzweig ohne Nadeln fühlt sich eher glatt an. Die Zapfen der Tanne stehen aufrecht auf den Ästen. → 3 Wird ein Zapfen mit Pollen bestäubt, dann entwickeln sich in ihm Samen. Diese Samen fallen später mit den einzelnen **Schuppen** vom Baum. Die Zapfen zerfallen also vollständig. Unter einer Tanne findet man daher keine „Tannenzapfen".

Die Fichte

Die **Fichte** → 4 kommt bei uns am häufigsten vor. Sie wächst schnell. Ihr Holz wird zur Herstellung von Papier und besonders als Bauholz genutzt. Fichten werden häufig umgeweht, weil sich ihre Wurzeln nur flach in der Erde ausbreiten. Die Nadeln der Fichte sind spitz und nicht allzu lang. Sie stehen nach allen Seiten vom Ast ab und sitzen auf kleinen **Höckern**. → 5 Wenn die Nadeln abfallen, dann fühlen sich die Zweige so rau wie eine Raspel an. Die Fichte hat eher längliche Zapfen. Nach dem Ausstreuen der Samen fallen sie als Ganzes ab.

2 Tanne

3 Tannenzweig

4 Fichte

5 Fichtenzweig

Nadelbäume
Nadeln
Zapfen

6 Kiefer

7 Kiefernzapfen

8 Lärche

9 Lärchenzweig

Die Kiefer

In Norddeutschland und in Gebirgen gibt es ganze Kiefernwälder. Bei uns findet man **Kiefern** → 6 auch in vielen Gärten. Ihr Holz wird oft für Möbel oder Spanplatten genutzt. Ihre Nadeln stehen immer zu zweit auf einem kleinen Stiel. Sie sind also **paarig**. Die oft großen und eher dicklichen Zapfen → 7 öffnen sich bei Trockenheit und geben allmählich die Samen frei. Bei Feuchtigkeit schließen sie sich wieder. Nach dem Ausstreuen der Samen fallen die Zapfen ganz ab.

Die Lärche

Die **Lärche** → 8 findet man bei uns im Wald und in Gärten. Viele Möbel werden aus dem Holz der Lärche gefertigt. Die weichen Nadeln stehen in **Büscheln** zusammen. → 9 Die Nadeln der Lärche färben sich im Herbst gelb und werden abgeworfen. Das unterscheidet sie von den anderen einheimischen Nadelbäumen. Die kleinen Zapfen verbleiben auch nach dem Ausstreuen der Samen noch mehrere Jahre am Baum.

→ **Merk dir!** Nadelbäume lassen sich anhand der Nadeln gut unterscheiden. Die Fichte besitzt spitze Nadeln, die Tanne abgerundete Nadeln und die Kiefer paarige Nadeln. Die Nadeln der Lärche stehen in Büscheln zusammen.

Arbeitsaufträge

1. Fasse die Informationen über Vorkommen, Nadeln, Zapfen und Besonderheiten der bekannten Nadelbäume in einer Tabelle zusammen.
2. Recherchiere über eines der folgenden Nadelhölzer: Eibe, Wachholder, Zypresse, Mammutbaum. Präsentiere deine Ergebnisse.
3. Lege mit Teilen eines Nadelbaumes (Nadeln, Zapfen, Äste, Rinde …) eine Figur oder ein Gesicht. Klebe dazu die Teile auf eine geeignete Unterlage. Schreibe einen Titel auf das Bild.
4. Baue mithilfe eines geeigneten Zapfens einen Luftfeuchtigkeitsmesser (Hygrometer).

Lena und Tarek machen mit ihrer Klasse einen Ausflug in den Wald. Der Förster erzählt, dass einige Tiere und Pflanzen in ihrem Lebensraum bedroht sind. Wenn nicht bald etwas unternommen wird, sind der Luchs und die Weißtanne womöglich bald ganz aus unseren Wäldern verschwunden.
Lena ist entsetzt und fragt: Warum ist das so? Kann man etwas dagegen tun?

1 Bei einem Ausflug in den Wald kann man viel erfahren.

Tier- und Pflanzenschutz

Eine Raubkatze in Gefahr

Zu den bedrohten Tierarten bei uns gehört der Luchs. → 2 Er ist die größte frei lebende Raubkatze in Europa. Er lebt im Wald und kommt kaum in der Nähe von Wohngebieten vor. Für den Menschen ist der Luchs nicht gefährlich, denn er ernährt sich von Vögeln, Hasen und Rehen. Nur in der Not erbeutet er auch einmal ein Schaf oder eine Ziege. Aus diesem Grund wurde der Luchs aber von Bauern und Jägern gejagt und erschossen. Dadurch ist er auch heute bedroht.

2 Durch Jagd ist der Luchs bedroht.

Ein Nadelbaum in Gefahr

Die Weißtanne ist ein Nadelbaum, der bis zu 65 Meter hoch und bis zu 600 Jahre alt werden kann. Doch Schadstoffe in der Luft von Fabrik- und Autoabgasen haben diesen Bäumen sehr geschadet. Das frische Grün der jungen Weißtannen wird gerne von Rehen gefressen. Die Weißtanne gehört zu den am meisten gefährdeten Baumarten in Deutschland.

Achtung: Rote Liste!

Wenn Tier- und Pflanzenarten wie der Luchs und die Weißtanne vom Aussterben bedroht sind, werden sie in die **Rote Liste** eingetragen. → 3 Das ist eine Warnliste, die zeigt, welche Tier- und Pflanzenarten besonders dringend Schutz bedürfen. In dieser Liste stehen in Deutschland über 5 000 Tier- und fast 4 000 Pflanzenarten.

Artenschutz
Naturschutz
Rote Liste

3 In der Roten Liste sind die bedrohten Tier- und Pflanzenarten verzeichnet.

4 Diese Schilder kennzeichnen Naturschutzgebiete.

Warum sollen wir Tiere und Pflanzen schützen?

Kümmert man sich besonders um den Schutz einer bestimmten Tier- oder Pflanzenart, spricht man auch von **Artenschutz**. Wenn eine Art ausstirbt, ist das nicht rückgängig zu machen, und dies hat schwere Folgen. Denn wie bei einem Puzzle übernimmt jedes kleine Teil eine wichtige Rolle für das Ganze. Durch den Bau von Straßen und Häusern und das Anlegen von immer größeren Feldern wurden die Lebensräume von Tieren und Pflanzen zerstört. Die Natur ist nicht unbegrenzt belastbar. Daher müssen wir uns bemühen, bedrohten Tieren und Pflanzen zu helfen.

Schutz von Lebensräumen

Um Arten zu erhalten, muss man die Ursache für eine Bedrohung kennen und dann ihren Lebensraum schützen. Die Erhaltung von Lebensräumen für bedrohte Tier- und Pflanzenarten ist Aufgabe des **Naturschutzes**. Er stellt ganze Gebiete wie bestimmte Wälder, Seen und Flusstäler unter Schutz. Diese Flächen werden dann als Naturschutzgebiete bezeichnet. → 4 Störende Eingriffe des Menschen sind hier verboten.
Der Naturschutzbund (NABU) und der Bund für Umwelt und Naturschutz (BUND) sind zwei große Organisationen in Deutschland, die für den Schutz der Natur arbeiten.

→ **Merk dir!** Durch den Eingriff des Menschen sind viele Tier- und Pflanzenarten vom Aussterben bedroht. Um ihnen zu helfen, muss man die Ursachen ihrer Bedrohung beseitigen und auch ihren Lebensraum schützen.

Arbeitsaufträge

1. Der Lebensraum von Lurchen ist gefährdet. Viele Arten sind vom Aussterben bedroht. Sammelt Informationen im Internet oder im Lexikon. Gestaltet ein Plakat.

2. Besucht ein Naturschutzgebiet in eurer Nähe. Wie sieht es dort aus? Wie soll sich der Mensch verhalten? Was dürft ihr tun, was ist nicht erlaubt? Notiert eure Ergebnisse.

Aus dem Leben der Blütenpflanzen

→ Alle Pflanzen sind aus Blüte, Sprossachse, Blatt und Wurzel aufgebaut. Mithilfe der Blüte vermehrt sich die Pflanze. Mit der Wurzel ist sie im Boden verankert und nimmt Wasser und Nährstoffe auf. In den Blättern stellt die Pflanze Nährstoffe her. Die Sprossachse leitet Wasser und Nährstoffe. (Siehe Seite 132–135.)

→ Viele Blüten haben auffällige Kronblätter. In der Blüte sitzt neben den Staubblättern auch der Fruchtknoten, der die Samenanlage trägt. (Siehe Seite 138.)

→ Früchte und Samen können durch den Wind, durch Tiere oder den Menschen verbreitet werden. Manche Früchte verbreiten ihre Samen auch selbst. (Siehe Seite 142.)

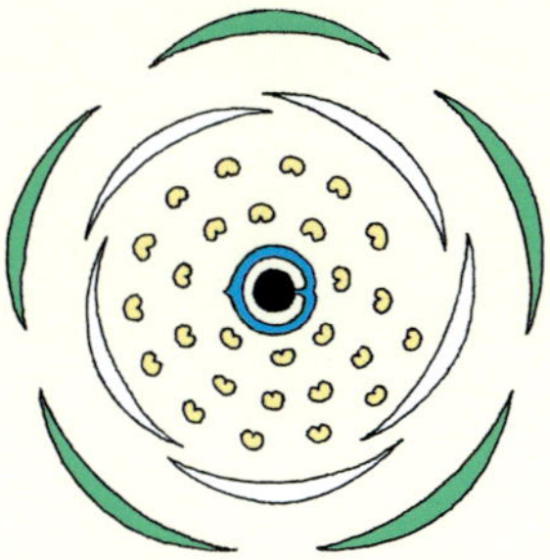

Pflanzen können anhand des Grundaufbaus ihrer Blüten in Pflanzenfamilien eingeordnet werden. (Siehe Seite 144–147.)

Nutzpflanzen sind wichtig für unsere Ernährung. Aus ihnen werden viele Lebensmittel hergestellt. (Siehe Seite 152.)

Nadelbäume lassen sich gut anhand ihrer Nadeln unterscheiden. Von den einheimischen Nadelbäumen wirft nur die Lärche ihre Nadeln im Herbst vollständig ab. (Siehe Seite 154.)

Der Artenschutz regelt den Schutz von Tier- und Pflanzenarten. Die Rote Liste stellt bedrohte Tier- und Pflanzenarten unter Schutz. (Siehe Seite 156.)

Teste dich!

1. Welche Begriffe werden hier gesucht?

a Hier befindet sich der Mehlkörper der Weizenpflanze.

b Hier entstehen aus den Blüten des Weizens die Weizenkörner.

c Hier sitzen die Blätter der Weizenpflanze.

2. Aylin möchte kleine Bohnenpflänzchen großziehen. Nenne die Bedingen für das Wachstum, die sie dabei beachten muss.

3. Richtig oder falsch?

a Erdbeeren gehören zu den Rosengewächsen.

b Die Sonnenblume ist eine Heilpflanze.

c Schmetterlingsblütler besitzen Hülsenfrüchte.

d Kreuzblütler besitzen fünf Kronblätter.

e Korbblütler haben einen Blütenstand.

f Viele Lippenblütler sind Gewürzpflanzen.

4. Notiere für alle Pflanzen auf den Bildern 1 bis 12 die Pflanzenfamilie.

1 Weiße Taubnessel

2 Brombeeren

3 Löwenzahn

4 Wiesenschaumkraut

5 Ackersenf

6 Salbei

7 Margarite

8 Akelei

9 Wicken

10 Pfefferminze

11 Astern

12 Platterbse

---

5. Nenne Ziele von Naturschutzverbänden. → 13

BUND
FREUNDE DER ERDE

NABU

WWF

GREENPEACE

13 Naturschutzverbände

Die Lösungen findest du im Anhang.

Warm und kalt

Die Körpertemperatur des Menschen beträgt etwa 37 °C. Bei Fieber ist sie höher und wir fühlen uns schwach und krank. Wenn es kalt ist, frieren wir.

In diesem Kapitel erhältst du Antworten auf viele Fragen, die mit Temperatur und Wärme zu tun haben:
- Was leistet die Haut?
- Wie funktionieren Thermometer?
- Warum frieren Teiche von oben zu?
- Wie kann man Energie beim Heizen sparen?
- Wie schützen sich Mensch und Tier vor Kälte?

Du wirst außerdem
- untersuchen, wie sich Körper bei Wärme verändern,
- Versuche zur Ausbreitung von Wärme durchführen,
- prüfen, welche Stoffe sich gut zur Wärmeisolierung eignen.
- lernen, wie Tiere bei Kälte oder Wärme überleben können.

1

4

2

3

5

6

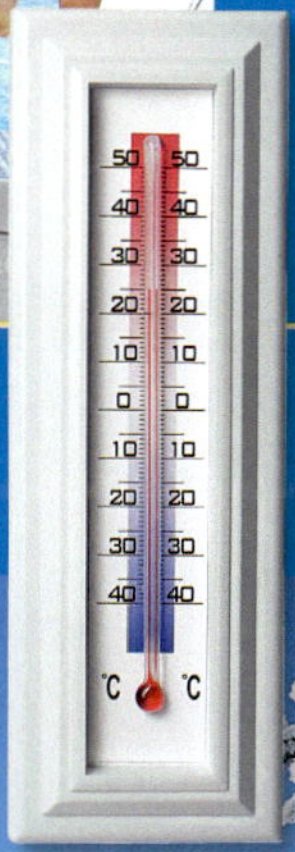

7

8

9

1

2

Marco soll mit verbundenen Augen die verschiedenen Eigenschaften der Flaschen und schließlich deren Inhalt herausfinden.

Was tut er jeweils und welche Sinne setzt er dabei ein? ▷ 1–4

3

4

Sinne erschließen die Umwelt

Wir nutzen viele Sinne

Tipp: Wenn ihr eure Sinne mit den Versuchen auf der rechten Seite testen wollt, könnt ihr auch in kleinen Gruppen an Lernstationen arbeiten.

- Für jeden Versuch ist eine eigene Lernstation vorgesehen.
- Jede Gruppe fängt an einer beliebigen Station an. Seid ihr an einer Station fertig, wechselt ihr selbstständig zur nächsten freien Station.
- Lest die Arbeitsanweisungen vor Versuchsbeginn vollständig und gründlich durch.
- Beachtet unbedingt die Sicherheitshinweise.
- Haltet eure Beobachtungen auf einem Laufzettel (Ergebnisblatt) fest. ▷ 5
- Räumt und reinigt die bearbeiteten Stationen, damit die nächste Gruppe gleich weiterarbeiten kann.

Station	Was nehmen wir wahr?	Womit nehmen wir wahr?	Was machen wir damit?	Beispiele
Schnupperbox	Geruch	Nase	Riechen	fruchtig, nach Wald
Fühlbox	?	?	?	?
Schüttelbox	?	?	?	?
...	...	...	...	...

5 Musterlaufzettel

1
Fühlbox

Material: Augenbinde, verschlossene Schachtel mit verschiedenen Gegenständen

Durchführung: Verbindet der Versuchsperson die Augen. Sie darf die Gegenstände vorher nicht sehen.

a Die Versuchsperson nimmt einen Gegenstand aus der Schachtel und beschreibt ihn möglichst genau.

b Notiert, welche Gegenstände schnell erkannt werden. Woran werden sie erkannt?

c Füllt die Zeile „Fühlbox" auf dem Laufzettel aus.

3
Schnupperbox

Versuchsgeräte: Filmdosen oder kleine PET-Flaschen, die ihr in undurchsichtige Tüten einpackt, Augenbinde. Überlegt, welche Speisen, Gewürze, Getränke oder weiteren Duftstoffe ihr auswählt. Fragt vorher eure Lehrerin oder euren Lehrer, ob diese Dinge unbedenklich sind.

Durchführung: Verbindet einem Mitglied eurer Gruppe die Augen. Achtung: Fragt die Versuchsperson, ob sie eine Lebensmittelallergie hat!

a Haltet der Versuchsperson die geöffneten Filmdosen an die Nase. Welche Materialien erkennt sie schnell, welche nur schwer?

b Bei Nahrungsmitteln könnt ihr die Versuchsperson auch probieren lassen. Achtet dabei auf Reinlichkeit.

c Füllt die Zeile „Schnupperbox" aus.

2
Schüttelbox

Versuchsgeräte: undurchsichtige Filmdosen oder kleine Pappschachteln mit Deckel. Befüllt die Behälter vor dem Schließen mit verschiedenen Materialien (Sand, Kies, Nägel, Glaskügelchen, Reis …). Überlegt, ob ihr eine Liste mit Materialien dazulegen wollt.

Durchführung:

a Schüttelt die Dosen vorsichtig. Findet anhand der Geräusche heraus, welches Material enthalten ist.

b Füllt die Zeile „Schüttelbox" aus.

4
Fühlen wir überall gleich gut?

Versuchsgeräte: Kämme, Zahnspachtel oder Pappschablonen mit unterschiedlichem Zackenabstand, Augenbinde, Lineal

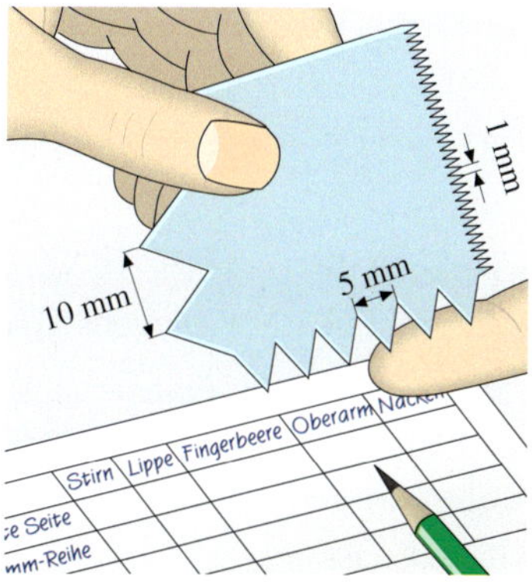

Durchführung:

a Messt den Zackenabstand. Notiert ihn in einer Tabelle auf einem Blatt Papier.

b Verbindet einem Mitglied eurer Gruppe die Augen. Berührt Stirn, Lippe, Fingerbeere, Oberarm und Nacken der Versuchsperson mit einem Kamm bzw. Zahnspachtel in unregelmäßiger Reihenfolge. Wenn die Versuchsperson die Spitzen einzeln spürt, notiert ihr ein „+", sonst ein „–".

c Füllt die Zeile „Fühlen wir überall gleich gut?" aus.

Die Haut als Sinnesorgan

Warm – kalt Mit einer Stricknadel lassen sich „Wärmepunkte“ und „Kältepunkte“ der Haut finden. ▷ 1
Sind für Wärme und Kälte verschiedene Sinneseinrichtungen zuständig? Wenn ja, welche sind häufiger?

Ein Sinnesorgan – viele Sinne Mit der Haut nehmen wir Druck, Wärme, Kälte und Verletzungen wahr. ▷ 2
Tastkörperchen in der Haut sprechen auf leichteste Berührungen an. Bei stärkerem Druck reagieren die tiefer liegenden Lamellenkörperchen.
„Warm“ und „kalt“ erkennen wir mit besonderen Kalt- und Warmsinneskörperchen. Sie melden dem Gehirn Temperaturunterschiede.
Freie Nervenenden sind gleichmäßig über die Haut verteilt. Sie sorgen für die Schmerzempfindung bei Verletzungen, die durch Stiche, Druck, Schläge oder Chemikalien hervorgerufen werden.
Die verschiedenen Sinneskörperchen sind unregelmäßig über die Haut verteilt. Je mehr vorhanden sind, desto empfindlicher ist ein Körperteil.

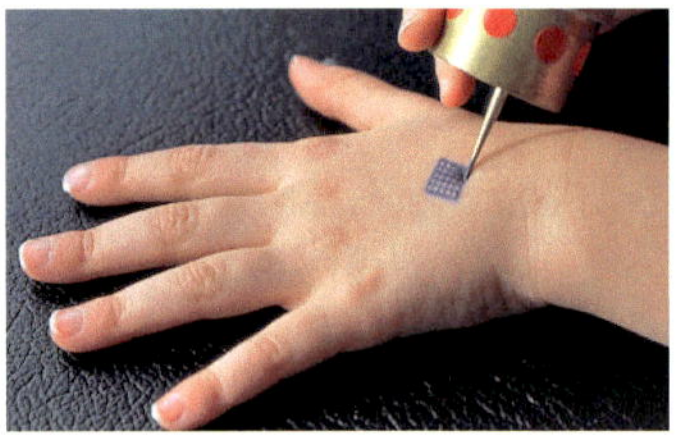

Setzt ohne Druck eine Stricknadel von 60 °C (aus dem Trockenschrank oder einem Wasserbad) auf die Haut. Markiert die Stellen mit einem roten Filzstift, an denen die Versuchsperson statt eines Druckreizes einen Wärmereiz empfindet.
„Kältepunkte“ der Haut lassen sich mit Nadeln aus dem Eisschrank finden. Sie werden blau markiert.

1 Wo liegen Wärmepunkte?

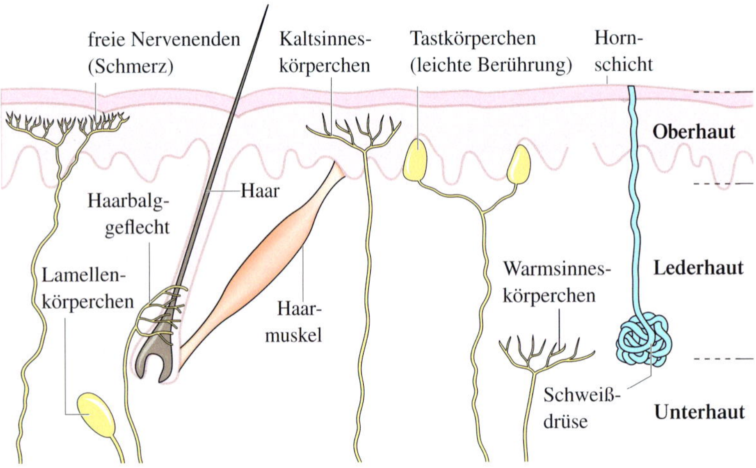

2 Sinnesorgan Haut

Aufgaben

1 Fasse in einer Tabelle die Sinneskörperchen der Haut zusammen. Gib auch an, was du mit den Sinneskörperchen wahrnimmst.

2 Tabelle ▷ 3 zeigt, in welchem Abstand zwei gleich starke Druckreize noch getrennt wahrgenommen werden. Welchen Vorteil hat es, dass die Tastkörperchen an bestimmten Stellen besonders dicht liegen?

Hautstelle	Abstand
Zungenspitze	1 mm
Fingerkuppe	2 mm
Lippen	4 mm
Unterarm	40 mm
Rücken	70 mm

3 Druckreize

Vorsicht: Sonnenbrand!

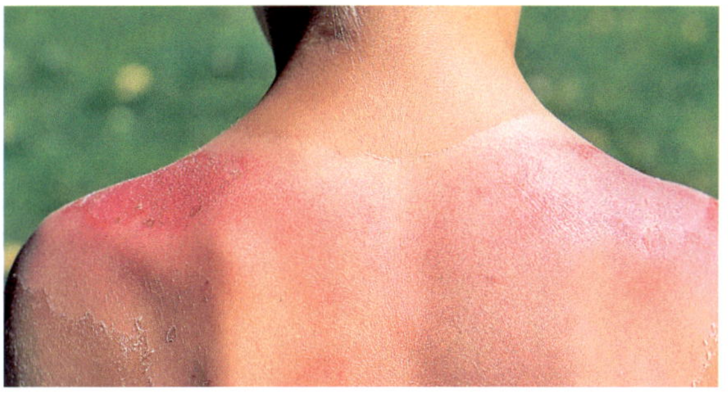

4

Die Sonne sendet außer Licht und Wärme auch *ultraviolette Strahlung* (UV-Strahlung) aus. Sie ist für unsere Augen unsichtbar. UV-Strahlung kann tief in unsere Haut eindringen und dort Schäden anrichten. ▷ 4 Es entstehen Runzeln und Falten. Die Strahlung kann auch Hautkrebs verursachen.
Je nach Hauttyp verträgst du die Sonne besser oder schlechter. Ein Maß dafür ist die *Eigenschutzzeit.* Sie sagt, wie lange du ungeschützt in der Mittagssonne bleiben darfst. ▷ 5–8
Mit *Sonnenschutzmitteln* kannst du die Zeit verlängern, die du in der Sonne verbringen darfst. Dazu werden Mittel mit *Lichtschutzfaktor* 2–30 angeboten. Wie viele Minuten deine Haut durch ein solches Mittel geschützt ist, kannst du so errechnen:
Eigenschutzzeit · Lichtschutzfaktor = Schutzzeit.
Vorsicht: Wenn du im Wasser warst oder geschwitzt hast, verkürzt sich die Schutzzeit! Nutze die errechnete Zeit dann nicht voll aus!

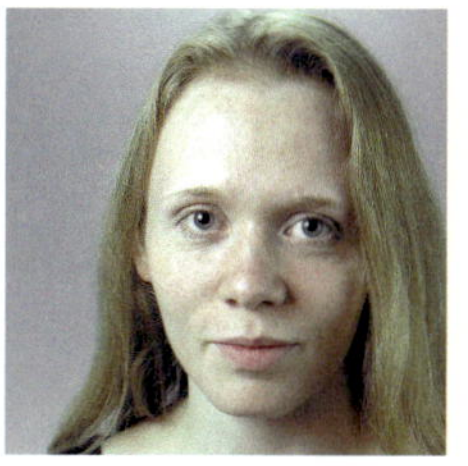

- sehr helle Haut, zahlreiche Sommersprossen
- blaue, selten braune Augen, rötliche Haare
- häufiger schmerzhafter Sonnenbrand

Eigenschutzzeit: 5–10 Minuten

5 Hauttyp 1

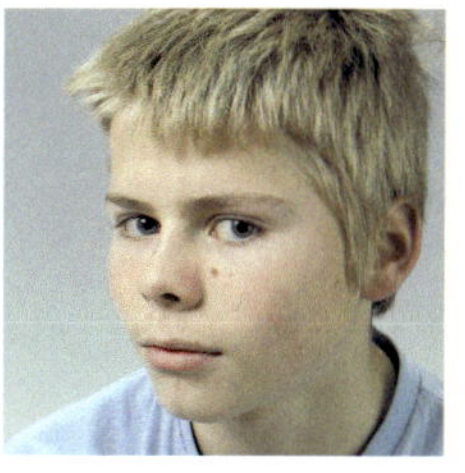

- helle Haut, nur wenige Sommersprossen
- grüne oder graue Augen, blonde oder braune Haare
- häufiger schmerzhafter Sonnenbrand

Eigenschutzzeit: 10–20 Minuten

6 Hauttyp 2

- helle bis hellbraune Haut, keine Sommersprossen
- graue oder braune Augen, dunkelblonde bis braune Haare
- mäßiger Sonnenbrand

Eigenschutzzeit: 20–30 Minuten

7 Hauttyp 3

- hellbraune bis olivfarbene Haut, keine Sommersprossen
- braune Augen, braune bis schwarze Haare
- kaum Sonnenbrand

Eigenschutzzeit: 40 Minuten

8 Hauttyp 4

Tipps zum richtigen Sonnenbaden

→ Verwende Sonnenschutzmittel. Halte die errechnete Schutzzeit ein.
→ Trage Sonnenbrille und Kopfbedeckung.
→ Benutze beim Baden wasserfeste Sonnencreme.
→ Bleibe von 11 bis 15 Uhr im Schatten.
→ Schütze dich auch bei bedecktem Himmel und im Schatten vor Sonnenbrand, vor allem auf dem Wasser, im Gebirge und beim Skifahren.
→ Bleibe zu Beginn nur wenige Minuten in der prallen Sonne.

1 „Verbrenne“ deine Haut völlig gefahrlos mit einer „Sonnenbrand-Simulation“.
Unter *www.fragFinn.de* findest du dieses Spiel.

Temperatur und Thermometer

Kalt – warm – heiß

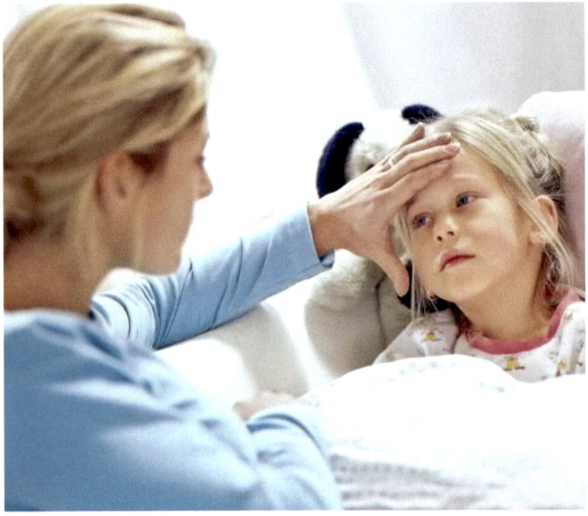

1 Ob Lena wohl Fieber hat?

2

1

Temperaturmessung zu Hause

Miss mit einem Zimmerthermometer die Temperatur in allen Räumen eurer Wohnung – auch im Bad und im Keller.
Ab welcher Temperatur wäre es dir zu kühl? Ab welcher wäre es zu warm?

2

Wie warm ist „heiß"?

a Miss die Temperatur, bei der dir ein Getränk heiß, lauwarm oder kalt vorkommt. Mische dazu kaltes und heißes Wasser.

b Bei welcher Temperatur wäre Badewasser „gerade richtig" für dich? Miss die Temperatur des Badewassers und vergleiche mit deiner Schätzung.

3

Unser Temperatursinn lässt sich täuschen …

Führe den oben abgebildeten Versuch durch. ▷ 2
Eine Hand hältst du dabei 2 min lang in heißes Wasser und die andere gleichzeitig in kaltes. Dann tauchst du beide Hände gemeinsam in das lauwarme Wasser.
Was empfindest du? Erkläre deine Beobachtung.

4

Verschiedene Thermometer

a Welche Messbereiche haben die abgebildeten Thermometer? ▷ 3

b Überlege, warum die Messbereiche unterschiedlich sind.

Messbereich: –40 °C … 150 °C

3

5
Wer „trifft" genau 37 °C?

Kerstin und Frank haben Badewasser aus heißem und kaltem Wasser gemischt. Mit dem Ellenbogen prüft Kerstin die Wassertemperatur. Ob das so einfach geht? ▷ 4

Versucht Wasser von 37 °C herzustellen. Plant und experimentiert selbstständig. Teamarbeit ist angesagt!

Euch stehen zur Verfügung:
- 1 Becherglas mit heißem Wasser,
- 1 Becherglas mit kaltem Wasser,
- 1 leeres Becherglas,
- 1 Thermometer.

Ihr bekommt kein zusätzliches kaltes oder heißes Wasser! Besprecht zunächst, wie ihr vorgehen wollt. Beschreibt eure Vorgehensweise.

4

6
Temperaturen messen

Lest euch zuerst die Regeln zur Temperaturmessung durch. Messt an verschiedenen Stellen die *Lufttemperatur*: im Klassenraum in 10 cm Höhe und in 2 m Höhe, über dem Heizkörper, im Flur und auf dem Schulhof.

Regeln zur Temperaturmessung
- → Lies die Temperatur erst ab, wenn sich die Anzeige nicht mehr ändert. Das kann 1–2 min dauern.
- → Beim Messen der Lufttemperatur muss der Temperaturfühler trocken sein. Sonst wird eine zu niedrige Temperatur angezeigt.
- → Die Lufttemperatur wird im Schatten ungefähr 2 m über dem Boden gemessen.

Temperaturen in °C	Datum		
	2.11.	3.11.	4.11.
Luft (morgens)	4	-2	0
Luft (mittags)	6	10	7
Boden	6	4	5
Wasser	8	7	6

5 Temperaturen *protokollieren*

Errechnen der Durchschnittstemperatur:
Um sie zu berechnen, zählst du z. B. die Wassertemperaturen ▷ 5 zusammen und teilst sie dann durch die Zahl der Tage:

$8\,°C + 7\,°C + 6\,°C = 21\,°C$

$\frac{21\,°C}{3} = 7\,°C$

Die durchschnittliche Wassertemperatur beträgt 7 °C.

Temperatur und Thermometer

Temperaturempfinden und Temperaturmessung Wir nehmen Temperaturen über die Haut wahr: Unser Temperaturempfinden ermöglicht es uns, Temperaturen zwischen 15 °C und 45 °C zu unterscheiden. Im Bereich der Körpertemperatur (37 °C) ist dieser Temperatursinn besonders empfindlich.

Hohe und niedrige Temperaturen nehmen wir nur als „heiß“ oder als „kalt“ wahr. Eventuell empfinden wir dabei auch einen Schmerz. Manchmal täuscht uns der Temperatursinn auch.

Um Temperaturen zuverlässig zu bestimmen, messen wir mit Thermometern. ▷ 1

Temperaturen werden in der Einheit Grad Celsius (1 °C) gemessen. Temperaturen unter 0 °C erhalten ein Minuszeichen.

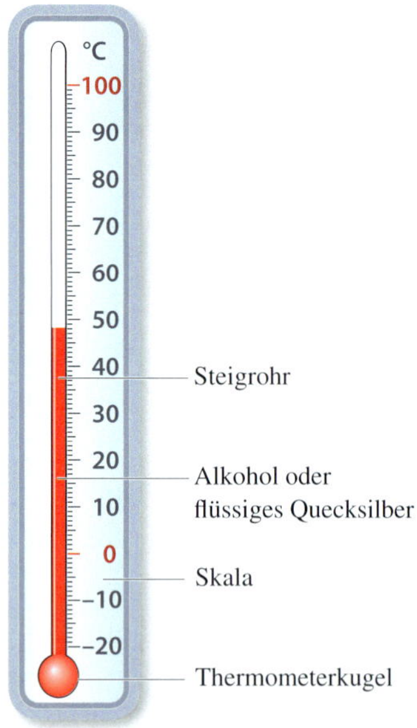

1 Thermometer, **Messbereich:** –20 °C … 100 °C

Verschiedene Thermometer Uns stehen unterschiedliche Thermometer zur Verfügung – je nachdem, welche Temperaturen wir messen wollen. Im Grundaufbau sind die Thermometer gleich.

Den Abstand zwischen der niedrigsten und höchsten Temperatur, die man mit einem Thermometer messen kann, nennt man den *Messbereich* dieses Thermometers.

Flüssigkeitsthermometer enthalten entweder Alkohol oder Quecksilber. Mit Quecksilberthermometern musst du besonders vorsichtig umgehen: Wenn sie zerbrechen, werden giftige Dämpfe frei. Immer häufiger nimmt man heute elektronische Thermometer.

Aufgaben

1 Unser Temperaturempfinden

a Für welchen Bereich kann unser Temperaturempfinden Temperaturen recht genau angeben?

b Unser Temperaturempfinden lässt sich manchmal täuschen. Nenne Beispiele dafür.

2 Nenne Vor- und Nachteile elektronischer Thermometer.

3 Miss mit einem Außenthermometer dreimal täglich die Lufttemperatur im Schatten. Lies die Temperatur möglichst immer zur gleichen Zeit ab. Trage die Messwerte in eine Tabelle ein. ▷ 2

Langzeitprotokoll: Messung der Lufttemperatur
Ort: im Garten unter dem Apfelbaum
Name:
Klasse:

Tageszeit / Datum	*4.12.*	*5.12.*	*6.12.*	*7.12.*	*8.12.*	*usw.*
Morgens (7.00 Uhr)	*2 °C*	*… °C*	*… °C*	*… °C*	*… °C*	*… °C*
Mittags (13.00 Uhr)	*8 °C*	*… °C*	*… °C*	*… °C*	*… °C*	*… °C*
Abends (19.00 Uhr)	*5 °C*	*… °C*	*… °C*	*… °C*	*… °C*	*… °C*

2

Messwerte darstellen und auswerten

Markus und Anna wollen ihre Messwerte ▷ 3 in einem Diagramm aufzeichnen: Markus zeichnet für jede Stunde ein Thermometer. Weil das zu mühsam ist, zeichnet er bald nur noch die Flüssigkeitssäule. ▷ 4 *„Es geht noch einfacher: Gib nur mit einem kleinen Kreuz an, wie hoch die Flüssigkeitssäule steht“*, meint Anna.

Und so wird's gemacht:

Schritt 1 Zeichne ein Achsenkreuz für die Uhrzeit und Temperaturen. ▷ 5 (*Temperaturachse:* Nimm 2 mm für je 1 °C.)
Schritt 2 Auf der *Zeitachse* suchst du die betreffende Uhrzeit und ziehst eine senkrechte Linie.
Schritt 3 Suche die gemessene Temperatur auf der *Temperaturachse*. Ziehe von dort aus mit Bleistift und Lineal eine dünne waagerechte Linie. Am Schnittpunkt machst du ein Kreuz.
Schritt 4 So findest du auch die anderen Punkte. Verbinde sie zu einer „Kurve“.

Uhrzeit	8 Uhr	9 Uhr	10 Uhr	11 Uhr	12 Uhr	13 Uhr	14 Uhr
Temperatur	−1 °C	1 °C	5 °C	7 °C	8 °C	6 °C	5 °C

3

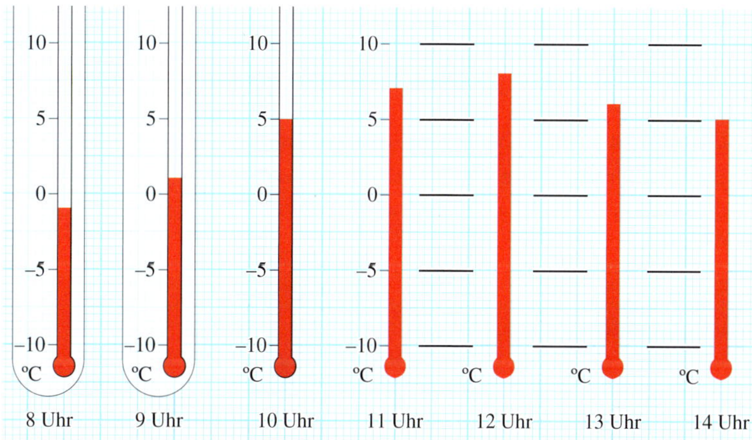

4

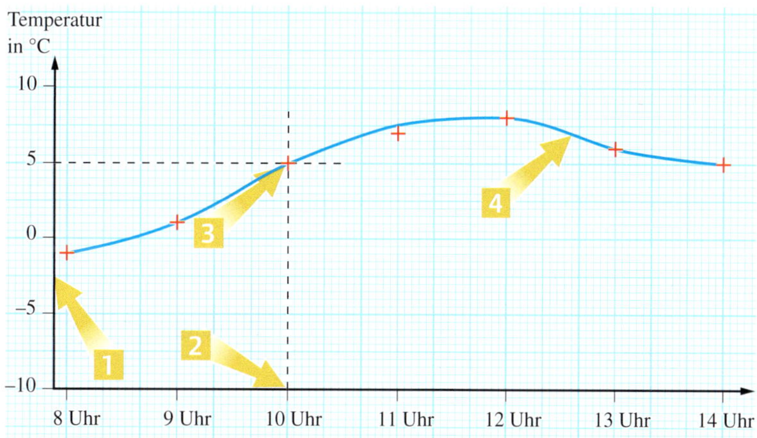

5 Ein Diagramm entsteht.

Aufgaben

1 Zeichne ein Diagramm mit den Lufttemperaturen (mittags), die ihr gemessen habt.

2 Das Diagramm zeigt die Durchschnittstemperaturen für alle Monate eines Jahres. ▷ 6

a Ermittle die Durchschnittstemperatur von Januar bis Juli. Hilfe findest du auf S. 169.

b Wo auf der Erde könnten solche Temperaturen gemessen werden?

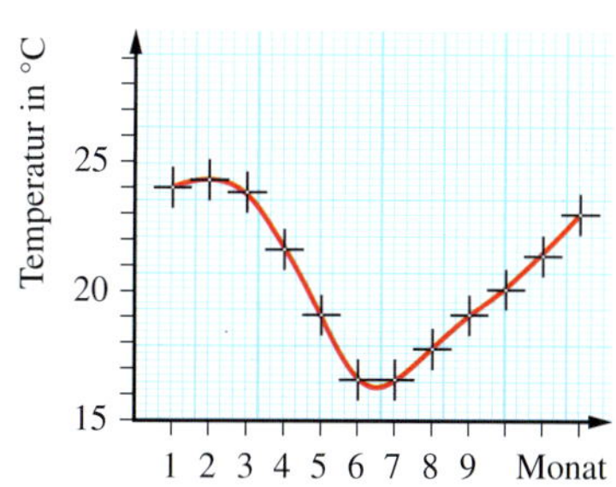

6 Temperaturkurve für 1 Jahr

Wir entwickeln eine Thermometerskala

Ein Thermometer ohne Skala! ▷ 1
Wie könnte man eine Skala herstellen?

Zwei Tipps:

1. Eis schmilzt bei 0 °C.
   Damit lässt sich die Null-Grad-Marke finden. ▷ 2–3
2. Die 100-Grad-Marke könnt ihr mithilfe von siedendem Wasser finden. ▷ 4–5

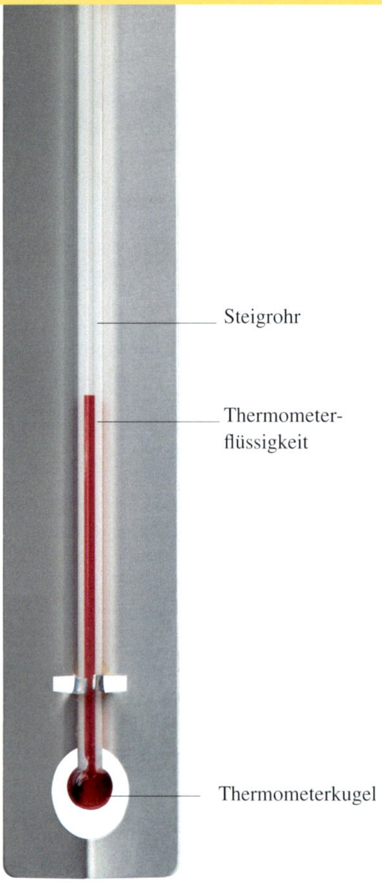

1 Thermometer ohne Skala

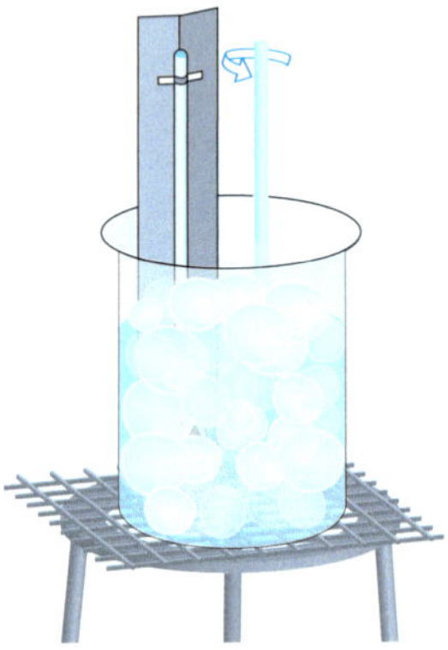

2

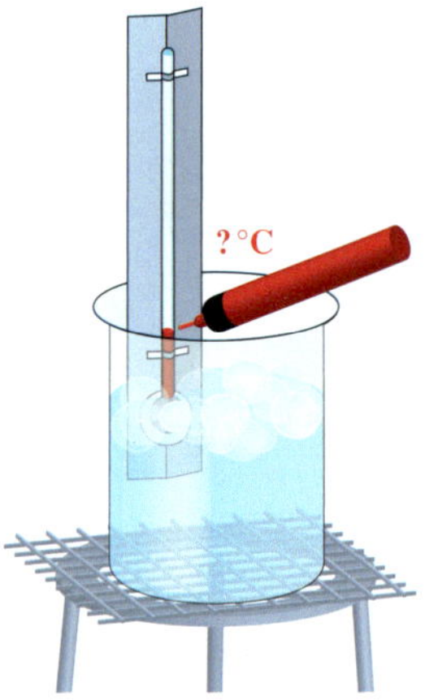

3

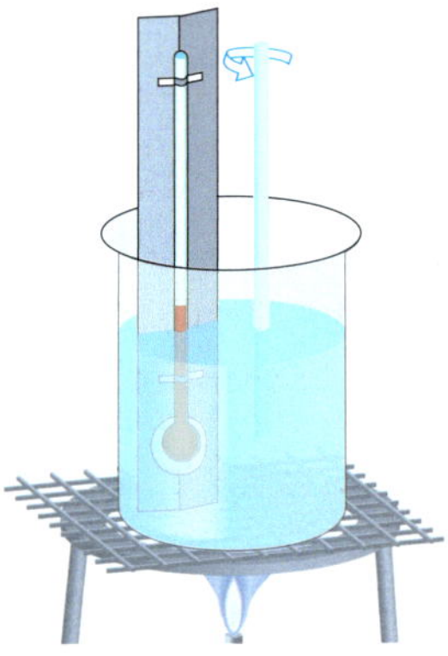

4

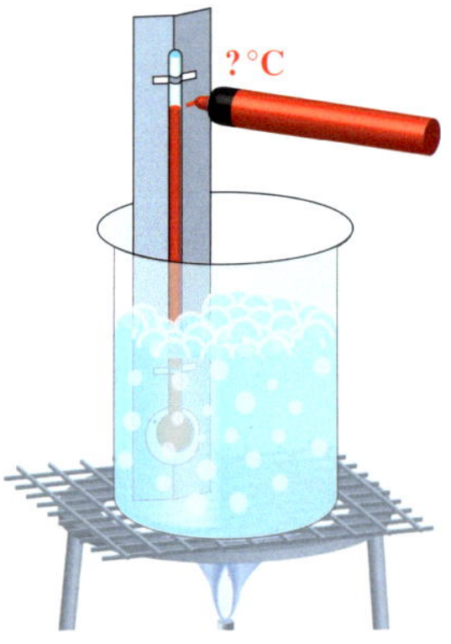

5

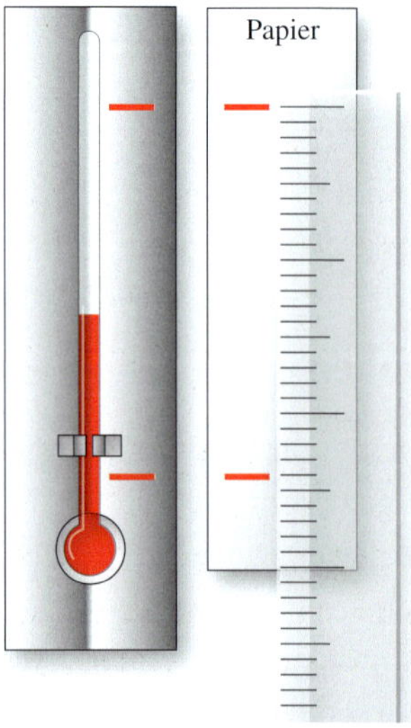

6

Unser Thermometer hat jetzt zwei Markierungen. Wie könnt ihr die Skala unterteilen? Probiert es auf einem Papierstreifen aus. ▷ 6
Vielleicht habt ihr auch eine Idee, wie ihr die Skala nach oben und unten fortsetzen könnt.

Wie die Celsiusskala entstand Bei den ersten Thermometern waren viele Glasperlen als Skala auf das Steigrohr aufgeschmolzen; sie stellen die Skala dar. Diese Thermometer waren sehr lang und unhandlich. Deshalb wickelte man das Steigrohr zu einer Spirale auf. ▷ 7

Diese Thermometer hatten einen großen Nachteil: Nie besaßen zwei Thermometer genau die gleiche „Perlen-Skala". Die Durchmesser der Steigröhrchen waren immer verschieden. Man konnte deshalb nur dann Temperaturen vergleichen, wenn man dasselbe Thermometer benutzte.

Es gab zahlreiche Bemühungen, ein „allgemein verwendbares" Thermometer zu erfinden, z. B. von *Daniel Fahrenheit* (1686–1736). Den Durchbruch schaffte der Schwede *Anders Celsius* (1701–1744).

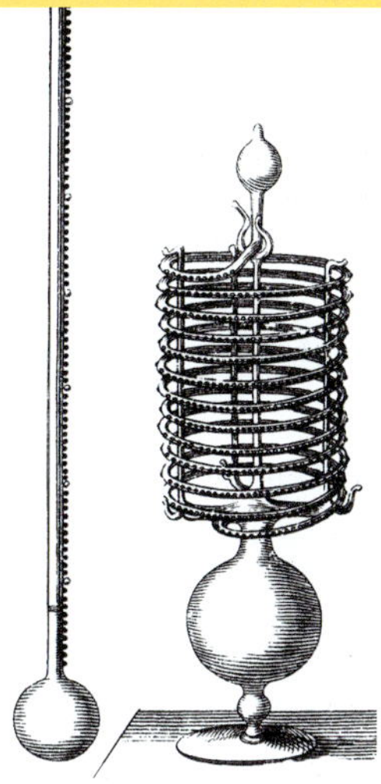

7 Thermometer aus Florenz, ca. 1660

Die Celsiusskala

Schritt 1 Celsius wählte 2 *Fixpunkte* (lat. *fixus:* fest) für seine Skala:
- die Schmelztemperatur von Eis (er nannte diesen Punkt „0 Grad"),
- die Siedetemperatur von Wasser („100 Grad").

Diese Fixpunkte konnte man genau und überall ermitteln.

Schritt 2 Den Abstand zwischen den beiden Fixpunkten teilte er in *100 gleiche Teile* ein.

Schritt 3 Mit gleichen Abständen konnte er die Skala nach unten fortsetzen (–1 Grad, –2 Grad …) und auch nach oben verlängern (101 Grad, 102 Grad …). ▷ 8

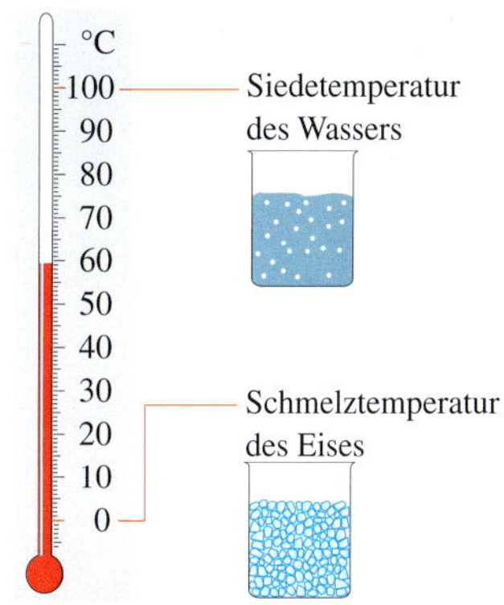

8 Celsiusskala

Aufgaben

1 Nenne die Fixpunkte der Celsiusskala.

2 Warum eignen sich die Schmelztemperatur von Eis und die Siedetemperatur von Wasser als Fixpunkte?
Warum ist die Körpertemperatur eines Menschen nicht geeignet?

3 Für ein Thermometer ohne Skala soll jeder eine Thermometerskala entwickeln:

a Alex nimmt ein Thermometer mit Skala und überträgt dessen Skala einfach auf das Thermometer ohne Skala. ▷ 9 Beurteile dieses Verfahren. Begründe deine Antwort.

b Anja hat eine ganz andere Idee: Sie stellt das Thermometer ohne Skala in Schmelzwasser und markiert danach den Stand der Flüssigkeitssäule. An diese Stelle schreibt sie „0 °C". Anschließend trägt sie jeweils 1 cm darüber die Werte „10 °C", „20 °C" usw. ein. Was hältst du von ihrer Vorgehensweise?

4 Temperaturen können auch in Fahrenheit oder Kelvin angegeben werden. Informiere dich darüber, z. B. im Internet.

9

Wärme verändert Stoffeigenschaften

Wasser ist nicht immer flüssig

1

2

3

4

Viermal Wasser,
das seinen Zustand ändert
oder gleich ändern wird … ▷ 1–4

1

Wie gut kühlen Eiswürfel?

Füllt ein Glas zu drei Vierteln mit Saft von Zimmertemperatur. Messt die Temperatur mit einem Thermometer. Füllt dann einige Eiswürfel ein und messt die Temperatur alle 2 min.
Wie stark kühlt der Saft ab? Schreibt eure Messwerte in eine Tabelle. ▷ 5

Zeit	Zu Beginn	Nach 2 min	Nach 4 min	…
Safttemperatur	z. B. 20 °C	?	?	?

5

2

Wasser und Wasserdampf beim Kartoffelkochen

a Geht Wasser beim Kochen verloren? Messt, wie viel Wasser ihr zum Kartoffelkochen nehmt.

b Warum wird der Deckel angehoben, wenn die Kartoffeln kochen?

c Haltet einen kühlen Spiegel oder Deckel über den Topf.

d Wenn die Kartoffeln gar sind, gießt ihr das Wasser in einen anderen Topf ab. (Vorsicht: Das Wasser ist heiß! Benutzt Topflappen und den Deckel.) Wie viel Wasser ist übrig geblieben?
Wo ist das restliche Wasser geblieben?

3

Wo bleibt das Wasser?

Gebt einen Esslöffel Wasser auf eine Untertasse. Stellt sie an einen warmen Platz.

a Wie lange dauert es, bis alles Wasser verschwunden ist?

b Wo ist es geblieben?

4

Aus Eis wird …?

Wir erhitzen zerkleinertes Eis, bis das entstandene Wasser siedet. ▷ 6

a Beschreibt, was ihr beobachtet: „Zuerst sind nur Eisstückchen im Glas. Dann …“

b Haltet eine brennende Kerze über das siedende Wasser. Was geschieht? Sucht nach einer Erklärung dafür.

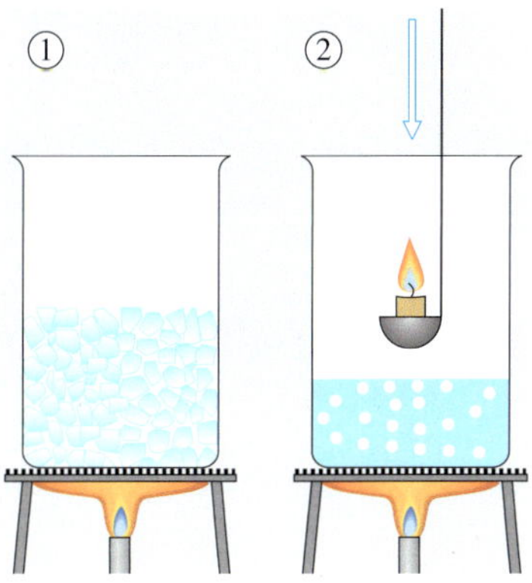

6

5

Wärme ändert nicht nur Wassereigenschaften

Auf keinen Fall die Schutzbrille vergessen!

a Gebt ein kleines Stück Wachs in einen Verbrennungslöffel. Haltet den Löffel über die Brennerflamme.
Das geschmolzene Wachs gießt ihr in ein Schälchen mit Wasser.

b Wiederholt den Versuch mit einem zweiten Wachsstückchen.
Erhitzt es nach dem Schmelzen weiter. Was könnt ihr beobachten?

c Schmelzt etwas Zinn in einer Eisenpfanne. Das Zinn wird auf ein Holzbrett ausgegossen. Beschreibt eure Beobachtung.

6

Bei welcher Temperatur siedet Spiritus?

a Bringt Wasser mit einem Tauchsieder zum Sieden.

b Zieht den Stecker heraus.

c Legt den Tauchsieder auf eine feuerfeste Unterlage.
Stellt dann sofort ein Reagenzglas mit Spiritus◇ ins Wasser. ▷ 7

d Beobachtet den Spiritus und messt seine Temperatur. Vergleicht mit der Siedetemperatur des Wassers.

e Warum wird in diesem Versuch kein Brenner eingesetzt?

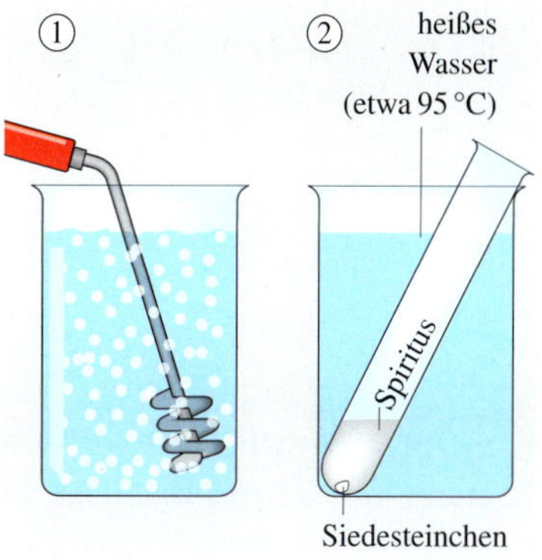

7

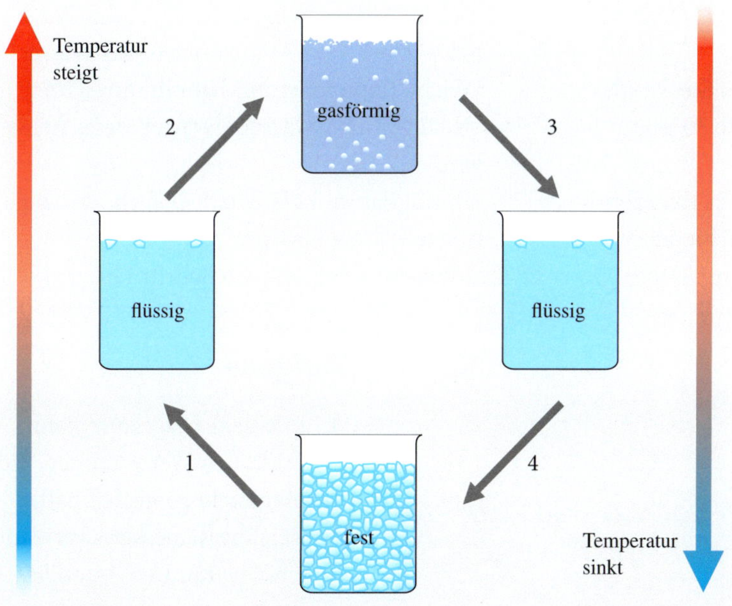

8

7

Die Zustandsänderungen von Wasser

a Wahrscheinlich erhaltet ihr ein Arbeitsblatt: ▷ 8
Beschriftet die schwarzen Pfeile.

b Beschreibt, was jeweils mit dem Wasser im Becherglas passiert: (1) „Das Eis …“ (2) … (3) … (4) …

◇ Spiritus Gefahr

Versuche geben Antworten

Wenn man Wasser erhitzt, verdampft es.
Wie heiß wird das Wasser dabei?
Am Anfang eines Versuchs steht eine solche **Fragestellung**. Sicher habt ihr **Vermutungen**. Ihr könnt sie durch einen geeigneten **Versuch** überprüfen.
Bei der **Auswertung** von Messreihen hilft oft ein Diagramm.

1 Versuchsaufbau

Schritt 1 **Fragestellung**
Wie heiß kann Wasser werden?

Schritt 2 **Vermutungen**
Sprecht über eure Vermutungen in der Gruppe. Schreibt mehrere Vermutungen auf.

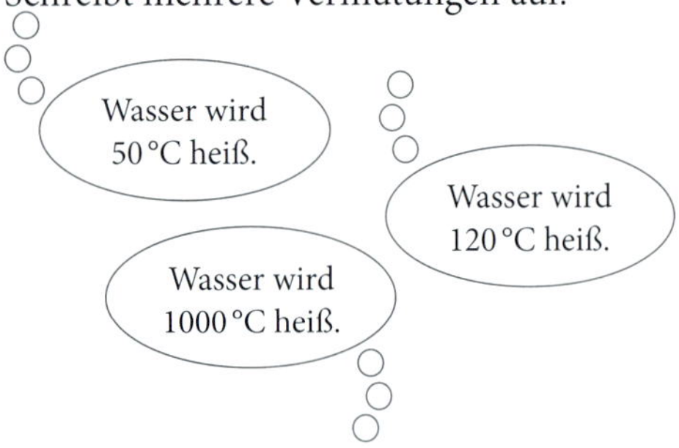

Schritt 3 **Versuchsdurchführung**
Legt ein Versuchsprotokoll an. Messt die Temperatur des Wassers zu Beginn des Versuchs. Tragt den Wert in eine Messtabelle ein. ▷ 2
Steckt jetzt mit trockenen Händen den Stecker des Tauchsieders in die Steckdose. Lest alle 30 Sekunden die Wassertemperatur ab.
Das Wasser siedet schließlich. Erhitzt es trotzdem weiter und rührt dabei um. Lest weiterhin alle 30 Sekunden die Temperatur ab (2–3 min lang).

Schritt 4 **Versuchsauswertung**
a Erstellt ein Diagramm (siehe rechte Seite).
b Was könnt ihr aus eurer Darstellung ablesen? Diese Fragen helfen euch:
- Welche Anfangstemperatur hatte das Wasser?
- Bei welcher Temperatur siedete das Wasser?
- Welche Endtemperatur habt ihr erreicht?
- „Je länger man Wasser erwärmt, desto heißer wird es."
  Stimmt das immer? Überlegt euch, was zugeführte Wärme bewirkt.

c Beantwortet die Frage von Schritt 1.

Messung	1	2	3	4	5	6	7	8	9
Zeit in s	0	30	60	90	120	150	180	210	240
Temperatur in °C	16	37	75	?	?	?	?	?	?

2 Messtabelle (Muster)

Aufgabe

1 In einem Diagramm kann man auch Werte ablesen, die man nicht gemessen hatte. Zeichne deine Messwerte in ein Diagramm ▷ 4 und lies die Temperaturen für die Zeiten 20 s, 50 s und 100 s ab.

Von der Messtabelle zum Diagramm

Die Messwerte aus der Tabelle ▷ 2 könnt ihr in einem Diagramm darstellen.
Die folgenden Abbildungen zeigen, wie ein Diagramm gezeichnet wird. ▷ 3–4

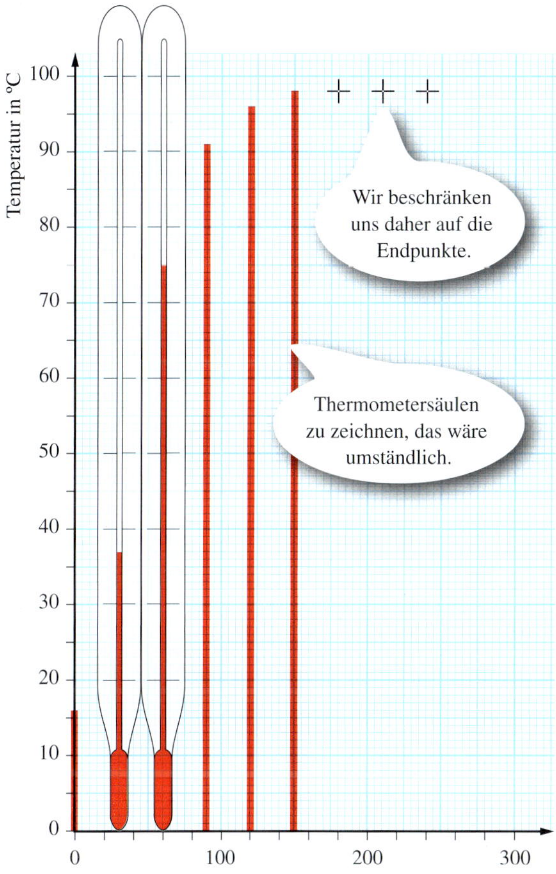

3

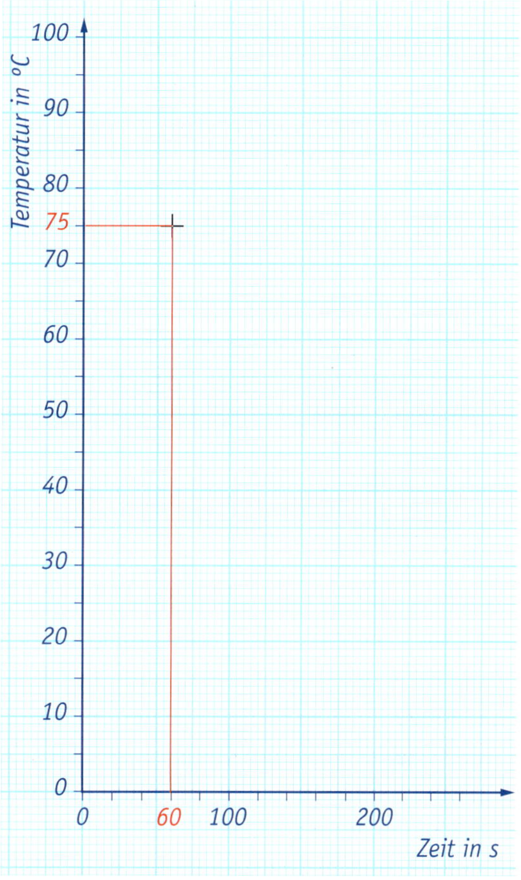

4 Diagramm
Wir lesen ab: Nach 60 s betrug die Wassertemperatur 75 °C.

Schritt 1 **Diagrammachsen zeichnen**

Zeichnet auf mm-Papier beide Achsen mit den Größen und Maßeinheiten aus der Messtabelle. ▷ 4

a Senkrecht: **Temperatur in Grad Celsius** (°C)

b Waagerecht: **Zeit in Sekunden** (s)

Schritt 2 **Messwerte eintragen**
(z. B. Messung 3: 60 s; 75 °C)

a Auf der waagerechten Zeitachse sucht ihr den Messwert für die Zeit aus der Tabelle (60 s). Zeichnet mit dem Lineal von dort eine dünne Hilfslinie senkrecht nach oben.

b Auf der senkrechten Temperaturachse sucht ihr den Temperatur-Messwert (75 °C). Zeichnet von dort eine Hilfslinie waagerecht nach rechts.

c Der Schnittpunkt der beiden Hilfslinien ergibt den Messpunkt 60 s; 75 °C.

Ihr könnt auf die Hilfslinien verzichten. Tragt nur die Punkte ein.

Schritt 3 **Kurve zeichnen**

Verbindet die Messpunkte. Man nennt diese Verbindungslinie „Kurve“.

Aggregatzustände und Teilchenmodell

Fest – flüssig – gasförmig Wenn man Wasser stark erhitzt, wird es zu Dampf – es wird *gasförmig*. Wenn man es stark abkühlt, wird es zu Eis – es wird *fest*.

Die drei unterschiedlichen Zustände *fest, flüssig* und *gasförmig* nennt man *Aggregatzustände*. ▷ 1 Sie sind abhängig von der *Temperatur*:
unter 0 °C: Wasser ist fest (Eis).
zwischen 0 °C und 100 °C: Wasser ist flüssig.
über 100 °C: Wasser ist gasförmig (Wasserdampf).

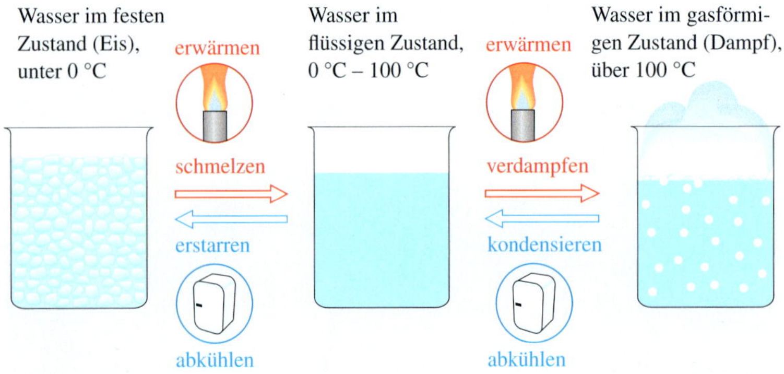

1 Zustandsänderungen von Wasser

Wie das Wasser können auch viele andere Stoffe in drei Aggregatzuständen vorkommen. ▷ 2 Bei den Übergängen von einem Aggregatzustand in den anderen ändern sich die Stoffe nicht: *Eisen bleibt Eisen und Wachs bleibt Wachs.* Im Gegensatz dazu entstehen *andere* Stoffe, wenn Eisen rostet oder Wachs verbrennt *(Stoffänderung)*.

Die Temperaturen, bei denen die Zustandsänderungen stattfinden, heißen *Schmelztemperatur* (wenn ein fester Stoff flüssig wird) und *Siedetemperatur* (wenn ein flüssiger Stoff gasförmig wird).

Die meisten Stoffe können in drei Zuständen vorkommen, den *Aggregatzuständen fest, flüssig* und *gasförmig*. Alle Stoffe haben unterschiedliche *Schmelz-* und *Siedetemperaturen*.

Mehr

Sublimation und Resublimation Wird Eis erwärmt, geht es zunächst in den flüssigen Aggregatzustand über. Bei Temperaturen über 100 °C ist Wasser gasförmig.

Bei *Iod* ist es anders. Wird festes Iod erwärmt, geht es direkt in den gasförmigen Zustand über. Diese Änderung des Aggregatzustands heißt *Sublimation*. Beim Abkühlen geht Ioddampf direkt vom gasförmigen in den festen Aggregatzustand über. Dieser Vorgang heißt *Resublimation*.

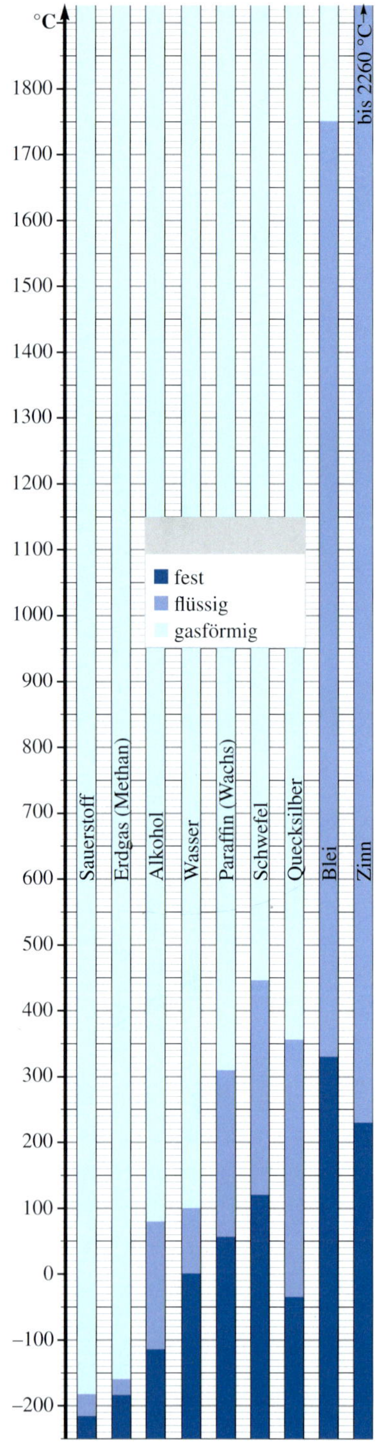

2 Aggregatzustände einiger Stoffe (Darstellung als Säulendiagramm)

der Aggregatzustand
das Teilchenmodell

Die Aggregatzustände im Teilchenmodell Mit dem Teilchenmodell kann man erklären, wie wir uns die drei Aggregatzustände vorstellen können und warum sie von der Temperatur abhängig sind.

Stoffe in festem Zustand

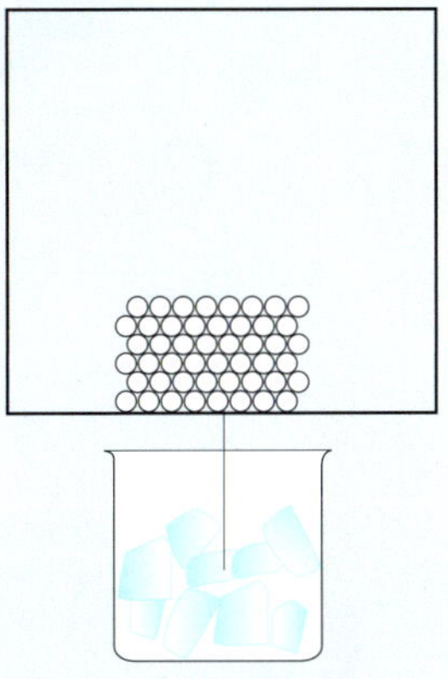

3 Eis

- Die Teilchen liegen dicht zusammen und haben einen starken Zusammenhalt.
- Die Teilchen können sich nur sehr wenig bewegen und ihren Platz nicht verlassen.

Stoffe in flüssigem Zustand

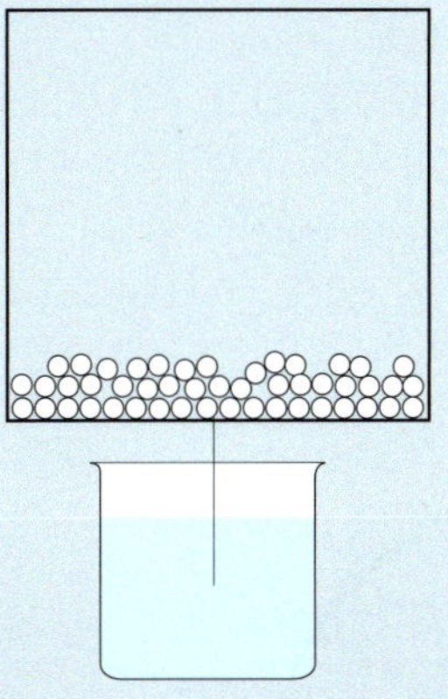

4 Wasser

- Der Zusammenhalt der Teilchen ist geringer als im festen Zustand.
- Die Teilchen haben keine festen Plätze. Sie können sich gegeneinander verschieben.

Stoffe in gasförmigem Zustand

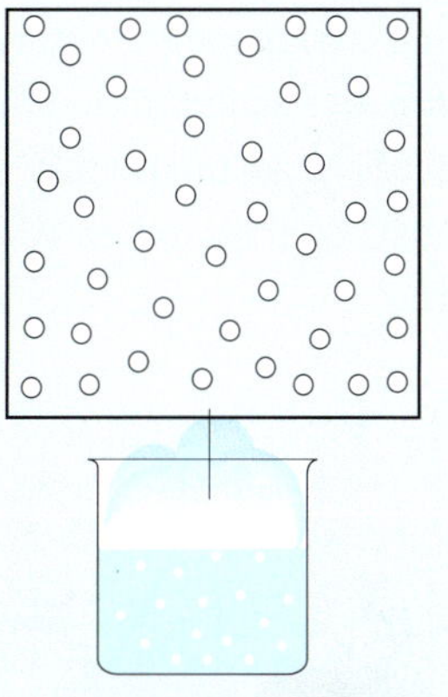

5 Wasserdampf

- Die Teilchen besitzen keinen Zusammenhalt mehr.
- Die Teilchen bewegen sich heftig. Sie verteilen sich auf den ganzen Raum, der ihnen zur Verfügung steht.

Erwärmt man Eis, bewegen sich die Teilchen immer stärker. Das Eis schmilzt. Die zugeführte Wärme führt zur Änderung des Aggregatzustands.

Erwärmt man weiter, bewegen sich die Teilchen noch heftiger. Bei der Siedetemperatur reißen sie sich voneinander los. Die zugeführte Wärme bewirkt die Änderung des Aggregatzustands.

Aufgaben

1 In welchen Temperaturbereichen sind Wachs und Blei fest, flüssig oder gasförmig? Lies die Werte aus dem Diagramm ab. ▷ 2

2 Denk dir ein „Teilchenspiel“ aus, in dem Schülerinnen und Schüler je ein Teilchen darstellen. Wie könnten sie die Zustände „fest“, „flüssig“ und „gasförmig“ spielen? ▷ 3

3 Bei welchem Zustand ist der Zusammenhalt zwischen den Teilchen am größten? Wann haben sie den kleinsten Abstand?

4 Wasser in einer Untertasse wird auf die Fensterbank gestellt. Erkläre mit dem Modell, warum es mit der Zeit weniger wird.

5 Beim Kartoffelkochen kann es passieren, dass plötzlich kein Wasser mehr im Topf ist und die Kartoffeln anbrennen.
Erkläre, wo das Wasser geblieben ist. Benutze dabei die Wörter *sieden* und *Aggregatzustand*.

Temperatur

Die *Temperatur* gibt an, wie warm oder kalt ein Körper ist.
Gemessen werden Temperaturen mit *Thermometern* in der Einheit *Grad Celsius* (°C). ▷ 1

Die *Celsiusskala* entsteht mithilfe von zwei *Fixpunkten*: der Siedetemperatur von Wasser (100 °C) und der Schmelztemperatur von Eis (0 °C).
Der Abstand dazwischen wird in 100 gleiche Teile geteilt. ▷ 2

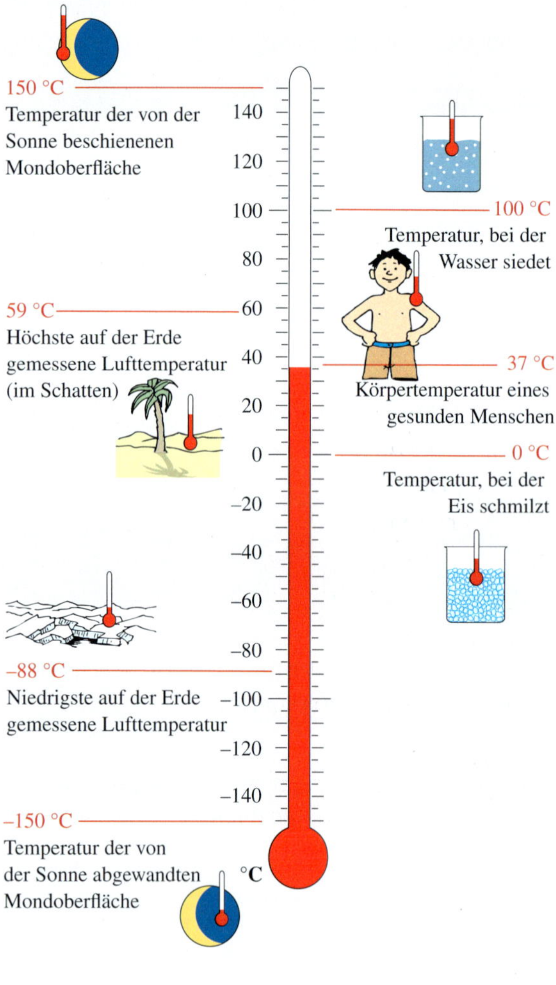

1

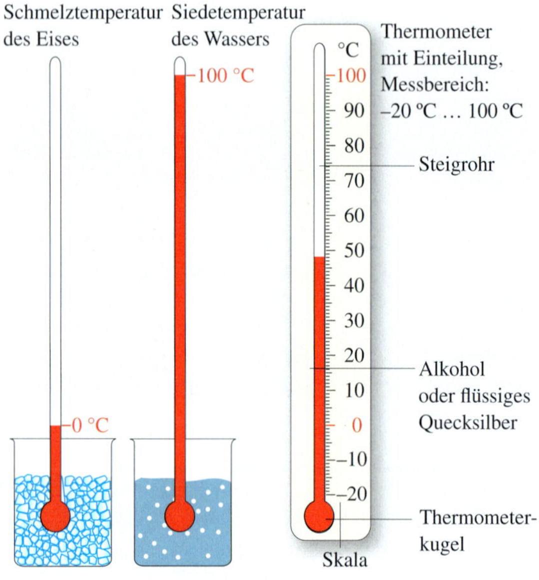

2

Zustandsformen (Aggregatzustände)

Viele Stoffe können fest, flüssig oder gasförmig sein. Der Aggregatzustand ist abhängig von der Temperatur. ▷ 3
Im Teilchenmodell kann man sich ein und denselben Stoff in verschiedenen Aggregatzuständen vorstellen. ▷ 4

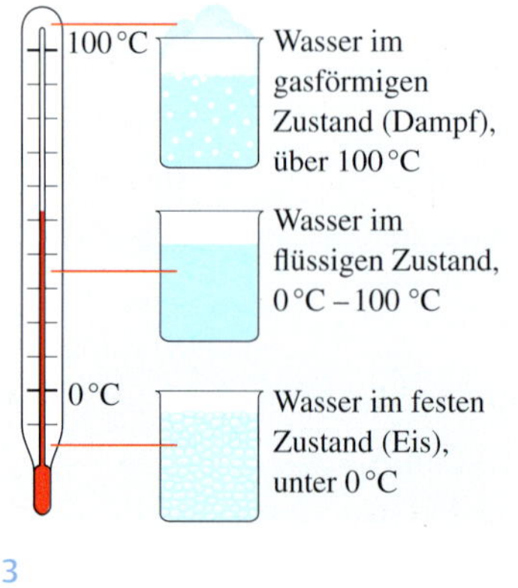

3

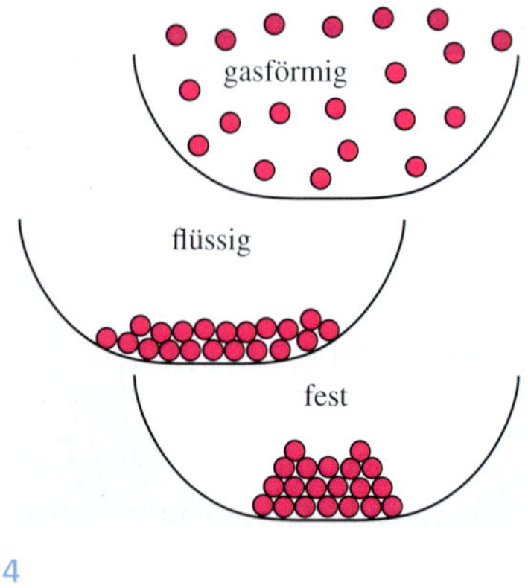

4

Alles klar?

1 Wir sind mit einem Temperatursinn ausgestattet.

a In welchen Situationen ist das wichtig?

b Oft täuscht uns unser Temperatursinn. Beschreibe dazu ein Beispiel.

2 Beim Ablesen der Temperatur an einem Thermometer kann man Fehler machen. Worauf muss man achten?

3 Die Temperaturen 0 °C, 37 °C und 100 °C solltest du dir merken. Woran denkst du bei diesen Temperaturen?

4 Beschreibe, auf welche Weise die Celsiusskala entstanden ist.

5 Michaels Schwester Petra (1 Jahr) scheint Fieber zu haben. Tatsächlich misst ihre Mutter „neununddreißig vier".
Petra muss ins Bett und bekommt Wadenwickel mit lauwarmen, feuchten Tüchern. ▷ 5

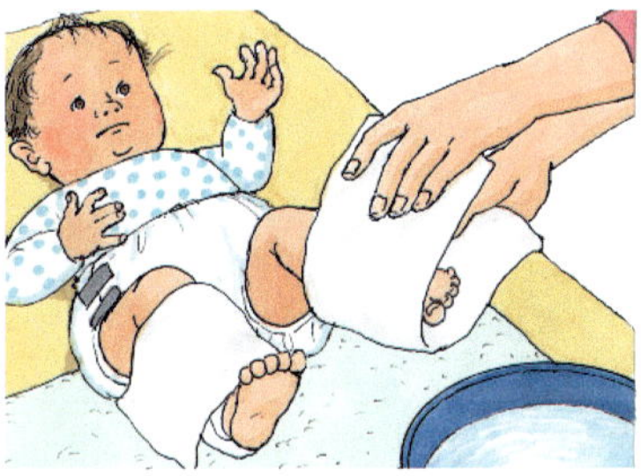

5

Nach einer Stunde misst ihre Mutter erneut: „achtunddreißig acht".
Sie muss danach aus dem Haus gehen. Sie bittet deshalb Michael, Petras Körpertemperatur um 18 Uhr und um 19 Uhr noch einmal zu messen. Er misst „achtunddreißig fünf" und „neununddreißig eins".

a Michaels Mutter hatte schon ohne Thermometer gemerkt, dass Petra Fieber hat. Wie ist das möglich?

b Schreibe die genannten Temperaturen richtig auf (also mit Ziffern und Einheit).

c Zeichne die genannten Temperaturen in ein Diagramm ein.

d Lies an deinem Diagramm ab, was die Wadenwickel bewirkten.

e Michael hat in seinem Experimentierkasten ein Experimentierthermometer. ▷ 6
Warum eignet sich das nicht gut zum Fiebermessen?

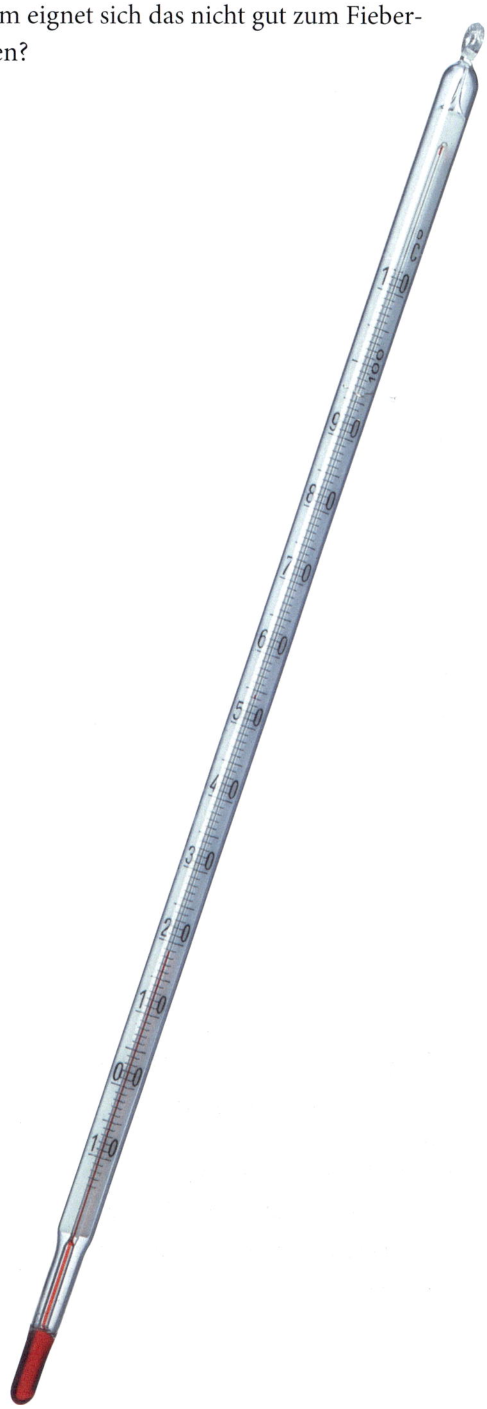

6

Temperaturänderungen und ihre Folgen

Erwärmen und abkühlen

Welche Fragen fallen euch zu den Bildern ein? Versucht sie zu beantworten. Vielleicht fallen euch sogar dazu Versuche ein?

1

2

Eisen, Wasser, Luft … werden erwärmt oder abgekühlt. Ihr sollt herausfinden, wie sich die Stoffe dabei verändern.

1

Der eingezwängte Topfdeckel

In ein Brett schlagt ihr zwei Nägel ein. Ein Topfdeckel aus Metall (ohne Lackierung) soll gerade noch zwischen die Nägel passen. ▷ 3

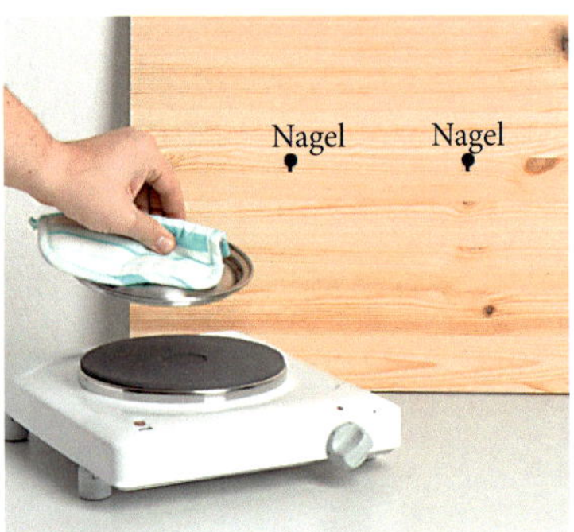

3

a Legt den Deckel auf eine Kochplatte und schaltet sie ein. Nach 2 min nehmt ihr den Deckel vom Herd (Topflappen!). Passt er noch zwischen die Nägel?

b Lasst den Deckel abkühlen und probiert es erneut.

2

Wasser in der Getränkedose

Füllt eine Getränkedose mit Wasser. Es soll gerade bis an das Trinkloch reichen. Trocknet den Dosendeckel ab. Stellt die Dose dann in einen Topf mit heißem Wasser. ▷ 4
Beschreibt eure Beobachtungen.

4

3

Luft in der Kunststoffflasche – eisgekühlt

Besorgt euch eine dünnwandige, leere und trockene Kunststoffflasche. Verschließt sie gut und stellt sie ins Eisfach des Kühlschranks. Nach einiger Zeit holt ihr sie wieder heraus. ▷ 5
Was fällt euch auf?
Sucht nach einer Erklärung.

5

4

Die Münze auf der Flasche

Hokuspokus mit einer Flasche – sicher könnt ihr das auch …
▷ 6

Tipps: Die leere Flasche vorher in den Kühlschrank legen.
Die Münze zunächst anfeuchten und dann erst auf die Flasche legen.

5

Wenn Wasser gefriert …

a Füllt ein kleines, schmales, hohes Schraubglas randvoll mit Wasser. Verschließt es mit dem Deckel. Es soll keine Luftblase im Glas sein.
Stellt das Glas (in einer Plastiktüte) ins Gefrierfach.
Am nächsten Tag schaut ihr nach. Das Wasser ist nicht nur gefroren …

b Stellt ein Reagenzglas mit Wasser in eine Mischung aus zerstoßenem Eis und Salz („Kältemischung"). ▷ 7
Beobachtet genau den Wasserstand beim Abkühlen.
Wie stark ändert sich das Volumen beim Gefrieren?

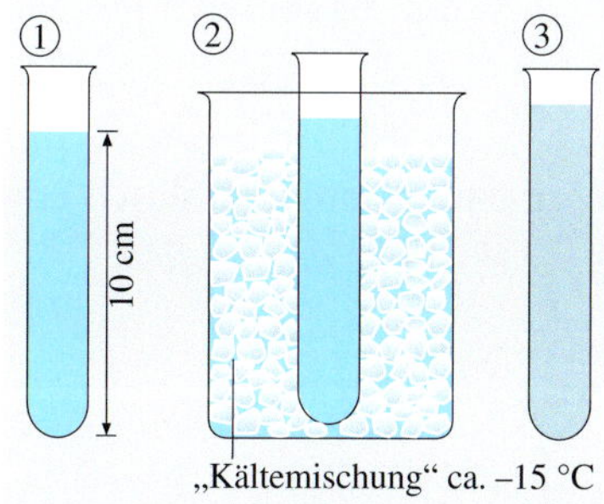

7

6

Erstarren von Wasser und Wachs

Zwei Gefäße (Teelichter) waren ursprünglich randvoll mit Wasser oder flüssigem Wachs gefüllt.
▷ 8

a Beschreibt die Bilder und erklärt.

b Probiert es selbst aus.

8

7

Erklärungen

Versucht die Beobachtungen der Versuche 1–4 zu erklären.

6

1

Wie stark dehnt sich Eisen aus?

Versuchsgeräte und -aufbau:

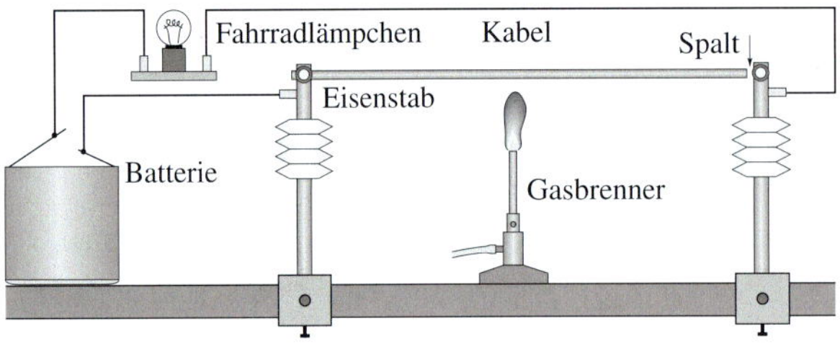

Versuchsdurchführung:

a Wenn der rechte Isolierstab den Eisenstab berührt, muss die Lampe leuchten. Der Spalt wird 5 mm breit eingestellt. Erhitzt nun den Eisenstab. Dehnt er sich so weit aus, dass der Spalt geschlossen wird?

b Kühlt den Stab in kaltem Wasser ab. Macht den Spalt 0,25 mm breit – eine Postkarte muss gerade noch hindurchpassen. Wird der Spalt diesmal beim Erhitzen geschlossen?

Auswertung:

1. 5-mm-Spalt: Beim Erhitzen wird der Spalt …
2. 0,25-mm-Spalt: Beim Erhitzen wird der Spalt …

2

Wird eine Eisenkugel durch Erhitzen dicker und schwerer?

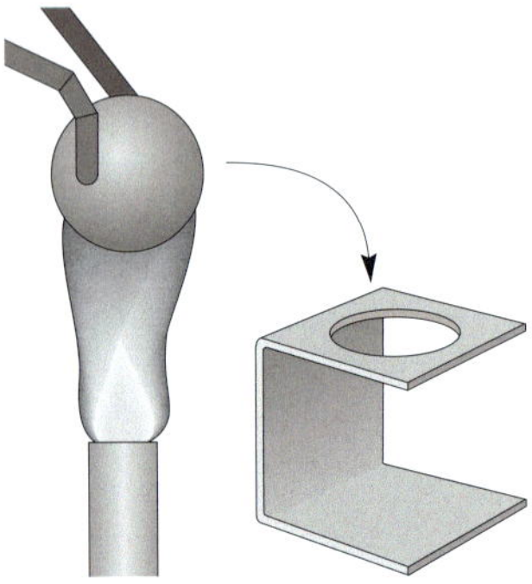

Versuchsgeräte und -aufbau:

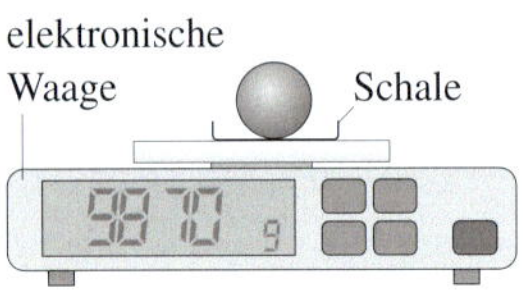

Versuchsdurchführung:

a Stellt fest, wie viel die kalte Eisenkugel wiegt. Schreibt den Betrag auf. Probiert aus, ob die Kugel durch den Ring passt.

b Erhitzt die Kugel nun mit dem Brenner. Wie viel wiegt die heiße Kugel? Passt sie noch durch den Ring?

c Kühlt die Kugel in kaltem Wasser. Passt sie nun wieder durch den Ring?

Auswertung:

Ergänzt die folgenden Sätze:

1. Wenn die Eisenkugel erwärmt wird, …
2. Wenn die Eisenkugel abgekühlt wird, …
3. Das Gewicht der Eisenkugel …

3

Flüssigkeiten werden erwärmt

Versuchsgeräte und -aufbau:

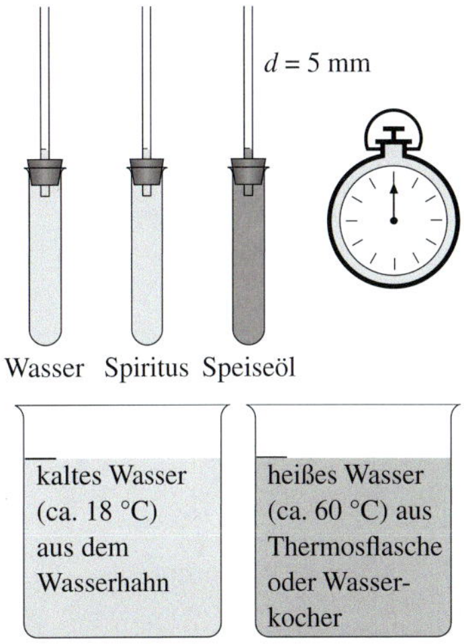

Versuchsdurchführung:

a Stellt die Reagenzgläser in ein Becherglas mit kaltem Wasser. Markiert jeweils mit einer Pappmarke den Flüssigkeitsstand.

b Stellt nun die Reagenzgläser in ein Becherglas mit heißem Wasser. Messt nach 3 min, um wie viel die Flüssigkeitssäulen gestiegen sind.

c Die Reagenzgläser werden nun wieder in ein Becherglas mit kaltem Wasser gestellt. Was geschieht?

Auswertung:

a Schreibt auf, wie hoch die Flüssigkeiten gestiegen sind:
- Anstieg von Wasser: … mm
- Anstieg von Spiritus: … mm
- Anstieg von Öl: … mm

b Ergänzt die folgenden Sätze:
1. … dehnt sich am stärksten aus, … am wenigsten.
2. Beim Abkühlen …

4

Dehnt sich auch Luft aus?

Versuchsgeräte und -aufbau:

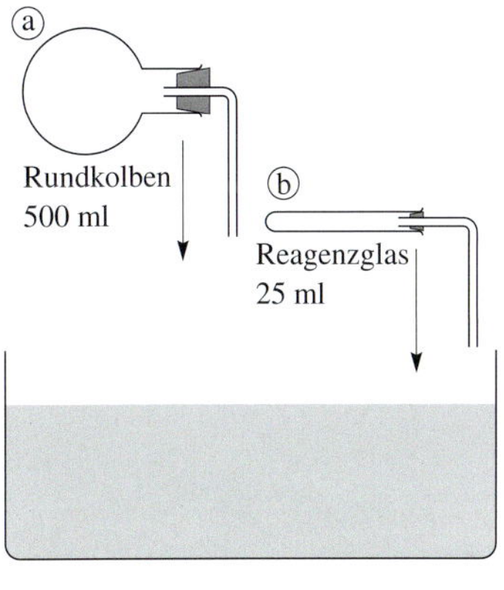

Versuchsdurchführung:

Führt die beiden Versuchsteile mehrmals durch. Kühlt nach jedem Versuch den Glaskolben und das Reagenzglas in kaltem Wasser ab. Trocknet außerdem die Gläser.

a Umschließt den Glaskolben fest mit beiden Händen und haltet das Winkelröhrchen sofort ins Wasser.
Zählt die aufsteigenden Luftblasen.

b Macht dann dasselbe mit dem Reagenzglas.

Auswertung:

a Vervollständigt die folgenden Sätze:
1. Wenn man Luft erwärmt, …
2. Wenn die Luft abkühlt, …

b Mit welchem Gefäß entstehen mehr Blasen?
Sucht nach einer Erklärung dafür.

Ausdehnung beim Erwärmen

Wenn Körper erwärmt werden … Brücken werden nicht an beiden Seiten fest verankert, sie liegen z. B. auf Rollen. ▷ 1 Der Grund dafür ist die Ausdehnung beim Erwärmen.

1 Brücke auf Rollen

Körper, die erwärmt werden, dehnen sich nach allen Richtungen aus. Beim Abkühlen ziehen sie sich wieder zusammen. Das gilt nicht nur für feste Körper, sondern auch für Flüssigkeiten und Gase.

Die Ausdehnung hängt vom *Stoff* ab. Eine Stange aus Aluminium dehnt sich stärker aus als eine aus Eisen. ▷ 2 Öl dehnt sich stärker aus als Wasser.

Nur bei Gasen ist es anders: Bei gleicher Temperaturerhöhung dehnen sich alle Gase gleich stark aus. Luft dehnt sich also so stark aus wie das Gas aus der Sprudelflasche (Tabellen zur Ausdehnung im Anhang).

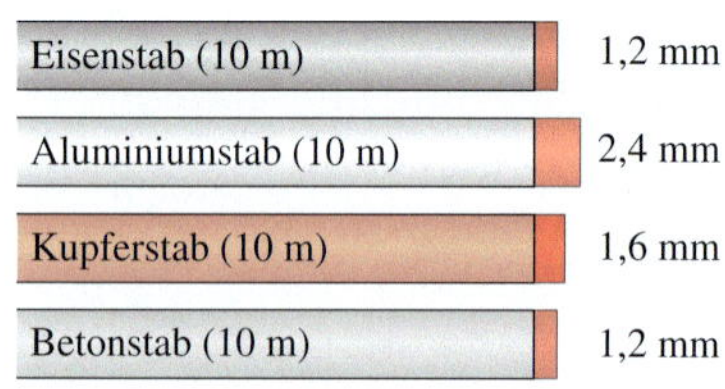

2 Ausdehnung bei Erwärmung um 10 °C

Mehr

Wie ist die Ausdehnung zu erklären? Man stellt sich vor, dass alle Körper aus winzigen kleinen Teilchen aufgebaut sind (s. S. 50 f., *Teilchenmodell*). Dann kann man sich die Ausdehnung der Körper beim Erwärmen so erklären: Die Teilchen, aus denen ein Körper besteht, sind in ständiger Bewegung.

Je stärker der Körper erwärmt wird, desto heftiger ist die Bewegung seiner Teilchen. Da die Teilchen bei stärkerer Bewegung mehr Platz brauchen, dehnt sich der Körper aus.

Dazu ein *Modellversuch*:

Kinder stehen dicht beieinander und bewegen sich kaum. ▷ 3 Dann beginnen sie sich stärker zu bewegen …

3 Das „Teilchenspiel“

die Anomalie des Wassers
die Wärmeausdehnung

Wenn Wasser zu Eis wird Wenn Flüssigkeiten in den festen Zustand übergehen, ziehen sie sich normalerweise zusammen. Ihr Volumen (Rauminhalt) wird beim Erstarren geringer.
Bei Wasser ist es anders: Wenn Wasser erstarrt, dehnt es sich stark aus. Aus 1 Liter Wasser werden 1,1 Liter Eis. ▷ 4

Wenn Wasser gefriert und zu Eis wird, dehnt es sich aus.

Diese Besonderheit des Wassers bezeichnet man als *Anomalie des Wassers.*
Die Vergrößerung des Volumens beim Gefrieren erfolgt mit großer Gewalt. Sogar eine Hohlkugel aus Eisen kann dabei gesprengt werden. ▷ 5

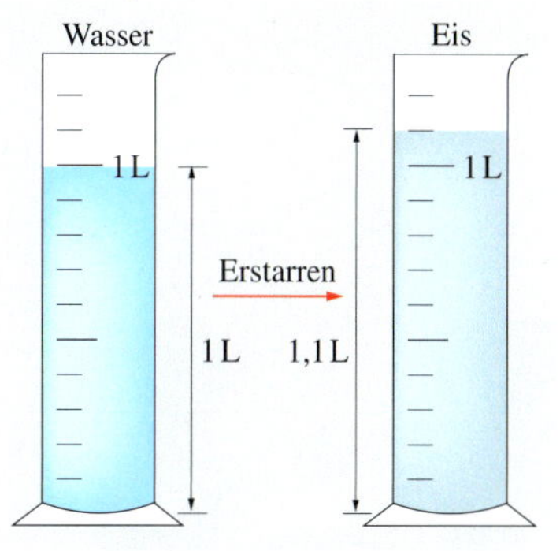

4 Volumenänderung beim Gefrieren

5 Gefrorenes Wasser in Eisenkugel

Aufgaben

1 Weshalb liegen Eisenbrücken auf Rollen? ▷ 1

2 Wovon hängt es ab, ob sich ein Körper stark oder weniger stark ausdehnt?

3 Die Flüssigkeit in einem Thermometer steigt, wenn man es in warmes Wasser hält. Gib eine Begründung dafür an.

4 Dieses Bild ist natürlich nicht ganz ernst gemeint. ▷ 6

6

a Was könnten die beiden Krieger tun, um ihre Kugeln doch noch in die Kanone hineinzubekommen?

b Was wäre wohl, wenn die Sonne auch die Kanone erhitzt hätte?

5 Du bläst einen Luftballon mit Atemluft (ca. 30 °C) auf. Gleich darauf legst du ihn in den Kühlschrank. Dort herrscht eine Temperatur von 8 °C.
Was wirst du wohl nach einer Stunde sehen können? Probiere es aus.

6 Eine Eisenkugel wird erwärmt.

a Wird sie dabei schwerer?

b Wie kann man die Ausdehnung der Kugel erklären?

7 Kennst du den „Zaubertrick" mit den klickenden Münzen (Bild 6 auf S. 183)?

a Was passiert, wenn der „Zauberer" die Flasche mit den Händen umfasst? Erkläre!

b Begründe die folgenden Tipps:
- Die Flasche vorher in den Kühlschrank legen.
- Die Flasche mit einem Handtuch anfassen.

8 Frostaufbrüche:
Erkläre mithilfe der Zeichnungen, wie Schlaglöcher entstehen. ▷ 7

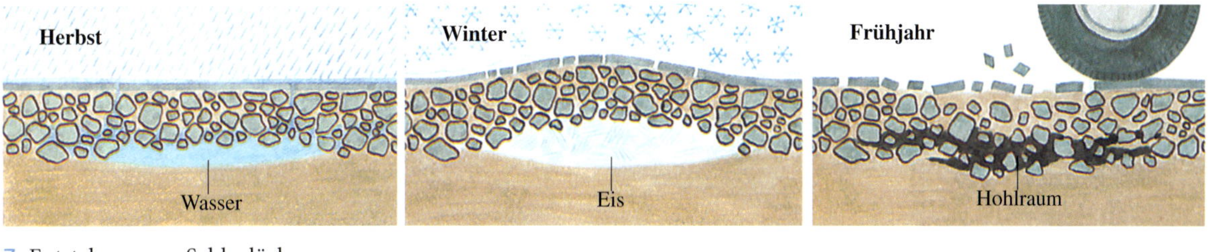

7 Entstehung von Schlaglöchern

Ausdehnung angewendet

1 Sprinkler

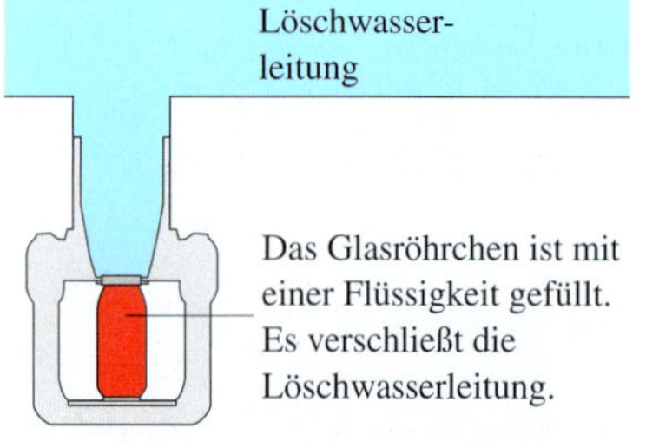

2 Löschwasserleitung mit Sprinkler

Sprinkleranlagen Viele Kaufhäuser, Kinos und Tiefgaragen sind mit automatischen Löschanlagen ausgestattet. An der Decke dieser Räume befinden sich Löschwasserleitungen. Das Wasser dort steht unter Druck – wie in jeder Wasserleitung. Die Leitungen enden in den Sprüheinrichtungen an den Decken, den Sprinklern. ▷ 1–2
In den Sprinklern sind die Wasserleitungen durch bauchige Glasröhrchen verschlossen. Diese Röhrchen wurden mit einer Flüssigkeit gefüllt.
Bei einem Brand steigt die Lufttemperatur im Raum an – vor allem über dem Brandherd. Im Sprinkler, der sich dort befindet, erwärmt sich die Flüssigkeit und dehnt sich aus. Sie benötigt jetzt mehr Platz als vorher. Sie „sprengt" das Glasröhrchen und gibt so den Weg für das Löschwasser frei.
Ein dicker Wasserstrahl trifft nun auf die sternförmige Metallplatte am Boden des Sprinklers. Dadurch verwandelt sich der Strahl in einen sprühenden Regen. Er löscht das Feuer. ▷ 3–5

3

4

5

1 Zum Text „Sprinkleranlagen": ▷ 1–5
a Wo befinden sich Sprinkleranlagen?
b Beschreibe, wie die Anlage arbeitet. Beginne so: „Wenn es brennt, steigt die Lufttemperatur an."

Stahlbeton – ein moderner Baustoff Außenmauern und Decken vieler Häuser werden aus Beton hergestellt – einem Gemisch aus Kies, Zement und Wasser. Der flüssige Beton wird auf Stahlmatten oder Stahlgeflechte geschüttet. Erst darauf gießt man dann den zunächst noch flüssigen Beton. ▷ 6 Durch die Stahlmatten wird der Beton verstärkt. Dieser „kombinierte" Baustoff heißt *Stahlbeton*.
Wenn zwei Baustoffe eng miteinander verbunden werden, besteht normalerweise ein Problem: Bei Temperaturänderungen können sich die Baustoffe unterschiedlich stark zusammenziehen oder ausdehnen. Das führt zu Rissen und Schäden am Bauwerk.
Bei Stahlbeton besteht diese Gefahr aber nicht: Beton und Stahl (gehärtetes Eisen) dehnen sich nämlich bei Erwärmung gleich stark aus. Und bei Abkühlung – im Winter – ziehen sich die beiden Materialien gleich stark zusammen.

6 Stahlbeton

Das erste Fieberthermometer Vor fast 400 Jahren erfand der italienische Arzt *Sanctorius* das Fieberthermometer. Es bestand aus einer Glaskugel, die in ein dünnes, schlangenförmiges Glasrohr überging. Die Kugel war gerade so groß, dass man sie in den Mund stecken konnte. Sie war mit Luft gefüllt. Im unteren Teil des Rohrs befand sich gefärbtes Wasser. ▷ 7
Vor dem Fiebermessen nahm der Arzt die Kugel selbst in den Mund. Die Folge war, dass sich die Flüssigkeit im Rohr verschob. Sowie die Flüssigkeit zum Stillstand gekommen war, steckte er die Kugel dem Kranken in den Mund. Wenn sich dann die Flüssigkeit weiter verschob, wusste er, dass der Kranke Fieber hatte …

7 Fieberthermometer von Sanctorius

2 Zum Text „Stahlbeton – ein moderner Baustoff": ▷ 6

a Erkläre den Begriff *Stahlbeton*.

b Eisen und Beton kann man als Baustoffe miteinander verbinden. Glas und Aluminium aber nicht. Begründe diese Aussage.
Tipp: Eine Tabelle im Anhang kann dir bei der Antwort helfen.

3 Zum Text „Das erste Fieberthermometer": ▷ 7

a Bringe die folgenden Sätze in die richtige Reihenfolge. (Der erste und der letzte Satz stehen richtig.)
- Der Arzt nimmt die Kugel in den Mund.
- Die Flüssigkeit wird nach unten verdrängt.
- Die Luft in der Kugel erwärmt sich.
- Die verdrängte Flüssigkeit fließt ins Glas.
- Die Luft dehnt sich aus.
- Der Arzt merkt sich, wo die Flüssigkeit steht.
- Der Arzt steckt dem Patienten die Kugel in den Mund.

b Woran konnte der Arzt erkennen, dass der Patient Fieber hat?

Zwei Metalle übereinander – das Bimetall

1 Bimetallthermometer, auf eine Fensterscheibe geklebt

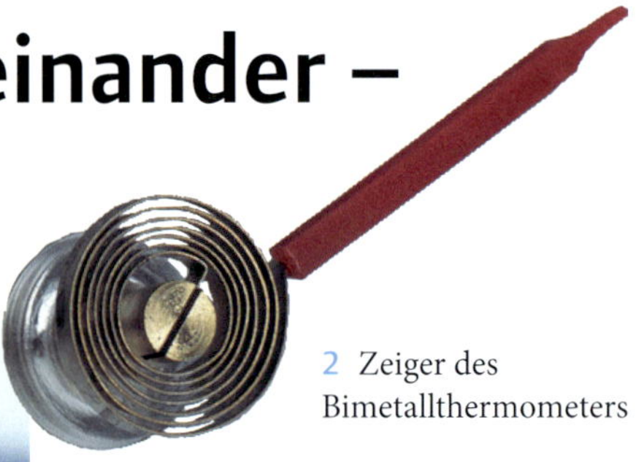
2 Zeiger des Bimetallthermometers

3 Bimetallstreifen: Er besteht aus zwei Schichten unterschiedlicher Metalle. Sie sind fest miteinander verbunden.

Wie kommt es, dass sich der Zeiger des Bimetallthermometers bei Temperaturänderungen bewegt?

1

Was geschieht, wenn man „Silberpapier" erwärmt?

a Schneidet z. B. vom „Silberpapier" eines Kaugummis einen langen, schmalen Streifen ab. Zieht dann die Metallseite des Streifens über den Rücken einer Messerklinge. Der Streifen rollt sich zu einer Spirale auf.

b Haltet die Spirale mit einer Pinzette über eine Flamme. ▷ 4 Pustet die Flamme aus.

c Beschreibt eure Beobachtungen.

2

Wie wird beim Bügeleisen die Temperatur geregelt?

Untersucht ein Bügeleisen. Stellt es zur Sicherheit auf eine hitzebeständige Unterlage (auf eine kalte Herdplatte).

a Schaltet es auf eine niedrige Temperaturstufe (auf die für Seide). ▷ 5
Beobachtet 5 min lang die Kontrolllampe.

b Was ändert sich, wenn ihr dann eine höhere Temperaturstufe (die für Leinen) wählt?

3

So verhält sich ein Bimetallstreifen bei Erwärmung

a Erwärmt den Bimetallstreifen. ▷ 6
Was könnt ihr dabei beobachten?

b Nach dem Abkühlen wird der Streifen umgedreht und wieder erwärmt.
Vergleicht das Ergebnis mit dem von Versuchsteil a.

c Sucht nach einer Erklärung für eure Beobachtung.
Tipp: Die eine Schicht ist Kupfer, die andere Eisen.

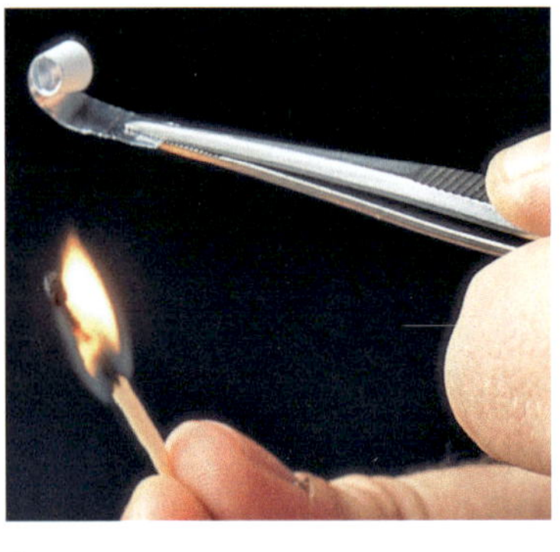
4

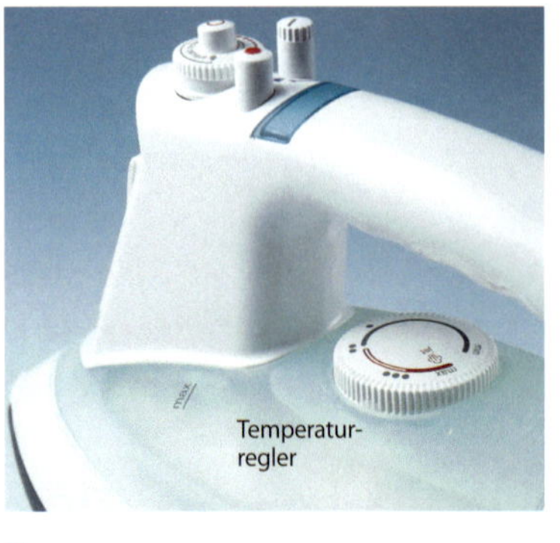

5

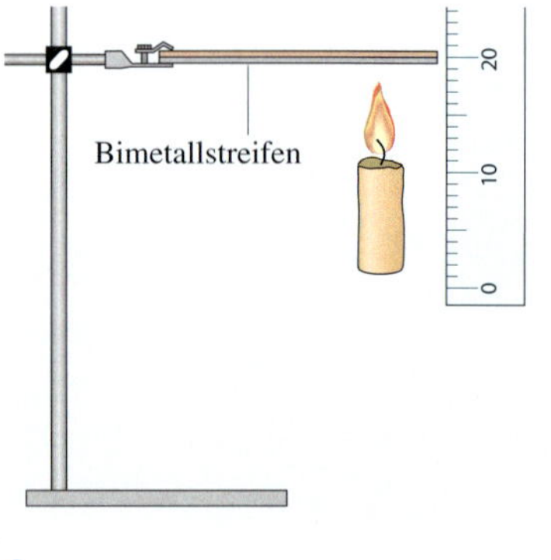

6

das Bimetall

4
Ein Bimetallstreifen als automatischer Schalter

Baut zunächst den elektrischen Stromkreis auf. ▷ 7

a Erwärmt den Bimetallstreifen mit einer Flamme.

b Was beobachtet ihr kurze Zeit später?

c Schreibt eure Beobachtungen in richtiger Reihenfolge auf: „Das Bimetall wird erwärmt – … “

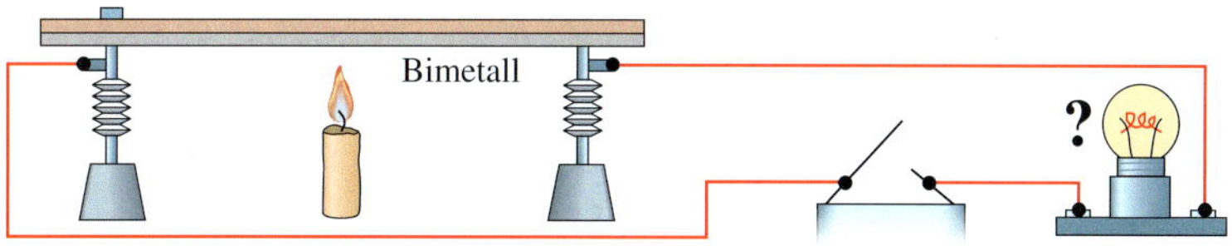

7

Bimetall und Bimetallschalter

So funktioniert ein Bimetall Nimm einmal an, die Metallschichten eines Bimetallstreifens sind nur an ihren Enden miteinander verbunden. Wenn man den Streifen erwärmt, wölbt sich eine Schicht nach außen – nämlich diejenige, die sich am stärksten ausdehnt. ▷ 8

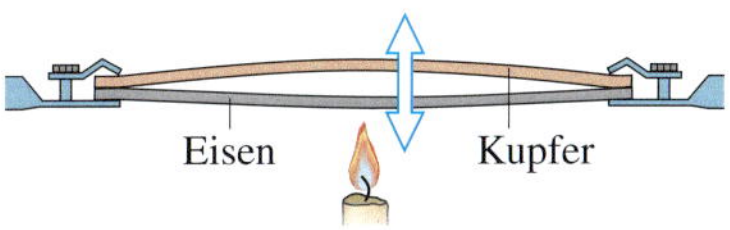

8

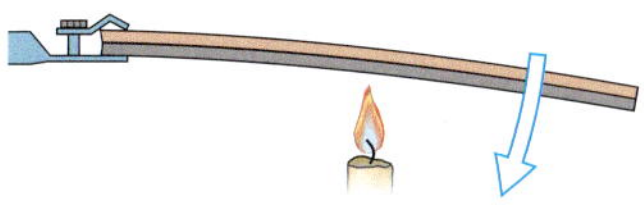

9

Die Metalle sind aber auf ihrer ganzen Länge fest miteinander verbunden. Deshalb zieht das eine Metall das andere mit. So entsteht die Biegung. ▷ 9

Außen ist dabei immer das Metall, das sich stärker ausdehnt, denn die „Außenkurve“ ist länger. Du kennst das von den Laufbahnen eines Sportplatzes.

Ein Bimetallstreifen besteht aus zwei unterschiedlichen Metallschichten. Wenn sie gemeinsam erwärmt werden, dehnen sie sich aus – ein Metall stärker als das andere.

Bimetallschalter Solche Schalter sind *Thermostate*. Sie dienen dazu, Temperaturen von Elektrogeräten zu regeln. Wie solche Bimetallschalter oder Thermostate funktionieren, zeigen die Bilder. ▷ 10–11

An dem Bild unten siehst du, wie ein Bügeleisen auf die verschiedenen Temperaturen eingestellt wird. ▷ 12

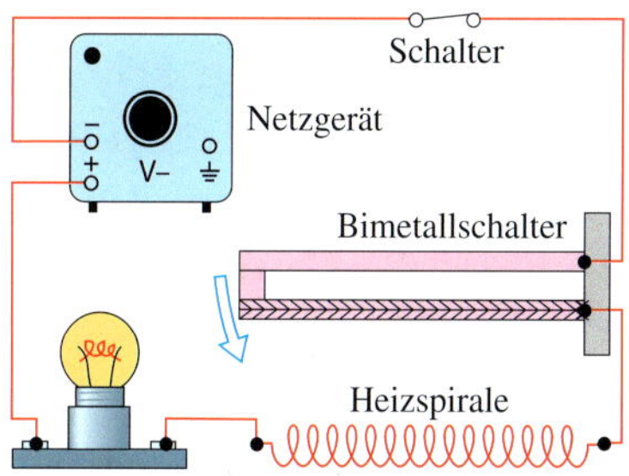

10 Modell eines Thermostats

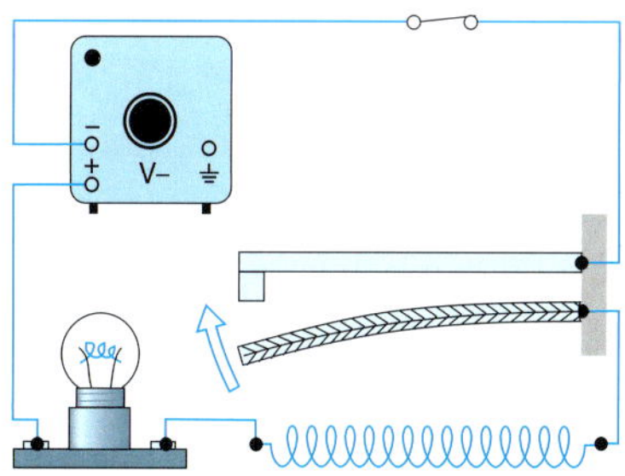

11

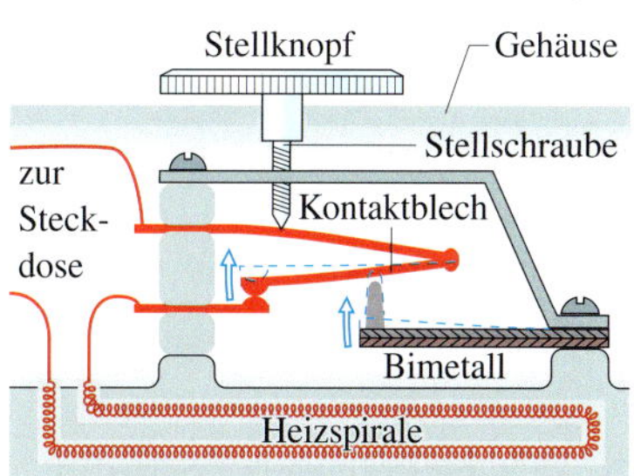

12 Thermostat eines Bügeleisens

Aufgaben

1 Beschreibe, wie der Bimetallschalter im Bügeleisen funktioniert. Formuliere so: „Die Heizspirale wird warm. Auch der Bimetallschalter erwärmt sich …“ ▷ 10–11

2 Wenn die Stellschraube am Bügeleisen nach rechts gedreht wird, wird das Bügeleisen heißer. ▷ 12 Versuche das zu erklären.

Die Anomalie des Wassers und ihre Folgen

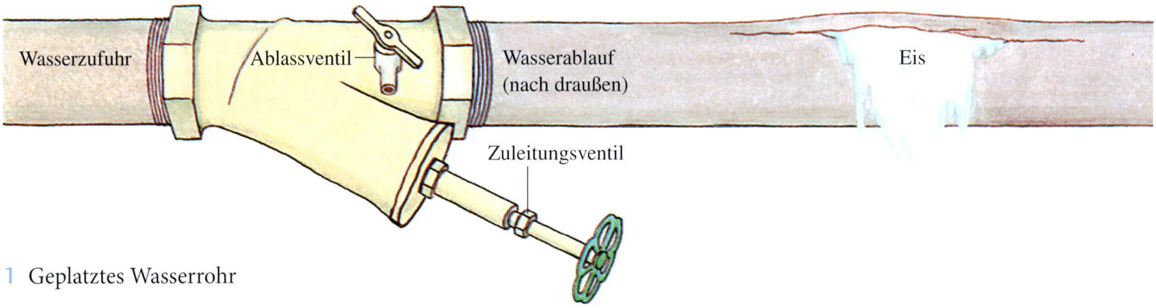

1 Geplatztes Wasserrohr

Schäden durch gefrierendes Wasser Bei uns werden Wasserrohre mindestens 1 m tief im Erdboden verlegt. Das hat einen einfachen Grund: In Deutschland gefriert der Boden nie so tief. Und damit kann auch das Wasser in den Rohren nicht gefrieren.
Manche Wasserrohre ragen aber aus der Erde oder einer Außenwand heraus, etwa bei einem Wasseranschluss im Garten. In diesem Fall muss man das Wasser abstellen, wenn Frost erwartet wird.
Es genügt aber nicht, einfach nur den Zuleitungshahn zu schließen. Man muss auch das Wasser aus den Rohren abfließen lassen. Dazu öffnet man den Wasserhahn im Garten und ein Ablassventil im Keller. Wenn das versäumt wird, werden die Rohre durch das gefrierende Wasser gesprengt. ▷ 1

Schotter und Geröll Die Wirkung von gefrierendem Wasser ist gewaltig. Die Schotter- und Geröllfelder im Gebirge sind sichtbare Folgen dieser Wirkung: Jeder Fels hat winzige Spalten oder Risse, in die Regenwasser eindringt. Wenn es bei Frost gefriert, werden die Risse erweitert. Schließlich wird Gestein abgesprengt. Der Fels wird so allmählich in immer kleinere Brocken zerlegt. Die Bruchstücke sammeln sich unter steilen Hängen zu ganzen Geröllfeldern. ▷ 2

2 Geröllfeld

1 Zum Text „Schäden durch gefrierendes Wasser“: ▷ 1

a Warum kann es bei Frost zu einem Rohrbruch im Garten kommen?
Warum bemerkt man den Schaden oft erst, wenn Tauwetter einsetzt?

b Wie kann man Wasserrohre im Garten vor Zerstörung durch Frost schützen?

2 Zum Text „Schotter und Geröll“: ▷ 2
Erkläre, wie aus großen Felsen im Laufe der Zeit feines Geröll wird.

Warum frieren Seen nicht bis zum Boden zu? Im Sommer wird das Wasser in einem See immer kälter, je tiefer du unter die Wasseroberfläche tauchst. ▷ 3 Im Winter dagegen nimmt die Wassertemperatur zum Grund hin bis auf +4 °C zu. ▷ 4 Wie kommt es dazu?
Im Winter kühlt sich das Wasser an der Oberfläche des Sees immer stärker ab. Es zieht sich dabei immer mehr zusammen. Bei +4 °C hat es das kleinste Volumen. Bei dieser Temperatur ist Wasser am schwersten. ▷ 5 Es sinkt nach unten.

5 Am schwersten ist 1 Liter Wasser von 4 °C.

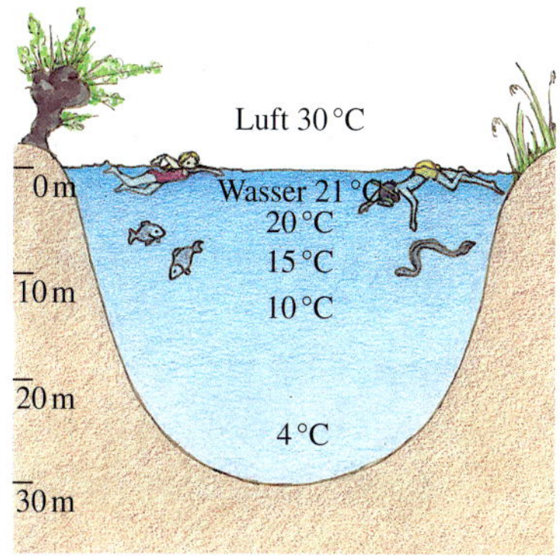

3 See im Sommer

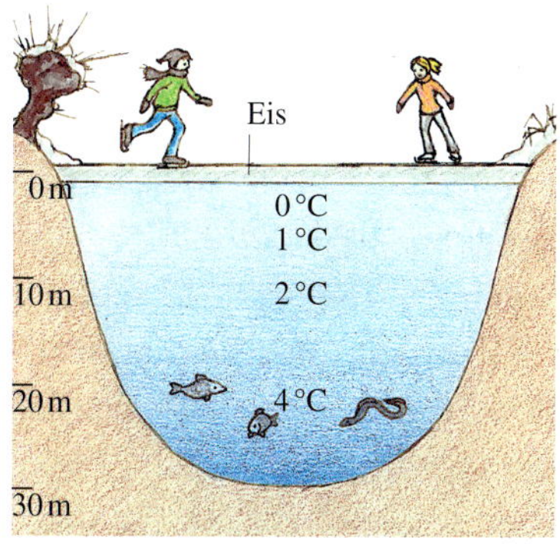

4 See im Winter

Wenn das Wasser *noch kälter als +4 °C* wird, dehnt es sich wieder aus. Es wird leichter und schwimmt deshalb auf dem wärmeren Wasser von +4 °C.
Wenn es an der Oberfläche gefriert, dehnt es sich noch weiter aus. Das Eis ist leichter als flüssiges Wasser. Es schwimmt.
Die Eisschicht kann zwar immer dicker werden, unten im See bleibt das Wasser aber +4 °C warm. Dadurch überleben Wasserpflanzen und Wassertiere auch kalte Winter im See. Nur flache Gewässer frieren bis zum Grund ein.

Bis 4 °C hat eine bestimmte Wassermenge ihr kleinstes Volumen.
Zwischen +4 °C und 0 °C dehnt es sich beim Abkühlen aus. ▷ 6–7
Bei 4 °C ist Wasser am schwersten.

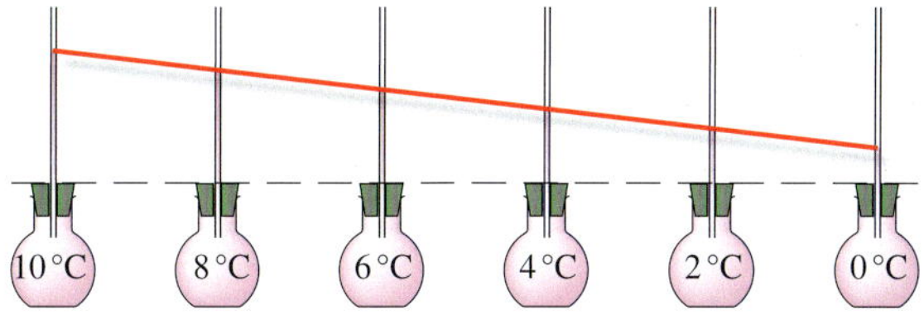

6 Abkühlen von Spiritus

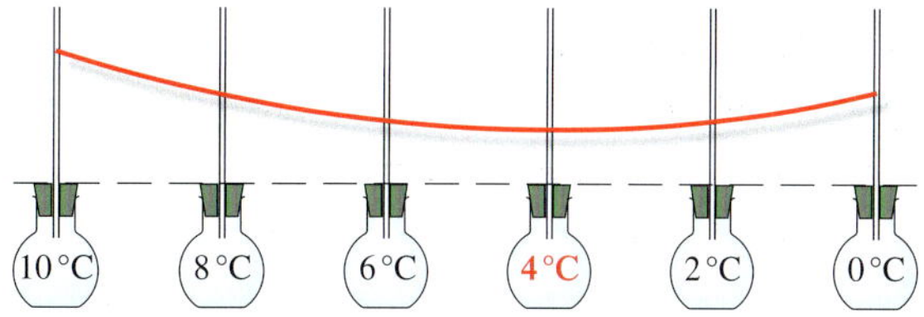

7 Abkühlen von Wasser

3 Welche Temperaturen hat ein großer See im Sommer und im Winter? Erkläre die Unterschiede.

4 Wie würde ein See zufrieren, wenn es keine Anomalie des Wassers gäbe?
Welchen Einfluss hätte das auf die Lebewesen im See?

5 Temperaturmessung im zugefrorenen Teich (*Achtung:* Nicht das Eis betreten!): Miss mit dem Digitalthermometer die Temperatur in verschiedenen Wassertiefen. Beginne mit der Messung direkt unter der Eisschicht.
Tipp: Klebe mit Klebeband Schrauben oder Muttern an den Messfühler, damit er sinkt.

Wärmeausdehnung von festen Körpern

Ein fester Körper dehnt sich beim Erwärmen nach allen Seiten aus; sein Volumen wird größer. Beim Abkühlen zieht er sich zusammen. ▷ 1

Wie stark sich ein Körper ausdehnt (zusammenzieht), hängt vom Stoff und vom Temperaturunterschied ab.

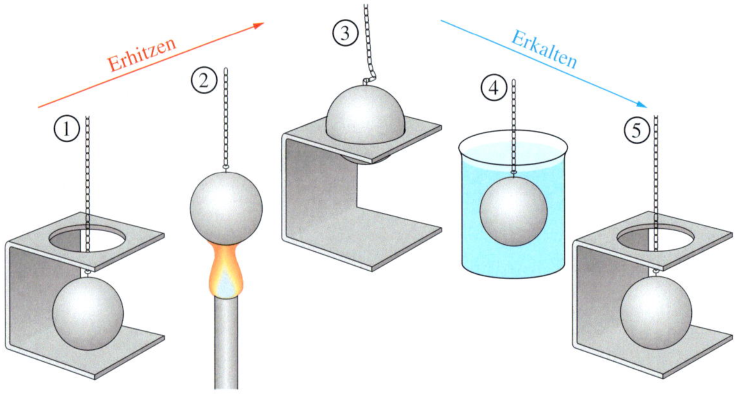

1

... von Flüssigkeiten

Eine Flüssigkeit dehnt sich beim Erwärmen aus. ▷ 2

Wenn sie abgekühlt wird, zieht sie sich zusammen. Unterschiedliche Flüssigkeiten dehnen sich verschieden stark aus.

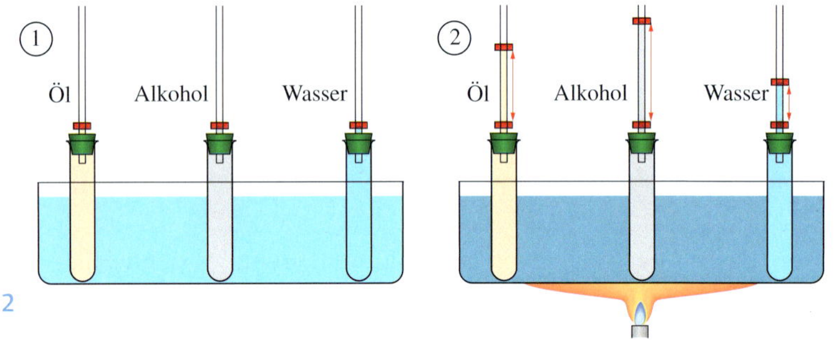

2

... von Gasen

Ein Gas dehnt sich beim Erwärmen aus. ▷ 3

Wenn es abgekühlt wird, zieht es sich zusammen.

Die Ausdehnung der Gase hängt nicht von der Art des Gases ab.

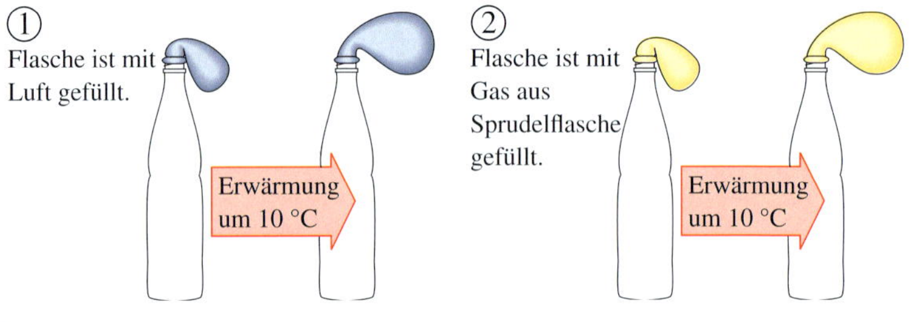

3

Mehr

Das Bimetall

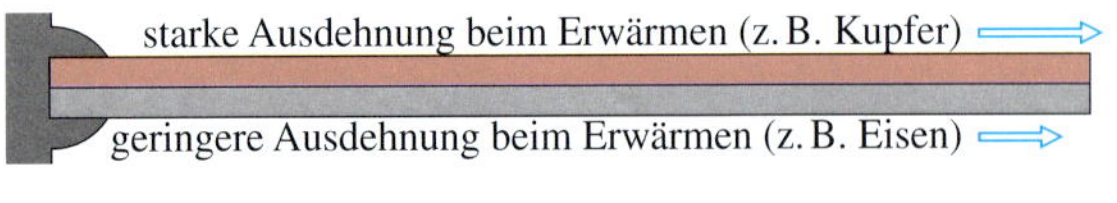

4

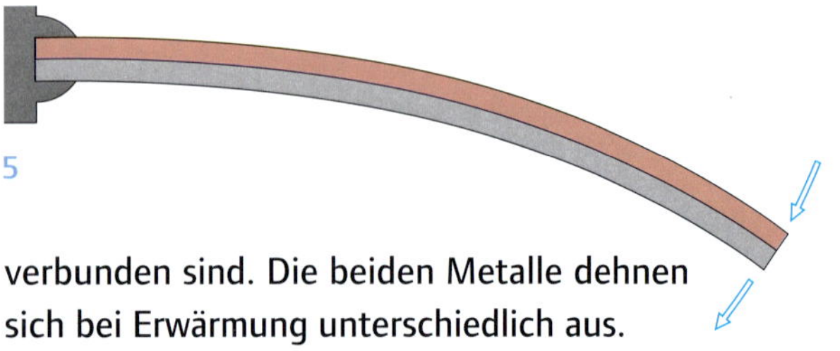

5

Ein Bimetallstreifen ▷ 4 verbiegt sich beim Erwärmen nach der Seite hin, die sich weniger stark ausdehnt. ▷ 5

Das geschieht, weil in einem Bimetallstreifen zwei unterschiedliche Metallschichten fest miteinander verbunden sind. Die beiden Metalle dehnen sich bei Erwärmung unterschiedlich aus.

Und sie ziehen sich unterschiedlich stark zusammen, wenn man sie abkühlt.

Mehr

Die Anomalie des Wassers

Wenn Wasser abkühlt, zieht es sich (wie alle Flüssigkeiten) zusammen – aber nur bis +4 °C. Dann dehnt es sich wieder aus. ▷ 6

Wenn Wasser zu Eis wird, dehnt es sich aus. ▷ 7 Die meisten anderen Stoffe ziehen sich beim Erstarren zusammen.

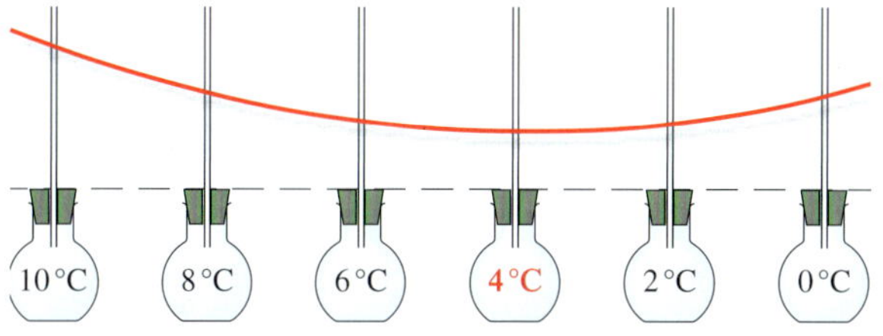

6

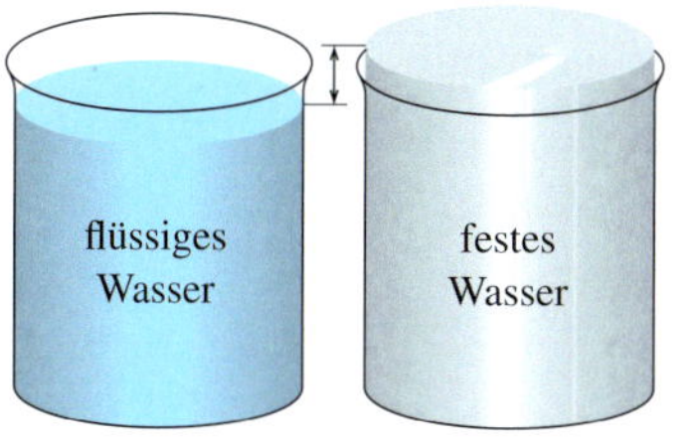

7

Alles klar?

1 Feste Stoffe, Flüssigkeiten und Gase werden erwärmt.

a Welche Änderung gibt es bei ihnen?

b Was geschieht, wenn sie abgekühlt werden?

2 Wenn Wasser zu Eis wird, … Ergänze den Satz:
… dehnt es sich aus / zieht es sich zusammen.
… schwimmt es auf dem Wasser / geht es unter.

3 Warum sollte man im Winter keine gefüllten Flaschen draußen stehen lassen?

4 Der Luftdruck in Autoreifen muss ab und zu überprüft werden. Warum sollte man das nur machen, wenn die Reifen kalt sind?

5 Rohrleitungen, durch die heiße Flüssigkeiten fließen, haben oft große Schleifen. Erkläre!

6 Ein Bimetallstreifen wird erhitzt. ▷ 8 Die untere Seite des Streifens – hier rot gezeichnet – dehnt sich beim Erwärmen stärker aus als die obere.

a Wohin biegt sich der Streifen?

b Nachdem sich der Bimetallstreifen abgekühlt hat, wird er in den Kühlschrank gelegt. Verbiegt er sich weiter? Erkläre!

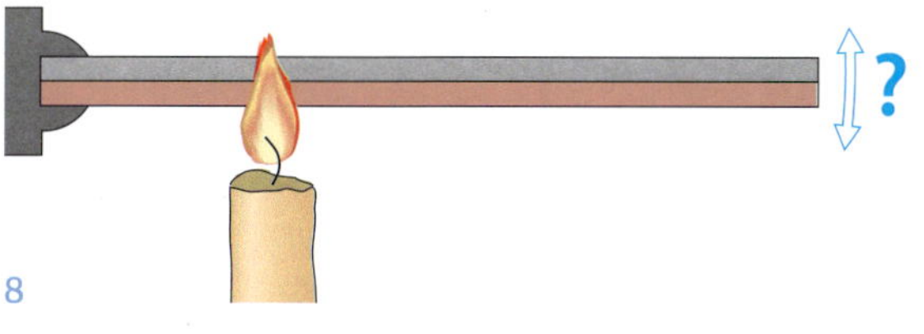

8

7 Wasser verhält sich beim Gefrieren nicht normal (anomal). Erläutere!

8 Im Winter befindet sich am Grund eines Sees 4 °C warmes Wasser.

a Gib dafür eine Erklärung.

b Welche Bedeutung hat es für die Tier- und Pflanzenwelt?

9 Die Spalten in der Fahrbahn einer Brücke heißen „Dehnungsfugen". ▷ 9–10

a Erkläre diesen Namen.

b Ein Foto wurde im Sommer gemacht, eines im Winter. Welches ist die „Sommeraufnahme", welches die „Winteraufnahme"? Begründe!

10 Eine nicht ganz einfache Aufgabe – ob du sie lösen kannst?
Eine leere kalte Flasche wird mit der Öffnung nach unten ganz in kaltes Wasser gesteckt. Das Wasser wird allmählich erwärmt …
Was erwartest du?

9

10

Temperatur und Wärme

Nicht nur die Sonne spendet Wärme

Es gibt viele verschiedene Wärmespender.
Die Pinguine werden nicht nur von der Sonne erwärmt … ▷ 1

1

1

Auf der Suche nach Wärmequellen

a Nennt Wärmequellen in eurem Haushalt. Welchem Zweck dienen sie? Übertragt die folgende Tabelle in eure Hefte und füllt sie aus.

Bezeichnung der Wärmequelle	Zweck der Wärmequelle
Kaffeemaschine	Wasser erhitzen
…	…

b Die Bilder zeigen verschiedene Wärmequellen. ▷ 1–4 Tragt diese ebenfalls in eure Tabellen ein.

2

3

4

2

Heißes Wasser – auf verschiedene Weise erhitzt

Heute ist es ganz einfach, Wasser auf dem Herd oder im Wasserkocher zu erhitzen. Früher war es viel schwieriger. ▷ 5

a Gieße eine Tasse Wasser in einen Topf. Stelle ihn auf den Herd und schalte die Platte ein. Miss, wie lange es dauert, bis das Wasser siedet.

b Versuche es nun mit einer offenen Flamme: Benutze ein Stövchen, eine leere Konservendose als Wasserbehälter und mehrere Teelichter. Wiege die Kerzen vor und nach dem Versuch auf einer Briefwaage.

5

3

Kann eine Jacke wärmen?

Das Kätzchen fühlt sich wohlig warm unter der Decke. ▷ 6
Ob die Jacke selbst eine Wärmequelle ist? ▷ 7 Plant dazu einen Versuch.

6

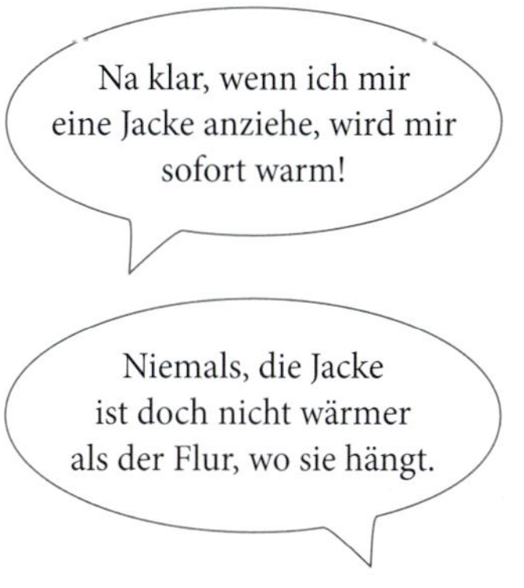

7

4

Wärme durch Bewegung

Manchmal werden Körper ohne erkennbare Wärmequelle erwärmt.

a Biege eine aufgebogene Büroklammer einige Male schnell hin und her. ▷ 8 Berühre die Biegestelle dann mit den Lippen.

b Suche andere Vorgänge, bei denen durch Bewegung Wärme entsteht.

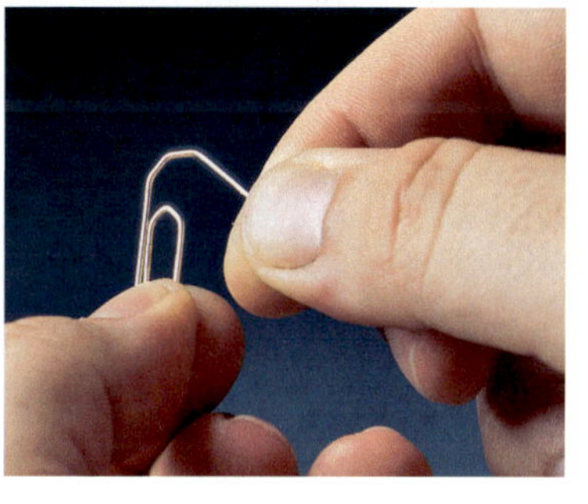
8

5

Wasser erwärmen nur durch Schütteln?

Ob Wasser auch einfach durch Schütteln wärmer wird?
Was vermutet ihr?

a Füllt ein kleines Kunststoffgefäß zu einem Viertel mit Wasser. (Das Wasser muss Zimmertemperatur haben!) Verschließt das Gefäß mit dem Deckel und schüttelt kräftig 2 min lang. ▷ 9
Messt vor und nach dem Schütteln die Temperatur mit einem empfindlichen Digitalthermometer.

b Kevin meint, das Wasser könnte schon von der Hand erwärmt worden sein. Wie könntet ihr das überprüfen?

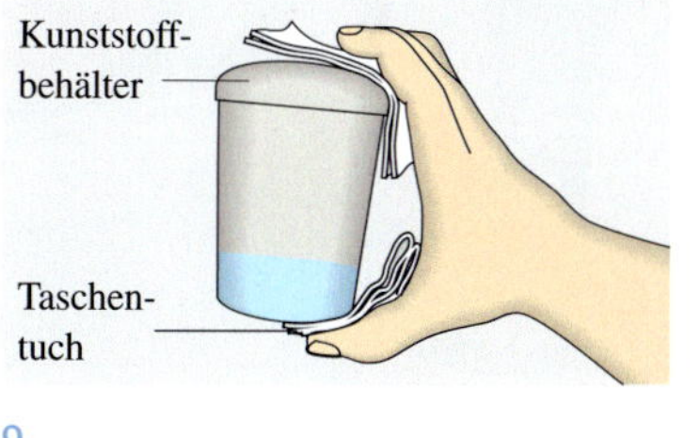

9

Energie – Wärme – Temperatur

Wasser wird nicht von selbst warm Zum Erwärmen von Wasser benötigt man *Energie*.
Du kannst mit einem Teelicht Wasser erwärmen: ▷ 1 Beim Verbrennen wird im Wachs gespeicherte *Energie* in *Wärme* umgewandelt. Das Wasser wird wärmer. Seine Temperatur steigt. Das Wachs wird weniger. Die in ihm gespeicherte chemische Energie nimmt ab.
Auch ein Auto bewegt sich nicht „von selbst“: Um es zu bewegen, ist ebenfalls Energie erforderlich. Im Treibstoff ist Energie gespeichert. Aus ihr wird durch Verbrennung *Wärme* und dann *Bewegung*.
Energie ist nötig, um Körper zu erwärmen oder zu bewegen.

1

Wärmequellen Die Sonne ist unsere wichtigste Energiequelle. ▷ 2 Sie liefert uns Energie in Form von *Licht* und *Wärme*. Ohne die Energie der Sonne gäbe es kein Leben auf der Erde.
Viele Wärmequellen im Haushalt werden heute elektrisch betrieben: Herd, Backofen, Toaster, Wasserkocher, Bügeleisen … In ihnen wird *elektrische Energie* in *Wärme* umgewandelt. ▷ 3
Auch Körper, die sich bewegen, können zu Wärmequellen werden. Dabei entsteht aus *Bewegung Wärme*. ▷ 4

2

3 Wärmequellen im Haushalt

4 Heiß gelaufene Bremsscheibe

die Energie
die Wärme

Mehr

Zustandsänderungen und Energie Unsere Versuche haben gezeigt: Wasser kann nicht heißer werden als 100 °C – wenn man es auch noch so lange und stark erhitzt. Die zugeführte Energie bewirkt dann, dass sich der Aggregatzustand des Wassers ändert.
Wenn Wasser längere Zeit im Freien steht, *verdunstet* es. Auch dann geht es in den gasförmigen Aggregatzustand über. Die dafür notwendige Energie entzieht es seiner Umgebung. Das kannst du z. B. spüren, wenn du dich nach dem Baden nicht gleich abtrocknest: Dann beginnst du zu frieren, weil das Wasser deinem Körper die zum Verdunsten nötige Energie entzieht.

Mehr

Wärme und Temperatur Wärme und Temperatur sind nicht dasselbe. Das kannst du dir an der folgenden Abbildung klarmachen. ▷ 5
Auch wenn zwei Körpern gleich viel Wärmeenergie zugeführt wird, können die dann gemessenen Temperaturen unterschiedlich sein.

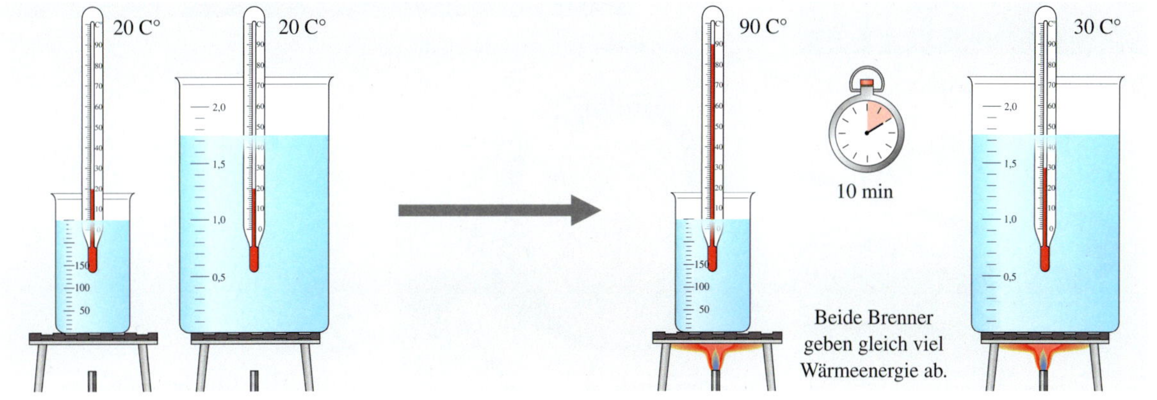

5

Aufgaben

1 Die Sonne ist unsere wichtigste Energiequelle. Nenne dazu einige Beispiele.

2 Wärme kann auf unterschiedliche Weise entstehen: durch Brennstoffe, elektrischen Strom, Bewegung … Beschreibe jeweils ein Beispiel.

3 Föhn, Kaminfeuer, Heizdecke, Felljacke, Glühlampe, Toaster, Handschuhe, Backofen – welches sind keine Wärmequellen?

4 Im Iglu gibt es weder Feuer noch Heizung. ▷ 6 Warum frieren die Menschen im Iglu nicht?

5 „Temperatur“ oder „Wärme“? Schreibe die folgenden Sätze ab und setze die richtigen Begriffe ein.

a Im Zimmer ist die … niedriger als draußen.

b Das Wasser in der Wanne und der Tee im Glas haben die gleiche …, nämlich 30 °C. In der Wanne ist aber mehr … gespeichert als im Glas.

6 Inuit-Familie im Iglu

Wärmeausbreitung

Keine Wärme verschwenden

In allen Bildern wird versucht, die Wärme gut zu nutzen.

1 Im Winter wird geheizt.

3 Heißes Wasser – durch die Sonne

2 Das Dach wird isoliert.

4 Winterkleidung schützt den Körper.

1

Wie die Heizung die Luft im Zimmer erwärmt

a Schneidet euch eine Papierspirale aus. Steckt an ihrem inneren Ende von unten her eine Stecknadel hindurch. So kann sich die Spirale leicht drehen.

b Haltet eure „Warmluftspirale" einige Minuten über eine Wärmequelle. ▷ 5

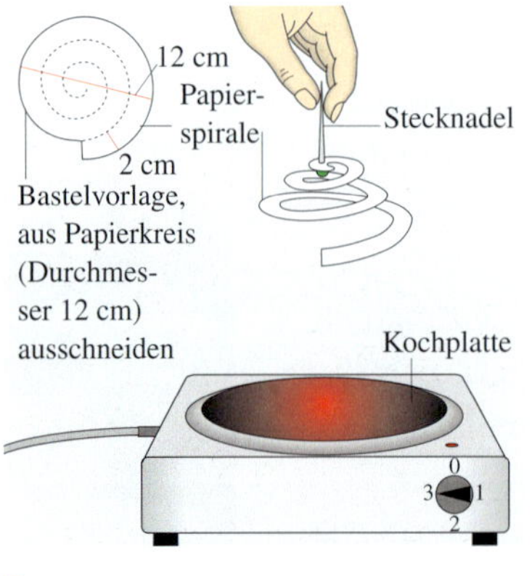

5

2

Eine „Heizungsanlage" ohne Pumpe

Das Gefäß stellt eine Heizungsanlage dar. Der Bereich der Flamme ist der Heizkessel. Das übrige Gefäß ist Heizkörper und Zuleitungsrohr zugleich. ▷ 6

Was passiert, wenn das Wasser erwärmt wird? Erkläre!

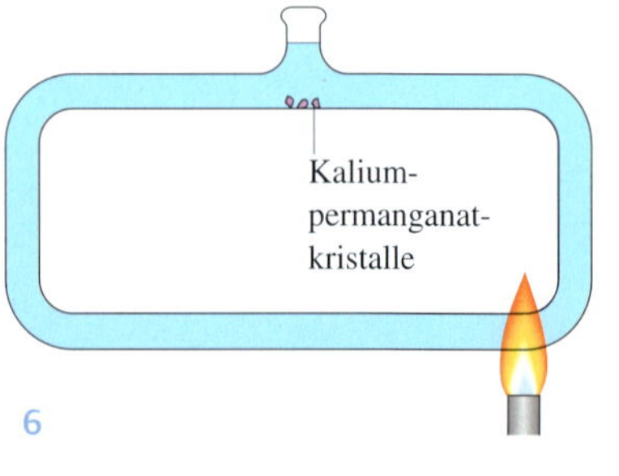

6

3
Können Kleidung und Fell wärmen?

Verwendet Watte als Ersatz für Winterkleidung oder das Fell eines Tiers.

a Füllt kleine Schraubgläser oder Filmdosen mit heißem Wasser und verschließt sie. Wickelt eines der Gefäße in Watte ein, das andere bleibt auf dem Tisch stehen. ▷ 7

b Prüft nach 30 min die Temperatur beider Gefäße, indem ihr sie an die Wange haltet. Was stellt ihr fest?

c Wickelt das Gefäß wieder ein. Prüft beide Gefäße am nächsten Tag.

d Verwendet statt der Watte auch Wolle oder andere Stoffe.

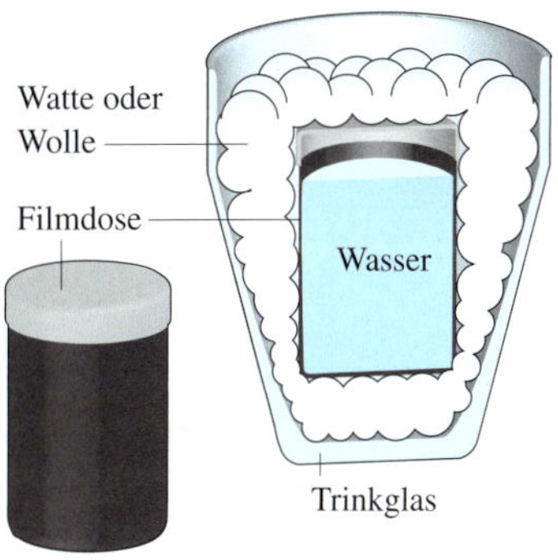

7

4
Was wird schneller heiß?

Stellt einen hölzernen Kochlöffel und eine Suppenkelle aus Metall in heißes Wasser. ▷ 8 Fasst sie nach einigen Minuten oben an. Was stellt ihr fest?
Probiert es auch mit Kunststoff und Glas.
Was zeigt dieser Versuch?

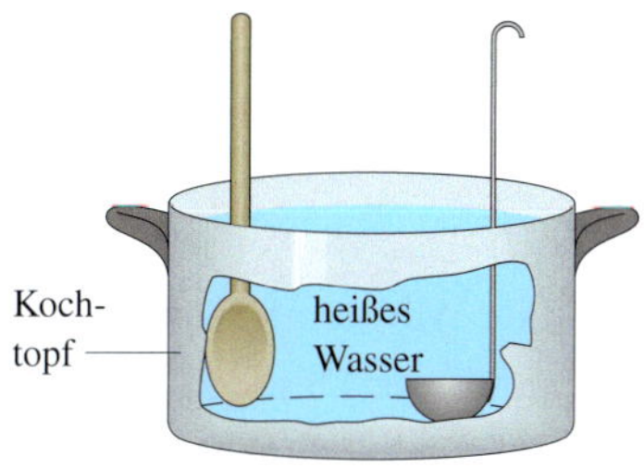

8

5
Wie lässt sich Essen warm halten?

Baut eine Kiste, in der ihr Getränke und Speisen möglichst lange warm halten könnt.
Wie geht ihr vor? ▷ 9
Stellt eure Vorschläge der Klasse vor.

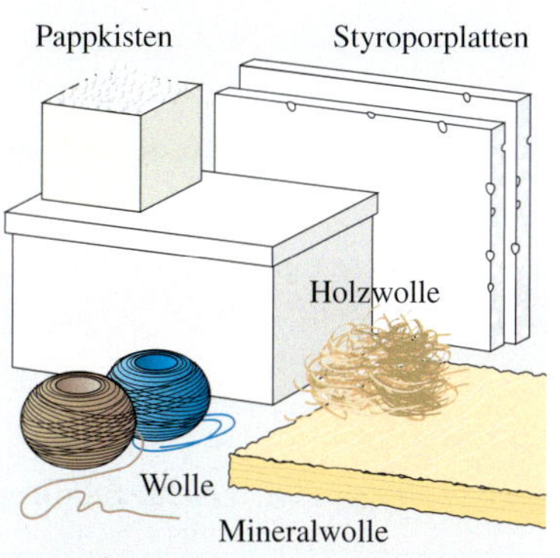

9 Versuchsgeräte und -materialien

6
Welche Rolle spielt die Oberfläche für die Sonnenstrahlung?

Astronauten tragen helle, glänzende Anzüge. Rohre von Sonnenkollektoren zur Warmwasserbereitung sind schwarz. Im Sommer tragen wir vorwiegend helle Kleidung.

a Überlegt euch, welche Gründe es dafür geben könnte.

b Plant Versuche, mit denen ihr eure Vermutungen überprüfen könnt. Skizziert jeweils zunächst den Versuchsaufbau.
Hier seht ihr Geräte und Materialien, die ihr dafür brauchen könnt. ▷ 10

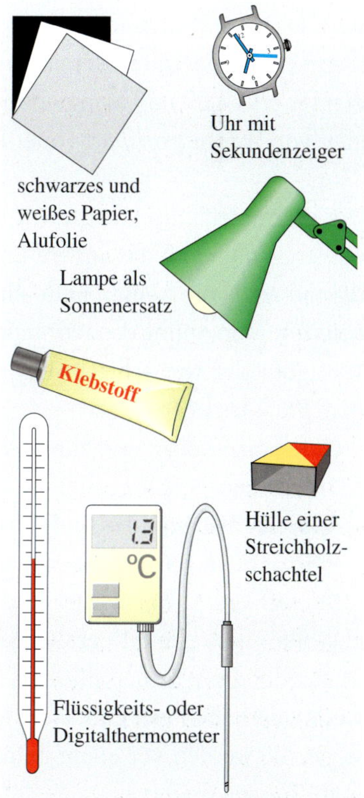

10 Versuchsgeräte und -materialien

Wie sich Wärme ausbreitet

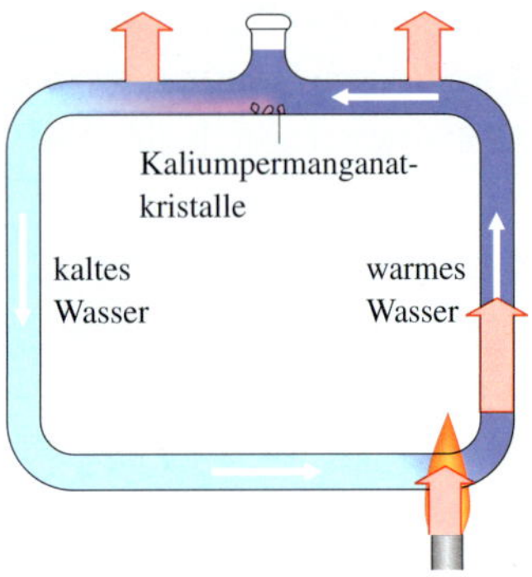

1 Wärmetransport mit Wasser

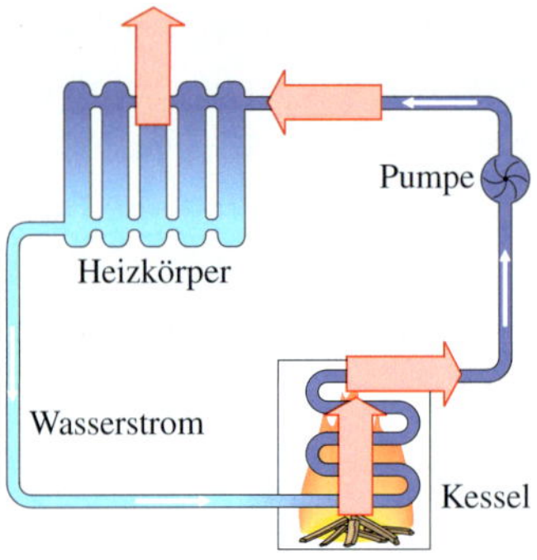

2 Wärmetransport (Heizung)

3 Wärmetransport mit Luft

Der Wärmetransport (die Wärmeströmung) Das Wasser wird durch die Flamme erwärmt. ▷ 1 Es transportiert die Wärme im Rohr zu den Farbkristallen, die sich durch die Wärme auflösen. Das kühlere Wasser im linken Teil des Gefäßes „fällt" nach unten, strömt weiter nach rechts und drängt das erwärmte Wasser nach oben.
Bei der Heizung beschleunigt eine Pumpe zusätzlich den Wärmetransport. ▷ 2
Auch bei der Erwärmung eines Raums findet ein Wärmetransport statt. Das Transportmittel ist hierbei die Luft. ▷ 3
Wenn Wärmeenergie zusammen mit einem anderen Stoff (z. B. mit Wasser oder Luft) an einen anderen Ort transportiert wird, spricht man von *Wärmetransport* (oder *Wärmeströmung*).

Die Wärmeleitung Wärme wird von der Flamme auf den Eisenstab übertragen und an das andere Ende weitergeleitet. ▷ 4
Wärme wird vom heißen Ende eines Körpers zum kalten geleitet. Man nennt das *Wärmeleitung*.
Wie gut oder wie schlecht ein Körper die Wärme leitet, hängt von dem *Stoff* des Körpers ab.
- *Gute Wärmeleiter* sind alle Metalle, z. B. Silber, Kupfer, Aluminium und Eisen.
- *Schlechte Wärmeleiter* sind Wasser, Glas, Beton und Stein. Sie leiten Wärme etwa 100-mal schlechter als Eisen.
- *Sehr schlechte Wärmeleiter* sind Luft und andere Gase, Hartschaum, Wolle, Glaswolle, Mineralwolle und trockenes Holz.

Stoffe, die die Wärme schlecht leiten (z. B. Styropor, Glaswolle, Holzwolle), enthalten viel Luft. ▷ 5 Man nennt sie *Dämmstoffe* oder *Isolierstoffe*. Sie werden vor allem beim Hausbau eingesetzt. Dadurch kann man Energie sparen.

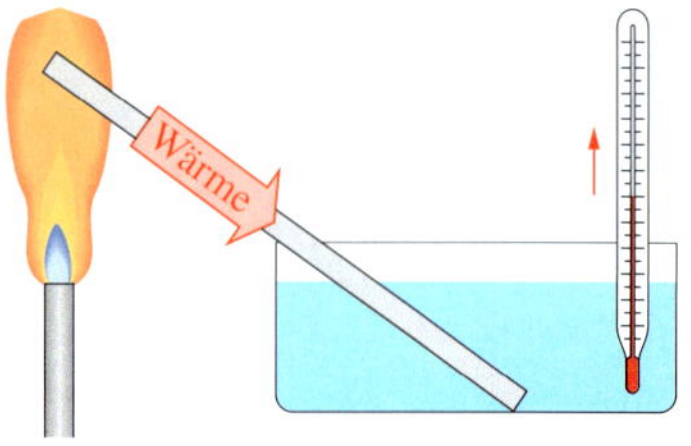

4 Wärmeleitung in einem Eisenstab

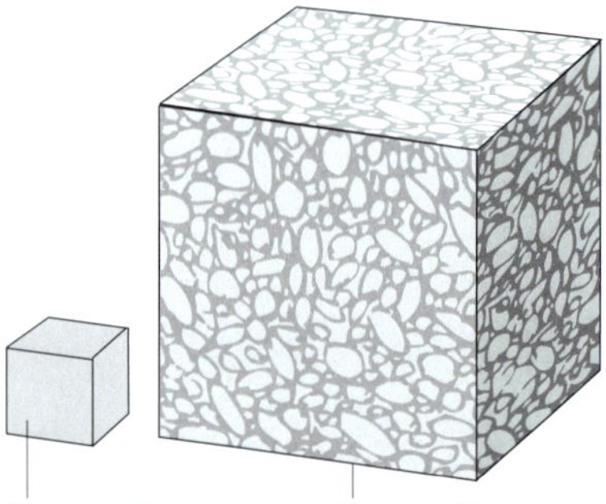

5 In einem Styroporblock eingeschlossene Luft

die Wärmeleitung
die Wärmestrahlung
der Wärmetransport

Die Wärmestrahlung Ein Auto, das „in der Sonne steht", oder der Sand am Strand können sehr heiß werden. Das Auto und der Sand werden durch die Strahlung der Sonne erwärmt. ▷ 6
Strahlung geht auch von anderen heißen Körpern aus, z. B. von Herdplatten, Heizkörpern und Glühlampen.
Von allen heißen Körpern breitet sich *Wärmestrahlung* aus – auch im luftleeren Raum.
- Wenn die Strahlung auf einen dunklen Gegenstand trifft, wird sie von ihm aufgenommen *(absorbiert)*. Der Gegenstand erwärmt sich.
- Helle und glänzende Gegenstände werfen einen großen Teil der Strahlung zurück, sie *reflektieren* sie. Nur ein kleiner Teil der Strahlung wird absorbiert. ▷ 7–9

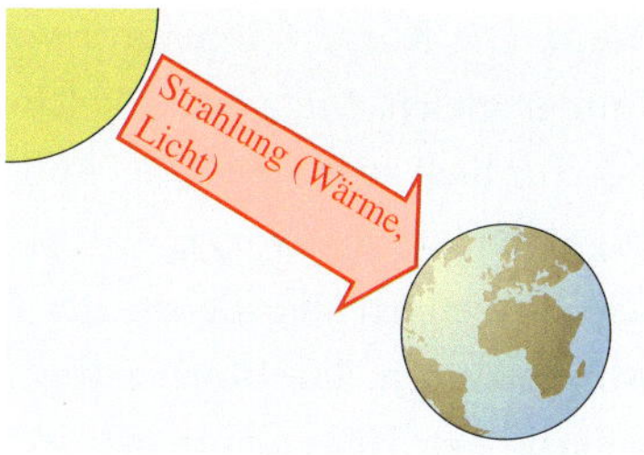

6 Energietransport durch Strahlung

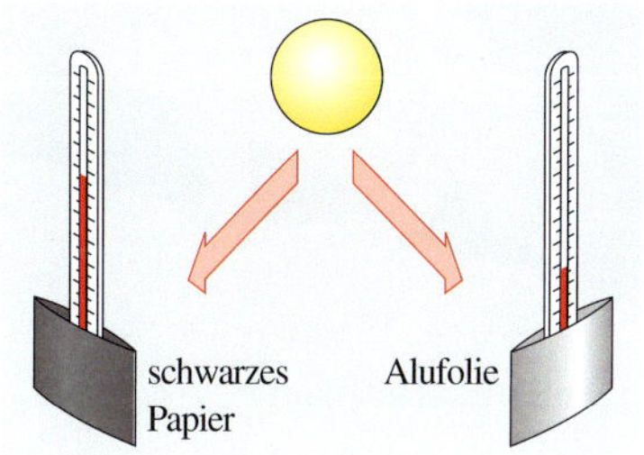

7 Die schwarze Oberfläche nimmt mehr Strahlung auf.

8 Dunkle Sonnenkollektoren

9 Helle, glänzende Raumanzüge

Aufgaben

1 „Zieh dir ein warme Jacke an." Diese Aufforderung kennst du sicherlich. Wie wirkt die Jacke? Wo steckt hier die Wärmequelle?
2 Begründe, weshalb im Bild ▷ 10 der Begriff *Wärmetransport* besonders treffend ist.
3 Ein Bussard kann in die Höhe steigen, ohne die Flügel zu bewegen. Suche eine Erklärung.
4 Warum kann Sonnenenergie nicht durch Wärmeleitung oder -transport zur Erde gelangen?
5 Warum sind Kühlwagen hell gestrichen und Rohre von Sonnenkollektoren schwarz?
6 Nenne drei Körper, die Energie in Form von Wärme oder Licht abstrahlen.
7 Was bedeuten *absorbieren* und *reflektieren*?
8 Beschreibe, wie du dir die Wärmeleitung im Teilchenmodell vorstellst. ▷ 11

10

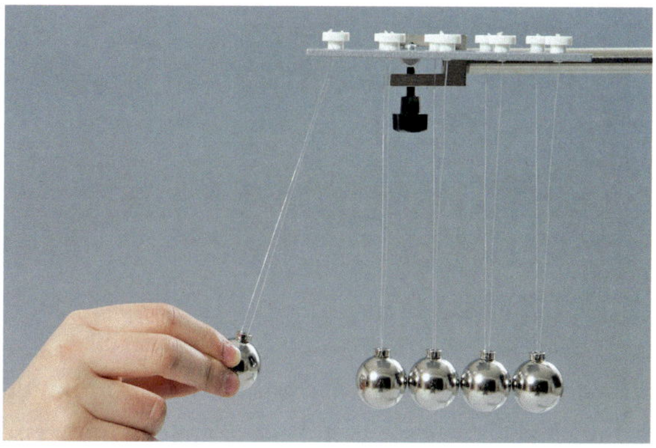
11

Die Wärmedämmung

Tiere Die Körpertemperatur von Säugetieren und Vögeln bleibt fast immer gleich. Man nennt solche Tiere *gleichwarm*. Ihre Körpertemperatur liegt zwischen 37 °C und 41 °C – auch im Winter. Das gilt auch für Schafe, Wasservögel, Walrosse und Polarfüchse. ▷ 1–3
Tiere erzeugen Wärme aus der Nahrung – beim Bewegen und durch Muskelzittern. Die Körperwärme darf nicht zu schnell an die Umgebung der Tiere abgegeben werden. Daher besitzen Säugetiere und Vögel spezielle Wärmedämmungen: ein dichtes Winterfell, eine Speckschicht oder ein Federkleid. Gefieder und Fell enthalten viel Luft. Das Fett in der Speckschicht ist ein schlechter Wärmeleiter.

1 Walrosse

1 Beschreibe, wie sich Tiere vor Kälte schützen.

2 Polarfuchs im Sommer

3 Polarfuchs im Winter

Die Thermosflasche Im Sommer kühl halten und im Winter warm halten – wie soll das gehen? ▷ 4–5
Die Thermosflasche besteht innen und außen aus blankem Stahl. ▷ 6
Aus dem Hohlraum dazwischen wurde die Luft abgesaugt. Dort ist also kein Stoff vorhanden, der Wärme leiten könnte. Der Hohlraum verhindert im Sommer, dass die Wärme nach innen weitergeleitet wird. Die blanke Außenfläche sorgt dafür, dass die Sonnenstrahlung reflektiert wird. Das Metall wird sich also nicht so stark erwärmen.

4 Nützlich im Sommer …

5 Nützlich im Winter …

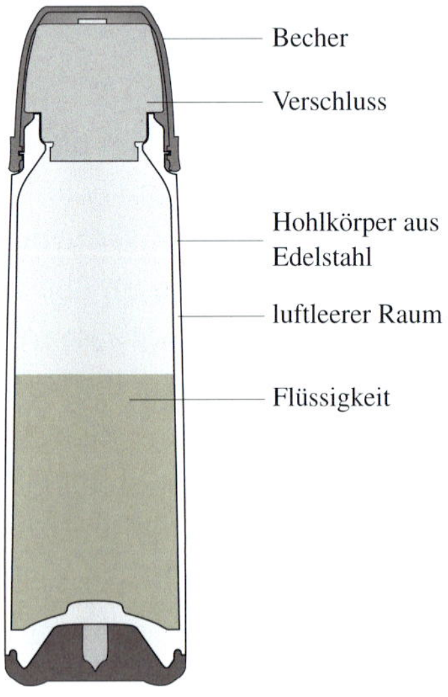

6 Thermosflasche

2 Gib an, warum die Thermosflasche Getränke nicht nur *kalt*, sondern auch *warm* halten kann. Fange deinen Satz so an: „Der heiße Tee erwärmt das Metall im Innern der Flasche …“

Beim Hausbau Stillers bauen ein Haus. Sie sind dabei, Materialien auszuwählen. Natürlich muss ihr Haus auch im Winter warm sein – trotzdem soll sparsam geheizt werden.
„Egal, welche Heizung wir einbauen – unser Haus muss so gebaut werden, dass wir nicht die Straße heizen“, meint Frau Stiller.
„Ja“, sagt Herr Stiller, *„die Wärmedämmung muss bei den Fenstern beginnen. Die dürfen nur so wenig Wärme wie möglich nach draußen lassen.* ▷ 7 *Was wir brauchen sind Fenster mit guter Isolierverglasung. Außerdem sollen auch die Außenmauern die Wärme gut dämmen.“*
Die beiden einigen sich schließlich auf Mauern aus Hohlblockziegeln. ▷ 8 Zusätzlich sollen die Mauern noch eine Wärmedämmung aus Styroporplatten erhalten. Für innen wünschen sie sich eine Holzverkleidung.

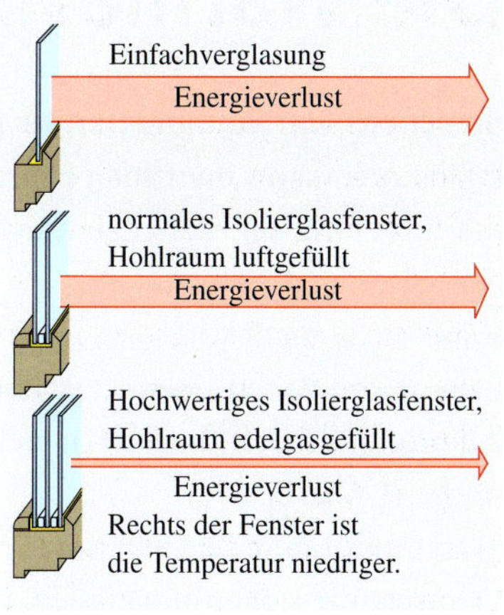

7 Fensterverglasungen im Vergleich

8 Hohlblockziegel

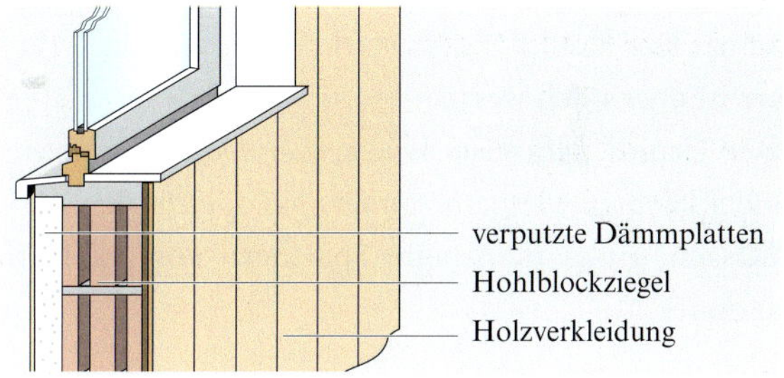

9 Querschnitt vom Maueraufbau

3 Sieh dir die Zeichnung oben an. ▷ 7
a Was kannst du aus den unterschiedlich dicken Pfeilen der Darstellung ablesen?
b Versuche auch zu erklären, wie es zu den Unterschieden kommt.
4 Es gibt verschiedene Möglichkeiten, Heizkosten zu sparen. Man muss dafür sorgen, dass die Wärme möglichst lange im Haus bleibt. Was könnte man tun?
5 Ein „Versuchshaus“ – mit und ohne Wärmedämmung: Baue dir ein Versuchshaus aus einem Schuhkarton. ▷ 10 Nimm als „Ofen“ eine Getränkedose mit 50 °C heißem Wasser. An die Decke hängst du ein Zimmerthermometer.
a Stelle das Haus (ohne „Ofen“) in einen kühlen Raum. Lies nach 30 min die Temperatur ab.
b Jetzt kommt der Ofen in das Haus. Lies die Temperatur wieder nach 30 min ab.
c Kleide das Haus rundherum mit Schaumstoff oder Styropor aus. Fülle den Ofen wieder mit 50 °C heißem Wasser. Lies nach 30 min erneut die Temperatur ab.

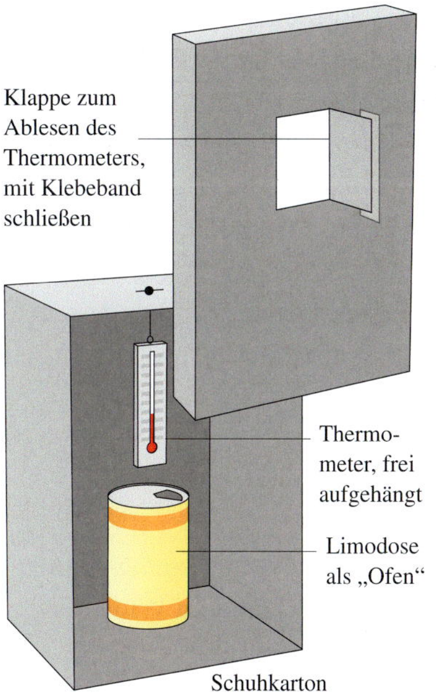

10 „Versuchshaus“ (Bastelanleitung)

d Vergleiche die Messergebnisse. Suche auch eine Erklärung für die Unterschiede.

Die Wärmespeicherung

Speichern von Sonnenenergie Mit dem heißen Wasser aus Sonnenkollektoren kann man auch Heizungen versorgen. Leider scheint aber die Sonne in den kalten Jahreszeiten nur selten. Aber gerade dann braucht man die Heizung.
Wäre es da nicht toll, wenn man im Sommer die Sonnenenergie für kalte Jahreszeiten *speichern* könnte? Das ist tatsächlich möglich! Allerdings braucht man dazu viel Platz im Garten – und viel Wasser.
Warst du schon einmal im Sommer am Meer? Dann ist dir sicher aufgefallen, dass der Sand mittags bei Sonnenschein sehr heiß ist. Das Wasser aber ist angenehm kühl. Abends ist es genau umgekehrt. Der Sand hat sich stark abgekühlt, das Wasser ist aber noch warm.
Der Grund dafür ist: *Wasser kann die aufgenommene Sonnenenergie besonders gut speichern.* Diese Tatsache nutzt man beim Speichern von Sonnenenergie.

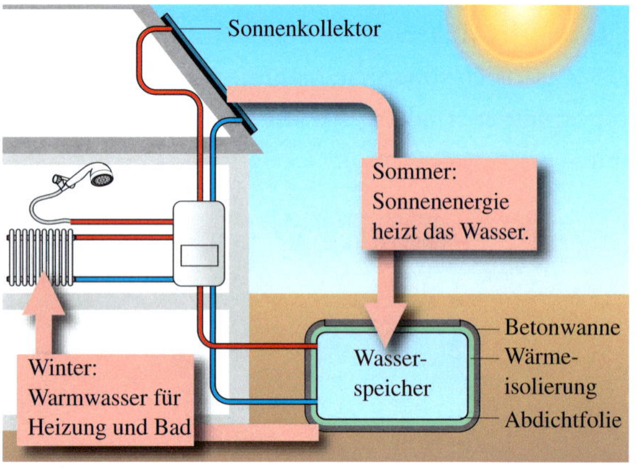

1 Wasserspeicher

Der Wasserspeicher Das Becken dieses Speichers enthält nichts anderes als Wasser. ▷ 1 Es wird im Sommer durch Sonnenkollektoren aufgeheizt.
Damit die Energie nicht verloren geht, ist das Becken rundherum gut mit Dämmstoffen isoliert.

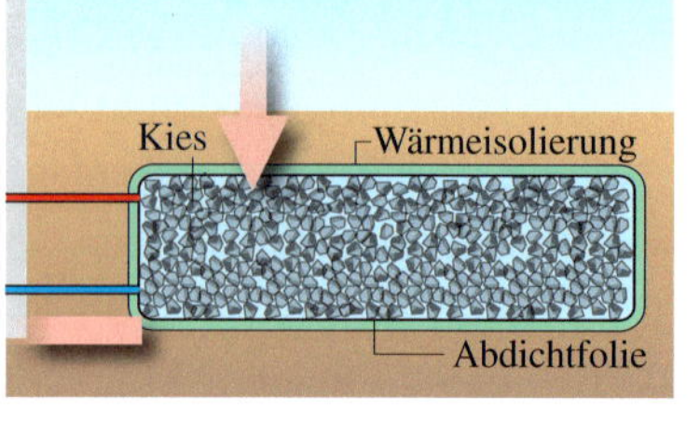

2 Kies-Wasser-Speicher

Der Kies-Wasser-Speicher Eine Füllung aus Wasser und Kies wird im Sommer aufgeheizt. Das Becken ist viel größer als beim reinen Wasserspeicher. ▷ 2
Der Vorteil bei diesem Speichertyp ist, dass man kein Betonbecken benötigt. Die Grube muss nur gut isoliert und mit einer Kunststofffolie ausgekleidet sein.

1 Beschreibe, wie man versucht, Sonnenenergie im Sommer zu speichern und im Winter zu nutzen. ▷ 1

2 Warum ist Wasser besser als Sand geeignet, die Wärme zu speichern?

3 Wasser ist als Wärmespeicher besser geeignet als Kies oder Sand.
Plane einen Versuch, mit dem du das zeigen kannst. Du benötigst dafür eine Wärmequelle (Gasbrenner oder Kochplatte), ein hitzebeständiges Gefäß, eine Stoppuhr, ein Thermometer (am besten ein Digitalthermometer). Außerdem brauchst du Wasser und Kies oder Sand.

Ballonfahren – ein beliebter Sport

Steigen mit erwärmter Luft Aufsteigen und dann am Himmel dahinfahren, getragen von erwärmter Luft – was muss das für ein herrliches Gefühl sein! Das Fahren mit dem *Heißluftballon* ist heute zu einem beliebten Sport geworden.
Auch Heißluftballons benötigen einen Treibstoff. Ihr Brenner wird mit Flüssiggas beheizt, das in Gasflaschen mitgeführt wird. Die Ballons bestehen aus einem schwer entflammbaren Kunststoffgewebe.
Noch am Boden wird die Luft innerhalb des Heißluftballons durch die mannshohe Flamme seines Brenners erhitzt. Die so erhitzte Luft verdrängt die kalte Luft aus dem Ballon. Da warme Luft leichter ist als kalte, steigt sie in der kälteren Umgebungsluft nach oben – und der Ballon samt seinen Passagieren mit ihr. ▷ 3 Beim Heißluftballon findet ein Wärmetransport statt.

3 Heißluftballon

Vorläufer des Heißluftballons Heißluftballons sind keine Erfindung unserer Zeit: Schon 1783 startete der erste große Heißluftballon. Er war aus Leinen gefertigt und innen mit Papier ausgefüttert. Er hatte einen Durchmesser von 11,3 Metern. Gefüllt war der Ballon mit „stinkigem Rauch“, wie er aus brennendem, noch feuchtem Stroh aufsteigt. Erbauer des Ballons waren die Gebrüder *Montgolfier* aus Frankreich. Daher wurden die Ballons „Montgolfieren“ genannt.
Bald darauf folgten dann auch „bemannte“ Fahrten: Im August 1783 starteten in Paris ein Hammel, eine Ente und ein Hahn.
Im Monat November wagten sich auch zwei Menschen in die Lüfte – ein Apotheker und ein Marquis (ein französischer Adliger). Sie hoben ab zu einem „Luftspaziergang“ über den Dächern von Paris. ▷ 4 Nach 25 Minuten landeten sie wohlbehalten auf einem Feld – bestaunt und bewundert von herbeieilenden Bürgern aus Paris.

4

1 Beschreibt mithilfe der folgenden „durcheinandergeratenen“ Sätze, wie das Steigen und Sinken eines Heißluftballons vor sich geht.
- Der Gasbrenner wird gezündet.
- Der Ballon mit der Heißluft wird leichter.
- Die Flamme des Brenners wird gelöscht.
- Der Ballon steigt langsam nach oben.
- Die Flamme erwärmt die kalte Luft im Ballon.
- Die Luft im Ballon kühlt ab.
- Der Brenner wird erneut gezündet.
- Der Ballon beginnt langsam zu sinken.
- Der Ballon steigt wieder.

2 Könnt ihr den Start eines Heißluftballons beobachten? Dann macht Fotos und berichtet.

3 *Modellversuche zum Heißluftballon:*
a Füllt einen kleinen Luftballon mit warmem Wasser („Wasserbombe“). Verschließt ihn mit einem Gummiband – und zwar so, dass sich im Ballon keine Luftblase mehr befindet.
Drückt den Ballon tief in einen Eimer mit kaltem Wasser; lasst ihn dann los. Welche Gemeinsamkeit mit einem Heißluftballon erkennt ihr?
b Einen 20-L-Müllbeutel (an einem Faden hängend) stülpt ihr über einen Toaster. (Er darf nicht in den Toaster hineingeraten!)
Was beobachtet ihr nach wenigen Minuten?

4 Sammelt Informationen zu Heißluftballons. Nutzt auch das Internet.

Tiere in ihren Lebensräumen

Überleben in schwierigen Zeiten

Vielleicht hast du im Winter schon einmal Tierspuren im Schnee gefunden.
Das bedeutet, dass viele Tiere auch bei großer Kälte unterwegs sind. Aber wie kommen diese Tiere damit klar? Und wie überstehen sie den Winter?

1 Rehe sind winteraktiv.

2 Igel

Wie Tiere überwintern

Winteraktiv Die meisten Säugetiere sind *winteraktiv*. ▷ 1 Sie haben bei jedem Wetter die gleiche Körpertemperatur. Sie sind *gleichwarm*. Um diese Körpertemperatur aufrechtzuerhalten, müssen sie sich vor Schnee, Eis und Frost schützen. Im späten Sommer fressen sie sehr viel und legen damit eine Fettschicht an. Diese Fettschicht verringert das Auskühlen und dient als Nahrungsreserve. Ein dichtes und dickes Fell wärmt und schützt ebenfalls gut gegen die eisige Kälte. In schneereichen Wintern werden in Wäldern Futterstellen eingerichtet.

Winterschlaf – schlafen ohne zu verhungern Igel fressen sich im Herbst Fettreserven an. ▷ 2 Das Fett wird dann in einem besonderen braunen Fettgewebe gespeichert. Im Winter sind keine Insekten mehr zu finden, die Hauptnahrung der Igel. Daher ziehen sie sich in ein frostsicheres Versteck zurück und halten dort *Winterschlaf*. Dabei senken sie ihre Körpertemperatur, verringern die Atmung und den Herzschlag. So verbrauchen sie wenig Energie und überleben auf „Sparflamme". Wenn sie im Frühjahr aufwachen, erhöhen sie ihre Körpertemperatur durch den Abbau des braunen Fettgewebes. Auch Fledermäuse sowie Haselmaus und Murmeltier halten Winterschlaf.

gleichwarm
wechselwarm
winteraktiv
die Winterruhe
der Winterschlaf
die Winterstarre

Winterstarre Lurche und Kriechtiere suchen sich vor dem Winter unter der Erde, unter Steinen oder Holzstapeln ein frostsicheres Versteck und fallen in eine *Winterstarre*. ▷ 3 Diese Tiere sind *wechselwarm*. Sie passen ihre Körpertemperatur der Umgebungstemperatur an. Wären sie im Winter nicht vor Frost geschützt, würden sie erfrieren. Fische sind ebenfalls wechselwarm. Sobald ein See zufriert, tauchen sie in die frostfreie Tiefe ab.

Winterruhe Dachse fressen sich im Spätsommer eine dicke Fettschicht an. Im Winter halten sie *Winterruhe*. Wenn sie hungrig werden, verlassen sie kurzzeitig ihren Dachsbau, fressen und ziehen sich wieder in den frostsicheren Bau zurück. ▷ 4

3 Zauneidechsen in einer Erdhöhle

4 Dachs

	Feldhamster	Blindschleiche	Eichhörnchen	Rothirsch
Herzfrequenz, Atemfrequenz	stark vermindert	stark vermindert	vermindert	normal
Körper-temperatur	sinkt stark	sinkt (oder steigt) mit Außentemperatur	sinkt leicht	bleibt konstant
braunes Fettgewebe	ja	nein	nein	bei Neugeborenen
Aufenthalt	Baumhöhlen, Erdspalten usw.	Baumhöhlen, Erdspalten usw.	gepolsterte Nester in Baumkronen	im Freien

5

Säugetiere sind winteraktiv, halten Winterruhe oder Winterschlaf.
Lurche und Kriechtiere verfallen in eine Winterstarre.

Aufgaben

1 Begründe, warum Winterschläfer die kalten Monate verschlafen und keine Vorratslager wie die Winterruher anlegen.

2 Studiere die Angaben in der Übersicht. ▷ 5

a Recherchiere den Begriff „braunes Fettgewebe".

b Ordne den Tieren die Begriffe winteraktiv, Winterruhe, Winterstarre und Winterschlaf zu.

c Begründe deine Zuordnung.

Wir führen eine Internetrecherche durch

Eine Internetrecherche machst du, wenn du Informationen zu einem bestimmten Thema suchst. Du sammelst, bewertest und ordnest die Informationen, um sie zusammengefasst zu präsentieren.
Aber wie kannst du mit der Fülle der Informationen, die das Internet bietet, umgehen?

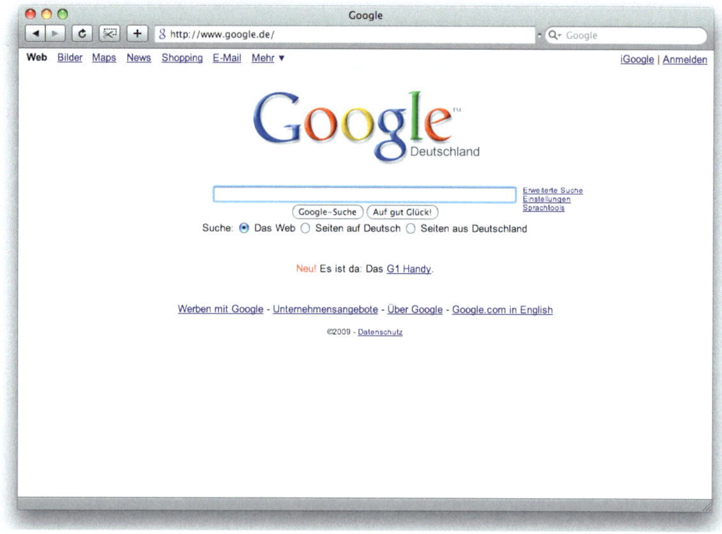

1 Suchmaschine

Internetrecherche in vier Schritten

Schritt 1 Fragestellung
Zu Beginn der Suche steht eine Frage oder eine Aufgabe zu einem bestimmten Thema. Überlege dir zu deinem Thema einen sinnvollen Suchbegriff, ein Stichwort.

Schritt 2 Suche
Gib den Suchbegriff zum Thema möglichst genau in eine Suchmaschine ein, z. B. www.google.de, www.yahoo.com oder www.blindekuh.de. Um das Thema einzugrenzen, solltest du es mit zwei oder drei zusätzlichen Worten genauer beschreiben. Starte dann die Suche. ▷ 1

Schritt 3 Bewertung
Die Suchmaschine bietet dir eine Vielzahl von Treffern zu deinem Suchbegriff. Bedenke, nicht alles, was im Internet steht, ist wissenschaftlich bewiesen. Du siehst dir mehrere Treffer an und versuchst nach deinem Wissen zu bewerten, welchen Informationen und Ergebnissen du trauen kannst.

Schritt 4 Auswertung
Du entscheidest, mit welchen Seiten du arbeiten willst. Du kannst die wichtigen Informationen speichern oder ausdrucken. Mit den Informationen kannst du nun die Frage oder Aufgabe zu deinem Thema bearbeiten. Denke daran, dass dir die Informationen nur helfen sollen, dein Thema zu bearbeiten. Schreibe Texte nie wortwörtlich ab, es sei denn du zitierst den Text. Gib in deinem Referat, deiner Power-Point-Präsentation oder auf deinem Plakat immer die Quelle an.

2 Bei der Internetrecherche

In vier Schritten zum Rechercheergebnis „Tiere im Winter - Winterschläfer"

Schritt 1 „Tiere im Winter – Winterschläfer" ist ein sehr weit gefasstes Thema. Du entscheidest dich für einen kleinen Teilaspekt zu diesem Thema. Wähle ein Tier, das Winterschlaf hält. Der Siebenschläfer ist ein Winterschläfer, du informierst dich nun im Internet und recherchierst seinen Jahresrhythmus.

Schritt 2 Überlege dir einen sinnvollen, zielgerichteten, erweiterten Suchbegriff: „Die Überwinterung des Siebenschläfers" oder „Der Siebenschläfer im Winter". Wähle eine Suchmaschine aus, zum Beispiel www.blindekuh.de oder www.google.de oder www.yahoo.com. Gib deinen Suchbegriff ein und starte die Suche.

Schritt 3 Auf dem Bildschirm erscheinen viele Treffer zum Siebenschläfer im Winter. Öffne verschiedene Treffer und notiere dir das Wichtigste zur Überwinterung des Siebenschläfers. Neben den Informationen zum Winterschlaf erfährst du, wie er aussieht, wie und wo er lebt, wovon er sich ernährt und wie er seine Jungtiere betreut. Zudem wirst du feststellen, dass der Siebenschläfer im deutschen Brauchtum eine Aufgabe hat. Wähle nur Informationen aus, die du verstehen und mit eigenen Worten wiedergeben kannst.

Schritt 4 Erstelle dein Kurzreferat, deine Präsentation zur „Überwinterung des Siebenschläfers". Überlege, welche Zusatzinformationen zum Siebenschläfer noch wichtig sind oder interessant sein könnten.

3 Siebenschläfer auf dem Baum

4 Siebenschläfer im Nest

Aufgaben

1 Führe eine Internetrecherche zum Thema „Tiere im Winter – Winterschläfer" durch. Gehe dabei entsprechend der Schritte 1 bis 4 vor.

2 Anna fragt sich: „Mein Hund hat jedes Jahr wieder Zecken, komischerweise nie im Winter. Sterben die Zecken im Herbst?" ▷ 5 Beantworte die Frage, indem du schrittweise eine eigene Internetrecherche durchführst. Stelle deine Ergebnisse der Klasse vor.

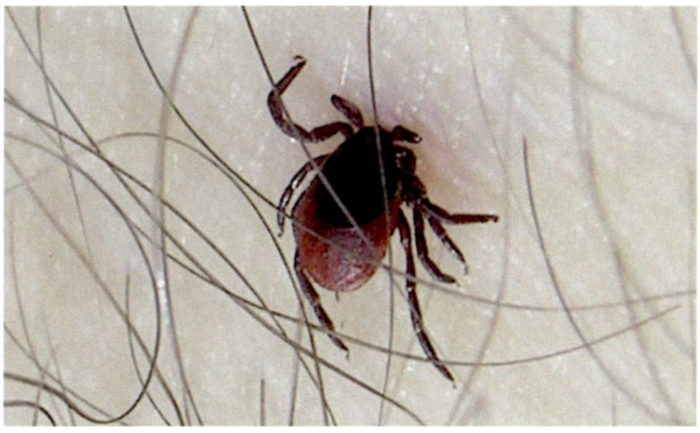
5 Zecke

Warum frieren Eisbär und Pinguin nicht?

Lena und Alex beobachten bei einem Besuch im Zoo die Eisbären. Lena sagt: „Hier im Zoo in Deutschland ist es auch im Winter nicht so kalt. Aber wie schaffen es die Eisbären, am kalten Nordpol zu überleben?" „Na ja, sie haben ja ein dickes Fell", sagt Alex. Reicht das dicke Fell der Eisbären wirklich aus?

1 Wie geht es dem Eisbären in der Kälte?

Weißer Riese am Nordpol Die Wintermonate am Nordpol sind hart. Es kann bis zu –70 °C kalt werden. An solche eisigen Temperaturen ist der *Eisbär* hervorragend angepasst. Das dichte Fell und eine zehn Zentimeter dicke Fettschicht schützen so gut, dass kaum Wärme verloren geht. Die äußeren Fellhaare sind innen hohl, sie sorgen so für eine zusätzliche Wärmeisolation. Die Haut unter dem Fell ist dunkel, sie nimmt Wärme von außen auf. Zusätzlich haben Eisbären große Pfoten mit viel Fell. ▷ 2 Das Fell verhindert, dass viel Körperwärme an den Boden abgegeben wird. Außerdem versinkt der Eisbär durch die Größe der Pfoten nicht so schnell im Schnee.
Der Eisbär weist also Eigenschaften auf, die für sein Überleben in der Kälte nützlich sind. Diese Eigenschaften werden *Angepasstheiten* genannt. Die Jungen werden mit einer sehr fetthaltigen Muttermilch ernährt. ▷ 3

2 Eisbärpfote

3 Eine Eisbärmutter mit Jungen

die Angepasstheit
der Eisbär
der Pinguin

Im „Frack“ gegen die Kälte Die meisten *Pinguine* leben am Südpol. ▷ 4 Auch dort ist es sehr kalt. Die schuppenartigen Federn geben dem Körper des Pinguins eine glatte Oberfläche und verhindern das Eindringen von Wasser. Die dicke Fettschicht unter der Haut isoliert. Die Füße des Pinguins haben fast dieselbe Temperatur wie der kalte Untergrund, auf dem sie stehen. So geht keine Wärme über die Füße verloren. Pinguine legen Eier. Das Ei wird nach dem Legen auf die Füße des Männchens geschoben und bebrütet, damit es keinen Kontakt zum Eis hat. Pinguine brüten ihre Eier in einer Hautfalte am Bauch aus. Auch die Jungtiere finden Schutz und Wärme auf den Füßen der Eltern. ▷ 5

Tiere, die in kalten Gegenden leben, haben besondere Eigenschaften, die ihnen das Überleben ermöglichen. Diese Eigenschaften werden als Angepasstheiten bezeichnet.

4 Pinguine haben jede Menge Tricks gegen die Kälte.

5 Kälteschutz für Jungtiere

Aufgaben

1 Weshalb hat der Eisbär eine schwarze Haut?
a Schreibe deine Vermutung auf.
b Lege eine weiße und eine schwarze Pappe (oder ein Tuch) 5 Minuten in die pralle Sonne. Welche Pappe (welches Tuch) ist wärmer?
c Erkläre, welche Vorteile die schwarze Haut für den Eisbären hat.

2 Eine beliebte Frage lautet: Wieso fressen Eisbären keine Pinguine? Kennst du die Antwort?

3 Viele Tiere haben ein wenig Fett in ihrem Fell oder Gefieder. Babycreme ist so ein Fett, das aus der Wolle von Schafen stammt. Führe folgenden Versuch durch: Zerreibe etwas Babycreme zwischen den Fingern. Versuche die Creme mit Wasser abzuwaschen.
a Beschreibe deine Beobachtung. Erkläre, welche Bedeutung das Fett für Tiere hat, die im Eismeer leben.
b Kennst du noch andere Tiere, die Fett im Gefieder oder in den Haaren haben?

Leben in der Wüste

In der größten Wüste der Erde, der Sahara, ist es sehr trocken und heiß. Die Sahara liegt im Norden Afrikas. Tagsüber ist es bis zu 70 °C heiß. In der Wüste fällt sehr wenig Regen. Es gibt sogar Jahre, in denen es gar nicht regnet.
Kannst du dir vorstellen, dass es Tiere gibt, die unter diesen Umständen gut leben können?

1 Sahara – Wüste ohne Leben?

Wüstenschiff Dromedar Das *Dromedar* ist das größte Säugetier unter den Wüstenbewohnern. Für das Leben in extremer Hitze ist es bestens gerüstet: Es hat ganz besonders lange Beine, die seinen Körper vom heißen Wüstenboden abheben. ▷ 2 Die Füße des Dromedars haben harte Hornsohlen, sie dienen als Schutz vor Hitze und Verletzungen. ▷ 3 Die Zehen an den Füßen sind weit spreizbar, damit das Tier nicht im Wüstensand versinkt. Das dichte Fell bietet Schutz vor der Hitze des Tages und der Kälte der Nacht.
Zum Schutz vor Sandstürmen kann das Dromedar seine Nasenlöcher verschließen. Der Rückenhöcker ist ein Fettspeicher. Das gespeicherte Fett ist in Hungerzeiten Nahrung und Energiequelle.

2 Das Dromedar ist gut an die Hitze angepasst.

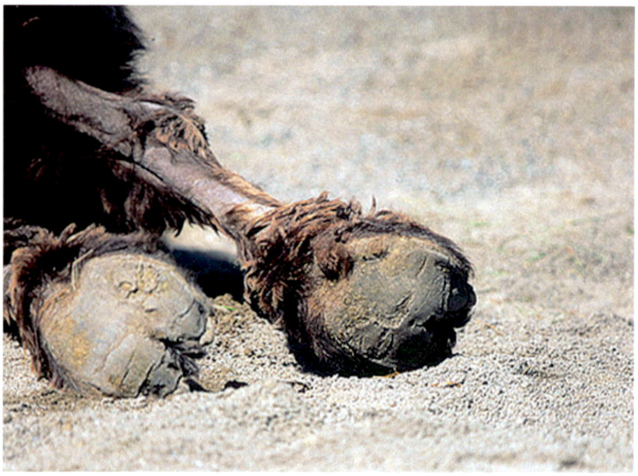

3 Fußsohlen eines Dromedars

das Dromedar
der Nebeltrinker-Käfer
der Wüstenfuchs

Wüstenfuchs Sieht man den *Wüstenfuchs* zum ersten Mal, fallen einem vor allem die übergroßen Ohren auf. ▷ 4 Über ihre große Oberfläche kann sehr viel Körperwärme abgeführt werden. Dennoch meidet der Wüstenfuchs wie viele Wüstentiere die Hitze des Tages. Er ruht tagsüber in seinem Bau unter der Erde und geht erst nachts auf die Jagd. Dabei orientiert er sich vor allem mit seinen großen Ohren. Sie wirken wie Schalltrichter und helfen ihm, die Beute anhand ihrer Geräusche zu orten. Mit dem Wassermangel in der Wüste kann er gut leben, denn er kommt ganz ohne flüssiges Wasser aus. Ihm reicht der Wassergehalt seiner Beutetiere.

4 Wüstenfuchs

Kopfstand in der Wüste Der *Nebeltrinker-Käfer* löst das Wasserproblem in der Wüste auf ganz besondere Art und Weise. ▷ 5 Bei Sonnenaufgang stellt er sich auf die hohen Dünen, macht einen Kopfstand und fängt mit den Deckeln seiner Flügel den morgendlichen Tau ein. Von den Flügeldecken rinnt das Wasser direkt zum Mund des Käfers.

5 Nebeltrinker-Käfer

Tiere, die in der Wüste leben, müssen mit wenig Wasser auskommen. Diese Tiere können durch ihre besonderen Angepasstheiten in der Wüste überleben.

Aufgaben

1 Tiere, die in der Wüste leben, sind gut an die Hitze angepasst. Stelle die Angepasstheiten in einer Tabelle zusammen.

2 Der in der Kälte lebende Polarfuchs hat sehr kleine Ohren. Der Wüstenfuchs hat hingegen besonders große Ohren. ▷ 4 Mit einem Versuch kannst du diesen Unterschied erklären.

a Fülle einen Erlenmeyerkolben (kleine Oberfläche wie beim Polarfuchs) und eine flache Schüssel (große Oberfläche wie beim Wüstenfuchs) mit warmem Wasser. ▷ 6

b Lege jeweils ein Thermometer hinein und beobachte die Temperatur. Notiere die Temperaturen nach 2, 5 und 10 Minuten.

c Vergleiche die Ergebnisse. Erkläre jetzt, warum der Polarfuchs und der Wüstenfuchs so unterschiedlich große Ohren haben?

6 Versuchsaufbau

Wärmequellen und Wärme

Beispiele für *Wärmequellen*: Sonne, Brennstoffe, elektrischer Strom …
Wenn eine *Wärmequelle* einen anderen Körper erwärmt, geht *Wärme (Energie)* auf diesen Körper über. ▷ 1

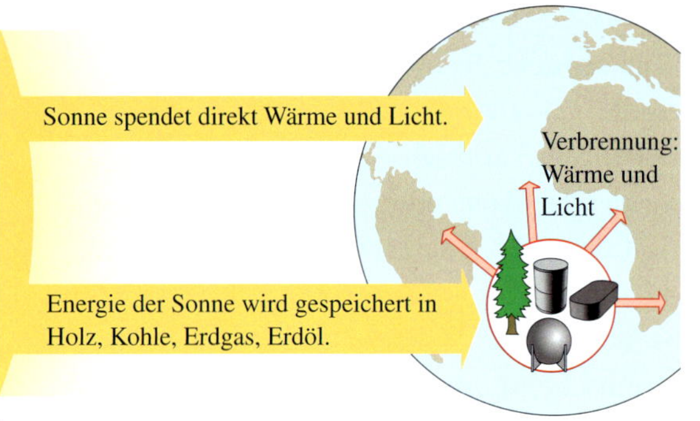

1

Der Wärmetransport (die Wärmeströmung)

Wenn sich ein erwärmter Stoff bewegt, wird zusammen mit dem Stoff die Wärmeenergie transportiert. ▷ 2–3

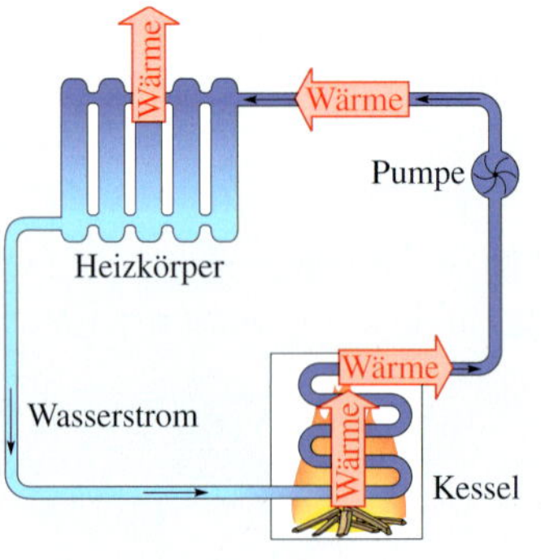

2

3

Die Wärmeleitung

Wärme wird vom heißen zum kalten Teil des Körpers geleitet. ▷ 4
Metalle sind gute Wärmeleiter. ▷ 5 Die Luft dagegen ist ein sehr schlechter Wärmeleiter.
Stoffe, die viel Luft enthalten (z. B. Styropor, Glaswolle, Wolle), sind deshalb gute Wärmeisolatoren (Dämmstoffe).

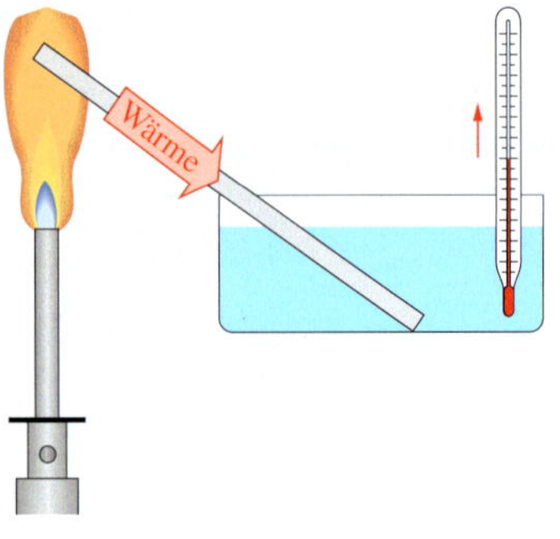

4

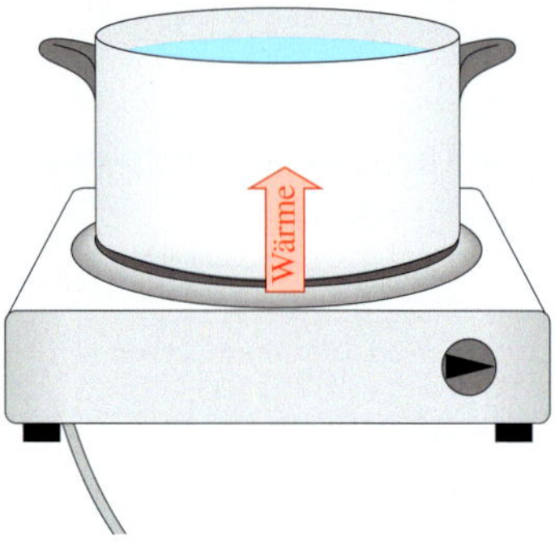

5

Die Wärmestrahlung

Sonnenwärme erhalten wir durch Strahlung. ▷ 6
Auch alle anderen heißen Körper strahlen Wärme ab.
Dunkle und matte Oberflächen absorbieren die Strahlung, helle, glänzende reflektieren sie. ▷ 7

6

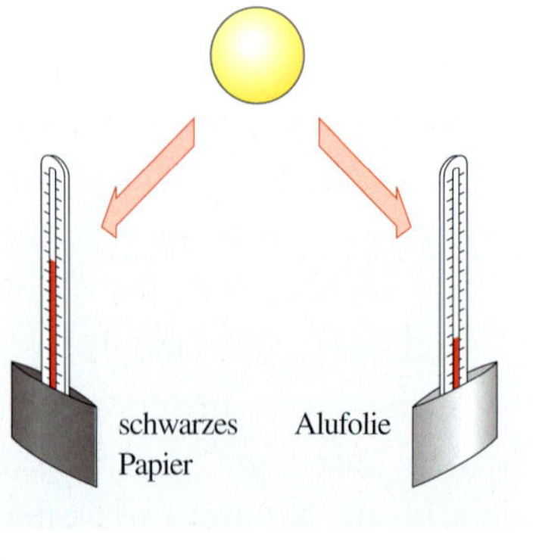

7

Mehr

Wärmespeicherung

Heizkörper und Heizungsrohre sind mit Wasser gefüllt.
Der Grund dafür ist, dass Wasser die Wärme nicht nur gut transportiert, sondern auch gut *speichert*.
Auch dicke Steinmauern sind gute Wärmespeicher.

Tiere im Winter

Viele Säugetiere sind *winteraktiv*, halten *Winterruhe* oder *Winterschlaf*. Lurche und Kriechtiere fallen in eine *Winterstarre*.

Tiere in extremen Lebensräumen

Tiere in extremen Lebensräumen haben besondere *Angepasstheiten*, die es ihnen ermöglichen, in diesen Gebieten zu leben.

Alles klar?

1 „Das Wasser in einem Glas wird wärmer. Die … steigt um 10 °C."
a Welcher Begriff (*Wärme* oder *Temperatur*) müsste eingesetzt werden?
b Nenne verschiedene Wärmequellen, die dazu genutzt werden könnten.
2 Welches ist die wichtigste Wärmequelle für uns? Begründe deine Antwort.
3 Einen ganzen Tag lang erwärmt die Sonne das 13 °C warme Wasser in einem kleinen Gartenteich und in einem großen Schwimmbecken.
a Welches Wasser ist am Abend wärmer?
b Begründe deine Antwort.
c Erkläre an einem Beispiel den Unterschied zwischen Wärme und Temperatur.
4 Beschreibe, wie die Wärme vom Heizkessel zu den Heizkörpern kommt.
5 Wie kommt die Sonnenwärme zu uns auf die Erde? Welche Körper werden dadurch stärker erwärmt – helle oder dunkle?
6 Bei strenger Kälte plustern sich Vögel auf.
a Warum tun sie das? ▷ 8

8 Rotkehlchen im Sommer … und im Winter

b Stelle fest, woraus Daunenjacken bestehen.
7 Gib jeweils an, ob es sich bei den folgenden Beispielen um Wärmeleitung, Wärmetransport, Strahlung oder Wärmespeicherung handelt:
a Um sich nicht an heißen Töpfen zu verbrennen, benutzt man Topflappen.
b Über Heizkörpern wird die Decke schmutzig.
c Sonnenkollektoren sind unter der Glasabdeckung schwarz gefärbt.
d Tee serviert man nicht in Metallbechern.
e Segelflugzeuge können von Luftströmungen in die Höhe getragen werden.
f Die Sonne erwärmt die Erde.
g In einem Haus mit Steinmauern bleibt es nach Abschalten der Heizung lange warm. Dagegen kühlt ein Wohnwagen mit dicken Styroporplatten an den Wänden schnell aus. Erkläre!
6 Sandra und Alex wollen einen Behälter bauen. Er soll im Sommer Getränke länger kalt und im Winter länger warm halten.
a Ob Warm- *und* Kühlhalten in *einem* Behälter möglich ist? Begründe deine Antwort.
b Welche Stoffe könnten Sandra und Alex nehmen? Begründe, warum du gerade diese Stoffe vorschlägst. Fertige eine Zeichnung an.
c Du sollst die Wirkung der Behälter überprüfen. Beschreibe einen geeigneten Versuch.
d Alex sagt: „Der Behälter wärmt Tee." Hat er recht? Begründe deine Entscheidung.

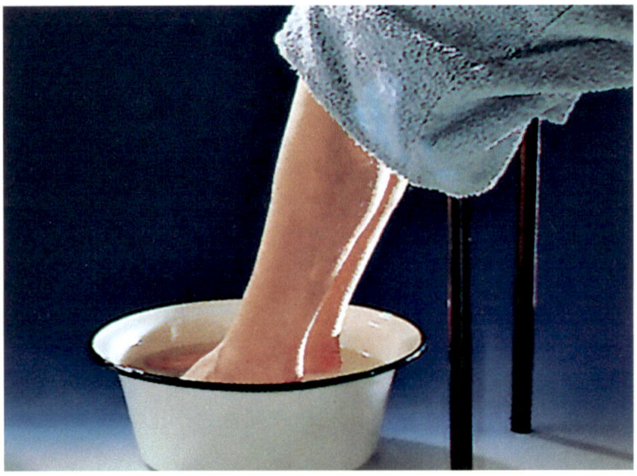

1

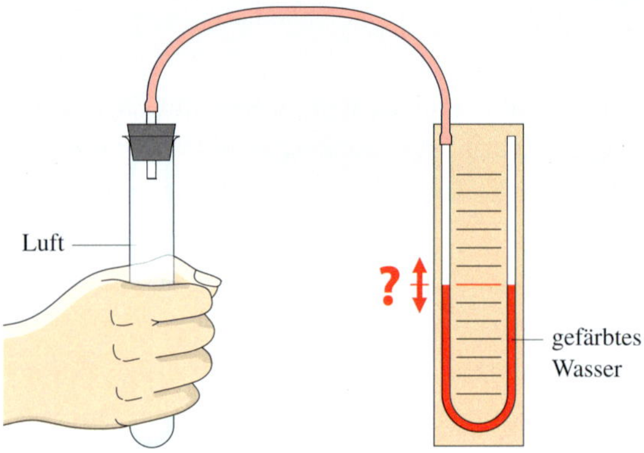

2

Temperatur und Wärme

1 Schreibe die folgenden Temperaturen in Grad Celsius (°C).

a Die „Kälte" ist heute fünf Grad.

b Lena hat Fieber: achtunddreißig fünf.

c Wasser siedet bei …

d Wasser gefriert bei …

e Unsere Körpertemperatur beträgt ungefähr …

2 Bei einem Fußbad ▷ 1 wird Wärme übertragen. Welcher Körper gibt Wärme ab, welcher nimmt Wärme auf?

3 Schreibe die folgenden Sätze ab und setze die Begriffe „Temperatur" und „Wärme" richtig ein.
- Die durchschnittliche … betrug im Juli in Deutschland 18 °C.
- In einem kleinen Gartenteich und einem großen See ist die … gleich, nämlich 20 °C. Im See ist aber mehr … gespeichert.

Wärmeausdehnung

4 Körper verändern sich beim Erwärmen und Abkühlen.
Schreibe die beiden folgenden Sätze ab und ergänze sie:

a Wenn Körper erwärmt werden, …

b Wenn Körper abgekühlt werden, …

5 Lena umfasst das Glas mit der Hand. ▷ 2

a In welche Richtung verschiebt sich das gefärbte Wasser?

b Erkläre das Ergebnis.

6 Die unten stehende Tabelle gibt an, wie sich feste Körper beim Erwärmen verhalten.
Ergänze die folgenden Aussagen:

a Von den Metallen dehnt sich … am stärksten und … am wenigsten aus.

b Eisen dehnt sich … Beton.

c Kupfer … Beton.

Körper aus …	Ausdehnung eines Körpers (1-m-Stab) bei Erwärmung um 1 °C
Normalglas	0,009 mm
Beton	0,012 mm
Eisen	0,012 mm
Kupfer	0,016 mm
Messing	0,018 mm
Aluminium	0,024 mm
Zink	0,027 mm
Eis	0,037 mm

7 Lara hat zu verschiedenen Jahreszeiten die Temperaturen in ihrem Gartenteich gemessen – und zwar dicht unter der Oberfläche und auf dem Grund. ▷ 3

a Schreibe die Wassertemperaturen auf, die Lara bei den Messungen 1–4 abgelesen hat.

b Welche Temperaturen gehören zu der „Wintermessung" (oben oder unten)? Und welche gehören zu der „Sommermessung"?

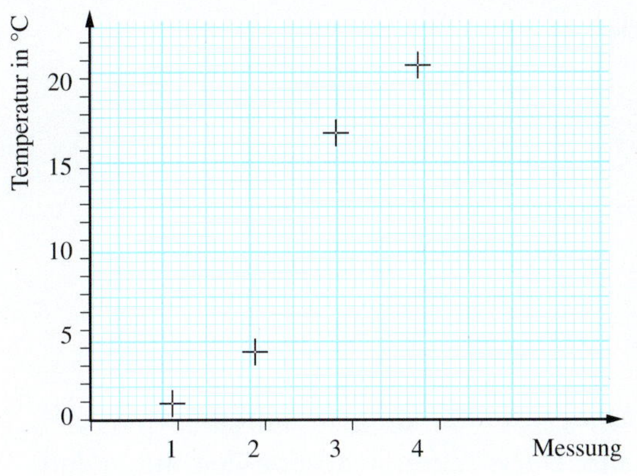

3

Die Lösungen findest du im Anhang.

4 Dromedar

Wärmeausbreitung

8 Wärme kann sich auf verschiedene Weise ausbreiten: durch Wärmeleitung, Wärmetransport (Wärmeströmung) oder Wärmestrahlung. Setze die Begriffe jeweils richtig ein:
- Bei einem Topf auf der Herdplatte wird Wärme durch … auf den Topf übertragen.
- Die Sonne erwärmt die Erde durch …
- Die Wärme aus dem Heizkessel im Keller gelangt durch … zu den Heizkörpern.

9 Wärmeleitung:

a Ordne die folgenden Stoffe danach, wie schlecht sie die Wärme leiten. Beginne mit dem schlechtesten Wärmeleiter: Kupfer, Wasser, Luft, Glaswolle, Eisen, Ziegelstein.

b Beim Hausbau spielen Wärmedämmung (Wärmeisolierung) und Wärmespeicherung eine wichtige Rolle. Welche der folgenden Baustoffe eignen sich gut zur Isolierung und welche zur Speicherung: Styroporplatten, Naturstein, Mineralwolle, Beton?

Tiere in ihren Lebensräumen

10 Welches ist die richtige Erklärung für den Begriff Angepasstheit? Schreibe die richtige Lösung in dein Heft.

a Als Angepasstheit werden Tiere bezeichnet, die in besonders heißen oder kalten Gegenden der Erde leben.

b Als Angepasstheit werden die Eigenschaften von Tieren bezeichnet, die es ihnen ermöglichen, in heißen oder kalten Gegenden der Erde zu überleben.

c Als Angepasstheit werden besonders heiße oder kalte Gegenden der Erde bezeichnet.

11 Das Dromedar ▷ 4 lebt in der Wüste. Beschreibe seine Überlebensstrategie.

12 Ordne die Begriffe winteraktiv, Winterschlaf, Winterruhe und Winterstarre den abgebildeten Tieren zu. ▷ 5–8

5 Biber

6 Erdkröte

7 Wildschwein

8 Igel

Erwachsen werden

Heute noch ein Mädchen oder Junge – morgen schon eine Frau oder ein Mann. Dazwischen liegt eine Zeit mit vielen Veränderungen. Dein Körper verändert sich nicht nur äußerlich. Gehe auf eine spannende Entdeckungsreise und du wirst sehen, dass so manches aufregende Ereignis noch vor dir liegt.

1 Wann werde ich zum Mann? (Siehe Seite 224.)

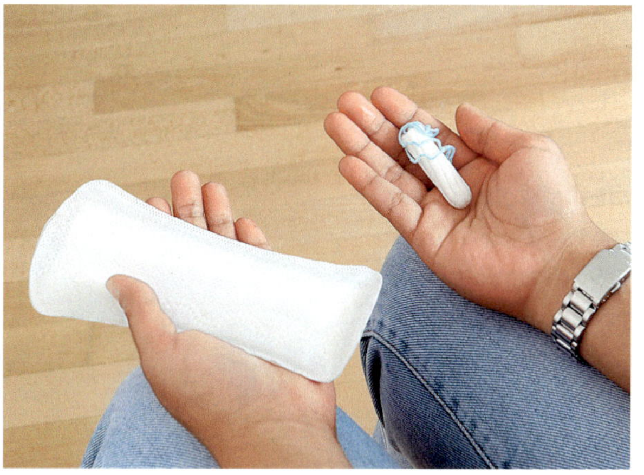

2 Was bedeutet es eigentlich, wenn Mädchen „ihre Tage“ haben? (Siehe Seite 226.)

3 Welche Unterschiede gibt es zwischen Frau und Mann? (Siehe Seite 224–229.)

4 Wie fühlt sich Liebe an? (Siehe Seite 232.)

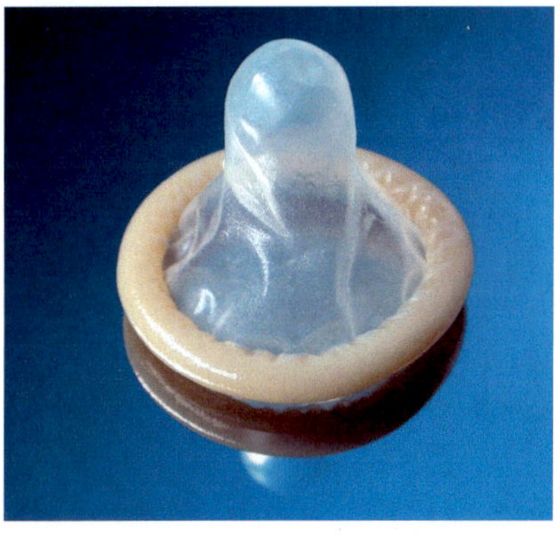

5 Verhütung ist wichtig. Warum und wie funktioniert sie? (Siehe Seite 236.)

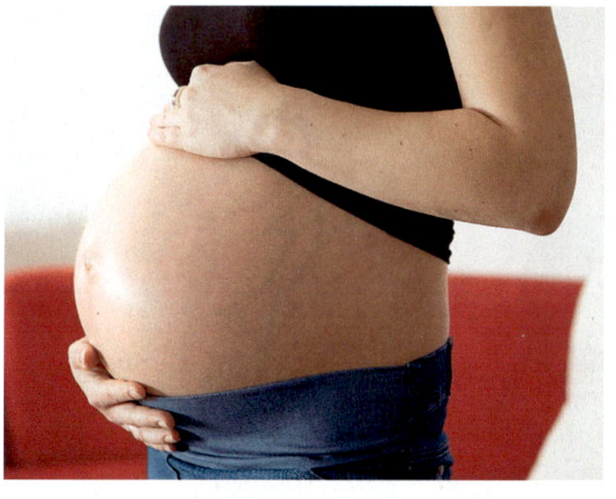

6 Was geht in diesem Bauch vor sich? (Siehe Seite 238.)

Jakob versteht die Welt nicht mehr. Die Eltern sind doof und die Schule nervt. Gerade war er noch gut drauf und nun ist er traurig. Sein Leben fühlt sich an wie eine große Baustelle. Was ist bloß los mit ihm?

1 Was ist bloß los mit Jakob?

Was ist los mit mir?

Die Pubertät – Achtung: Baustelle!

Jakob muss sich keine Sorgen machen. Zwischen dem 10. und 16. Lebensjahr kommt jeder Jugendliche in eine Phase, in der sich sein Leben verändert. Der Körper verändert sich, aber auch das Verhalten ändert sich. Diese Zeit wird **Pubertät** genannt. Bei dem einen beginnt diese Zeit etwas früher, bei dem anderen etwas später. → 2 Jeder Körper hat sein eigenes Tempo.

Der Körper verändert sich

Die Pubertät beginnt mit der Bildung von Stoffen, die wir Hormone nennen. Sie lösen Veränderungen aus. Dadurch wächst du vor allem in die Länge. Aber auch deine Figur verändert sich. Bei den Mädchen wachsen die Brüste und die Hüften werden breiter. → 3 Bei den Jungen werden die Schultern breiter und die Hüften bleiben schmal. → 3 Durch die Hormone beginnen auch die ers-

2 Gleich alt und unterschiedlich weit entwickelt

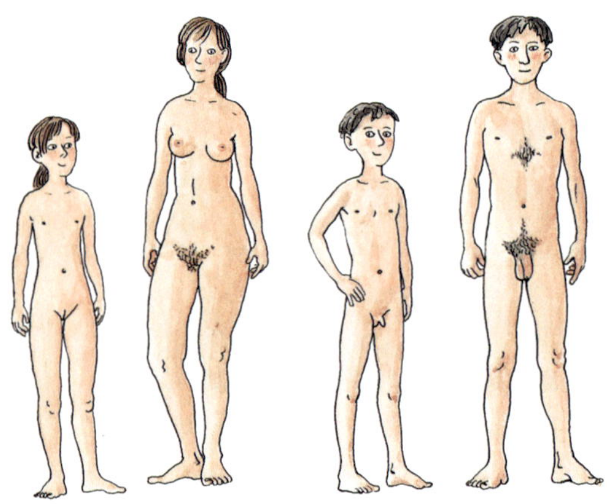

3 Vom Mädchen zur Frau – vom Jungen zum Mann

4 In der Pubertät kann die Haut Probleme machen.

ten Körperhaare in den Achselhöhlen und im Schambereich zu wachsen. Viele Jungen und Mädchen bekommen auch Probleme mit der Haut, denn die Hormone regen die Talgproduktion der Haut an. Dadurch wird die Haut fettig und es können Pickel entstehen. → 4

Das Verhalten verändert sich

Eben noch gut drauf und plötzlich ganz betrübt. In der Pubertät spielen die Gefühle oft „Achterbahn". Die Stimmung kann von einem auf den anderen Moment umschlagen, ohne dass es einen Auslöser dafür gibt. Mit den Eltern führt man immer öfter Diskussionen und die Freunde werden einem wichtiger. Man möchte selbst über sein Leben bestimmen und nicht mehr als Kind behandelt werden. Für viele spielt die erste Liebe auch eine Rolle. Findet der andere mich gut, mag er mich? Man fühlt sich unsicher und fragt sich, ob man mit seiner Art und seinem Aussehen bei den anderen ankommt. So schwierig es manchmal in der Pubertät ist, so spannend ist es auch. Denn man ist dabei, erwachsen zu werden.

→ **Merk dir!** **Zwischen dem 10. und dem 16. Lebensjahr kommst du in die Pubertät. In dieser Zeit verändern sich dein Körper und dein Verhalten. Du wirst erwachsen.**

Arbeitsaufträge

1. Geht es euch auch so wie Jakob? Seid ihr noch Kinder oder schon Erwachsene? Welche Veränderungen könnt ihr an euch feststellen? Was erwartet ihr vom Erwachsensein?
2. Stelle mithilfe von Abbildung 3 eine Tabelle mit den äußerlich sichtbaren Veränderungen von Mädchen und Jungen in der Pubertät zusammen.
3. Nenne Veränderungen in der Pubertät, die nicht sichtbar sind.

Was passiert genau mit dem Körper eines Jungen in der Pubertät?

1 Aus Jungen entwickeln sich Männer.

Vom Jungen zum Mann

Vom Jungen zum Mann

Die Figur verändert sich, die Schultern werden breiter. Am Hals tritt der „Adamsapfel" hervor und die Stimmbänder werden länger. Dadurch kommen Jungen in den Stimmbruch, bei dem die Stimme mal hoch, mal tief klingt. Die Geschlechtsorgane werden größer, Bart- und Körperhaare sprießen. → 2

2 Bin ich nun ein Mann?

Die männlichen Geschlechtsorgane

Bei einem Jungen sind äußerlich der **Penis** und der **Hodensack** zu sehen. Die empfindliche Eichel an der Spitze des Penis wird von der Vorhaut geschützt. → 3 Der Penis ist normalerweise weich. Mit dem Einsetzen der Pubertät kommt es bei Jungen vor, dass sich der Penis plötzlich versteift. Dabei füllen sich die Schwellkörper in seinem Innern mit Blut. Der Penis wird länger, dicker und richtet sich auf.

Spermienbildung

Im Hodensack befinden sich die Hoden, die täglich mehrere Millionen **Spermienzellen** bilden. Sie sammeln sich in den Nebenhoden. → 3 Beim Samenerguss gelangen die Spermien über den Spermienleiter und die Harnröhre durch den Penis nach außen. → 4 Bei Jungen kommt es zu Beginn der Pubertät vor, dass sie morgens aufwachen und feuchte Flecken in der Wäsche bemerken. Mit diesem ersten Spermienerguss ist der Junge geschlechtsreif. Das heißt, er kann jetzt ein Kind zeugen. Von Zeit zu Zeit

Hodensack
Penis
Spermienzelle

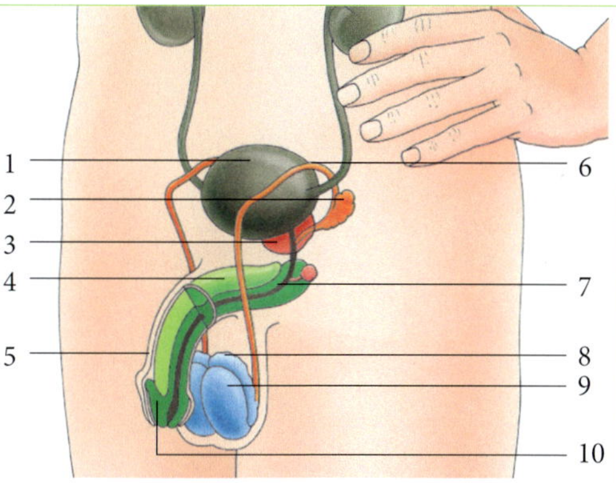

3 Die männlichen Geschlechtsorgane

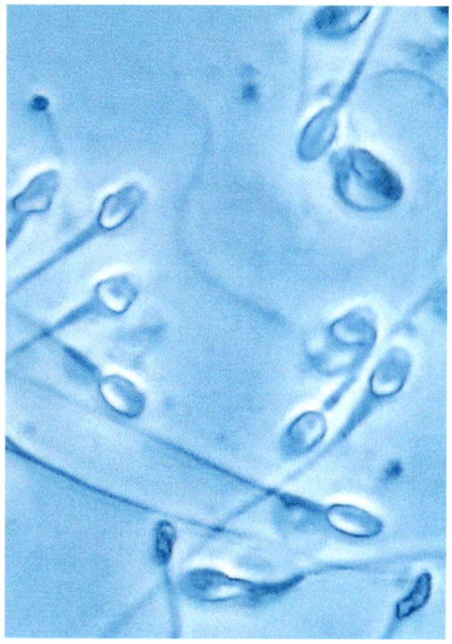

4 Spermien unter dem Mikroskop

kommt es beim Jungen oder beim Mann zu einem unbewussten Spermienerguss im Schlaf.

Selbstbefriedigung – was ist das?

Jakob hat eine Frage, traut sich aber nicht, seine Freunde zu fragen. Darum schreibt er einen Brief an eine Jugendzeitschrift.

Liebes Dr.-Sommer-Team,
meine Freunde sprechen immer über Selbstbefriedigung. Ich weiß nicht, was das ist. Können Sie mir helfen?
Lieber Jakob,
sich selbst zu befriedigen kann ein Weg sein, den eigenen Körper und die eigene Sexualität kennenzulernen. Sich selbst zu befriedigen gehört zur sexuellen Entwicklung. Wenn du deinen Penis berührst, wird dieser steif und du verspürst sexuelle Lust. Es kann bis zum Höhepunkt, dem Orgasmus, kommen. Beim Orgasmus spritzt die Flüssigkeit, in der sich die Spermien befinden, aus dem Penis.

Waschen ist wichtig

Tägliches Waschen der Geschlechtsorgane mit Wasser und einer milden Seife ist wichtig, damit keine Entzündung entsteht. Beim Waschen muss die Vorhaut vorsichtig zurückgezogen werden, um die Absonderungen zu entfernen. So werden Gerüche und Entzündungen vermieden.

→ Merk dir! Zu den männlichen Geschlechtsorganen gehören: Penis, Eichel, Spermienleiter, Hodensack und Hoden.

Arbeitsaufträge

1. Erstelle eine Tabelle, in die du alle Geschlechtsorgane des Mannes und deren Funktion hineinschreibst.

2. Erkläre, was bei der Versteifung des Penis passiert.

3. Beschreibe den Weg der Spermien im Körper in Form eines Reiseberichts: „Meine Reise beginnt in den …"

Lisa trägt am Strand normalerweise nur die Bikinihose. Dieses Jahr ertappt sie sich dabei, dass sie wie die Erwachsenen lieber auch das Oberteil benutzt. In der Pubertät verändert sich einiges für Mädchen. Was kommt da alles auf sie zu?

1 Aus Mädchen entwickeln sich Frauen.

Vom Mädchen zur Frau

Vom Mädchen zur Frau

Die Hormone sorgen dafür, dass Mädchen die Regelblutung bekommen. Die Geschlechtsorgane werden größer, Körperhaare sprießen. Der Körperbau verändert sich durch das Brustwachstum und die Verbreiterung der Hüften. Viele Mädchen machen sich Gedanken um ihre Figur und ihr Aussehen.

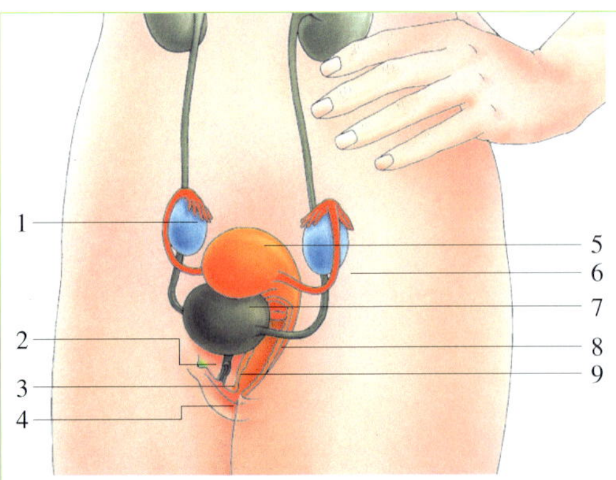

1 Eierstock
2 Kitzler
3 kleine Schamlippe
4 große Schamlippe
5 Gebärmutter
6 Eileiter
7 Harnblase
8 Scheide
9 Harnröhre

2 Die weiblichen Geschlechtsorgane

Die weiblichen Geschlechtsorgane

Bei Mädchen sind von außen nur die großen Schamlippen zu erkennen. Diese Hautfalten bedecken die kleinen Schamlippen, den Kitzler und den Scheideneingang. → 2 Der Kitzler ist erbsengroß, sehr empfindlich und schwillt bei Erregung an. Bei jungen Mädchen ist der Scheideneingang von einem Jungfernhäutchen bedeckt. Die **Scheide** im Innern deines Körpers ist die Verbindung zur Gebärmutter. → 2 Die **Gebärmutter** ist ein Hohlmuskel und hat etwa die Größe einer Birne. Sie ist sehr dehnbar, sodass ein Baby bis zur Geburt ausreichend Platz hat. Sie ist mit Gebärmutterschleimhaut ausgekleidet. Von der Gebärmutter führen zwei **Eileiter** zu den **Eierstöcken.** → 2

Reifung der Eizellen

Jeden Monat wird eine reife Eizelle aus dem Eierstock ausgeschwemmt und von einem der beiden Eileiter aufgefangen. Diesen Zeitpunkt nennt man Eisprung. → 3 Bereits ab dem ersten Eisprung kann ein Mädchen schwanger werden.

Eileiter
Eierstöcke
Gebärmutter
Regelblutung
Scheide

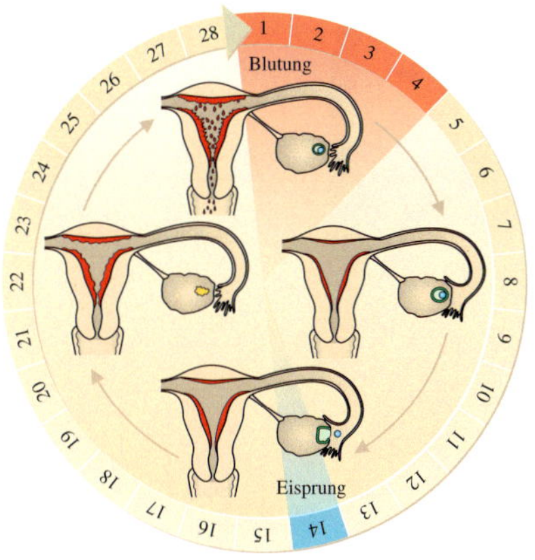

3 Regelzyklus (28 Tage)

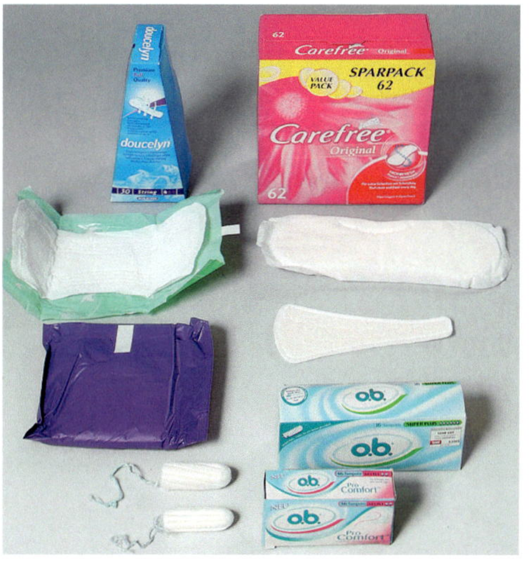

4 Binden und Tampons

Die Regelblutung – was ist das eigentlich?

Die **Regelblutung** setzt zwischen dem 10. und 16. Lebensjahr ein. Sie findet etwa alle drei bis fünf Wochen statt und dauert 3 bis 7 Tage. Die rote Flüssigkeit besteht aus Blut und Gebärmutterschleimhaut. Während die Eizelle im Eierstock reift, baut sich die Gebärmutterschleimhaut auf, um wie ein Nest die befruchtete Eizelle aufzunehmen. Wird die Eizelle nicht befruchtet, wird die Gebärmutterschleimhaut abgestoßen und es kommt zur Regelblutung. Man sagt dann auch, das Mädchen hat ihre „Tage". Die Zeitspanne vom ersten Tag der Regelblutung bis zum ersten Tag der nächsten Regelblutung nennt man Regelzyklus. → 3

Von Tampons und Binden

Tampons und Binden sind dafür da, die Regelblutung aufzufangen. → 4 Sie sollten mehrmals am Tag gewechselt werden. Tägliches Waschen mit lauwarmem Wasser und einer Waschlotion ist wichtig und verhindert die Bildung von unangenehmem Geruch und Krankheitserregern. Benutzte Tampons und Binden werden im Abfalleimer entsorgt.

→ Merk dir! **Zu den weiblichen Geschlechtsorganen gehören: Schamlippen, Kitzler, Scheide, Gebärmutter, Eileiter und Eierstock. Im Eierstock wird jeden Monat eine Eizelle reif.**

Arbeitsaufträge

1. Erstelle eine Tabelle mit den Geschlechtsorganen und gib ihre Funktion an.

2. Aylin behauptet, Mädchen können erst mit 18 schwanger werden. Stimmt das? Begründe deine Antwort.

3. Binde oder Tampon? Führe folgende Versuche durch:

a Schneide eine Binde und einen Tampon auf. Beschreibe, woraus sie bestehen und wie sie aufgebaut sind.

b Nimm zwei Messbecher und fülle sie mit 50 mL Wasser. Lege in den einen Messbecher die Binde, in den anderen den Tampon. Was stellst du fest?

Jungs sind anders – Mädchen auch! Männer und Frauen sind so verschieden ...
Was ist typisch für Jungen und Mädchen bzw. für Männer und Frauen?

1

Typisch Mann – typisch Frau

Typisch Mann?
Männer sind cool und lässig, trinken Bier beim Fernsehen, betreuen Kinder …

2

3

4

Frau
Junge
Mädchen
Mann

5

Typisch Frau?

Frauen interessieren sich für Technik, tuscheln miteinander, hängen am Telefon, shoppen gerne …

6

7

Arbeitsaufträge

1. Betrachtet die Bilder. → 2–7
   Ist das immer so?
2. Bildet Gruppen mit gleichem Geschlecht. Listet Eigenschaften auf, die ihr für das andere Geschlecht typisch findet. Tauscht eure Ergebnisse aus und diskutiert in der Klasse darüber.
3. Welche dieser typischen Jungen- oder Mädcheneigenschaften gelten auch für dich, welche nicht?
4. Ergänze: Ich bin gerne ein Mädchen / Junge, weil …

Unser ganzes leben lang begleitet uns ein Wunsch: von Menschen umgeben zu sein, die wir mögen.

1

Vertrauen, Freundschaft, Liebe

Zuwendung und Urvertrauen

Der Säugling hat den ersten Hautkontakt unmittelbar nach der Geburt: Dann liegt er im Arm der Mutter. → 2 Die Berührung der mütterlichen Brust ist auch wichtig. Wenige Minuten nach der Geburt ist der Saugreflex stark ausgeprägt. Die Zuwendung der Mutter bietet dem Neugeborenen Geborgenheit. Der Blickkontakt zwischen Kind und Mutter ist ebenfalls von großer Bedeutung. Wenn das Kind beim Anblick des Gesichts der Mutter lächelt, lächelt die Mutter zurück. Das Lächeln des Kindes verstärkt sich und es entsteht eine tiefe innere Verbindung. → 3 Sprache, Blicke und Berührungen bilden eine Einheit. In ihr entwickelt sich beim Kind ein **Urvertrauen**, das es ein Leben lang begleiten wird. Wenn in den ersten Entwicklungsjahren diese Kontaktmöglichkeiten gestört sind, wird auch dieses Urvertrauen ein ganzes Leben lang gestört sein.
Säuglinge und Kleinkinder brauchen den engen Kontakt zu vertrauten Menschen. Nur so können sie ein Urvertrauen aufbauen.

Vor der Pubertät

Sich anzufreunden, sich zu verkrachen und zu versöhnen – Freundschaften auch mit „denen vom anderen Geschlecht“ sind vor der Pubertät selbstverständlich.
Auch die Liebe ist bekannt. Sie ist ein starkes Gefühl. Mit der Pubertät kommt aber ein neues Gefühl hinzu, das beim Verliebtsein eine Rolle spielt: die **Sexualität**.

2 Wenige Stunden nach der Geburt

3 Enger Kontakt und Fürsorge sind lebenswichtig.

Kennenlernen
Liebe
Sexualität
Urvertrauen
Verliebtsein

4 Liebe „aus der Ferne"

5

Sich kennen lernen

Liebe äußert sich anfangs oft als Schwärmerei. In der Pubertät sind die Umschwärmten manchmal „weit weg": Sportler oder Popstars. → 4 Irgendwann kann es aber passieren, dass man sich „bis über beide Ohren" in jemanden verliebt, der für einen erreichbar ist. Dann ist oft das Kennenlernen das größte Problem.

Je verliebter man ist, desto schwerer wird es, das zu zeigen. Oft warten beide darauf, dass der andere den ersten Schritt tut. Mit etwas Mut und Fantasie klappt das Kennenlernen dann doch.

Es kann sehr wehtun, wenn der andere nichts von einem wissen will. Das muss man jedoch akzeptieren.

Verliebtsein

Verliebte wollen am liebsten zusammen sein, über alles reden, sich einander anvertrauen, sich berühren. → 5 Mit der Zeit finden zwei, die „miteinander gehen", über den anderen und über sich selbst immer mehr heraus. Auch gegensätzliche Gefühle gehören dazu: sich zu streiten und zu versöhnen, zusammen sein zu wollen und Abstand zu halten. Irgendwann wollen sie vielleicht auch miteinander schlafen.

Auseinandergehen

Es kann auch sein, dass man feststellt, nicht zusammenzupassen. Vielleicht trennt man sich dann als Freunde, die noch vieles gemeinsam haben. Vielleicht geht man sich auch erst einmal aus dem Weg.

Arbeitsaufträge

1. Sieh dir die Bilder auf diesen beiden Seiten an. Erzähle dann, was dir zu Freundschaft und Liebe einfällt.

2. Es gibt verschiedene Formen von „Liebe". Beschreibe einige.

Man kann Tiere und Menschen lieben. Ich mag meinen Hund sehr gern.

Liane

Man soll alle Menschen lieben, auch die, die aus einem anderen Land kommen.

Markus

Achim

Wenn man verliebt ist, fühlt man es im Herzen und im Magen.

Was ist Liebe?

1. Liebe ist …

Ihr braucht: Filzstifte und 7 Plakate.

Schreibt auf jedes Plakat einen der folgenden Satzanfänge:

Liebe ist …
- Einen guten Freund oder eine gute Freundin erkenne ich daran, dass …
- Ich bekomme Herzklopfen, wenn …
- Menschen zeigen Gefühle, wenn …
- Mädchen wollen immer …
- Jungs wollen immer …
- An meinem Freund oder meiner Freundin gefällt mir/gefällt mir nicht …

a Hängt die Plakate mit den Satzanfängen in der Klasse aus.
b Nun vollendet jeder für sich die Satzanfänge, ohne miteinander zu reden.
c Vergleicht die Vorschläge und sprecht darüber in der Klasse.

2. Liebe, Partnerschaft und Sexualität

1 Romantische Bootsfahrt

Ihr braucht: Sammlung von Fotos aus Zeitschriften zu den Themen Liebe, Partnerschaft und Sexualität. → 1–4

Setzt euch in einen Stuhlkreis und legt die Fotos in der Mitte aus.

a Jeder für sich wählt Fotos aus, die ihm gefallen.
b Stelle nun deine Fotos vor und erkläre, warum sie dir gefallen. Erkläre, welche Verbindung sie für dich zum Thema haben.

2 Rosen

3 Eheringe

4 Liebeserklärung

3. Auch das ist Liebe ...

5

6

4. Sie liebt mich, sie liebt mich nicht ...

Lena und Alex haben sich schon einige Male auf dem Schulhof gesehen, aber noch nie miteinander geredet. Alex muss immer an Lena denken, „Schmetterlinge tanzen in seinem Bauch“. Er wünscht sich, ständig in ihrer Nähe zu sein. Er ist verliebt. Wie kann er nun mit Lena Kontakt aufnehmen?

Hier ein paar Ideen:

- Er lädt sie zu seiner Party ein.
- Er spricht sie an und sagt, dass er sie mag.
- Er ruft sie an.
- ...

Sicher habt ihr noch weitere Ideen.
Probiert die Ideen in einem Rollenspiel aus.

Anleitung zum Rollenspiel

a Wählt die Personen aus, die in diesem Spiel mitspielen (Lena, Alex ...).
b Überlegt, welche Situation ihr spielen wollt.
c Begrenzt die Spieldauer auf 5 Minuten, wählt dazu einen Zeitwächter.
d Versetzt euch möglichst genau in die Personen hinein und denkt an das Ziel, das ihr verfolgt.
e Spielt echt, nicht übertrieben!
f Die anderen Mitschüler, die nicht mitspielen, sind nun die Beobachter und haben folgende Aufgaben:
- Halten sich die Spieler an die Vorgaben?
- Gehen die Spieler aufeinander ein?
- An welchen Stellen könnten die Spieler anders reagieren?

g Spielt nun die Szene vor.

Befragt danach die Spieler, dann die Beobachter, wie sie das Gesehene empfunden haben.

Wenn ihr Lust habt, könnt ihr eine weitere Szene mit anderen Spielern spielen.

Es gibt Situationen, in denen man sich fragt: Was ist richtig, was ist falsch? Was tut mir gut, was nicht? Wo liegen die Grenzen?

1 Zeit der Gefühle

Vom Ja- und Neinsagen

Er liebt mich, er liebt mich nicht …

Aylin ist verliebt. Sie kann nur noch an Tarek denken. Nachts träumt sie sogar von ihm. Er sieht aber auch wirklich toll aus. Immer wenn sie ihn auf dem Pausenhof sieht, wird sie gleich rot. Ob Tarek sie wohl auch mag? Verliebt zu sein ist schön und aufregend. Andererseits kannst du dich auch unsicher fühlen, weil du nicht weißt, wie der andere fühlt. → 1, 2 Es ist wichtig, dass du jemand hast, mit dem du deine Probleme besprechen kannst.

2 Er liebt mich, er liebt mich nicht …

Miteinander reden

Wenn es dann „gefunkt" hat, gehört irgendwann zur Liebe auch die Lust. Der Wunsch nach Nähe und Zärtlichkeit wird größer. Doch was will ich eigentlich? Und was möchte der andere? Man muss offen miteinander reden, wenn einem etwas zu viel wird oder zu schnell geht. Das ist manchmal nicht einfach. Doch beide sollten darauf vertrauen, dass der andere ihn genauso mag, wie er ist. Es ist etwas Wunderschönes, gemeinsam die Liebe zu entdecken.

Sei stark

Wenn jemand etwas von dir verlangt, was du nicht willst, musst du klar **Nein sagen**. Sage deutlich, dass es kein gutes Gefühl für dich ist. Solltest du dich einmal in einer Situation befinden, in der dich eine Person bedrängt, dann hole dir Hilfe. Wende dich an eine Person, der du vertraust: deine Mutter, einen Freund oder Lehrer. Auch öffentliche **Beratungsstellen** können dir helfen. → 3

Beratungsstellen
Missbrauch
Nein sagen

Beratung und Hilfe bekommst du bei:

- der „Nummer gegen Kummer“ 0800–1110 333
- über www.profamilia.de
- www.wildwasser.de

3 Hilfe und Beratung

4 Vorsicht mit Bekanntschaften im Internet

Falsche Kinderfreunde

Liebe und Zärtlichkeit sind sehr schön. Es gibt aber Erwachsene, die Kinder an intimen Stellen anfassen oder sich selbst anfassen lassen. Andere Erwachsene erzwingen sogar Geschlechtsverkehr mit ihnen. Das ist sehr schlimm für die betroffenen Kinder. Leider sind die Täter meist keine Fremden. Sie stammen oft aus der Nachbarschaft oder aus der eigenen Familie. Die Täter fordern die Kinder auf, alles geheim zu halten.
In seiner Angst wagt es ein Kind oft nicht, einer Vertrauensperson davon zu erzählen. Doch solche Geheimnisse, darf ein Kind auf jeden Fall weitererzählen. Ein Kind hat niemals Schuld an solchen Handlungen.
Die Kinder müssen einer Vertrauensperson davon erzählen, damit die Taten endlich aufhören. Das ist **sexueller Missbrauch**.

Vorsicht im Internet

Sicher hast du schon E-Mails geschrieben oder dich im Chat unterhalten. → 4 Wenn du aufgefordert wirst, deine Adresse oder Fotos zu verschicken, solltest du vorsichtig sein. Verschicke niemals deine Adresse, Telefonnummer oder Bilder von dir. Triff dich nicht alleine mit einer Chatbekanntschaft.

> → Merk dir! **Sprich bei Problemen mit einer Person, der du vertraust. Wenn jemand etwas von dir verlangt, was du nicht willst, musst du klar Nein sagen.**

Arbeitsaufträge

1. In welchen Situationen ist es wichtig, Nein zu sagen? Begründe deine Aussagen.

2. Entscheidet, welche der folgenden Geheimnisse man eurer Meinung nach weitererzählen darf und welche nicht? Begründet eure Meinung.

a Du beobachtest im Geschäft, wie zwei Jungen aus deiner Klasse CDs stehlen.
b Du erzählst einem Freund von deinem Schwarm und bittest, nichts weiterzusagen.
c Ein Freund deiner Eltern will dich küssen und streicheln, wenn ihr alleine im Zimmer seid. Er sagt, dies sei euer Geheimnis.

Jugendliche suchen in der Pubertät die Nähe des anderen Geschlechts. Es bleibt nicht immer beim Streicheln, Küssen und gegenseitigen Berühren.
Kann ein Mädchen denn schon beim „ersten Mal" schwanger werden?

1 Nähe und Schmusen enden oft ungeplant im „ersten Mal".

Beim ersten Mal kann doch nichts passieren – oder?

Was ist Petting?

Besonders Jugendliche in der Pubertät nutzen das Petting, um erste sexuelle Erfahrungen zu machen. Dazu gehören streicheln, küssen und gegenseitiges Berühren der Geschlechtsorgane. Geschlechtsverkehr findet nicht statt. Wenn Spermienzellen beim Petting in die Scheide gelangen, kann es auch zur Schwangerschaft kommen. → 1

Miteinander schlafen

Irgendwann kommt es dazu, dass Junge und Mädchen miteinander schlafen wollen. Andere Wörter sind „Liebe machen", „Sex" oder „**Geschlechtsverkehr**". Dabei gleitet der steife Penis in die Scheide. Durch die Erregung wird die Scheide feucht, damit der Penis besser eindringen kann. Wenn das Paar keine Kinder zeugen möchte, muss es verhüten.

Verhütung – Sex ja, aber kein Baby

Ein Grund, dass viele Jugendliche beim ersten Mal nicht verhüten, ist, dass die Situation des Geschlechtsverkehrs völlig überraschend kommt. Viele Mädchen trauen sich nicht, ihren Freund auf Verhütung anzusprechen. Manchmal denken Mädchen auch, dass die Jungen schon Bescheid wissen. Pille, Kondom, Spirale, Diaphragma – es gibt eine große Auswahl an Verhütungsmitteln. Wenn ihr miteinander schlafen möchtet, ist es wichtig, sich vorher gemeinsam über Verhütung zu informieren und darüber zu reden.

Das Kondom

Für alle Fälle: Immer ein **Kondom** in der Tasche. Es ist ein dünnes Gummi, das über den Penis gezogen wird und ein Eindringen der Spermienzellen in die Scheide verhin-

Aids
Geschlechtsverkehr
Kondom
Pille

2 Kondome schützen auch vor Aids.

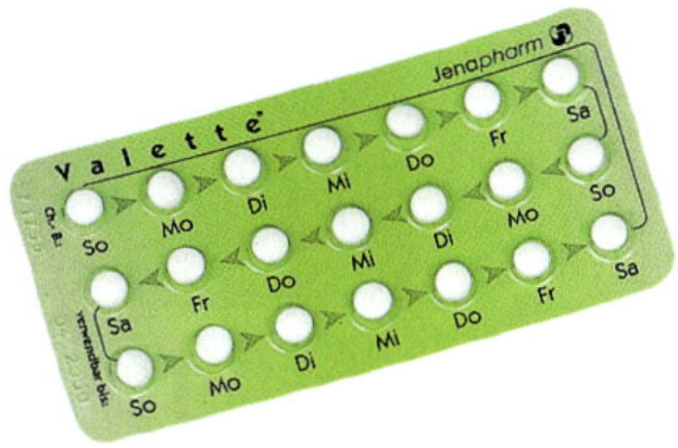

3 Antibabypille

dert. Richtig abgerollt sitzt es recht fest, muss jedoch nach dem Spermienerguss beim Rausziehen des Penis aus der Scheide am Penisschaft festgehalten werden. Das Kondom schützt gleichzeitig vor Geschlechtskrankheiten und **Aids**. Kondome kannst du in Apotheken, Drogerien und Supermärkten kaufen. → 2

Die Pille

Die **Pille** ist eine Hormontablette, die den Eisprung verhindert. Deshalb kann es zu keiner Befruchtung kommen. Sie wird 21 oder 22 Tage lang täglich eingenommen, danach setzt die Regelblutung ein. Bei richtiger Anwendung, das heißt bei regelmäßiger Einnahme, ist die Sicherheit sehr hoch. → 3

Coitus interruptus – Ich pass schon auf!

Beim Coitus interruptus zieht der Mann vor dem Eintritt des Spermienergusses, also direkt vor dem Orgasmus, den Penis aus der Scheide. Diese Methode erscheint sehr reizvoll, da keinerlei Vorbereitung notwendig ist. Das macht sie so verführerisch. Dieses Verfahren bietet aber keinerlei Sicherheit, denn es kommt bereits vor dem Orgasmus zum Austritt von Spermienzellen. Es ist daher dringend vom Coitus interruptus abzuraten!

→ Merk dir! Verhütung einer ungewollten Schwangerschaft ist immer wichtig, auch beim ersten Mal.

Arbeitsaufträge

1. Anna ist schwanger. Jakob und sie haben sich aber nur gestreichelt. Dabei hatte Jakob einen Spermienerguss.
   - **a** Begründe, warum Anna schwanger ist.
   - **b** Erkläre, wie beide die Schwangerschaft hätten verhindern können.
   - **c** Informiere dich, wo sich Anna Hilfe holen kann.
2. Stelle in einer Tabelle die Unterschiede zwischen Kondom und Pille gegenüber.
3. Informiere dich unter www.loveline.de über die Benutzung von Kondomen. Präsentiere deine Ergebnisse deinen Mitschülern.
4. Erkläre, wofür das Plakat in Abbildung 2 wirbt.

**Jedes Leben beginnt mit einer befruchteten Eizelle. Fast unvorstellbar, dass daraus ein Mensch entsteht.
Wie verläuft die Entwicklung?**

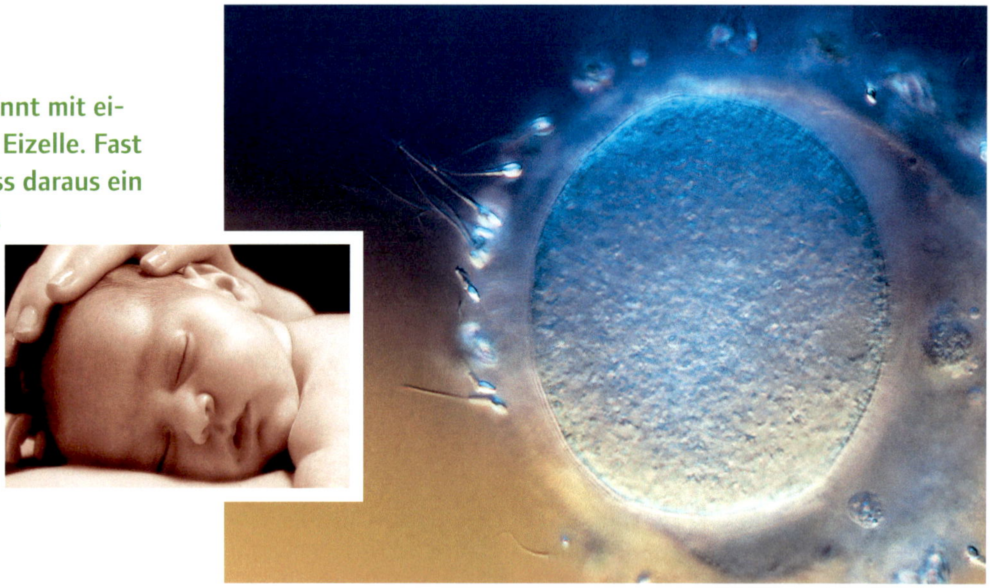

1 Aus einer Eizelle und einer Spermienzelle entwickelt sich ein neuer Mensch.

Wie entsteht ein Baby?

Wie alles beginnt

Wenn eine Eizelle sprechen könnte, dann würde sie Folgendes erzählen: „Endlich bin ich reif und bewege mich im Eileiter in Richtung Gebärmutter. Plötzlich kommt eine Spermienzelle auf mich zu und dringt in mich ein. Dieser Vorgang heißt Befruchtung. Ich teile mich sofort und wachse. In der Gebärmutter angekommen, niste ich mich in der Gebärmutterschleimhaut ein. → 2 Der Frauenarzt nennt mich **Embryo**. Ich wachse weiter."

Versorgung

„Durch den **Mutterkuchen** und über die **Nabelschnur** werde ich mit Nährstoffen und Sauerstoff versorgt. Die mich umgebende **Fruchtblase** schützt mich. Ich schwimme im Fruchtwasser." → 3

Vom Embryo zum Fetus

„Nach 8 Wochen habe ich schon alle inneren Organe. Mein Herz schlägt. Nach 12 Wochen haben alle Organe ihre Aufgaben übernommen. Ich heiße nun **Fetus**." → 4

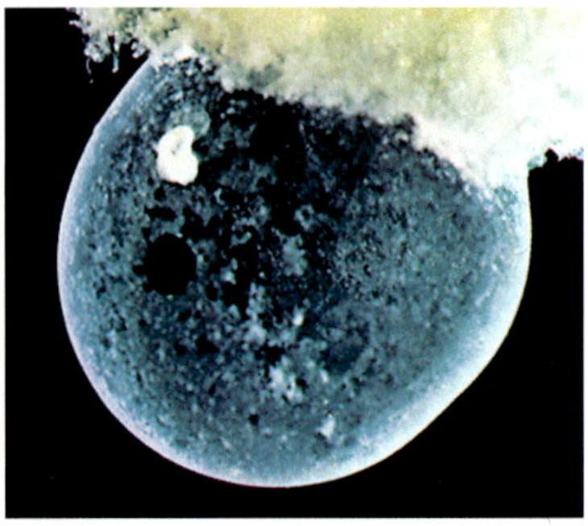

2 Zwei Wochen nach der Befruchtung

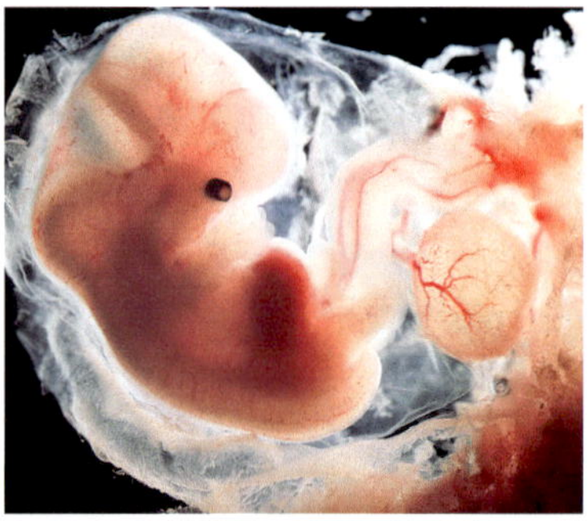

3 Sechs Wochen alter Embryo

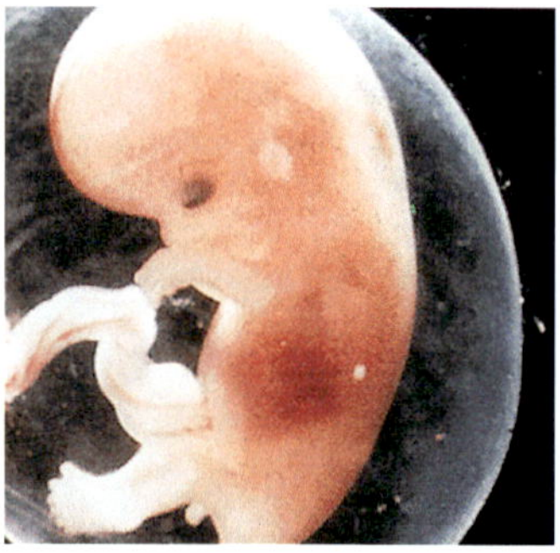

4 Acht Wochen alter Embryo

Embryo
Fetus
Fruchtblase
Mutterkuchen
Nabelschnur
Schwangerschaft

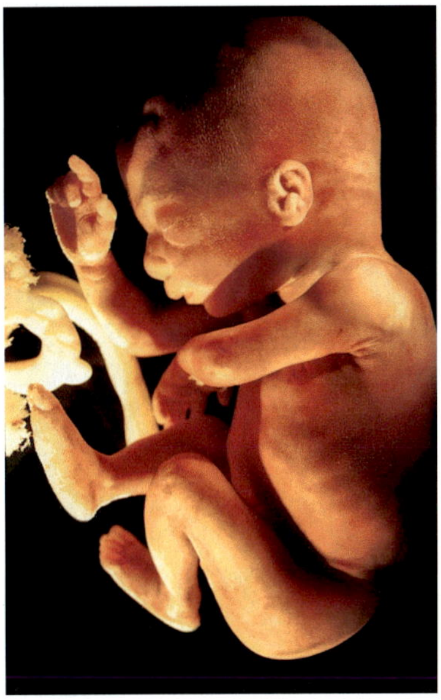

5 Zwanzig Wochen alter Fetus

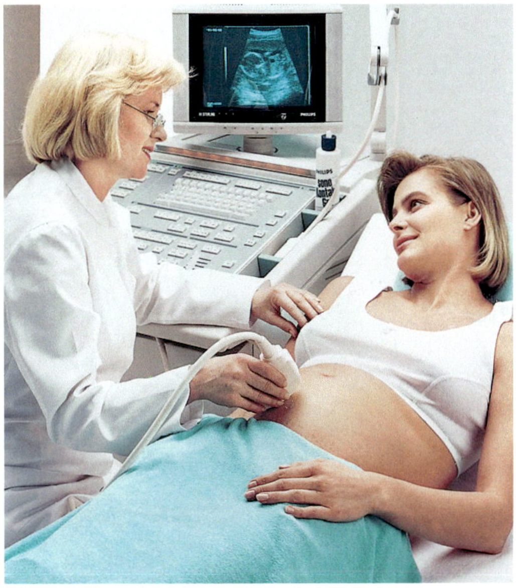

6 Untersuchung bei der Frauenärztin

Das Leben spüren

„Nach 20 Wochen bin ich schon so groß, dass meine Mutter meine Bewegungen an der Bauchdecke spürt. → 5 Jetzt kann ich schon hell und dunkel unterscheiden und Musik hören. Besonders viel Spaß macht mir das Daumenlutschen."

Nach 40 Wochen

„Ich habe nun fast 40 Wochen in der Gebärmutter verbracht. Ich stehe auf dem Kopf und es wird eng. Es dauert nicht mehr lange, dann komme ich auf die Welt."

Schwangerschaft

Ob eine **Schwangerschaft** vorliegt, kannst du mit einem Schwangerschaftstest feststellen. Oder du gehst zu einem Frauenarzt. → 6

→ Merk dir! Die Befruchtung entsteht durch die Verschmelzung von Eizelle und Spermienzelle. Die befruchtete Eizelle wächst und nistet sich in der Gebärmutterschleimhaut ein. In den ersten zwölf Wochen entwickeln sich beim Embryo alle wichtigen Organe.

Arbeitsaufträge

1. Erkläre mithilfe der Abbildungen 2 bis 5 die verschiedenen Entwicklungsstufen in der Schwangerschaft.

2. Erkläre anhand eines Modellversuchs, wie wichtig das Fruchtwasser für den Embryo ist.
- **a** Stelle das Modell von Abbildung 7 her.
- **b** Schüttle das Glas. Was passiert mit dem Ei?
- **c** Führe den Versuch ohne Wasser im Beutel durch. Was passiert mit dem Ei?

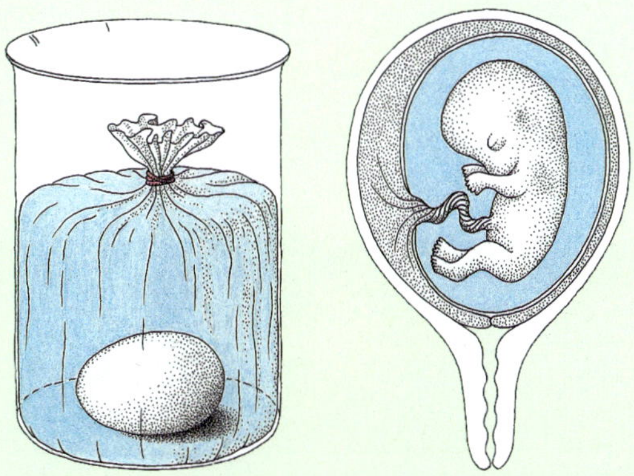

7 Modellversuch zur Funktion des Fruchtwassers

Wie kommt ein Kind auf die Welt? Was geschieht in den ersten Wochen und Monaten?

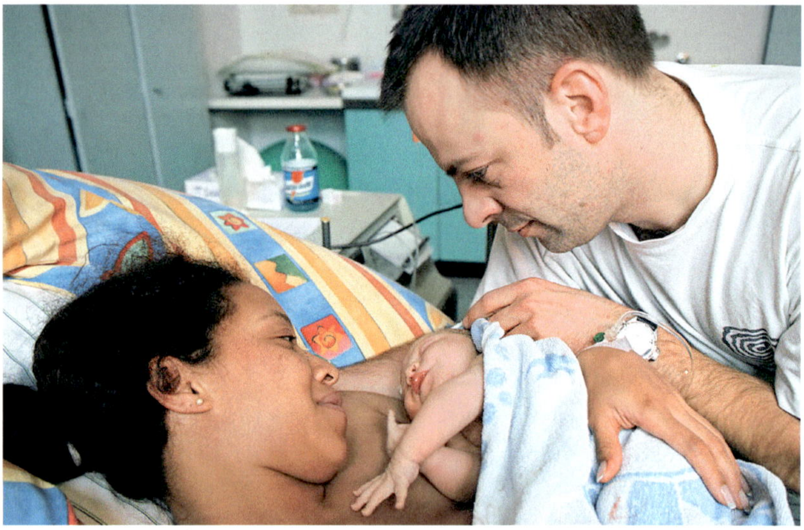

1 Eltern mit einem neugeborenen Kind

Geburt und Entwicklung eines Kindes

Die Geburt

Nach etwa 40 Wochen ist die Entwicklung des Kindes abgeschlossen. Mit den **Wehen** beginnt die **Geburt**. Dabei zieht sich die Gebärmutter zusammen. Die Fruchtblase platzt. Das Baby wird meist mit dem Kopf voran aus der Scheide gedrückt. → 2 Anschließend wird die Nabelschnur ohne Schmerzen durchtrennt. Mit dem ersten Schrei beginnt das Neugeborene selbstständig zu atmen. Kurze Zeit später werden mit einer Wehe Mutterkuchen, Nabelschnur und Fruchtblase ausgestoßen.

Der Säugling

Das Neugeborene beginnt an der Brustwarze der Mutter zu saugen. Die Muttermilch enthält alle wichtigen Nährstoffe. Wenn das

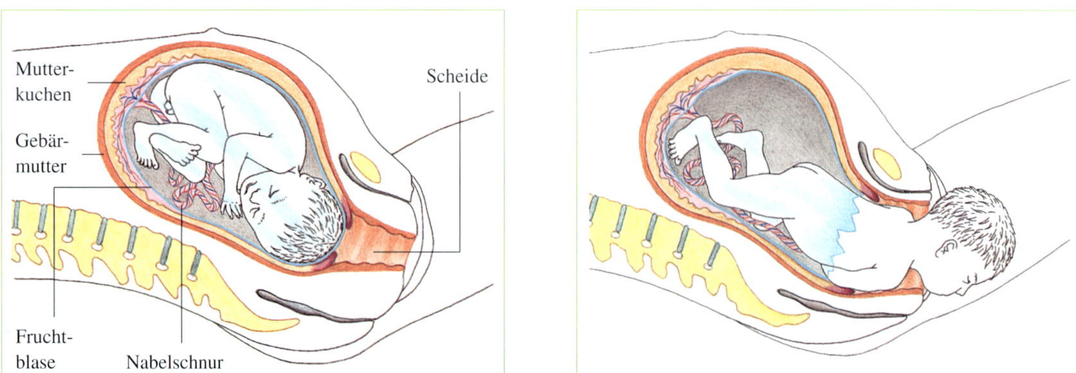

2 Durch Wehen wird das Baby aus der Gebärmutter gedrückt.

Geburt
Vererbung
Wehen

3 Baby

4 Kleinkind

Baby fünf Monate alt ist, kann es Brei essen und schlucken. Babys schreien, wenn sie hungrig oder müde sind. Für Babys ist es sehr wichtig, dass sie engen körperlichen Kontakt mit den Eltern haben. Fürsorge und Geborgenheit spielen für die weitere Entwicklung des Kindes eine bedeutende Rolle. → 3, 4

Ähnlichkeiten liegen in der Familie

„Du siehst aus wie dein Vater!" – „Deine Schwester und du, ihr seht euch aber ähnlich!" Solche Sätze hast du bestimmt schon einmal gehört. Die Ursache für Ähnlichkeiten in der Familie liegt in der Eizelle der Mutter und in der Spermienzelle des Vaters. Dort befinden sich Informationen, die zum Beispiel die Haar- und Augenfarbe des Kindes bestimmen. Diese Informationen geben die Eltern an ihre Kinder weiter. Dies nennt man **Vererbung**. In Familien treten daher oft Ähnlichkeiten unter Geschwistern, Cousins und Cousinen auf.

→ Merk dir! Nach 40 Wochen ist die Entwicklung des Kindes abgeschlossen. Durch Wehen wird es auf die Welt gebracht. Ein Baby braucht viel Aufmerksamkeit und Zuneigung.

Arbeitsaufträge

1. Überlege, was sich für das Baby alles ändert, wenn es den Körper der Mutter verlässt.
2. Begründe, warum Neugeborene auch Säuglinge genannt werden.
3. Suche im Internet nach Informationen, wie Zwillinge entstehen.
4. Babys schreien. Informiere dich bei Eltern von Neugeborenen, welche Gründe es für Babys gibt zu schreien. Können Eltern die Gründe am Schreien erkennen?

Wachsen und Erwachsen werden

→ In der Pubertät verändern Hormone deinen Körper und dein Verhalten. Du wirst erwachsen. (Siehe Seite 222.)

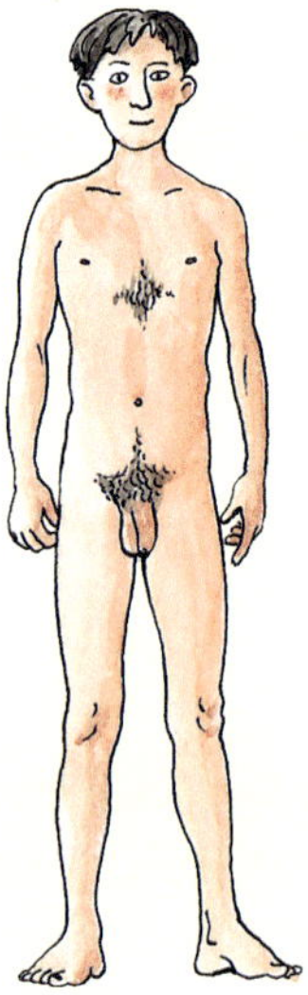

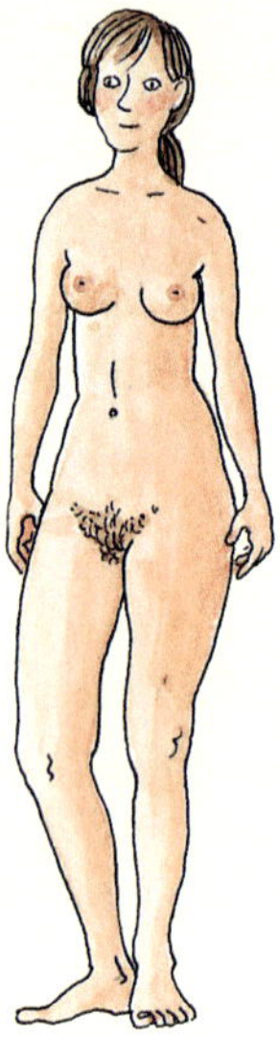

→ Zu den männlichen Geschlechtsorganen gehören Penis, Eichel, Spermienleiter, Hodensack und Hoden. Ab dem ersten Spermienerguss kann der Junge ein Kind zeugen. (Siehe Seite 224.)

→ Zu den weiblichen Geschlechtsorganen gehören Schamlippen, Kitzler, Scheide, Gebärmutter, Eileiter und Eierstock. Mit dem ersten Eisprung kann ein Mädchen schwanger werden. (Siehe Seite 226.)

→ Liebe ist nicht immer einfach. Lasst euch Zeit und redet miteinander. (Siehe Seite 234.)

Nein!

Sage Nein, wenn dir etwas nicht gefällt und du dich dabei nicht wohlfühlst. (Siehe Seite 234.)

Kümmert euch vor dem Geschlechtsverkehr gemeinsam um die Verhütung. Kondom und Pille schützen vor einer Schwangerschaft. (Siehe Seite 236.)

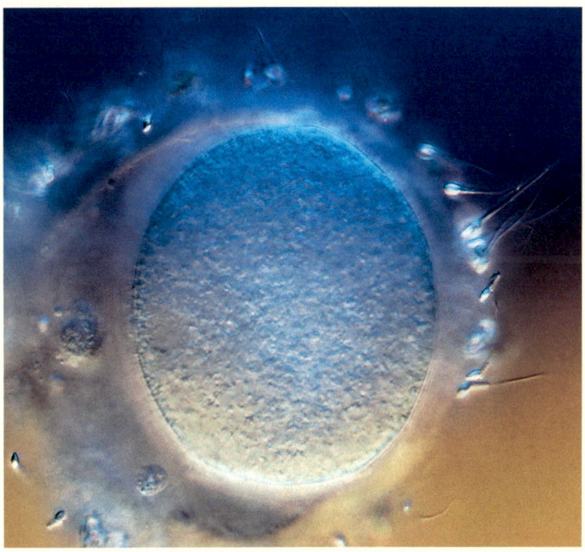

Ein Kind entsteht, wenn eine reife Eizelle mit einer Spermienzelle verschmilzt. (Siehe Seite 238.)

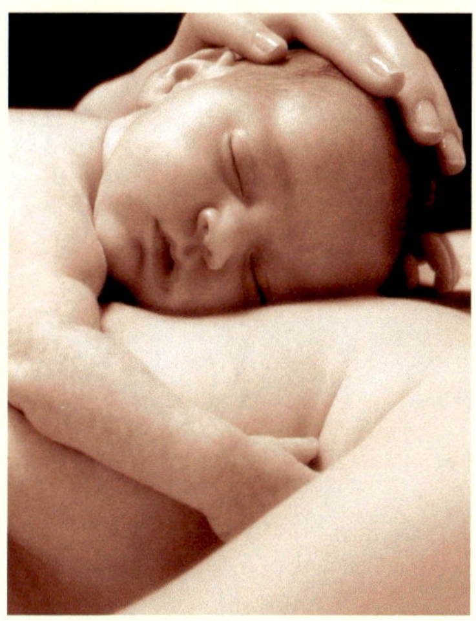

Nach 40 Wochen ist die Entwicklung des Kindes abgeschlossen und es wird geboren. (Siehe Seite 240.)

Teste dich!

1. Manchmal bezeichnet man die Pubertät als „Achterbahn der Gefühle“. Erkläre, was damit gemeint ist.

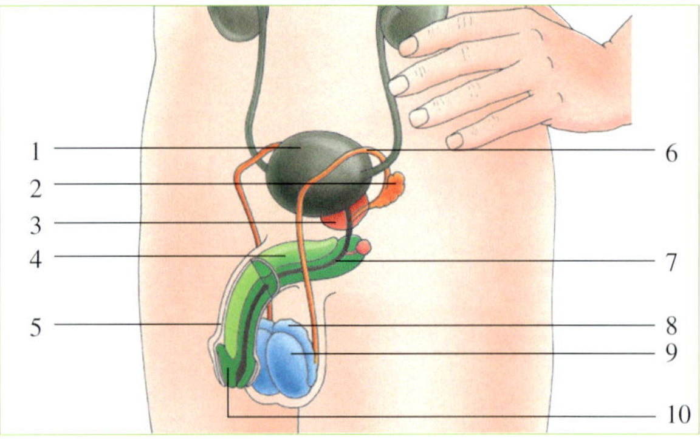

1 Männliche Geschlechtsorgane

2. Während der Pubertät entwickeln sich Jungen zu Männern.

a Nenne vier Dinge, die sich bei Jungen verändern.

b Ordne den Nummern in der Abbildung 1 die richtigen Begriffe zu.

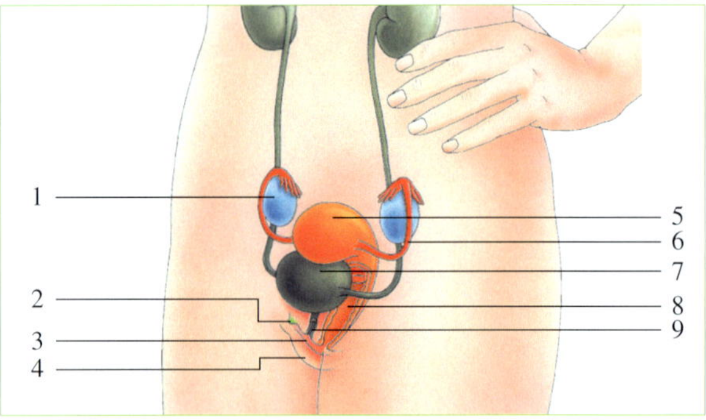

2 Weibliche Geschlechtsorgane

3. Während der Pubertät entwickeln sich Mädchen zu Frauen.

a Nenne vier Dinge, die sich bei Mädchen in der Pubertät verändern.

b Ordne den Nummern in der Abbildung 2 die richtigen Begriffe zu.

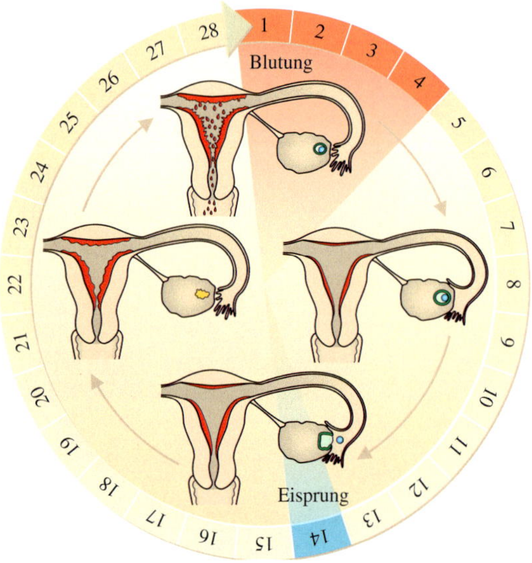

3 Regelzyklus

4. Die Abbildung 3 zeigt einen Vorgang im weiblichen Körper.

a Wie heißt der dargestellte Vorgang?

b Beschreibe ihn und verwende dabei die Begriffe Eierstock, Eileiter, Eizelle, Gebärmutter, Gebärmutterschleimhaut und Scheide.

5. Nenne zwei Verhütungsmittel.

a Erkläre ihren Gebrauch.

b Erkläre ihre Wirkungsweise.

6. Das Kind entwickelt sich im Körper der Mutter.
Ordne die Bilder in der richtigen Reihenfolge und lege dazu eine Zeitleiste an.

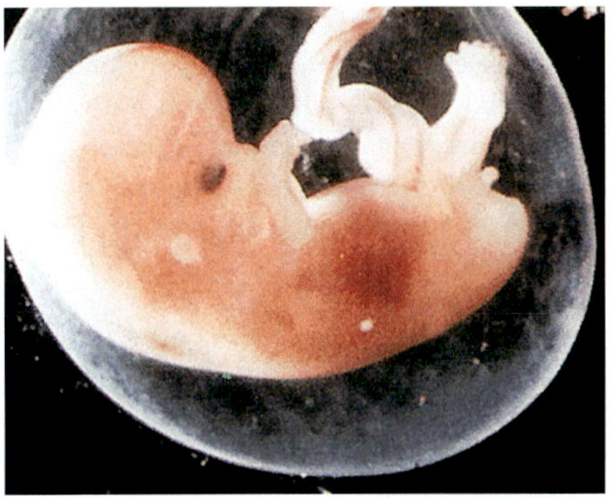

a

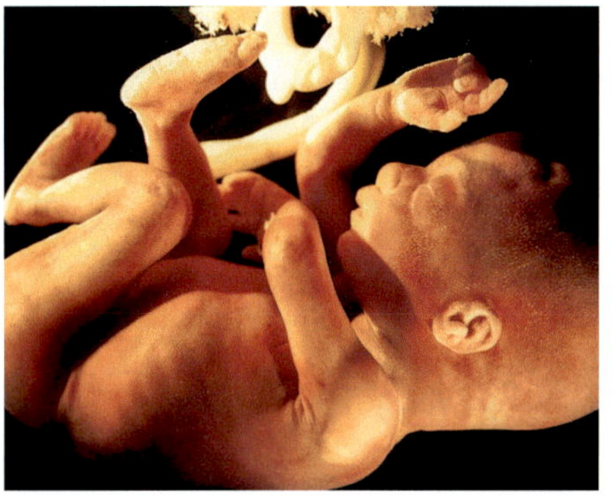

b

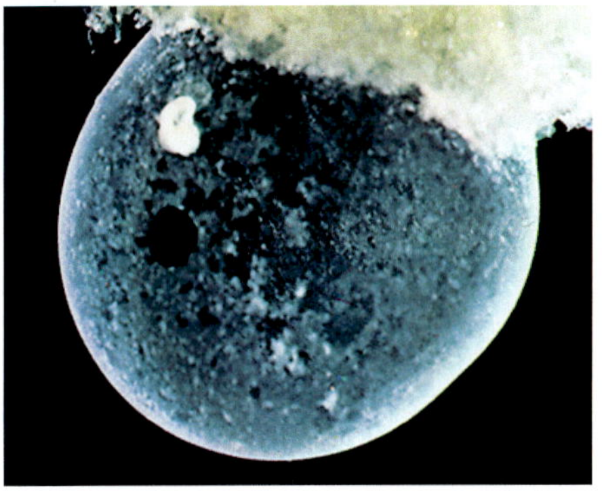

c

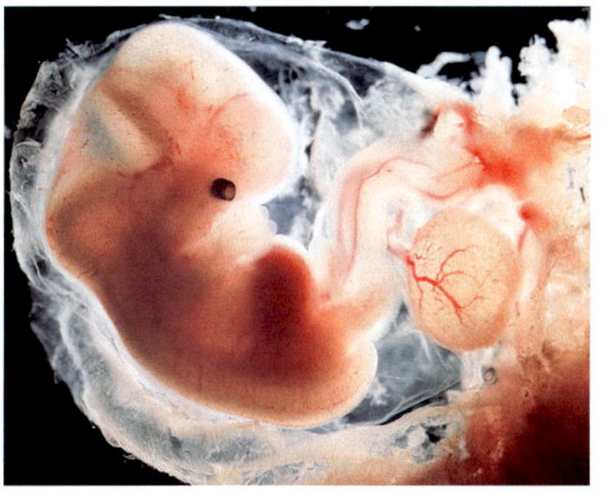

d

Die Lösungen findest du im Anhang.

Teste dich! – Musterlösungen

Messen, experimentieren, beobachten (S. 70)

1 Das Paket hat eine Masse von 1 kg.
Die Tüte hat eine Masse von 1 kg.
Der Wagen hat eine Masse von 20 t.

2 a 11 g und Lösung 2 (B), weil sich die Masse nicht ändert.
b 0,011 kg

3 a *Körper:* Hose, Kiste, Fenster, Stuhl, Bleistift, Fahrrad, Radiergummi, Luftballon; *Stoff:* Kupfer, Holz, Baumwolle, Aluminium, Styropor, Papier, Öl, Gummi, Luft
b *Körper:* Blech, Kunststoffbecher, Draht, Goldring, Glas;
Stoff: Glas

4 a Karton – Pappe; Flasche – Glas; Sessel – Leder (Holz); Tisch – Holz (Glas)
b Papier – Einkaufstaschen; Holz – Fensterrahmen, Möbel; Leder – Möbel, Einkaufstaschen; Eisen – Fahrradrahmen; Aluminium – Fensterrahmen, Fahrradrahmen, Möbel, Trinkbecher; Kunststoff – Fensterrahmen, Möbel, Trinkbecher, Einkaufstaschen; Leinen – Einkaufstaschen, Möbel
c Aluminium; nicht rostend, stabil, leicht

5 A – Blei; B – Luft; C – Öl; D – Aluminium

6 a Ein Magnet zieht Körper aus Eisen, Nickel und Cobalt an oder Körper, die diese Stoffe enthalten.
b Ein Magnet zieht einen Magneten an, wenn sich zwei unterschiedliche Magnetpole gegenüberstehen. Gleiche Pole stoßen sich gegenseitig ab.
c Die Anziehung eines Magneten ist an den Polen am stärksten.

7 a Ich würde den Stahlnagel oder die Nähnadel wählen.
b Beide bestehen aus magnetischen Stoffen.
c Ich streiche mit einem Magneten immer mit demselben Pol gleichmäßig mehrmals über den Nagel oder die Nadel.

8 Man muss mit einem Hammer auf den Magneten schlagen oder ihn in eine Flamme halten.

9 a Der Rundmagnet wird in der Mitte an dem Faden aufgehängt.
b Der rote Punkt ist der Nordpol des Magneten, er zeigt nach Norden. Die übrigen Richtungen kann ich mit der Windrose bestimmen. Nord – Ost – Süd – West (Eselsbrücke: Nie ohne Seife waschen).
c Chinesen haben vor mehr als 2000 Jahren den Kompass erfunden.

10 Lösung a

11a Die Spule muss an eine Batterie angeschlossen werden.
b Mit einem Kompass kann ich feststellen, wo der Magnet seinen Südpol und einen Nordpol hat.
c *Stab- oder Dauermagnet:* Besteht aus magnetischen Stoffen – hat einen Nord- und einen Südpol – zieht Eisen an – ist dauernd magnetisch.
Elektromagnet: Besteht aus einer Spule – hat einen Nord- und einen Südpol – die Pole können vertauscht werden – zieht Eisen an – ist nur magnetisch, wenn er an eine elektrische Energiequelle angeschlossen ist
d Ein Elektromagnet kann ein- und ausgeschaltet werden. Der Dauermagnet ist immer magnetisch. Wenn man die Pole an der Energiequelle vertauscht, so vertauschen sich auch die Magnetpole des Elektromagneten.

12a Wenn (der Reinstoff) Zucker in Wasser aufgelöst wird, entsteht ein (Gemisch).
b
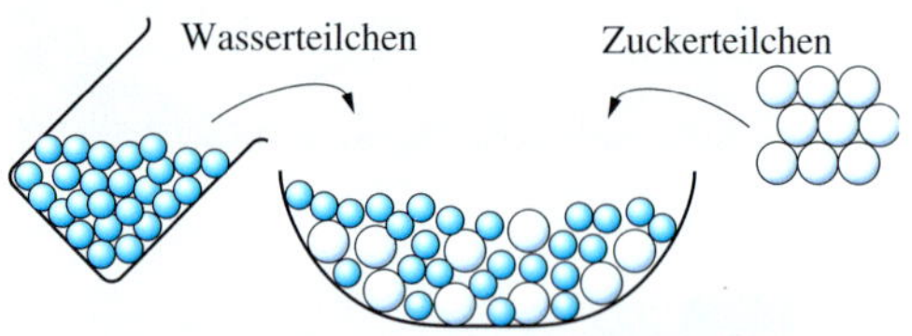

c
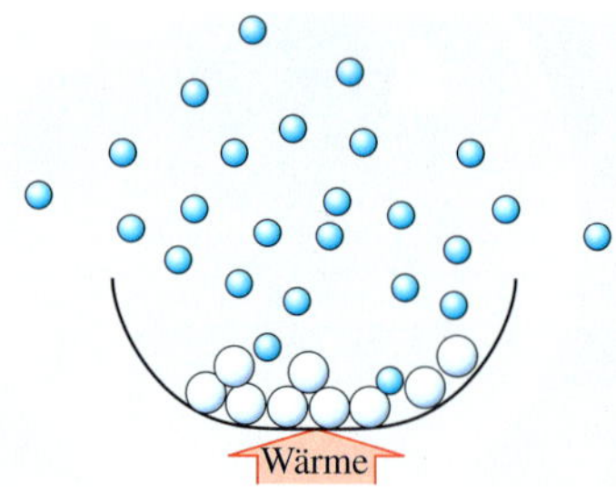

13
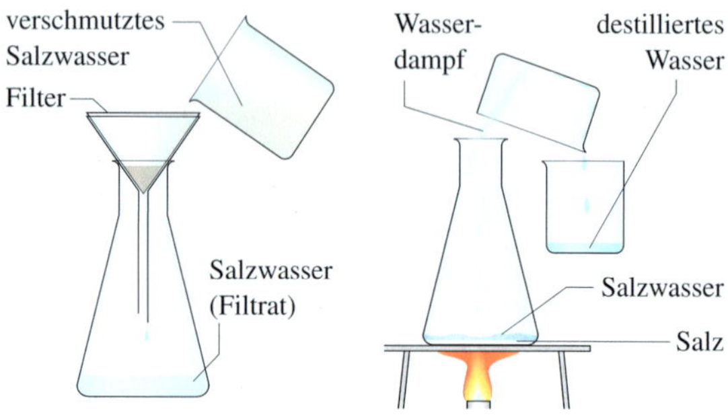

14a Glas, Papier
b Sortieren – Sammelbehälter – mit Lastwagen transportieren – Glasfabrik – Fremdkörper entfernen – Zerkleinern – Schmelzen – neue Flaschen herstellen

Mensch und Tier (S. 128)

1 Haustiere: Wellensittich, Katze, Hund
Nutztiere: Schwein, Kuh, Huhn, Hund

2 1: Der Hund ist aufmerksam und freut sich. 2: Der Hund hat Angst und zeigt seine Unterlegenheit. 3: Der Hund droht, dass er gleich angreifen und beißen wird, wenn die Situation sich nicht ändert. 4: Der Hund zeigt seine Unterlegenheit an.

3 Die Katze schleicht sich auf leisen Sohlen an. Ist die Beute in Reichweite, setzt die Katze zum Sprung an. Während des Sprungs fahren ihre Krallen aus. Sie packt die Beute und hält sie fest. Die Beute ist nun wehrlos der Katze ausgeliefert.

4 Das Rind reißt das Gras zunächst nur ab und schluckt es runter. Im Pansen wird das Gras eingeweicht, im Netzmagen in kleinen Portionen gesammelt. Diese gehen zurück ins Maul. Dort wird gründlich gekaut. Das aufwendige Wiederkäuen ist notwendig, um an die Nährstoffe des Grases zu gelangen.

5 Keine Säugetiere: c Storch – ist ein Vogel, hat Federn und legt Eier | f Pinguin – Vogel, legt Eier | g Hai – ist ein Fisch, säugt seine Nachkommen nicht | i Schlange – legt Eier, hat kein Fell, ist wechselwarm.

6 Die Pflanze (a) gehört zum Pflanzenfressergebiss (c). Mit den Schneidezähnen werden Pflanzen abgerissen. Das Reh (b) gehört zum Fleischfressergebiss (d). Mit den Reißzähnen kann das Fleisch gut zerteilt werden.

7 Stromlinienförmiger Körperbau, dachziegelartig aufeinanderliegende Fischschuppen, Schleimhaut, Flossen, Seitenlinienorgan, Schwimmblase, Kiemen.

8 a Gründe der Gefährdung: Zerstörung des natürlichen Lebensraumes durch Trockenlegung von Sumpf-, Feuchtgebieten, Wanderung zu Laichgewässern, Überquerung stark befahrener Straßen, Gefahr durch Fressfeinde im Wasser (Laich und Kaulquappen).

b Maßnahmen zum Schutz der Lurche: Aufstellen von Krötenzäunen, Einsammeln der Lurche und Verbringung in das Laichgewässer, Schutz des natürlichen Lebensraumes, Anlegen von Feuchtbiotopen.

9 Schlangen schlängeln sich mit dem ganzen Körper über den Boden. Sie kriechen auf ihren Rippen. Mithilfe von Muskeln richten sie dabei ihre Bauchschuppen auf. So finden die Schlangen Halt am Boden und stoßen sich ab.

10 Vögel besitzen ein Federkleid, das gegen Kälte und Nässe schützt. Sie besitzen ein kräftiges Brustbein, an dem die starke Flugmuskulatur ansetzt. Die Knochen sind hohl und luftgefüllt. Vögel legen Eier, durch die Eiablage wird das Körpergewicht verringert. Sie besitzen einen schnellen Stoffwechsel, Unverdauliches wird nicht lange im Körper gehalten.

11 Fortpflanzung an Land: Kriechtiere und Vögel legen Eier. Säugetiere bringen lebende Jungtiere zur Welt; Fortpflanzung im Wasser: Fische und Lurche legen Laich im Wasser ab. Die Entwicklung der Jungtiere findet ebenfalls im Wasser statt.

Pflanzen in unserer Umgebung (S. 160)

1 a Der Mehlkörper befindet sich im Weizenkorn.

b Aus den Blüten des Weizens entsteht die Ähre mit den Weizenkörnern.

c Die Blätter sitzen am Halm.

2 Aylin sollte beachten, dass die Pflänzchen ausreichend Wasser, Licht, Luft, Wärme und Nährstoffe benötigen, um zu wachsen.

3 a richtig

b falsch

c richtig

d falsch

e richtig

f richtig

4 Die Lösung findest du in der Tabelle:

Bild	Name der Pflanze	Pflanzenfamilie
1	Weiße Taubnessel	Lippenblütler
2	Brombeere	Rosengewächse
3	Löwenzahn	Korbblütler
4	Wiesenschaumkraut	Kreuzblütler
5	Ackersenf	Kreuzblütler
6	Salbei	Lippenblütler
7	Margarite	Korbblütler
8	Akelei	Hahnenfußgewächse
9	Wicken	Schmetterlingsblütler
10	Pfefferminze	Lippenblütler
11	Astern	Korbblütler
12	Platterbse	Schmetterlingsblütler

5 Naturschutzverbände setzen sich für den Artenschutz und den Naturschutz ein. Auch bedrohliche Ursachen für das Artensterben wie Luft-, Wasser- und Bodenverschmutzungen und große Wetterveränderungen versuchen sie zu bekämpfen.

Warm und kalt (S. 218)

1 a −5 °C

b 38,5 °C

c 100 °C

d 0 °C

e 37 °C

2 Das Wasser gibt Wärme ab, die Füße nehmen sie auf.

3 a Die durchschnittliche *Temperatur* betrug …

b … ist die Temperatur gleich. Im See ist aber mehr *Wärme* gespeichert.

4 a Wenn Körper erwärmt werden, dehnen sie sich aus.

b Wenn Körper abgekühlt werden, ziehen sie sich zusammen.

5 a Im rechten Teil des Röhrchens steigt es nach oben.

b Durch die Wärme der Hand wird auch die eingeschlossene Luft erwärmt. Sie dehnt sich aus und verschiebt die Wassersäule.

6 a Von den Metallen dehnt sich Zink am stärksten und Eisen am wenigsten aus.

b Eisen dehnt sich genauso stark aus wie Beton.

c Kupfer dehnt sich stärker aus als Beton.

7 1 °C – 4 °C – 17 °C – 21 °C

8 … wird Wärme durch *Wärmeleitung* auf den Topf übertragen.
Die Sonne wärmt die Erde durch *Wärmestrahlung*.
… gelangt durch *Wärmetransport (Wärmeströmung)* zu den Heizkörpern.

9 a Luft – Glaswolle – Wasser – Ziegelstein – Eisen – Kupfer
b Isolierung: Styroporplatten, Steinwolle
Speicherung: Naturstein, Beton
10 b
11 Die langen Beine schützen den Körper vor den heißen Temperaturen am Wüstenboden. Die spreizbaren Füße verhindern, dass das Dromedar im Wüstensand einsinkt. Das dichte Fell schützt es vor der Hitze am Tag und der Kälte in der Nacht. Das Dromedar kann außerdem seine Nasenlöcher verschließen und ist so bei Sandstürmen geschützt. Das Tier kann in seinem Rückenhöcker Fett speichern. In Hungerzeiten dient das gespeicherte Fett als Nahrung und Energiequelle.
12 5: Winterruhe; 6: Winterstarre; 7: winteraktiv; 8: Winterschlaf.

Erwachsen werden (S.244)

1 Die Pubertät beginnt mit der Bildung von Hormonen. Diese lösen körperliche Veränderungen aus, beeinflussen aber auch die Stimmung. Auf dem Weg zum Erwachsensein möchte man selbst über sein Leben bestimmen. Dabei fühlt man sich aber auch oft unsicher, weil man nicht weiß, ob man von den anderen akzeptiert wird.
2 a Bei den Jungen werden die Schultern breiter, die Stimme tiefer und die Geschlechtsorgane größer. Die ersten Bart- und Körperhaare sprießen.
b 1: Harnblase; 2: Bläschendrüse; 3: Vorsteherdrüse; 4: Schwellkörper; 5: Penis; 6: Spermienleiter; 7: Harnröhre; 8: Nebenhoden; 9: Hoden; 10: Eichel.
3 a Bei den Mädchen wird das Becken breiter, die Regelblutung setzt ein, die Geschlechtsorgane werden größer und die Brust wächst.
b 1: Eierstock; 2: Kitzler; 3: kleine Schamlippe; 4: große Schamlippe; 5: Gebärmutter; 6: Eileiter: 7: Harnblase; 8: Scheide; 9: Harnröhre.
4 a Abbildung 3 zeigt den Regelzyklus.
b Die Zeitspanne vom ersten Tag der Regelblutung bis zum ersten Tag der nächsten Regelblutung nennt man Regelzyklus. Die Regelblutung findet alle drei bis fünf Wochen statt und dauert 3 bis 7 Tage. Während die Eizelle im Eierstock reift, baut sich die Gebärmutterschleimhaut auf, um wie ein Nest die befruchtete Eizelle aufzunehmen. Die Eizelle gelangt über den Eileiter in die Gebärmutter. Wird die Eizelle nicht befruchtet, wird die Gebärmutterschleimhaut über die Scheide abgestoßen und es kommt zur Regelblutung.
5 Verhütungsmittel sind das Kondom und die Pille.
a Das Kondom wird vor dem Geschlechtsverkehr über den steifen Penis gerollt. Die Pille muss täglich zur gleichen Tageszeit eingenommen werden.
b Beim Spermienerguss werden die Spermien im Kondom aufgefangen und gelangen so nicht in die Scheide. Die Pille enthält Hormone. Diese hemmen die Reifung der Eizelle und somit den monatlichen Eisprung. Sie verändert außerdem die Gebärmutterschleimhaut, sodass sich keine befruchtete Eizelle einnisten kann.
6 c: zwei Wochen nach der Befruchtung; d: sechs Wochen alter Embryo; a: acht Wochen alter Embryo; b: zwanzig Wochen alter Fetus.

Eigenschaften von Stoffen

Eigenschaften einiger Metalle

Name	Aussehen	Härte	Elektrischer Leiter	1 Kubikzentimeter wiegt	Schmelztemperatur	Siedetemperatur
Aluminium	weiß glänzend	weich	ja	2,70 g	660 °C	2467 °C
Blei	bläulich weiß glänzend	sehr weich	ja	11,34 g	327 °C	1751 °C
Eisen	grauweiß glänzend	hart	ja	7,87 g	1535 °C	2750 °C
Gold	hellgelb glänzend	weich	ja	19,32 g	1063 °C	2807 °C
Kupfer	braunrot glänzend	weich, aber härter als Gold	ja	8,92 g	1083 °C	2567 °C
Magnesium	weiß glänzend	mittelhart	ja	1,74 g	649 °C	1107 °C
Quecksilber	weiß glänzend	flüssig	ja	13,55 g	−39 °C	357 °C
Zink	grauweiß glänzend	hart und spröde	ja	7,14 g	420 °C	907 °C
Zinn	weiß glänzend	sehr weich, aber härter als Blei	ja	7,29 g	232 °C	2260 °C

Eigenschaften einiger Nichtmetalle

Name	Aussehen	Geruch	Löslich in Wasser	Löslich in Alkohol (96 %)	Elektrischer Leiter	1 Kubikzentimeter wiegt	Schmelztemperatur	Siedetemperatur
Kohlenstoff (Diamant)	farblos, durchsichtige Kristalle	geruchlos	nein	nein	nein	3,52 g	3550 °C	4827 °C
Kohlenstoff (Graphit)	grauschwarz; glänzende Schuppen	geruchlos	nein	nein	ja	2,24 g	ca. 4000 °C	4827 °C
Schwefel	gelb, glänzende Kristalle	geruchlos	nein	etwas	nein	1,96 g	119 °C	445 °C
Iod	blauschwarze Kristalle	stechend	etwas	gut	nein	4,93 g	114 °C	184 °C
Phosphor (rot)	weinrotes Pulver	geruchlos	nein	nein	nein	2,20 g	590 °C	—

Gebräuchliche Legierungen

Name	Bestandteile	Verwendung
Edelstahl	71 % Eisen, 20 % Chrom, Rest Nickel u. a.	harter Spezialstahl
Weißgold	ca. 70 % Gold, bis 20 % Silber, Rest Nickel	Schmuck, Münzen
Bronze	86–94 % Kupfer, Rest Zinn	Glocken, Münzen, Maschinenlager
Messing	63–72 % Kupfer, Rest Zink	Schrauben, Beschläge, Griffe, Maschinenteile
Konstantan	60 % Kupfer, 40 % Nickel	elektrische Widerstände
Münzmetall	ca. 55 % Kupfer, Rest Zinn	Münzen
Lötzinn	ca. 60 % Zinn, ca. 37 % Blei, Rest Antimon	Löten

Eigenschaften einiger anderer Stoffe

Name	Aussehen	Zustand bei 20 °C	Geruch	Löslich in Wasser	Löslich in Alkohol (96 %)	Elektrischer Leiter	Schmelztemperatur	Siedetemperatur
Kerzenwachs (Stearin)	weiß, oft gefärbt; matt	fest	geruchlos	nein	nein	nein	ca. 50 °C	ca. 230 °C
Zucker	weiße Kristalle	fest	geruchlos	ja	sehr wenig	nein	ca. 180 °C	
Alkohol	farblos, klar	flüssig	herb, scharf	ja	—	nein	−115 °C	78 °C
Benzin	farblos, klar	flüssig	mild	nein	ja (nur in reinem Alkohol)	nein		60–95 °C
Glycerin	farblos, klar	dickflüssig	geruchlos	ja	ja	nein	18 °C	290 °C
Kochsalz	weiße Kristalle	fest	geruchlos	ja	etwas	nein	801 °C	1413 °C
Porzellan	meist weiß,	fest	geruchlos	nein	nein	nein	1670 °C	
dest. Wasser	farblos, klar	flüssig	geruchlos		ja	nein	0 °C	100 °C

Ausdehnung flüssiger Körper bei Erwärmung

Körper (1 L = 1 dm³)	Ausdehnung bei Erwärmung um 1 °C
Wasser	0,2 cm³
Quecksilber	0,2 cm³
Heizöl	ca. 0,9 cm³
Alkohol	1,1 cm³
Benzol	1,2 cm³

Gasförmige Körper

Wird ein Gas um 1 °C erwärmt, nimmt sein Volumen um $\frac{1}{273}$ seines Volumens bei 0 °C zu.

Ausdehnung fester Körper bei Erwärmung

Körper (1-m-Stab)	Ausdehnung bei Erwärmung um 1 °C
Normalglas	0,009 mm
Beton	0,012 mm
Eisen	0,012 mm
Kupfer	0,016 mm
Messing	0,018 mm
Aluminium	0,024 mm
Zink	0,027 mm
Eis	0,037 mm

Ausdehnung fester Körper bei Erwärmung

Körper (1-m-Stab)	Ausdehnung bei Erwärmung um 100 °C
Porzellan	0,3 mm
Granit	0,5 mm
Glas	0,9 mm
Sandstein	1,0 mm
Beton	1,2 mm
Eisen (Stahl)	1,2 mm
Gold	1,4 mm
Kupfer	1,6 mm
Messing	1,8 mm
Silber	1,95 mm
Aluminium	2,4 mm
Zink	2,7 mm
Asphalt	20,0 mm

Kennzeichnung von Gefahrstoffen

Gefahrenpiktogramm	Mit dem Gefahrenpiktogramm gekennzeichnete Stoffe und Gemische	Signalwort
	– können sich selbst zersetzen – können explodieren	Gefahr *oder* Achtung
	– sind entzündbar – können sich selbst erhitzen – entwickeln bei Berührung mit Wasser entzündbare Gase	Gefahr *oder* Achtung
	– haben eine brandfördernde Wirkung	Gefahr *oder* Achtung
	– stehen unter Druck (gilt für Gase)	Achtung
	– verursachen schwere Verätzungen der Haut – verursachen schwere Augenschäden – greifen Metalle an	Gefahr *oder* Achtung
	– sind giftig, bereits in geringen Mengen lebensgefährlich	Gefahr
	– sind gesundheitsschädlich – verursachen Haut- und/oder Augenreizungen – verursachen allergische Hautreaktionen – verursachen Reizungen der Atemwege – verursachen Schläfrigkeit und Benommenheit	Achtung
	– können bei Verschlucken und Eindringen in die Atemwege tödlich sein – können Organe schädigen – können Krebs erzeugen – können die Fruchtbarkeit beeinträchtigen – können das Kind im Mutterleib schädigen – können das Erbgut schädigen – können beim Einatmen Allergien, asthmaartige Symptome oder Atembeschwerden verursachen	Gefahr *oder* Achtung
	– sind giftig für Wasserorganismen	Achtung

Die folgenden Symbole sind durch die obigen abgelöst worden.
Sie sind aber noch bis 2015 gültig (für Gemische).

T+: sehr giftig
T: giftig

Xn: gesundheitsschädlich
Xi: reizend

E: explosionsgefährlich

F+: hoch entzündlich
F: leicht entzündlich

C: ätzend

O: brandfördernd

N: umweltgefährlich

Sach- und Namenverzeichnis

Geräte (Übersicht)

Im naturwissenschaftlichen Unterricht arbeitest du mit verschiedenen Geräten.
Diese Seite zeigt eine Übersicht.